Stephen Budiansky **WENN EIN LÖWE SPRECHEN KÖNNTE**

DIE INTELLIGENZ DER TIERE

DEUTSCH VON KURT NEFF

ROWOHLT

Die Originalausgabe erschien 1998 unter dem Titel
If a Lion Could Talk. Animal Intelligence and the Evolution of Consciousness im Verlag The Free Press, New York.

1. Auflage Januar 2003
Copyright © 2003 by Rowohlt Verlag GmbH,
Reinbek bei Hamburg
If a Lion Could Talk Copyright © 1998 by
Stephen Budiansky
Alle deutschen Rechte vorbehalten
Satz aus der Foundry Wilson PostScript bei
Pinkuin Satz und Datentechnik, Berlin
Druck und Bindung Clausen & Bosse, Leck
Printed in Germany
ISBN 3 498 00598 7

Die Schreibweise entspricht den Regeln der
neuen Rechtschreibung.

Meinen Eltern

«Wenn ein Löwe sprechen könnte,
wir könnten ihn nicht verstehen.»
Ludwig Wittgenstein

INHALT

ZUR EINFÜHRUNG

«Thriller im Tiergarten Brookfield: Gorilla rettet Dreikäsehoch aus der Affengrube» lautete die Balkenüberschrift auf der Titelseite der *Chicago Tribune*. Die Story, binnen kurzem über den Äther bei einem weltweiten Publikum angekommen dank der prompt über den Ort des Geschehens hereingebrochenen Invasion von Fernsehteams aus Großbritannien, Deutschland und Australien sowie des unvermeidlichen CNN, die Story ging ungefähr so: Binti, eine achtjährige Flachlandgorilladame und «veritable Heldin», hatte sich schützend eines dreijährigen Jungen angenommen, der über ein Geländer geklettert und in ein mit sieben Gorillas besetztes Gehege gefallen war. Den Berichten zufolge hob Binti den bewusstlosen Kleinen auf, barg ihn auf ihren Armen und trug ihn behutsam zu einer Tür in der Wand des Geheges, wo bereits Sanitäter warteten. «Ein anderer Gorilla ist auf den Jungen zugegangen, und sie hat sich dann so halb und halb weggedreht und von den andern Gorillas wegbewegt und hat versucht, ihn abzuschirmen», gab ein Zoobesucher gegenüber Reportern zu Protokoll. Ein Tierpfleger in einem anderen Zoo, der Binti in den ersten Monaten ihres Lebens mitbetreut und jetzt im Fernsehen die Rettungsaktion gesehen hatte, sagte: «Es ist unglaublich, wie vorsichtig sie mit ihm umgegangen ist. Ich hab die ganze Zeit einfach nur gebibbert.»

Leser der Story strömten scharenweise in den Tiergarten von Brookfield, um Binti zu sehen. Manche berichteten Reportern, dass sie das phantastische Bravourstück der großen Menschenäffin unter Tränen zur Kenntnis genommen hatten. Andere schickten dem Zoo Bananenspenden oder riefen dort an, um dem von der Direktion aufgelegten «Adoptions»-Programm beizutreten, das heißt mit einer jährlichen Mindestspende von 25 Dollar (Betrag nach oben offen) Pflege und Ernährung eines Zootieres eigener Wahl mitzufinanzieren.

Die Sage von Binti ist die prototypische Tiergeschichte unserer Epoche. Geschichten von Elefanten, die sich grämen, und anderen, die Bilder malen, von Delphinen, die Ertrinkende aus der Todesgefahr erretten, von sprechenden Graupapageien, die «Ich liebe dich! Tut mir Leid!» krächzen, von Gorillas, die sich keinen Fernsehauftritt Pavarottis entgehen lassen, von Hunden, die ihr Herrchen oder Frauchen aus einem brennenden Gebäude zerren – solche Kunde wird mit einer Gier verschlungen, hinter der mehr steckt als bloßer Hang zur Rührseligkeit. Was Tiere vermeintlich an Klugheit und Einsicht, ja sogar an Moralität oder Mitgefühl erkennen lassen, wird als Beweis dafür genommen, dass diese Wesen nicht nur Verstand besitzen, sondern dass sie ihn besser nutzen als die egoistische und rücksichtslose Menschheit.

Die Geschichte von Bintis heldenmütiger Rettungsaktion ist noch in anderer Hinsicht typisch: Sie entspricht nicht hundertprozentig der Wahrheit. Die verbreitete Darstellung des Geschehens unterschlägt wesentliche Einzelheiten. Zunächst einmal war es in Wirklichkeit nicht so, dass Binti den verunglückten Jungen vor den anderen Gorillas beschirmte. Diese Aufgabe übernahmen die Tierpfleger, die (gleich tüchtigen Südstaaten-Sheriffs) blitzschnell reagierten, indem sie drei Hochdruck-Brandbekämpfungsschläuche in Aktion setzten und die scharfen Wasserstrahlen auf die Füße der anderen Gorillas richteten. Auf diese Weise wurden die Tiere durch eine zweite Tür aus dem Gehege gescheucht. «Die Medien haben es so hingestellt, als ob Binti eine bewusste Entscheidung getroffen hätte, in Anführungszeichen: ‹den Jungen zu retten›, aber das ist reine Spekulation», meinte der Oberpfleger Craig Demitros ein halbes Jahr später bei einem Tierpfleger-Workshop zum Thema Brutpflegeverhalten der Gorillas. «Wovor hat sie ihn denn eigentlich gerettet? Keins von den anderen Tieren ist auf ihn losgegangen.»

Noch aufschlussreicher ist das zweite fehlende Detail. Viele in Gefangenschaft gezüchtete Gorillaweibchen bilden kein richtiges

Brutpflegeverhalten aus – das bei Säugern häufig eine Sache nicht nur des Instinkts, sondern auch des Lernens ist. Binti, selber nach der Geburt von ihrer Mutter abgelehnt und daraufhin handaufgezogen, hatte, nachdem sie schwanger geworden war, ein umfassendes Mutterschaftstraining absolviert. Unter anderem hatten ihre Pfleger ihr mit Hilfe einer Puppe beigebracht, ein Junges mit sich herumzutragen, und zudem, es zu holen und den Pflegern zu bringen. Mit anderen Worten, Binti tat lediglich, wozu sie abgerichtet worden war – nicht anders als ein Such- und Rettungshund, der abgerichtet ist, mit seiner feinen Witterung Menschen aufzuspüren, und übrigens auch nicht anders als ein Apportierhund, der abgerichtet ist, etwa ein Stöckchen zu apportieren. Der Umstand, dass der Junge nach dem über sechs Meter tiefen Sturz betäubt war, wirkte sich ebenfalls zu seinem Vorteil aus. «Wäre er bei Bewusstsein gewesen und hätte geschrien, hätte die Reaktion durchaus auch anders ausfallen können», erläuterte Demitros – Binti wäre vielleicht davongelaufen, hätte möglicherweise sogar den Kleinen geschubst oder gebissen.

Wer solche Schnurren aus dem Tierleben nur zu gern konsumiert, weil er sie als Beweise dafür nimmt, dass Tiere Wesen weitaus anderen Kalibers sind, als die Naturwissenschaft wahrhaben möchte, der hat sich kurioserweise einen höchst ichbezogenen Intelligenzbegriff zu Eigen gemacht. Als beachtlich vermerkt er allemal, wie nahe dieses oder jenes Tier offenbar der menschlichen Fähigkeit, zu denken und zu fühlen, gekommen ist. Anekdoten von Elefanten, die um ihre Toten trauern, von Füchsen in der Rolle des vernarrten Vaters, überströmend von Elternliebe zu ihren Jungen, von Schimpansen, die in stummer Ergriffenheit das Schauspiel des Sonnenuntergangs betrachten – solche Geschichten sind die Munition, mit der die Vorkämpfer der Tierrechte-Bewegung den Menschen vom Sockel seines Anthropozentrismus auf dem Gipfel der Schöpfung zu schießen suchen. Damit sagen sie im Endeffekt, dass Tiere als solche Respekt verdienen, weil sie in ihrem Verhalten menschlichem Verhalten so nahe kommen: eine ebenso seltsame wie decouvrierende Argumentation.

Die modernen Wissenschaften der Evolutionsbiologie und der Ökologie haben uns an erster Stelle eines gelehrt: Das Leben erzeugt Vielfalt; jede einzelne der Millionen Spezies auf der Erde spiegelt Jahrmillionen gesonderter Anpassung an eine einzigartige Umwelt und eine einzigartige Lebensweise. Der Geist bildet keine Ausnahme von den Tatsachen der natürlichen Selektion; es ist ebenso unsinnig, von einer fremden Spezies zu erwarten, dass sie den artspezifischen Denkprozess des menschlichen Geistes mit uns teilt, wie es unsinnig wäre, nach Menschen mit einem Elefantenrüssel oder mit Zebrastreifen Ausschau zu halten. Und wie wir sehen werden, schickt die evolutionäre Ökologie – die Wissenschaft, die untersucht, wie die natürliche Selektion die verschiedenen Spezies für das Leben, das sie leben, ausgerüstet hat – sich soeben an, uns viel darüber zu lehren, wie der Geist der einzelnen Tierarten Informationen in artspezifischer Weise verarbeitet.

KONTINUITÄT UND DUALISMUS

Wie Tiere denken und was sie denken, sind uralte Fragen, die sich als ebenso unwiderstehlich verlockend wie aufreizend schwer explizierbar erwiesen haben. Unterm historischen Blickwinkel treten im Nachdenken der Menschheit über diesen Gegenstand zwei große Strömungen zutage. Auf der einen Seite betont man die Kontinuität zwischen dem Menschen und den anderen animalischen Lebewesen; auf der anderen Seite betont man den Bruch zwischen dem Menschen und der übrigen Schöpfung, die Diskontinuitäten, die jenen von dieser trennen. Beide Auffassungen haben tief reichende Wurzeln. Im Erzählgut der nordamerikanischen Indianer und afrikanischer Stämme ist die Diskontinuität vielfach völlig ausgelöscht; hier verwandeln Tiere sich ohne weiteres in Menschen und Menschen sich ohne weiteres in Tiere. Die alten Griechen schrieben Tieren (zum Beispiel dem ränkevollen Fuchs) nicht nur in ihrer Fabeldichtung, sondern auch in ihrer ernsthaften philosophischen Ideenproduktion quasimenschliche Motive und Verstandeskräfte zu.

Erzählungen von wohlmeinenden Tieren, die ihren Herrn vor einer Gefahr warnen, begegnen in der Folklore praktisch aller Kulturen. Als weiteres Motiv kommt in vielen dieser Geschichten hinzu, dass der Herr die Absicht des Tieres nicht begreift, es in seinem Ärger und Unverständnis tötet oder umkommen lässt und erst hinterher den wahren Sachverhalt entdeckt. In *Tausendundeine Nacht* wird von einem Falken erzählt, der einem König samt seinem Pferd das Leben rettet: Von der langen Jagd an einem heißen Tag erschöpft, erblickt der König einen Baum, an dessen Stamm Wasser herabläuft, und füllt die am Hals seines Falken befestigte Schale. Aber der Falke stößt die Schale um, bevor das Pferd daraus trinken kann, und dieses Spiel wiederholt sich mehrmals. Der König gerät in Zorn und schneidet mit seinem Schwert dem Vogel beide Flügel ab, der daraufhin den Kopf hebt und den Blick nach oben richtet, «wie um zu sagen: ‹Sieh doch in den Baum hinauf!›» Jetzt erst erkennt der König, dass das vermeintliche Wasser in Wahrheit Gift aus dem Rachen einer riesigen Schlange ist, die sich im Geäst verborgen hält. Eine in den Grundzügen ganz ähnliche Begebenheit erzählt eine Fabel von Rabbi Meir im *Palästinensischen Talmud* (der rund zweitausend Jahre alten enzyklopädischen Sammlung jüdischer Gesetzesauslegungen), in der einem Hirtenhund die Hauptrolle zufällt; in dieser Bearbeitung des Motivs schluckt der Hund selber das Gift, als sein Herr ungeachtet der verzweifelten Versuche des Tieres, ihn durch frenetisches Bellen und Herumspringen zu warnen, die Hand nach der Schale mit dem fatalen Inhalt ausstreckt.

In der religiösen Tradition des Abendlandes indessen findet man wohl häufiger den dualistischen Standpunkt vertreten. Hier ist der Mensch von keiner geringeren Autorität als Gott selbst angewiesen, sich die Erde untertan zu machen, und sowohl das Menschenbild des Judentums mit seiner Betonung der Fähigkeit zu sittlichem Handeln wie das des Christentums mit seiner Betonung der unsterblichen Seele (zu schweigen von der immer wachen Abwehrbereitschaft des mittelalterlichen Christentums gegenüber allem, was man als Relikt heidnischer Tieranbetung beargwöhnte) ziehen die denkbar schärfste Trennungslinie zwischen dem Menschen und den nichtmenschlichen Lebewesen. Erhebungen der jüngsten Zeit führten zu dem Befund, dass christlicher Fundamentalismus bei seinen Vertretern noch immer mit allerhöchster Wahrscheinlichkeit die entschiedene Ablehnung des Gedankens einer affektiven oder intellektuellen Kontinuität zwischen Mensch und Tier einschließt.

Mit allerhöchster Wahrscheinlichkeit schließt er auch die Ablehnung der Evolutionstheorie ein. In Darwins Lehre findet die Kontinuitätshypothese für deren Verfechter ihre wissenschaftliche Beglaubigung. Wenn der Mensch und die Tiere gemeinsame Vorfahren haben, wenn der Mensch keine «Sonderanfertigung», wenn er nicht das Produkt einer Separatschöpfung nach dem Bilde Gottes ist, weshalb sollten wir dann nicht davon ausgehen dürfen, dass Tiere die Veranlagung zur rationalen Entscheidung, zum Empfinden, Überlegen, Verstehen und Fühlen mit uns gemeinsam haben? In der *Abstammung des Menschen* kommt Darwin zu dem Schluss, dass «der Unterschied im Seelenleben zwischen dem Menschen und dem höheren Tier, so groß er auch ist, ohne Zweifel ein Unterschied des Grades und nicht der Sache ist» und dass «die Empfindungen und intuitiven Einsichten, die mannigfaltigen Gemütsbewegungen und geistigen Vermögen wie Liebe, Gedächtnis, Aufmerksamkeit, Neugier, Nachahmung, logisches Denken usw., mit denen der Mensch sich brüstet, im Keimstadium und mitunter sogar in gut entwickeltem Zustand auch bei niedrigeren Lebewesen anzutreffen sein können» – Bemerkungen, die keiner jener Wissenschaftler zu zitieren vergisst, die aus den vorliegenden Untersuchungen zum Sprachvermögen der großen Menschenaffen und aus Anekdoten über kreative, verständige oder betrügerische Tiere gern die weitreichendsten Konsequenzen ableiten würden.

Allerdings übergehen die meisten, die den Schöpfer der Evolutionstheorie in diesem Sinne zitieren, Darwins zwischengeschaltetes Eingeständnis eines riesigen faktischen Unterschiedes («so groß er auch ist») zwischen Menschenseele und Tierseele, Menschengeist und Geist des Tieres. Und an anderer Stelle der *Abstammung des Menschen* bemerkt Darwin: «Ein moralisches Wesen ist eines, das – teils billigend, teils missbilligend – über seine früheren Taten und deren Triebfedern nachzudenken vermag, und dass der Mensch als einziges Wesen zweifelsfrei ein moralisches genannt zu werden verdient, ist der größte Unterschied zwischen ihm und den niedrigeren Lebewesen.» Aristoteles nannte den Menschen das einzige *zoon politikon*, «von Natur aus in der Polis lebende Wesen»; für Darwin war er das einzige moralische Lebewesen oder «utopische Lebewesen», insofern er sein Handeln an einem Ideal ausrichten kann, das jenseits aller unmittelbaren, realen Erfahrung liegt.

ANTHROPOMORPHISMUS UND KYNOMORPHISMUS

In ebendieser Spannung zwischen dem Uns-gleich-Sein und dem Anders-als-wir-Sein der Tiere liegt vielleicht die Erklärung dafür, warum es uns so sehr nach Einblick in ihr Innenleben verlangt. Sie ähneln uns in so vieler Hinsicht und sind doch zugleich so verschieden von uns. Tiere, zumal jene, die viele von uns sich zu Hausgenossen und Lebensgefährten erkoren haben, muten uns in ihrem Agieren und Reagieren vertraut an und sind für uns dennoch ein Tantalusqualen verursachendes Buch mit sieben Siegeln. Die Gabe der Sprache schafft uns Zugang zum Innenleben unserer Mitmenschen. Wir lesen Montaignes *Essais* und gewinnen einen gewissen Eindruck davon, was es hieß, ein französischer Landedelmann des sechzehnten Jahrhunderts zu sein. Wir können uns mit einem Informatiker aus Berkeley oder einem Lama aus Tibet unterhalten und sie, so viel wir nur wollen, nach ihrer Lebensweise, ihren Gedanken und Gefühlen, ihren Wünschen und Hoffnungen, ihrer Vergangenheit und ihren Zukunftsplänen befragen. Gewiss, wir kommunizieren auch mit Tieren, aber niemals auf eine Weise, die sie instand setzen würde, uns ihre Daseinserfahrung zu schildern.

Ist das Unvermögen fremder Spezies, in gleicher Weise wie wir zu kommunizieren, das Haupthindernis, das uns den Zugang zu ihrem Innenleben versperrt, so ist die zweitgrößte Hürde unsere selbstzentrierte Weltsicht. Dieses Manko teilen wir mit den anderen Spezies. Man redet gern davon, dass der oder jener Hund sich für einen Menschen hält, dem wirklichen Sachverhalt wäre es jedoch besser angemessen, zu sagen, dass der Hund uns für Artgenossen hält. Für, zugegeben, komisch aussehende Artgenossen, die, wenngleich obendrein nicht bereit, sich auf das ganze Spektrum hündischer Verhaltensweisen einzulassen, nichtsdestoweniger hündisch in einem Maße sind, welches das Auskommen mit ihnen auf der Basis der Arbeitshypothese «Das sind auch nur Hunde» ermöglicht. Unsere Hunde beschnuppern uns, wie sie andere Hunde beschnuppern; um uns zum Spielen aufzufordern, verbeugen sie sich vor uns mit ausgestreckten Vorderläufen, genauso wie sie es mit ihresgleichen machen; und was vielleicht das Wichtigste ist: Sie unterwerfen sich uns, wie sie sich dem Rudelführer unterwerfen. Hauskatzen stammen von sehr viel weniger geselligen Geschöpfen ab, aber sofern sie uns überhaupt wahrzunehmen geruhen, sind wir für sie Katzen. Sie legen uns erjagte Mäuse vor oder betteln mit senkrecht aufgerichtetem Schwanz um unsere Beachtung, wie das Katzenjunge um die Beachtung seiner Mutter bettelt. Sie schaffen sich ein Bild der Welt nach ihrem eigenen Bild, so wie wir uns selbst in unserem Weltbild spiegeln. «Wenn die Ochsen und Rosse und Löwen Hände hätten oder malen könnten mit ihren Händen und Werke bilden wie die Menschen», lehrte der Dichter und Rhapsode Xenophanes aus Kolophon schon vor über 2500 Jahren, «so würden die Rosse rossähnliche, die Ochsen ochsenähnliche Göttergestalten malen und solche Körper bilden, wie jede Art gerade selbst ihre Form hätte.»

Es ist also nur natürlich, dass wir das Verhalten von Hunden in die uns vertrauten Kategorien fassen. Hat unser Hund auf den

Perserteppich gekotet und begrüßt uns, wenn wir heimkommen, geduckt oder kriechend an der Wohnungstür, sagen wir uns ohne langes Nachdenken, dass es ihm peinlich ist, was er getan hat, und er jetzt ein schlechtes Gewissen hat. Wenn ein Pferd seine Schnauze an uns reibt, sagen wir uns, dass es uns mag (wenn nicht sogar liebt). Sind wir besonders leistungsorientierte und ehrgeizige Menschen, finden wir, dass unser Hund oder unser Pferd selber ganz scharf darauf ist, bei der Zuchtschau den ersten Preis zu holen. Haben wir eine Schwäche für mystifikatorisches New-Age-Geraune, geben wir uns angesichts einer Löwin, die ihr von männlichen Artgenossen eines anderen Rudels getötetes Junges auffraß, möglicherweise mit folgender Erklärung zufrieden: «Es kann sein, dass sie sich ihrem toten Nachwuchs näher fühlte, wenn er als Futter wieder in ihren Körper zurückkehrte. Vielleicht hasste sie Abfall, vielleicht gehörte es zu ihrer Mutterliebe, dass sie die Unordnung, die ihre Kinder machten, aufräumen musste. Vielleicht handelte es sich um einen ‹Bestattungsritus› der Löwen.» Es kann aber auch sein, dass sie Hunger hatte.

Der Anthropomorphismus – die Neigung, das Tun von Tieren in den menschlichen Kategorien von bewussten Absichten, Gedanken und Motiven zu begreifen – ist in den Augen vieler ein Akt der Großzügigkeit gegenüber der betroffenen Spezies, bescheidene Reverenz von unserer Seite. Unser Kompliment der Komplimente: Ihr seid ja beinahe Menschen! Eine ehrlichere Einschätzung dürfte allerdings die sein, dass der Anthropomorphismus einen gewaltigen Mangel an Phantasie verrät, mit dem wir geschlagen sind – zu schweigen von der sklavischen Willfährigkeit gegen einen Instinkt, der im Verlauf einer gut und gern Jahrmillionen währenden Evolution in unseren Genen festgeklopft worden sein dürfte. Der bedeutende Ethologe John S. Kennedy, Emeritus der University of London, bezeichnete unser Verhalten als «zwanghaften Anthropomorphismus», so schlechthin unwiderstehlich scheint diese Neigung zu sein. Selbst noch unsere Sprache setzt uns fast unter Zwang, die Phänomene in anthropomorphisierenden Ausdrücken wiederzugeben – Ausdrücken, die leblosen Dingen Vorsatz und Absicht zuschreiben. Eine bestimmte Pflanze «liebt» den Schatten. Ein Motorschaden «macht uns Probleme». Ein Server-PC «versucht zu klären», an welches Gerät er die nächste Datei in der Druckerwarteschlange tunlicherweise ausgeben soll.

Die Evolutionstheoretiker schlagen sich seit langem mit dem Problem herum, wie man eine Sprache vermeidet, die Zweck- und Zielgerichtetheit in die Dinge hineinträgt, und haben allem Anschein nach den Kampf schon beinah verloren gegeben. Die Metapher vom «egoistischen Gen» ist weithin gebräuchlich: Eine strengeren Anforderungen genügende Darstellung des gemeinten Sachverhalts ist notwendigerweise langatmiger und sperriger. Ständig sagen wir Sachen wie: «Mit dem Zurückweichen der Wälder vor der offenen Savanne bildeten die Pferde längere Beine aus, um schneller laufen und Fressfeinden entkommen zu können.» Selbstverständlich taten die Pferde nichts dergleichen – sie bildeten zu keinem Zeitpunkt irgendetwas aus, «um» irgendetwas damit anzufangen. Genau genommen spielte die Sache sich so ab, dass diejenigen Pferdeindividuen, die infolge von zufälligen Genmutationen und -rekombinationen längere Beine hatten, damit auch die besseren Chancen hatten, zu überleben und ihre Gene an Nachkommen weiterzugeben. Doch Kommunikation begünstigt schon von Natur aus allemal Kürze und Gedrängtheit; es gibt im Prinzip keinen anderen Weg, den Gedanken rasch zu übermitteln, als den über die Metapher des Wollens und zielgerichteten Handelns.

Die allgemein menschliche Bereitschaft, den Phänomenen in ihrer Gesamtheit menschliche Motive und Absichten zuzuschreiben, ist mit Händen zu greifen in der Auffassung der Naturvölker, der zufolge es sich bei Unwettern, Vulkanausbrüchen, Erdbeben um «Strafen» handelt, ferner in der zeitenübergreifenden Personifizierung des Schicksals, des Glücks und der Liebe und unstreitig auch in der nahezu besessenen Suche heutiger Menschen nach einem Sinn in den Banalitäten des Alltags («Warum musste ich ausgerechnet heute diese Reifenpanne haben?»). Das allgemein gültigste Beispiel ist der nahezu universale Drang zu dem Glauben, dass hinter dem anders nicht zu erklärenden Wirken von Zufall und Wahrscheinlichkeit ein allwissender Gott steckt, der für alles und jedes, was er uns widerfahren lässt, seine guten Gründe hat.

Möglich, dass die natürliche Selektion unsere Neigung zum Anthropomorphisieren begünstigt hat: Die Motive unserer Mitmenschen erraten zu können bedeutet einen klaren Überlebensvorteil. Sich mit hoher Treffsicherheit die Frage «Was würde ich in seiner Lage tun?» beantworten zu können hilft, die Pläne von Rivalen vorauszuberechnen und ihren Urhebern alsdann ein Schnippchen zu schlagen. Es hilft, durch Voraussehen möglicher Probleme Konflikten vorzubeugen. Die der Evolution zugrunde liegende unbarmherzige Selektion für Angepasstheit hat bei den Tieren instinktive Verhaltensweisen, die unter rein praktischem Aspekt große Ähnlichkeit mit zielbewusst-absichtsvollem Handeln haben, durch unzählige Male wiederholte Abwandlung in Richtung höhere Effizienz in solchem Grade perfektioniert, dass die Neigung des Menschen zum Anthropomorphisieren ihm möglicherweise in seiner Rolle als Jäger einen enormen Vorteil brachte, weil sie ihm erlaubte, die Gewohnheiten und Fluchtwege seines Wilds zu antizipieren. Doch andererseits macht diese Neigung es uns sehr schwer, gegenüber den Dingen in der Welt, die de facto nicht so sind wie wir, eine objektive Perspektive einzunehmen.

Wir sind also von vornherein darauf eingestellt, um nicht zu sagen: darauf programmiert, nichts dabei zu finden, wenn man uns von Tieren erzählt, die menschliche Motive, Verstand, logisches Denken und geplantes Handeln zu erkennen geben. Es gehört schon weit mehr Phantasie zu der Vorstellung, das Innenleben eines Hundes könnte sich womöglich in Bahnen bewegen, die schlicht und einfach außerhalb unseres Horizonts verlaufen.

Tatsache ist, dass die erstaunlichsten tierlichen Leistungen (erstaunlich für uns, heißt das) mit an Sicherheit grenzender Wahrscheinlichkeit nicht das Geringste mit bewusstem Denken, wie *wir* es kennen, zu tun haben. Pferd oder Taube oder Biene finden mit nachtwandlerischer Sicherheit zur Nahrungsquelle beziehungsweise den Weg nach Hause, Monarchfalter bringen mit unfehlbarer Zielsicherheit ihre Tausende von Meilen weiten Wanderflüge hinter sich, Stachelschwanzsegler schnappen mit routinierter Präzision Insekten im Flug, Hütehunde halten ein präzises Gleichgewicht zwischen Laisser-faire und Wilder Jagd, um die Schafherde weiterzutreiben, ohne dass die Tiere einfach stehen bleiben, aber auch ohne dass sie sich in alle Richtungen zerstreuen, Dressurreitpferde führen bei der hohen Schule Dutzende fast nicht wahrzunehmender Kommandos aus – *das* sind doch eigentlich die Leistungen, welche Tiere jeden Tag ihres Lebens in höchster Vollendung vollbringen. Wir lassen uns von den zufälligen Sonderbarkeiten von Tieren faszinieren, die Phantombilder von geistigen Vermögen des Menschen sind, gleichzeitig übersehen wir jedoch gern die phänomenalen Glanzleistungen, welche der tierische Geist routinemäßig direkt vor unseren Augen produziert.

DEN ANDERN «VON INNEN» KENNEN?

Zu begreifen, was wir über die Funktionsweise des tierlichen Geistes wirklich wissen können, heißt, sich von jeder echten Hoffnung zu verabschieden, jemals in das Denken der Tiere eindringen oder ihre Gedanken in menschliche Kategorien übersetzen zu können. Das vielleicht älteste philosophische Problem ist die Frage, wie wir denn überhaupt wissen können, dass es mentales Erleben außer dem unseren gibt. Nach allem, was jeder Einzelne von uns weiß, ist er das einzige des Denkens mächtige Wesen im Universum. Denn wie wäre das Gegenteil zu beweisen? Nehmen wir an, jemand fordert Sie auf, zu beweisen, dass Sie ein Bewusstsein haben – was können Sie ihm sagen, um ihn zu überzeugen? Egal, was Sie antworten, Ihr Gegenüber kann darauf beharren, Sie seien ein gut programmierter Computer, und nichts, was Sie sagten oder täten, beweise, dass ein Bewusstsein in Ihnen stecke. Vielleicht zeigen Sie ihm dann ein PET-Bild von Ihrem Gehirn (PET = Positronen-Emissions-Tomographie), aber darauf könnte er entgegnen, das besage gar nichts, denn auch in einem Computer liefen alle möglichen elektrischen Prozesse ab, die Strahlung emittieren.

Das gleiche Problem, soweit es Computer betrifft, beschäftigt seit Jahrzehnten Philosophen und KI-Forscher gemeinsam (KI = Künstliche Intelligenz). Nehmen wir an, es gelänge, einen Computer zu bauen, der die Vorgänge im menschlichen Gehirn vollständig zu simulieren vermag. Hätte dieser Computer *realiter* Bewusstsein? Würde er Gedanken und Gefühle *erleben* wie wir? Im Jahr 1950 schlug der Mathematiker Alan Turing einen simplen Test vor: Man schaffe eine Versuchsanordnung, bei der einem Computer und einem Menschen über zwei verschiedene Ein-/Ausgabegeräte Fragen vorgelegt werden können; die beiden Befragten befinden sich außerhalb des Gesichtskreises des Fragers, und dieser weiß nicht, wohin im Einzelfall die Frage geht und woher die Antwort kommt – kann er anhand der Antworten nicht unterscheiden, welcher Kommunikationskanal mit dem Menschen und welcher mit dem Computer verbunden ist, dann hat der Computer Bewusstsein.

Im Grunde des Herzens fühlen wir, dass an diesem Kriterium etwas nicht stimmt: dass etwas tun nicht dasselbe ist wie etwas verstehen oder etwas bewusst erleben. Ich habe in meinem Mac ein Programm namens «Der sprechende Elch». Sind zehn Minuten vergangen, ohne dass ich die Tastatur betätigt habe, erscheint in der linken oberen Bildschirmecke der Elch und gibt eine pointierte Lebensweisheit von sich. Das Schöne ist, dass man sich nicht mit seinem Standardrepertoire von Spruchweisheiten begnügen muss, sondern es um Aphorismen und Bonmots eigener Wahl erweitern kann. Tippt man die Ergänzungen einfach nur Buchstabe für Buchstabe in sein Merkbuch ein, tut sich der Elch ziemlich schwer, sie laut zu reproduzieren; Aussprache, Betonung und Satzmelodie weichen in grotesker Weise vom Üblichen ab. Doch ein wenig Herumbosseln an dem Text unter Verwendung spezieller Steuerzeichen, die den phonetischen Wert der Vokale und die Intonation regulieren, wirkt Wunder; danach trägt der Elch Sätze von beachtlicher Länge nicht anders vor, als es jemand tun würde, der den Sinn des Gesprochenen vollkommen erfasst hat. Dennoch wird niemand behaupten wollen, dass der Elch auch nur den elementarsten Begriff davon hat, was er da laut vorträgt.

In einer fulminanten Attacke, die er gegen das Konzept des Turing-Tests ritt, sagte der Philosoph John Searle etwas ganz Ähnliches: Nehmen wir an, hinter einer verschlossenen Tür sitzt jemand, der die chinesische Sprache perfekt beherrscht, und hinter einer anderen verschlossenen Tür sitzt jemand, der absolut kein Chinesisch versteht, aber über Bücher verfügt, die ihm sämtliche Regeln nennen, die er befolgen muss, um chinesische Schriftzeichen und chinesische Syntax zu übersetzen und zu produzieren. Nun übermittle man, ohne zu wissen, wer sich hinter welcher Tür versteckt, an beide in Chinesisch abgefasste Fragen. Die Antworten aus dem einen Raum wären nicht von denen aus dem anderen Raum zu unterscheiden, dennoch könnte niemand behaupten, dass die Person, die mechanisch die Regeln befolgt, über ein bewusstes Verständnis der chinesischen Sprache verfüge. Andererseits jedoch war dies in gewissem Sinn alles, worauf Turing hinauswollte: Wenn man es nicht an äußeren Anzeichen erkennen kann, wie dann?

Vielleicht ist aber auch *unser* Bewusstsein eine Illusion. Vielleicht ist alles, was wir scheinbar erleben und denken, gar nicht wirklich. Vielleicht sitzen wir in einer Isolierzelle, und unsere Neuronen sind über Elektroden und Drähte mit einem Computer verbunden, der mittels Signalsalven die Illusion des bewussten Denkens und Erlebens erzeugt. Der Gedanke ist nicht so abwegig, wie er auf den ersten Blick erscheint. Im Rahmen eines Experiments wurden Affen zunächst geschult, Bewegungen, die das Gesichtsfeld in einem bestimmten Winkel durchqueren, zu identifizieren und mit einer Reaktion zu beantworten. Auf elektrische Stimulierung des für die Analyse der Bewegungswahrnehmung zuständigen Rindenareals durch die Experimentatoren reagierten die Affen dann in genau der gleichen Weise, wie sie es bei tatsächlicher Beobachtung der realen Bewegung getan hätten.

Das Gleiche könnte also auch Ihr Los sein. Woher wollen Sie wissen, ob es der Fall ist oder nicht? Die Experimentatoren können Tag für Tag darüber entscheiden, was der Computer in Ihr Gehirn einspeist; wenn sie in menschenfreundlicher Stimmung sind, stimulieren sie Ihr Gehirn zu der Vorstellung, dass Sie in einem Nobelrestaurant zu Abend essen, dazu einer sauteuren Flasche Wein den Hals brechen und bei alledem freigehalten werden; wenn den Experimentatoren nach einem bösen Streich ist, füttern sie Ihr Gehirn mit dem Eindruck, dass Sie am Semesterende zu der Abschlussprüfung in dem Lateinkurs einbestellt werden, von dem Sie glaubten sich bei Semesterbeginn abgemeldet zu haben.

Indes, bei dem Versuch, ins Innere des tierlichen Geistes vorzudringen, stoßen wir hinter diesen abgegriffenen erkenntnistheoretischen Rätseln auf ein Problem, das mit Fug und Recht als eines viel bedeutenderer Größenordnung anzusehen ist. Vereinfacht ausgedrückt: Um wirklich wissen zu können, was ein Pferd denkt, müssten wir Pferde *sein* – und hätten dann keinerlei Mittel und Wege, um Pferdegedanken in einer für Menschen nachvollziehbaren Form wiederzugeben. Nicht einfach nur weil wir als Pferde nicht sprechen und keine Bücher schreiben könnten, sondern weil uns absolut keine Möglichkeit zur Verfügung steht, ohne auf Worte zurückzugreifen anderen zu vermitteln oder auch nur selber zu erfassen, was denn das *ist*: ein averbales Denkerlebnis. Bedenken wir, wie schwer es ist, einem anderen (oder meinetwegen auch uns selbst) die zahllosen mentalen Vorgänge zu beschreiben, mit denen unser Gehirn in jedem Moment beschäftigt ist. Ein Teil davon ist uns völlig undurchsichtig. Wir haben keinerlei Bewusstsein von den Nervenimpulsen, die unser Herz am Schlagen halten. Nur mit großer Mühe können wir der Verbindung zwischen unserer Psyche und den Bewegungen unserer Glieder gewahr werden. Man kann sich sagen: «Ich werde jetzt meinen Arm heben», aber es ist nicht dieser bewusste Gedanke, der macht, dass der Arm in die Höhe geht – probieren Sie es aus, und Sie werden feststellen, dass Sie nicht wirklich zu fassen bekommen, *was* genau in Ihrem Kopf es ist, das tatsächlich Ihren Arm dazu veranlasst, sich zu bewegen. Beim Basketball einen Ball aus vollem Lauf im Korb zu platzieren setzt die Lösung eines außerordentlich komplexen Rechenproblems voraus, so unter anderem die Koordination von Input der Augen und der Beine sowie Output zu den Armen und den Händen mit einer riesigen Menge gespeicherten Wissens über die zu erwartenden Flugbahnen – doch welcher Spieler könnte wiedergeben, was dabei in seinem Kopf vorgeht? Wir haben alle schon erlebt, dass uns ein Gedanke kam und wir *daraufhin* nach den Worten rangen, die ihn hätten ausdrücken können; dennoch ist es uns so gut wie unmöglich, zu beschreiben, *wie* dieser vorsprachliche Gedanke «aussah» oder «beschaffen» war. Selbst wenn wir fließend sprechen, haben wir (*falls* wir überhaupt darauf achten – was wir gewöhnlich nicht tun) das Empfinden, dass die Worte *irgendwo* in unserem Gehirn vorgefertigt aufsteigen. Nicht einmal die glühendsten Vorkämpfer der Tierrechte-Bewegung würden behaupten wollen, dass Pferde oder andere nichtmenschliche Lebewesen insgeheim eine eigene Sprache besitzen, dank der sie Begriffe in Worte zu fassen vermöchten. Sich ein authentisches Bild vom Verstand eines Pferdes zu verschaffen, hieße in eine Welt eintreten, in der es keine Worte gibt, sie zu beschreiben – eine Welt, die für uns ohne Sinn und Bedeutung bleibt.

Ludwig Wittgenstein notierte in seinen *Philosophischen Untersuchungen* den seither viel zitierten Satz: «Wenn ein Löwe sprechen könnte, wir könnten ihn nicht verstehen.» Doch darin verbirgt sich eine Petitio Principii: Wenn ein Löwe sprechen könnte, könnten wir ihn wahrscheinlich durchaus verstehen – er wäre eben nur kein Löwe mehr. Oder vielmehr: Sein Verstand wäre kein Löwenverstand mehr.

KOGNITIONSWISSENSCHAFT – DIE MITTLERE
POSITION ZWISCHEN DEN EXTREMEN

Es ist durchaus vorstellbar, dass wir eines Tages in der Lage sein werden, anhand einer Kombination zahlloser Indizien über die unterschiedlichen Bedingungen des Feuerns unserer Nervenzellen und über deren Verschaltung bei bestimmten mentalen Aktivitäten die «Software» des Geistes weit genug zu dekodieren, um eine leidlich stichhaltige Erklärung des Bewusstseins geben zu können. Doch dieser Tag liegt mit Sicherheit nicht in der nahen oder überschaubaren Zukunft. Stellen Sie sich vor, Sie versuchen herauszufinden, wie der «Sprechende Elch» funktioniert, indem Sie, während das Programm läuft, die Spannungsschwankungen in jedem Speicher- und Prozessorbit Ihres Mac registrieren. Fügen Sie zu dieser Problemlage noch die Komplikation hinzu, dass Sie keinerlei Anhaltspunkt in Bezug auf die Maschinensprache und die logische Architektur Ihres Computers haben. Viel Glück!

Das hört sich für manchen vielleicht so an, als gäbe es zu dem Thema im Augenblick nicht mehr zu sagen. Aber der Schein trügt: Es gibt über den Geist der Tiere erstaunlich viel zu sagen, vorausgesetzt, wir nähern uns dem Gegenstand mit Realismus und Besonnenheit – und vor allen Dingen mit Respekt vor den besonderen Leistungen von Tieren und nicht mit dem festen Entschluss, unvollkommene Dubletten von uns selbst aus ihnen zu machen. Die so genannte kognitive Revolution in der Psychologie der siebziger Jahre ging von dem Grundsatz aus, dass Tiere eine Menge Dinge *tun*, die notwendigerweise eine mentale Repräsentation von Informationen sowie die Manipulation dieser Repräsentationen voraussetzen, und dass aus sachgemäß geplanten Experimenten einiger Aufschluss darüber zu erhalten sei, welcherart mentale *Ereignisse* im Kopf eines Tieres ablaufen – selbst wenn wir niemals mentale *Erlebnisse* zu fassen bekommen. Diese Auffassung bedeutete eine radikale Abkehr von der Position rigoros behavioristischer Psychologen wie etwa eines B. F. Skinner, der zufolge alles Verhalten eine schlichte erlernte Reiz-Reaktions-

Verknüpfung ist, die nichts über interne geistige Funktionen aussagt – eine Position, die viel geschmäht wurde, weil sie die Tiere zu Automaten degradiere. Zwar ist auch für Kognitionswissenschaftler das manifeste Verhalten von Tieren die Hauptquelle ihres Datenmaterials, doch stützen sie sich auf Experimente, in denen Tiere gezwungen sind, anhand von Informationen, die sie nicht aus ihrer unmittelbaren Umwelt kennen, eine Entscheidung zwischen Verhaltensoptionen zu treffen.

So ist beispielsweise eine gewisse Klasse von faszinierenden Experimenten so etwas wie eine Testbatterie für die Fähigkeit von Tieren zur Bildung mentaler Kategorien. In einem typischen Versuch dieser Art bekamen Kapuzineraffen Diaprojektionen von Personen und «Nichtpersonen» gezeigt und wurden belohnt, wenn sie den richtigen Knopf für die jeweilige Kategorie drückten. Danach wurde den Affen eine andere Diaserie gleicher Art vorgeführt, anhand deren nachgeprüft werden sollte, wieweit die Tiere ein internes Konzept der beiden Kategorien ausgebildet hatten. Derartige Sondierungen in der Innenwelt eines Tieres können uns zumindest in der praktischen, funktionalen Dimension enorm viel über dessen mentale Fähigkeiten lehren und uns sogar Aufschlüsse darüber geben, wie es seine Welt wahrnimmt – das alles, ohne auf das unerforschliche Gebiet der möglichen *Erlebnisse* ihrer Studienobjekte abzuschweifen.

Freilich, Realismus und Besonnenheit sind nicht jedermanns Sache. Viele Menschen sind gefühlsmäßig so fest überzeugt, in Rapport mit dem Innenleben von Tieren treten zu können, dass sie in dieser Beziehung weder vernünftigen Gegenargumenten noch gesunder Skepsis zugänglich sind und alles, was von der Naturwissenschaft an einschlägigen Erkenntnissen zu erwarten ist, von vornherein für ungenügend halten. Spekulative Theorien über die tiefgründigen Einsichten in den Sinn des Lebens, welche die Tiere uns mitteilen wollen, haben Hochkonjunktur. Vertreter des neuen Berufszweiges der «Tierkommunikatoren» bieten sogar an, sich mittels Telepathie in die Psyche der Haustiere ihrer Klienten einzuklinken und ans Licht zu bringen, was die behaarten oder gefiederten oder schuppigen Lieblinge denn nun eigentlich von Herrchen oder Frauchen halten. Die Hauskatze Athena zum Beispiel gab zu Protokoll, dass sie ihre Besitzer liebt, aber am liebsten davonlaufen würde, weil kürzlich noch drei andere Katzen in den Haushalt aufgenommen wurden. «Sie steht unter Dauerstress, und der schwächt ihre Immunabwehr», vermeldete Athenas Kommunikatorin. Andere Haustiere, so werden wir informiert, diktieren ihren Haltern auf telepathischem Wege Gedichte, und in einem New Yorker Tierheim entwarf und «übermittelte» eine Katze den Bauplan für ein neues Gebäude. Eine bestimmte Tierkommunikatorin hält Kurse ab über das Thema «Was Tiere uns über den Tod lehren können».

TIERLICHES BEWUSSTSEIN ALS DESIDERAT MENSCHLICHER POLITIK

Die Literatur der Tierrechte- und der «Tiefenökologie»-Bewegung ist voll von allen möglichen ähnlichen Verlautbarungen, in denen vom Wiederanknüpfen des «psychologischen» und «spirituellen» Kontakts mit den Tieren zwecks Rettung des Planeten die Rede ist. In diesem Fall ahnt man jedoch bald, dass der Eifer nicht nur emotional, sondern auch politisch motiviert ist: Man hat es hier, das darf man nicht vergessen, mit Leuten zu tun, die sich vorgenommen haben, den Menschen vom Sockel seines Anthropozentrismus zu stoßen, und welcher Weg wäre besser geeignet, dieses Ziel zu erreichen, als der, die Tiere dem Menschen gleichzustellen – oder ihm überzuordnen? Diese Argumentationsweise haben sich sogar Verhaltensforscher zu Eigen gemacht, so zum Beispiel Sue Savage-Rumbaugh (eine Mitarbeiterin des Yerkes-Primatenforschungszentrums der Emory University [Atlanta, Georgia]), deren spezielles Untersuchungsgebiet das Sprachvermögen von Schimpansen ist und die im Zusammenhang ihrer Arbeit einige der gewagteren Thesen über die Menschenähnlichkeit der großen Menschenaffen in puncto geistige Vermögen aufgestellt hat. Erst unlängst äußerte sie die Ansicht, wer sich weigere, die Beinahe-Menschlichkeit der Menschenaffen anzuerkennen, «betrüge» sich selbst, um sich verzweifelt an «irgendein Stückchen Sicherheit» klammern zu können. «Und um des Erhalts etlicher überzähliger Grade an Wohlgefühl willen», so Savage-Rumbaugh weiter, «begeben wir uns in die Gefahr, uns allen anderen Geschöpfen auf diesem Planeten auf psychologischer Ebene zu entfremden.»

Das politische Aktionsprogramm hinter den Bestrebungen, für Tiere ein Bewusstsein zu reklamieren, scheint in manchen Fällen zum Antrieb und Daseinszweck der einschlägigen Forschungen geworden zu sein. «Selbst wenn die psychologische Erforschung der Schimpansen und anderer Tiere keine weiteren Folgen hat, als in die Debatte über die ethischen Aspekte der Verwendung von Tieren zu Forschungszwecken hineinzuwirken, hat sich die Arbeit schon bestens gelohnt», schrieb der Rezensent eines neueren Buches über Meerkatzen. Jane Goodall, mit ihren Beobachtungen der wilden Schimpansen am tansanischen Gombe-Strom zu Weltberühmtheit gelangte Primatenforscherin, schrieb in dem Vorwort zu einem Buch des philosophischen Tierrechte-Advokaten Bernard Rollin: «Es ist die zunehmende ethisch motivierte Besorgnis um die Tiere und ihr Wohlergehen, was Naturwissenschaftler unter Druck setzt, das Bewusstsein und die Leiden von Tieren in ihre Untersuchungen einzubeziehen.»

Savage-Rumbaugh zögert denn auch nicht, aus ihren Forschungen politische Konsequenzen zu ziehen: Den Menschenaffen sollte nach ihrem Dafürhalten eine «Rechtsstellung vergleichbar der des Menschen» gewährt werden. Sie versichert außerdem, dass die Verschiebung des moralischen und juristischen Grenzzauns, den wir zwischen dem Menschen und den anderen Lebewesen errichtet haben, mithelfen wird, die Einstellungen auszurotten, die uns «dazu gebracht haben, die natürliche Welt blindwütig auszubeuten», den tropischen Regenwald zu zerstören und Tiere falsch zu behandeln.

Andere Wissenschaftler werfen Savage-Rumbaugh vor, sie

überinterpretiere die Ergebnisse ihrer Untersuchungen tierlichen Sprachverhaltens; während sie der Auffassung ist, dass ihre Schimpansen echte Sätze bilden, die ein Begreifen von Syntax und Semantik erkennen lassen (die Tiere drücken Tasten mit Symbolen für allerlei Substantiva und Verben), heben Kritiker das extrem Mechanische der Satzbildung ihrer Schützlinge hervor, die in 96 von 100 Fällen Bitten um Futter, Spielzeug oder Gekraultwerden produziere. Einer von Savage-Rumbaughs Hauptopponenten, der Psychologieprofessor Herbert Terrace (Columbia University), wies darauf hin, dass es ebenso unsinnig ist, eine Folge von vier Tastendrücken mit dem syntaktisch korrekten Satz «Bitte, Apparat, gib mir Schokolinsen» gleichzusetzen, wie die Knopfdrücke, die ein Mensch an einem Geldautomaten vornimmt, als einen Satz mit der Bedeutung ‹Bitte, Automat, gib Bargeld aus› zu interpretieren. Wir werden auf diese Problematik in Kapitel 6 zurückkommen.

Savage-Rumbaugh kontert mit der Antikritik, wenn hier jemandes Verhalten politisch motiviert und irrational sei, dann das jener Vertreter der Wissenschaftsorthodoxie, die eine «gefühlsmäßige» Furcht davor hätten, die angemaßte Spitzenstellung des Menschen im Tierreich ins Wanken gebracht zu sehen, und darum gegen jedwede Untersuchung des inneren, mentalen Erlebens – des Denkens, Fühlens und Wollens – von Tieren seien. Mit diesem Vorwurf gesellt sie sich zu der kleinen, aber an Zahl ständig zunehmenden Schar von Verhaltensforschern, die hinter der hergebrachten Ächtung des Anthropomorphismus eine Art Verschwörung zur Ausgrenzung allen Datenmaterials wittern, welches die Sonderstellung des Menschen in der Welt in Frage stellen könnte. «Das Konzept des Geistes, wie wir Menschen ihn erfahren, stellt inzwischen für viele eine undurchlässige Grenzmauer zwischen den Menschen und den nichtmenschlichen Lebewesen dar», konstatiert sie, eine Grenzmauer, die von Naturwissenschaftlern «polizeilich überwacht wird». Andere Gelehrte kleiden die Verschwörungstheorie und entsprechende Vorwürfe in eine deutlichere Sprache. Der Biologe und Verhaltensforscher Donald R.

Griffin, Professor an der New Yorker Rockefeller University, ist einer der profiliertesten Wortführer der Wissenschaftlerfraktion, die gegen das «behavioristische Tabu» (wie Griffin es nennt) Sturm läuft. «In unserem gesamten Bildungswesen wird», laut Griffin, «den Studenten beigebracht, dass es unwissenschaftlich sei, zu fragen, was ein Tier denkt oder fühlt.» Und er ergänzt: «Man hat uns durch die heftige Ablehnung aller Zeugnisse, die für ein tierliches Denken sprechen, einer derartigen Gehirnwäsche unterzogen, dass es als tollkühn gilt, wenn Studenten oder aufstrebende Wissenschaftler ihre Gedanken in derartige verbotene Gefilde abschweifen lassen. Sie werden als unkritisch abgetan oder gar aus der wissenschaftlichen Gemeinde ausgestoßen.»

Dass Tiere quasimenschliche Gefühle und ein Bewusstsein haben, versteht sich für den gesunden Menschenverstand von selbst und ist für den Normalmenschen seit jeher ausgemachte Sache, argumentieren die Verschwörungstheoretiker; wenn Wissenschaftler diese Ansicht verwerfen, schließen sie sich lediglich der intellektuellen Mode des Behaviorismus an, der (zumindest in überspitzter Darstellung) unterstellt, dass Tiere nichts als keinerlei internen Zustands mentaler Art fähige passive Lernmaschinen sind.

Die meisten Tierrechtler führen die Verschwörung auf Descartes zurück, den großen Verfechter des Dualismus im siebzehnten Jahrhundert, für den, so sagt man uns, Tiere echte Automaten, Uhrwerke ohne jegliche seelische Komponente, waren. Aber die Auffassung von den Tieren als uhrwerksartigen, mechanisch funktionierenden Wesen wird von der modernen Kognitionswissenschaft verworfen und gibt genau besehen selbst von Descartes' Theorie nur so etwas wie ein Zerrbild wieder. Der kartesische Dualismus grenzte nicht so sehr Mensch und Tier, sondern vielmehr Leib und Seele voneinander ab. Die – allein dem Menschen eigene – Seele war für Descartes ein der wissenschaftlichen Erforschung verschlossenes Gebiet, der – beiden, dem Menschen wie dem Tier, gemeinsame – Leib war rechtmäßiges Territorium der Wissenschaft.

Bei aller Ablehnung des kartesischen Dualismus bleiben moderne Kognitionswissenschaftler in der Mehrheit erbitterte Gegner des Anthropomorphismus. Selbst die Pioniere des Behaviorismus im frühen zwanzigsten Jahrhundert kämpften weniger auf philosophischer Ebene gegen das Konzept der Kontinuität als auf methodologischer Ebene gegen die wirre Gedankenwelt des «Mentalismus» – das im ausgehenden neunzehnten Jahrhundert aufgekommene unkritische Bestreben, Tieren die Fähigkeit zu bewusstem logischem Denken zuzuschreiben. Während der Mentalismus notwendigerweise die Kontinuitätshypothese einschließt, trifft am entgegengesetzten Pol durchaus nicht etwas Vergleichbares mit umgekehrten Vorzeichen zu: Der Behaviorismus schließt keineswegs einen Dualismus ein. Die Behavioristen behaupten nicht, dass Tiere keine mentalen Erlebnisse haben, sondern lediglich, dass wir darüber nichts wissen können. In Anbetracht der wiederholten und im Rückblick nicht selten töricht erscheinenden Irrtümer, die Forscher begingen, welche die Ergebnisse rein mechanischen Lernens bei Tieren für Leistungen eines bewussten logischen Denkens nahmen, muss man dies als eine vernünftige Ausgangsposition bezeichnen.

Die grundsätzlich skeptische Haltung der Behavioristen erhielt ihre pointierteste Formulierung durch Edward Lee Thorndike (1874–1949), einen der ersten echten Experimentalpsychologen; schon zu Anfang des zwanzigsten Jahrhunderts konstatierte er, dass die meisten Veröffentlichungen über tierliches Verhalten «uns keine Psychologie der Tiere bieten, sondern vielmehr deren *Eulogie* (Loblied) singen. Sie handeln immerfort nur von der *Intelligenz* und mit keiner Silbe von der *Dummheit* der Tiere. [...] Die Geschichte der Literatur über den Verstand der Tiere liefert somit ein anschauliches Beispiel für die nahezu universal anzutreffende Neigung in der Menschennatur, wo es nur irgend geht, das Wunderbare zu entdecken. Wir staunen darüber, dass die Sterne so groß und so weit voneinander entfernt sind, darüber, dass die Mikroben so klein und in solchen Massen beisammen sind, und aus nicht viel anderem Grund staunen wir auch über die Leistungen der Tiere.

Kann man sich nun einen Astronomen vorstellen, der ganz versessen darauf ist, zu beweisen, dass die Sterne ja so groß, so über alle Maßen groß sind, oder einen Bakteriologen, dessen einziger wissenschaftlicher Ehrgeiz sich darauf richtet, darzutun, wie klein, wie unendlich klein die Mikroben sind? Und doch zeigt sich neuerdings bei Autoren von Publikationen zur Tierpsychologie ein vergleichbarer Eifer, die Fähigkeiten der Tiere in den Himmel zu heben. Dies führt zwangsläufig zur Befangenheit bei der Auswertung der Daten und mehr noch speziell bei der Auswahl der zu untersuchenden Fakten. Wie könnten Wissenschaftler, die sich in ihren Schriften als Anwälte gerieren, welche die Tiere gegen das Vorbringen verteidigen, dass sie keine Verstandeskraft besitzen – wie, so frage ich, könnten solche Leute in derselben Sache gleichzeitig das Amt des unparteiischen Richters ausüben?»

Innerhalb der behavioristischen Schule der Psychologie sind es einzig die so genannten radikalen Behavioristen, die hartnäckig den Standpunkt vertreten, dass die methodologische Entscheidung, nur manifestes Verhalten als Untersuchungsgegenstand zuzulassen, grundlegenden psychologischen Gegebenheiten Rechnung trägt – soll heißen: die nicht lediglich sagen, dass Tiere *untersucht* werden müssen, *als ob* sie passive Lernmaschinen wären, sondern die behaupten, dass Tiere tatsächlich passive Lernmaschinen *sind*. Zugleich aber sind sie genau genommen auch die Verfechter der Kontinuitätshypothese in ihrer extremsten Ausprägung, denn die radikalen Behavioristen behaupten, dass sogar die menschlichen Gedanken nichts als konditionierte Reaktionen sind – anders gesagt: dass Denken in Wirklichkeit aus Verhalten *besteht* und Bewusstsein in Wahrheit nicht existiert. Oder – wie der Psychologe Jeffrey Gray es einmal ausdrückte – «dass es, wie man versucht ist hinzuzufügen, ‹nur ein Produkt unserer Einbildung› ist». Gray berichtet auch, dass er einmal einen radikalen Behavioristen fragte, worin denn für ihn der Unterschied liege zwischen zwei wachen Personen, die eine stocktaub, die andere mit intaktem Gehör, die regungslos in einem Zimmer beieinander sitzen, wo aus einer Stereoanlage die Wiedergabe eines Mozart-

Streichquartetts zu hören ist. Die Antwort des radikalen Behavioristen lautete: In dem anschließenden Sprachverhalten der beiden.

Zwischen der Eskamotierung des Denkens durch die radikalen Behavioristen und der Erhebung des Denkens der Tiere auf die Ebene des menschlichen Bewusstseins durch die Mentalisten des neunzehnten Jahrhunderts und heutige «kognitive Ethologen» wie Donald Griffin liegt ein weites und fruchtbares Feld von Möglichkeiten: Dies ist ein Thema, auf das wir im Folgenden zurückkommen werden. Dank der modernen Kognitionswissenschaft und der modernen evolutionären Ökologie beginnen wir zu erkennen, dass das Denken der Tiere komplex und erstaunlich vielgestaltig sein kann, dass es sich jedoch vom menschlichen Denken substantiell unterscheidet.

ICH ÖFFNE TÜREN, ALSO BIN ICH

Die historischen Wurzeln des heutigen Argwohns gegen den Anthropomorphismus verdienen eine genauere Betrachtung, denn Vorwürfe des Inhalts, diese Skepsis stelle ein «Tabu» oder ein irrationales Vorurteil dar, wollen seit einigen Jahren nicht mehr verstummen.

In der zweiten Hälfte des neunzehnten Jahrhunderts ging eine Anzahl von Autoren, von Darwins Evolutionstheorie beflügelt, dazu über, mit großer Begeisterung Geschichten über die von Tieren – hauptsächlich klugen Hunden und anderen Haustieren – bewiesenen Verstandeskräfte zu erzählen. Einer der emsigsten Sammler von Anekdoten über kluge Hunde, die als Belege für Darwins Kontinuitätshypothese gelten konnten, war George Romanes, ein Freund und Anhänger Darwins. Sein Buch *Animal Intelligence* ist gespickt mit Histörchen von Hunden und Katzen, die Türlinken drücken und Türen öffnen, ihre Besitzer trickreich hinters Licht führen usw. usf. Kennzeichnend für Romanes' schriftstellerische Produktion ist jedoch weniger die anekdotische Natur seines Anschauungsmaterials als der Enthusiasmus, mit dem er jedes gewitzte Kunststück, jeden cleveren Schachzug als ein Beispiel bewussten logischen Denkens interpretiert – dieses definiert als die Fähigkeit, quantitative Relationen und Ähnlichkeitsverhältnisse wahrzunehmen, Schlussfolgerungen zu ziehen und die Wahrscheinlichkeit von Ereignissen zu prognostizieren. «Wir können nichts anderes schlussfolgern», schrieb er über Türklinken drückende Katzen, «als dass die Katzen in diesen Fällen eine sehr bestimmte Vorstellung von den mechanischen Eigenschaften einer Tür haben und wissen, dass sie selbst bei aufgeklinktem Schloss noch *gedrückt* werden muss, um aufzugehen [...] sie muss sich überlegen: ‹Wenn eine Hand es kann, wieso sollte es dann nicht auch eine Pfote können?›»

Romanes' Arbeitshypothese lautete: «Immer, wenn wir einen lebenden Organismus eine zweckbestimmte Wahl treffen sehen, dürfen wir folgern, dass es sich um eine bewusste Wahl handelt.» Er schildert zum Beispiel den Fall eines Fuchses, der vom Bauern im Hühnerstall ertappt wird; der Fuchs bricht zusammen und stellt sich tot, der Bauer wirft den scheinbar leblosen Körper durch die Tür nach draußen, wo der Fuchs sich umgehend hochrappelt und davonläuft. Romanes kommt zu dem Schluss: «Mir scheint, die Wahrscheinlichkeit spricht überwiegend dafür, dass hinter dem Scheintod eine intelligente Absicht steckte.»

Romanes verhehlte nicht, dass zu dieser Deutung des tierlichen Denkprozesses eine kräftige Dosis Extrapolation von unseren eigenen geistigen Strukturen gehört, die uns durch Introspektion (Selbstbeobachtung) zugänglich sind. Zur Rechtfertigung dieses Verfahrens, das er als «ejektive» – zum Unterschied von objektiver und subjektiver – Untersuchungsmethode bezeichnete, berief er sich auf die Kontinuität, die uns erlaube «unsere Subjektivität» auf «die leere Bildfläche, die eine fremde Innenwelt andernfalls für uns bliebe», zu projizieren. Zweifler an seiner «ejektiven» Methode müssten konsequenterweise leugnen, dass irgendein Organismus – auch kein Mensch mit Ausnahme des Skeptikers selbst – einen Beweis dafür offeriere, dass er so etwas wie Geist oder Seele oder Verstand oder sonstiges Innenleben besitze.

Lloyd Morgan, ein anderer Pionier der Tierpsychologie und Verhaltensforschung im neunzehnten Jahrhundert, teilte die Ansicht, dass die Introspektion die einzige Quelle «direkter, unmittelbarer Bekanntschaft» mit psychologischen Prozessen ist, über die wir verfügen. Er erinnerte aber auch warnend daran, dass die Übertragung unseres in der Selbstbeobachtung gewonnenen Wissens auf andere Lebewesen ein «zweifach induktives» Schlussverfahren sei, und ließ kein gutes Haar an leichtfertigen Behauptungen über logisches Denken bei Tieren, die sich auf Leistungen stützten, welche vollständig aus einfachem Lernen – Morgan sprach von «Sinneserfahrung» – zu erklären seien. Anhand seiner eigenen Anekdoten aus dem Tierleben demonstrierte er, wie leicht wir uns durch derlei Material in die Irre führen lassen, und zwar einesteils just aufgrund des anekdotischen Charakters all dieser Histörchen, anderenteils weil wir nur allzu schnell bereit sind, unsere anthropomorphisierenden Vorstellungen auf die jeweils in Rede stehenden Tiere zu projizieren. Morgan illustrierte seine Argumentation mit der Erzählung von dem angestrengten Bemühen seines Scotchterrierwelpen, einen Spazierstock durch ein Gartentor zu befördern. Der Hund hatte gelernt, beim Gassigehen stolz und glücklich Morgans Spazierstock in der Schnauze zu tragen, wobei er das Utensil in der Mitte gepackt hielt, sodass es gut ausbalanciert zwischen seinen Zähnen ruhte. Als Herr und Hund das erste Mal zum Gartentor kamen, ließ der Scotchie den Stock fallen, bevor er hinaustrottete. Er wurde zurückgeschickt den Stock holen, woraufhin er ihn bei der Spitze schnappte und durch das Tor schleifte. Wäre die Geschichte hier zu Ende, hätten wir es mit einem Musterbeispiel des Genres Kluger-Hund-Anekdote zu tun: Der Scotch hatte sich überlegt, dass das Gartentor zu eng war, als dass er mit dem Stock hätte durchpassieren können, wenn er ihn wie üblich in der Mitte gepackt hielt, also dachte er sich ad hoc neue Strategie zur Bewältigung der Situation aus.

Aber die Geschichte ist an dieser Stelle noch nicht aus. Auf dem Weg, auf dem sie weggegangen waren, kehrten Herr und Hund auch zurück, doch jetzt ließ das Tier, beim Gartentor angekommen, den Stock nicht fallen, sondern behielt ihn quer in der Schnauze und versuchte mehr als einmal, sich mit dem sperrigen Ding durch die Öffnung zu drängen, wurde aber immer wieder von den Torpfosten gebremst.

In der Folgezeit nahm Morgan planvollere Experimente vor; so versuchte er, einem Hund beizubringen, wie er einen Krückstock durch einen Gitterzaun mit eng stehenden Stäben ziehen könne. Eine halbe Stunde lang mühte er sich, dem Hund den richtigen Dreh zu zeigen, aber der versuchte jedes Mal, den Stock mit einem einzigen Ruck durch den Zwischenraum zu ziehen, sodass die Krücke sich an einem Gitterstab verfing. Zuletzt bekam der Hund mit den Zähnen die Krücke zu packen, und der Zufall wollte es, dass sie sich vom Stock löste. Ein Passant, der nur dieses Endergebnis mitbekommen hatte, blieb stehen und sagte zu Morgan: «Das ist ja ein schlaues Kerlchen, Sir. Der weiß, wo Barthel den Most holt.»

Was die viel zitierte Geschicklichkeit von Tieren im Umgang mit Türklinken angeht, so bemerkte Morgan, dass ein Schottischer Hirschhund, der gelernt hatte, die Haustür zum Garten zu öffnen, das Kunststück jedes Mal auf die gleiche Weise vollbrachte: Er sprang an der Tür hoch und kratzte von oben nach unten über die gesamte Höhe des Türblatts, und das wiederholte er so lange, bis er früher oder später die Klinke traf und die Tür aufging. Ganz offenkundig hatte der Hund aus zufälligem Anlass einmal die Erfahrung gemacht, dass diese Verfahrensweise funktionierte, und war dann bei dem bewährten Rezept geblieben – in dem sich nicht das geringste Begreifen des hinter dem Ganzen steckenden Prinzips von Türschloss und -klinke verriet.

Morgan betonte nachdrücklich, dass er sich, wie er es formulierte, nicht auf «den falschen Standpunkt der dogmatischen Leugnung tierlicher Verstandeskräfte» stelle. Er konstatierte jedoch, dass die hoch greifenden Behauptungen betreffend logisches Denken der Tiere, die auf der Projektion menschlicher innerer Erfahrung beruhten, der genaueren Überprüfung nicht standhielten. Tiere leisteten sich außerordentliche Dummheiten in Situationen, die vollkommen analog zu früheren Situationen waren, in denen sie scheinbar Einsicht und logisches Denken bewiesen hatten; sie erlernten nachweislich manche ihrer Meisterleistungen an Klugheit durch puren Zufall; und eine Anekdote konnte niemals Auskunft darüber geben, welche Lernerfahrungen ein Tier zu dem Zeitpunkt, wo es eine scheinbare Meisterleistung an Klugheit vollbrachte, womöglich schon hinter sich hatte.

Nicht Dogmatismus, sondern nüchterne Erfahrung brachte Morgan dazu, «Morgans Regel», sein «Grundprinzip» zu formulieren: «Auf gar keinen Fall dürfen wir eine Handlung als praktischen Ausfluss eines höheren psychischen Vermögens deuten, solange sie sich als praktischer Ausfluss eines auf der psychologischen Stufenleiter niedriger rangierenden Vermögens deuten lässt.»

Edward L. Thorndike erweiterte den Umfang von Morgans Kritik. Für ihn war der entscheidende Gesichtspunkt, dass nicht nur keine Notwendigkeit bestand, tierliches Verhalten als Ausfluss von Analogieschlüssen und anderen bewussten Denkvorgängen zu erklären, sondern dass solche Erklärungen sich bei weitergehender Nachprüfung oft genug sogar als falsch erwiesen, mochten sie auf den ersten Blick auch noch so verführerisch und plausibel angemutet haben. Thorndikes Untersuchungsmethode bestand in der Beobachtung des Lernverhaltens von Tieren, die unter kontrollierten Bedingungen mit ihnen bislang vollkommen unbekannten Aufgaben konfrontiert wurden; am bekanntesten wurden seine Lernexperimente an Hunden und Katzen unter Verwendung der von ihm selbst konstruierten «Problemkäfige» *(puzzle boxes)*. So wurden beispielsweise in einer bestimmten Versuchsreihe Katzen in einen Problemkäfig gesteckt, aus dem sie sich durch Drücken eines Hebels oder Ziehen an einer Schnur oder auch durch eine Folge derartiger Handlungen befreien konnten. Beim ersten Versuch verlegten sich alle Katzen auf «das übliche instinktive Kratzen, Drängen und Beißen». Bei einem späteren Durchlauf, bei dem die Tiere, um aus dem Käfig zu entkommen, ein Drückerschloss öffnen und gleichzeitig gegen die Tür drücken mussten, gelang es im Verlauf ihres (eindeutig planlosen) Sichmühens acht Katzen, den Drücker am Schloss niederzudrücken; nur sechs schafften es, irgendwann einmal den Drücker niederzuhalten und gleichzeitig gegen die Tür zu drücken, und nur drei von diesen kamen – allerdings erst nach wiederholten Versuchen – so weit, die Assoziation zwischen ihrem Tun und der Möglichkeit des Entkommens herzustellen. «Wer für Tiere die Fähigkeit zu schlussfolgerndem Denken reklamiert», bilanzierte Thorndike, «fand bisher die stärkste Stütze seines Anspruchs in erstaunlichen tierlichen Leistungen, die den unseren ähneln. Dergleichen könne nicht auf Zufall gründen, wird von jener Seite behauptet. Kein Tier könne durch Zufall lernen, eine Tür mit Schloss zu öffnen. Dieser Argumentation wäre mit einem Schlag die ganze Grundlage entzogen, sollten Tiere tatsächlich durch Zufall lernen, solche Dinge zu tun. *Und ganz ohne Frage lernen sie es so.*»

DER KLUGE HANS, DER GROSSE SPIELVERDERBER

Keine dramatischere Probe auf das von Thorndike erarbeitete Exempel hätte man sich vorstellen können als den «Klugen Hans», ein Pferd, das fast zur gleichen Zeit, als Thorndike die zitierten Sätze niederschrieb, in Berlin Schlagzeilen machte. Die Geschichte vom Klugen Hans hat es in der seither vergangenen Zeit in der Tierpsychologie und der Ethologie zum warnenden Beispiel Nummer eins gebracht. Hans verdankte seinen Ruhm seiner Fähigkeit, mathematische Probleme zu lösen – und zwar nicht nur einfachste arithmetische Aufgaben, sondern auch kniffligere Fragen wie etwa die nach der Summe von 25 und 45 oder den Divisoren von 28. Hans konnte darüber hinaus die Zeit von der Uhr ablesen, Musikstücke anhand der Partitur identifizieren und Fragen zur europäischen Politik beantworten. Die Lösungen mathematischer Probleme gab er durch abgezähltes Scharren mit dem Huf an, auf Fragen anderer Art antwortete er mit «ja» oder «nein» mittels Nicken beziehungsweise Kopfschütteln. Hansens Besitzer, ein älterer Schulmeister namens Wilhelm von Osten, hatte dem Tier mit viel Geduld alles, was es jetzt wusste und konnte, beigebracht, indem er seinen vierbeinigen Schüler jedes Mal, wenn der die richtige Antwort gab, mit einem Stück Würfelzucker belohnte. Herr von Osten war alles andere als ein Schwindler oder Gaukler, vielmehr ein Ehrenmann, der felsenfest von dem Wissen und Können seines Pferdes überzeugt war.

Und er blieb keineswegs der Einzige mit dieser Überzeugung. Ein zeitgenössischer Psychologe notierte, dass viele Zoologen in Hansens Fähigkeiten die Bestätigung für die prinzipielle Gleichheit von menschlichem und tierlichem Geist sahen – eine Lehre, die «seit den Tagen Darwins immer mehr Anhänger gewinnt».

Schließlich ging die Preußische Akademie der Wissenschaften Hansens außergewöhnlichen Talenten mit einer Untersuchung auf den Grund. Als außergewöhnlich entpuppten sie sich dabei in der Tat, aber nicht in dem Sinn, wie alle Welt geglaubt hatte. Schlüsselwert hatte der Befund, dass Hans nicht imstande war, Fragen richtig zu beantworten, wenn niemand im Raum war, der die richtige Antwort wusste – wenn beispielsweise zwei Personen unabhängig voneinander und füreinander nicht vernehmlich Hans Zahlen zuflüsterten, die er addieren sollte. Folgender Sachverhalt schälte sich heraus: Unter unkontrollierten Bedingungen pflegten Fragesteller unwissentlich Hinweise auszusenden, die Hans zur richtigen Antwort lenkten – etwa indem sie in Erwartung der richtigen Antwort kaum merklich den Kopf hoben oder sich während Hansens Zählaktion versteiften und in dem Augenblick, wenn sein Scharren mit dem Huf die richtige Zahl erreicht hatten, sich kaum merklich entspannten. Wer die Antwort schon im Voraus kannte, war naturgemäß in gewissem Grad gespannt, ob Hans darauf kommen würde, und verriet mit einem – ihm selbst unbewussten, aber für Hans wahrnehmbaren – Signal, wann das Pferd den kritischen Punkt erreicht hatte.

Als gesellige, in Herden lebende Tiere haben Pferde sich an eine ungeschützte Umwelt angepasst und dabei eine außerordentliche Fähigkeit entwickelt, innerhalb kürzester Zeit noch die kleinsten visuellen Signale ihrer Gefährten wahrzunehmen und auszuwerten. In dieser Beziehung war Hans ohne Zweifel «klug». Er war in der Lage gewesen, durch Lernen eine Unzahl sehr subtil verknüpfter Assoziationen herzustellen. Er hatte herausgefunden, dass er ein Stück Zucker erhielt, wenn er auf bestimmte Signale hin sein Scharren umgehend einstellte. Aber von Quadratwurzeln, habsburgischen Königen und Beethoven «wusste» er in Wahrheit nicht die Bohne.

Aus der Geschichte war eine einfache Lehre zu ziehen (oder hätte zu ziehen sein sollen): Wir lassen uns leicht blenden durch die Fähigkeit von Tieren, aus den in ihrer Umgebung unwillkürlich ausgesandten Hinweisen zu lernen. Und besonders leicht lassen wir uns blenden, wenn der Lernerfolg eine Form hat, die bei oberflächlicher Betrachtung sich in nichts von menschlichem Tun zu unterscheiden scheint.

Neomentalisten wie zum Beispiel Savage-Rumbaugh beschweren sich entrüstet, die Geschichte vom Klugen Hans sei Teil der Verschwörung zur Entrechtung der Tiere geworden. James L. Gould, ein Schüler Donald Griffins, bemerkte zu der Kluger-Hans-Affäre, dass «mit einsetzender Publizität der Geschichte jedwede Andeutung, Tiere könnten irgendwelche angeborene Intelligenz besitzen, einem Tritt ins Fettnäpfchen gleichkam. Behavioristen begannen den Fall als Beweis dafür zu zitieren, dass alles, was nichtmenschliche Wesen tun, schlicht und einfach Resultat von Instinkten ist, die ihnen von Geburt an einprogrammiert sind.» Doch das ist eine seltsame Beschwerde. Kein Wissenschaftler äußerte jemals auch nur vermutungsweise, der Kluge Hans habe nichts *erlernt* oder gehorche lediglich einprogrammierten Instinkten. Er hatte nur just das nicht erlernt, was allzu bereitwillig anthropomorphisierende Leute *glaubten*.

In der Kluger-Hans-Episode war der Anthropomorphismus weniger die Ursünde als die Vertuschung der Sünde. Die Ursünde lag in einer Versuchsanordnung, die das Tier nicht vor ungewollten Orientierungshilfen abschirmte; der Anthropomorphismus lieferte lediglich im Anschluss daran eine oberflächlich einleuchtende Erklärung, die eine Vielzahl solcher Sünden zu verdecken vermochte. Bei den meisten Verhaltensforschern ist der Anthropomorphismus eben deshalb verpönt, weil er Forscher mit einer allzu glatten Erklärung von der nicht immer einfachen Pflicht entbindet, noch tiefer zu bohren, um alternative Erklärungen oder «konfundierende» (das Bild verfälschende) Variablen aufzuspüren. Dem Tier Verstand und Begreifen zu konzedieren, schien die perfekte Erklärung für das Können des Klugen Hans zu sein – wozu da noch weitersuchen?

Das ungewollte, unbewusst gegebene Orientierungszeichen ist nur einer von zahlreichen verfälschenden Faktoren, die eine weitergehende Nachforschung ja nun *tatsächlich* ans Licht gebracht hat. Ein verwandter Faktor, der ebenfalls viele Experimente verpfuscht (darunter, wie wir sehen werden, nicht wenige, die speziell zur Untersuchung kognitiver Prozesse entworfen wurden), ist ungenaue Versuchsplanung. Das oben erwähnte Experiment, bei dem Kapuzineraffen auf ihre Fähigkeit zur Bildung der Kategorien «Person» und «Nichtperson» getestet wurden, bietet sich hier als ein gutes Beispiel an. Die Anfangsresultate schienen ungemein viel versprechend; die Affen zeigten sich in der Lage, 75 Prozent der neuen Dias, die ihnen gezeigt wurden, in die richtige Kategorie einzuordnen. Doch stets des Klugen Hans eingedenk hatten sich die Experimentatoren von Anfang an klargemacht, dass es einfach keine Gewähr dafür gibt, dass die dem Anschein nach untadelige Leistung eines Tieres von denselben Kategorien gesteuert ist, die der menschliche Versuchsleiter sich gebildet hat und wahrnimmt. Die Experimentatoren bemühten sich, so viele Orientierungszeichen, wie ihnen nur einfielen, unter Kontrolle zu bekommen. Vielleicht reagierten die Affen gar nicht auf das jeweilige Bildobjekt, sondern auf den Helligkeitsgrad der einzelnen Bilder? Vielleicht waren es irgendwelche Objekte im Bildhintergrund, anhand deren die Affen ihre «Kategorisierung» trafen? Fragen und Zweifel genau dieser Art bewogen die Experimentatoren, mit der Untersuchung auch dann noch weiterzumachen, als sie ihre eindrucksvollen positiven Ergebnisse in den Händen hielten. Und dabei stießen sie auf ein klassisches Kluger-Hans-Phänomen: Eine nachfolgende Analyse der von den Affen gemachten Fehler brachte einen höchst amüsanten Sachverhalt ans Licht. Bei den von den Affen fälschlich in die Kategorie «Person» eingeordneten Dias enthielt das Bild in einer signifikanten Zahl der Fälle an irgendeiner Stelle einen Klecks Rot. Und die Nichtperson-Dias, die sich am häufigsten in die Kategorie «Person» verirrten, waren diejenigen, bei denen der Klecks Rot mit zum Erscheinungsbild eines Tieres oder einer Pflanze gehörte. Mit anderen Worten, die Affen bedienten sich offenbar bei weitem nicht derselben Kategorien wie die Experimentatoren, oder zuallermindest kategorisierten sie die Bilder nach einem ganz anderen Kriterienkatalog, als die Menschen, die den Test entworfen hatten, sich das vorstellten.

Eine weitere konfundierende Variable, die durch eine anthropomorphisierende Interpretation verdeckt werden kann, sind von früher her mitgebrachte Erfahrungen beziehungsweise durch vorausgegangene Konditionierung erlerntes Verhalten. Ein einschlägiges Beispiel sind Wolfgang Köhlers berühmte Experimente mit Schimpansen um die Zeit des Ersten Weltkriegs. Der deutsche Psychologe monierte an Thorndikes Problemkäfigexperimenten, dass die Tiere aufgrund der Machart der Fluchtmechanismen gar keine andere Wahl hatten, als zur Problemlösungsmethode von Versuch und Irrtum zu greifen, da ihnen ja der Mechanismus selbst verborgen blieb. Um feststellen zu können, ob Tiere in der Lage sind, nicht nur durch Zufall beim planlosen Herumprobieren, sondern auch durch Einsicht zu einer Lösung zu kommen, entschied Köhler selbst sich dafür, seine Probanden vor Probleme zu stellen, deren Lösung förmlich vor ihren Augen lag. Beispielsweise sah eine seiner «Intelligenzprüfungen an Menschenaffen» so aus, dass vor dem Gitter eines Schimpansenkäfigs außerhalb der Reichweite des Insassen eine Banane gelegt wurde. In dem Käfig lag allerdings ein Stock, mit dessen Hilfe die Frucht in Reichweite herbeigeangelt werden konnte. Bei einer erschwerten Variante war die Banane nur mit einem Stock zu angeln, der zuvor aus zwei mit den Enden ineinander passenden Teilstücken zusammengesteckt werden musste. Köhler kam zu dem Ergebnis, dass einige seiner Schimpansen das jeweilige Problem wirklich durch Einsicht lösten. Die unterschiedliche Aufführung von Thorndikes Tieren auf der einen und Köhlers Tieren auf der anderen Seite animierte Bertrand Russell zu dem augenzwinkernden Kommentar: «Alle Tiere unter sorgfältiger Beobachtung [...] verhalten sich so, wie es dem Nationalcharakter des Beobachters entspricht. Von Amerikanern untersuchte Tiere wetzen wie wild herum, entwickeln eine unglaubliche Geschäftigkeit und Energie und bringen es schließlich durch Zufall zu dem gewünschten Ergebnis. Tiere unter deutscher Beobachtung sitzen regungslos da und denken nach, um schließlich die Lösung aus den Tiefen ihres Bewusstseins zutage zu fördern.»

Indes hat sich inzwischen herausgestellt, dass Köhlers germanisierte Schimpansen die Lösung *nicht* aus Bewusstseinstiefen hoben. Probanden, die vor einem solchen Experiment niemals Gelegenheit zum Spielen mit Stöcken gehabt haben, kommen nicht darauf, die im Test angebotenen Stöcke als Angelwerkzeug zu verwenden. Und Schimpansen, denen man Stöcke überließ, begannen auf der Stelle, mit ihnen zu spielen, selbst wenn weit und breit kein Problem zu sehen war, das hätte gelöst werden müssen; derlei «beziehungsloses» Verhalten ist bei Menschenaffen außerordentlich verbreitet. (Im Rahmen eines Versuchs erhielten 48 Schimpansen Stöcke, die ineinander gesteckt werden konnten, und binnen einer Stunde hatten 32 der Tiere aus ihren jeweils zwei Stöcken einen gemacht.) Nur weil sie zuvor einmal eine solche Gelegenheit gehabt hatten, auf dem Weg von Versuch und Irrtum zu lernen, was ein Stock vollbringen kann, waren Köhlers Schimpansen dann in der Lage, Stöcke bei der Problemlösung einzusetzen. Wieder einmal hatte in diesem Fall die Bereitschaft, Einsicht als Erklärung für tierliches Verhalten zu akzeptieren – ein sehr menschliches (und nicht nur deutsches) Deutungsmuster, weil wir wissen, dass wir selber Probleme auf diese Weise lösen –, zur Blindheit gegenüber dem Wert des Experiments geführt.

Von Glück und Zufall zu sprechen, um augenscheinliche eindrucksvolle Verstandesleistungen von Tieren für ebendies: bloßen Augenschein zu erklären, hört sich vielleicht nach einem Widerspruch um des bloßen Widerspruchs willen an, nach einem an den Haaren herbeigezogenen Gegenargument, zu dem allenfalls greift, wer zwar keine guten Gründe hat, aber um jeden Preis Recht behalten will. Allein, es ist ein völlig legitimes und sachhaltiges Argument gegenüber anekdotischem Material – zumal gegenüber Anekdoten, die aus vielleicht Tausende Stunden Beobachtung repräsentierenden Materialien just darum herausgepickt wurden, weil sie bemerkenswerte Fälle von menschlicher Geistesleistung analogem Denken oder Vorausplanen oder Problemlösen zu dokumentieren schienen. Es ist nicht einfach pedantische Rechthaberei, wenn man feststellt, dass vieles, was wie eine Geistesleistung aussieht, *in Wirklichkeit* nur ein Glückstreffer ist. Wer beim Derby auf das Siegerpferd gesetzt hat, kann hinterher viel Spaß damit haben, seinen Freunden das Hintergrundwissen und die brillanten Berechnungen zu «erklären», auf denen seine Entscheidung basierte, obschon er in Wahrheit einzig nur darum auf jenes Pferd getippt hat, weil es genauso hieß wie eine alte Flamme von ihm. Und Tag für Tag tippt eine Unzahl von Menschen beim Wetten richtig.

Einer eifrig kolportierten Anekdote zufolge machte Washoe, der erste Schimpanse, der ASL (American Sign Language, die amerikanische Taubstummensprache) «erlernte», beim Anblick eines Schwans die Zeichen «Wasser» und «Vogel». Es war eine im Repertoire der Schimpansendame ganz neue Zeichenkombination, in der sich mithin kreative Einsicht zu manifestieren schien. Mag sein, dass dies der Fall war; bedenkt man jedoch, wievielmal Washoe in nichts sagender und sinnloser (oder quälend repetitiver) Weise Zeichen produzierte, kann es kaum überraschen, dass unter ihren neuartigen Zeichenkombinationen das eine und andere Mal auch eine war, die sinnvoll wirkte – zumal man sich darauf verlassen kann, dass alles, was an derartigen Zufallsfügungen auftrat, eifrigst zu Protokoll genommen und der staunenden Öffentlichkeit zur Kenntnis gebracht wurde, nicht so jedoch die

Nichtigkeiten. Außerdem wurde von anderer Seite darauf hingewiesen, dass zu dem Zeitpunkt, als Washoe in Zeichensprache
«Wasser»+«Vogel» anzeigte, in ihrer Umgebung sowohl Wasser als
auch ein Vogel zugegen waren, sodass vielleicht eine noch einfachere Erklärung der Zeichenkombination möglich ist.

Der Kluge Hans veranschaulicht schlagend, wie man sich just
mit dem Abrichten eines Tieres zum Zwecke der Demonstration
einer höher entwickelten geistigen Fähigkeit selbst ein Bein stellen kann. Forscher, die sich vorgenommen haben, den Beweis für
ihre Sache zu erbringen, sind außerordentlich anfällig dafür, ihren Demonstrationsobjekten unbewusst die erwünschten Resultate zu verraten, und die Tiere produzieren dann unter Umständen
– siehe Kluger Hans – mit unglaublichem Geschick ein mehr als
passables Imitat der gesuchten Fähigkeit. Behandeln Sie Ihren
Hund, als ob er ein Mensch wäre, und er wird versuchen, sich wie
einer aufzuführen, eben weil Sie ihn für menschenähnliches Verhalten mit Zuwendung belohnen. Wenn Sie jedesmal in Oh- und
Ah-Rufe ausbrechen, sobald Ihr Hund gebannt vor der Kiste sitzt,
aus der gerade Pavarotti seine Kunst verbreitet, hat das Tier keine
Mühe, die Assoziationsbrücke zwischen seinem Verhalten und
der Belohnung aufzubauen. Manche Hunde lernen rasend
schnell, sich regelmäßig zu übergeben, wenn sie dafür jedes Mal
die Belohnung erhalten, dass ein Riesenwirbel um sie gemacht
wird. Der Fall ist so häufig, dass Veterinärmediziner bereits von
einem «Syndrom des habituell erbrechenden Haustiers» sprechen.
Verhaltenswissenschaftler, die sich für den mentalistischen Er-
klärungsansatz stark machen, sind verständlicherweise verärgert
darüber, sich immer wieder gegen derartige Einwände verteidigen zu müssen – von denen indessen niemand behaupten kann,
dass sie der Grundlage entbehrten. Wer die Lehre des Klugen
Hans nicht beherzigt, ist dazu verurteilt, von seinen Affen zum
Affen gemacht zu werden.

1 WER IST DER INTELLIGENTESTE VON ALLEN?

Die Frage, die fast jeder stellt, wenn es um Geist und Psyche der Tiere geht, lautet: Wie intelligent sind sie eigentlich? Eine Frage, die vor einem Jahrhundert, in der Frühzeit der vergleichenden Psychologie, auch schon die Pioniere dieses Wissenschaftszweigs beschäftigte. Da die Intelligenz ein quantifizierbarer, im Test überprüfbarer Parameter zu sein schien, glaubte man, mit der Untersuchung der Effizienz von Tieren beim Problemlösen den Königsweg zur Ergründung ihrer mentalen Prozesse zu beschreiten.

Im Tierreich eine auf der relativen Intelligenz der einzelnen Arten basierende Rangordnung aufzurichten passte zudem ausgezeichnet in die Vorstellungswelt zahlreicher populärer, wenn auch in nicht wenigen Fällen grauenhaft verzerrter Auffassungen der Theorie Darwins, die im ausgehenden neunzehnten Jahrhundert im Schwange waren und noch heute nicht ganz verschwunden sind. Zu den zählebigsten falschen Vorstellungen von der Evolution gehört auch die, das Leben auf dem Planeten stelle so etwas wie eine Stufenleiter des Fortschritts von niederen zu höheren Formen dar. In einer gedanklich besonders wirren Variante hat diese Ansicht sich das so genannte Rekapitulationsgesetz oder biogenetische Grundgesetz des deutschen Zoologen Ernst Haeckel (1834–1919) einverleibt, demzufolge die evolutionäre Aufwärtsentwicklung sich in der Entwicklung der «höheren» Lebewesen von der Eizelle bis zum voll ausgebildeten Individuum widerspiegelt; in Haeckels eigenen Worten: «Die Reihe von Entwicklungsformen, welche ein Individuum während seiner Entwicklung (Ontogenie) von der Eizelle an bis zu seinem ausgebildeten Zustand durchläuft, [ist] eine kurze, gedrängte Wiederholung der langen Formenreihe [...], welche die Vorfahren desselben Organismus oder die Stammformen seiner Art von den ältesten Zeiten an bis auf die Gegenwart durchlaufen haben.» Zum Schlagwort verkürzt: «Die Ontogenese rekapituliert die Phylogenese.» Dieses «biogenetische Grundgesetz» ist für die moderne Biologie schlichtweg ein Muster ohne Wert. Dennoch taucht es immer mal wieder aus der wissenschaftsgeschichtlichen Mottenkiste auf, und ohne Zweifel stellen sich die meisten Menschen die Evolution am ehesten in diesem Sinne vor: als eine Rangstufenleiter, auf der einzelne Arten eine höhere, andere nur eine niedrigere Position erreicht haben.

Eine paradigmatische Veranschaulichung dieser Denkweise lieferte George Romanes, der große Sammler von Tieranekdoten unter den britischen Psychologen des neunzehnten Jahrhunderts, mit einer von ihm ausgetüftelten Tabelle der «geistigen Entwicklungsstufen» von Tieren und der Rangverhältnisse zwischen ihnen. Um sein Bild von der Stufenleiter geistiger Rangpositionen im Tierreich noch prägnanter zu machen, setzte er jede Stufe mit einem Stadium der geistigen Entwicklung des menschlichen Individuums in Parallele. Nachstehend ein Auszug aus Romanes' Tabelle (in der ersten Spalte die Nummer der jeweiligen Rangstufe in aufsteigender Zählung, in der letzten das entsprechende Stadium in der Entwicklung des menschlichen Individuums):

28. Schemenhafte Moralvorstellungen	Menschenaffen und Hund	15 Monate
27. Werkzeuggebrauch	Affen, Katze und Elefant	12 Monate
26. Verstehen von Funktionszusammenhängen	Fleischfresser, Nager und Wiederkäuer	10 Monate
25. Bilderkennen, Verstehen von Wörtern Träumen	Vögel	8 Monate
24. Ideenkommunikation	Hautflügler [Bienen, Ameisen]	5 Monate
23. Erkennen von Personen	Reptilien und Kopffüßler	15 Monate
22. Schlussfolgerndes Denken	Höhere Krebstiere	14 Monate
21. Assoziation aufgrund von Ähnlichkeit	Fische	14 Wochen
18. Primärinstinkte	Insektenlarven	3 Wochen

17. Gedächtnis	Stachelhäuter	1 Woche
	[Seestern usw.]	
7. Nicht durch Nerven-	Einzeller	Embryo
zellen vermittelte		
Anpassungen		
3. Protoplasma-Bewegungen	Protoplasma-Organismen	Ei und
		Sperma

DER IQ VON TIEREN

Diese Betrachtungsweise hat zwei essenzielle Mängel. Der eine liegt in der Grundannahme, dass einige Arten höher «entwickelt» seien als andere. Wir folgen vielleicht einer «natürlichen» Tendenz unseres Denkens, wenn wir uns vorstellen, dass Affen auf der stammesgeschichtlichen Stufenleiter höher rangieren als Katzen und diese wiederum höher als Ratten. Tatsache ist jedoch, dass Primaten, Carnivoren und Nager zum gleichen Zeitpunkt von einer gemeinsamen Abstammungslinie abzweigten. «Entwickelt» sind sie alle in gleichem Maß. Der verzweigte Baum der Evolution hat nicht nur einen, sondern Millionen Kulminationspunkte – nämlich einen in jeder heute auf der Erde lebenden Art. Jede Spezies ist in ihrer Nische ein glänzender Erfolg. Die Vorstellung, dass die Fische momentan auf Stufe 21 festsitzen und mit aller Macht versuchen, auf Stufe 22 aufzusteigen, ist in evolutionsgeschichtlicher Sicht barer Unsinn. Die Fische sind durch eine Jahrmillionen während Evolution ihrer eigenen, sehr speziellen ökologischen Nische angepasst. Dazu mussten sie sich ebenso lange entwickeln wie wir. Keineswegs sind sie bloß Beispiele einer halb fertigen Evolution, deren Kulminationspunkt der Mensch (womöglich gar der nordische) wäre.

Die zweite Schwachstelle liegt in der stillschweigenden Voraussetzung, dass Intelligenz eine auf linearer Skala messbare Größe sei – und zwar auf einer Skala, deren Obergrenze durch die menschliche Intelligenz definiert ist. Fast überflüssig, zu sagen, dass Romanes, nachdem er die Stufen geistiger Entwicklung im Tierreich in Abhängigkeit von den geistigen Entwicklungsstadien des menschlichen Individuums definiert hatte, zwangsläufig bei einer durch und durch anthropozentrischen Definition von Intelligenzgraden anlangte. Die «Merkmale der intellektuellen Entwicklung», die er für seine Tabelle auswählte, muten allesamt wie Elemente eines eklatant monozentrischen Begriffsuniversums an, dessen Mittelpunkt die menschliche Spezies ist. Aber wo haben in Romanes' Begriffssystem das Orientierungsvermögen der Tauben oder die Netzwebekunst der Spinnen oder die Nestbaukunst der Laubenvögel oder das Nahrungssammeln und -verstecken der Häher ihren Platz? Nirgends.

Etliche neuere Versuche, Intelligenz in universalen Kategorien zu definieren, sind nicht viel besser geglückt. Die gängigen Definitionen der Intelligenz betonen meistenteils Flexibilität, Kreativität und das Erkennen immanenter Strukturen und übergreifender Zusammenhänge. Manche Forscher, so Steven Pinker vom Massachusetts Institute of Technology, definieren Intelligenz in einer restriktiven Weise, die, so scheint es, Tiere ganz aus dem Rennen werfen müsste: Laut Pinker ist Intelligenz die Fähigkeit, zwecks Überwindung eines Hindernisses zu begreifen, wie etwas funktioniert.

Tiere beweisen nun freilich, wie wir noch sehen werden, keinerlei nennenswerte Fähigkeit zu begreifen, wie etwas tatsächlich funktioniert, zeigen sich aber nichtsdestoweniger enorm geschickt darin, bestimmte Leistungen zu vollbringen, indem sie ihre Aktionen an Informationen ausrichten, die sie aus der Umwelt empfangen. Sie treffen Entscheidungen, die flexibel und häufig situationsgerecht sind. Unbewusst im animalischen Geist (einschließlich des unseren) operierende Algorithmen bringen etwas hervor, was wir, ohne zu zögern, als Intelligenz bezeichnen würden, wenn wir es an einem Roboter beobachteten. Die Bewegungen von vier Beinen auf unebenem Untergrund zu koordinieren und gleichzeitig Hindernissen auszuweichen ist ein anspruchsvolles Rechenproblem. Dieserart automatische Erledigung von Aufgaben beziehen wir normalerweise in unser Konzept von «Intelligenz» nicht mit ein – wieso eigentlich nicht?

Vom rein rechnerischen Gesichtspunkt aus betrachtet dürfte die Art von unbewusstem Denken, die es einem Tier ermöglicht, einen Fressfeind zu identifizieren und zu Fluchtverhalten überzugehen, bestimmt mehr Gehirnschmalz erfordern als die Lösung der Aufgabe, eine Dreiergruppe von einer Vierergruppe zu unterscheiden. Ist jene Leistung bloß ein hirnloser Reflex und nur diese eine Manifestation von Intelligenz?

Als weitere riesige Hürde stellen sich dem Versuch einer ehrlichen, voraussetzungslosen Bewertung der tierlichen Intelligenz jene stillschweigenden Vorentscheidungen und Annahmen in den Weg, die in zahlreiche Tests zur Intelligenzmessung an Tieren eingebaut sind. An Intelligenztests für Menschen wird schon seit längerem ihre kulturelle Voreingenommenheit kritisiert. Zumal in den USA litten viele der anfangs gebräuchlichen IQ-Tests an diesem Manko; obwohl sie die «angeborene Intelligenz» zu messen vorgaben, schlossen sie Fragen ein, die nichts anderes maßen als die Vertrautheit mit der Mittelklasse-Kultur der Mittelklasse-Psychologen, deren Gehirnen diese Tests entsprungen waren. So wurden zum Beispiel während des Ersten Weltkriegs Rekruten der US-Army in Tests mit Fragen konfrontiert wie: «Washington verhält sich zu Adams wie Nummer 1 zu ...?» Bei anderen Punkten des Tests bestand die Aufgabe darin, fehlende Details in Bilder von Gegenständen einzuzeichnen: die Briefmarke auf einen adressierten Briefumschlag, das Netz auf einen Tennisplatz, den Glühfaden in eine Glühbirne, den Schalltrichter auf ein Grammophon damaliger Zeit. Was Wunder, dass viele frisch in die Staaten Immigrierte nicht besonders gut abschnitten und als «schwachsinnig» oder «debil» eingestuft wurden. Die wenigsten in dieser Gruppe dürften jemals einen Tennisball über ein Netz geschlagen haben.

Die Unterschiede zwischen den Kulturen in der Menschenwelt verblassen jedoch vor den Unterschieden zwischen den Arten im Tierreich. Tiere unterscheiden sich im Naturell, im Wahrnehmungsvermögen, in der Motivation, im Sozialverhalten, und alle diese Faktoren beeinflussen ihre Leistung in Tests, denen wir sie eventuell unterziehen.

WER IST SCHLAUER – DER SCHÄFERHUND ODER DIE SCHAFE?

Schafe stehen im Ruf der Dummheit. Border-Collies stehen in dem Ruf, schlaue Tiere zu sein. Indes sagen diese beiden Gemeinplätze vielleicht mehr über unseren untergründigen Hang zum Vorurteil aus als über die untergründige Intelligenz jener Tiere. An Hunden, das darf man nicht vergessen, beeindruckt uns mit in erster Linie der Gehorsam, den sie uns bezeigen. Um es mit einem Gran Zynismus auszudrücken: Einen Hund oder ein Pferd nennen wir schlau, wenn sie tun, was wir von ihnen verlangen. Doch von den störrischen Hunden oder Pferden – die sich von uns als dumm beschimpfen lassen müssen – sind in Wirklichkeit viele nicht ein Jota weniger intelligent als ihre «schlauen» Artgenossen. Ebenso schnell, wie die schlauen gehorchen lernen, lernen die dummen, sich dumm zu stellen. Wir sind in der Regel beeindruckt von einem Hund, der eine Schafherde vor sich hertreibt und sich auf Zuruf blitzartig hinlegt. Was uns nicht im Mindesten imponiert, ist ein Hund, der sechs Wochen Hundeschule absolviert hat, mit dem einzigen Erfolg, dass er alsbald beginnt, das Kommando «Hierher!» selektiv zu überhören, nämlich immer dann, wenn er intensiv damit beschäftigt ist, in Nachbars Garten herumzuschnuppern, herumzugraben und das Bein zu heben. Doch in beiden Fällen ist die «Intelligenz» hinter dem Verhalten gleich groß, wie sich plausibel begründen lässt. Ja, vom rein lerntechnischen Standpunkt aus gesehen könnte das letztere Verhalten sogar als der größere Lernerfolg bewertet werden, denn der zweite Hund hat gelernt, den Vollzug eines antrainierten Verhaltensmusters unter Vorbehalt zu stellen: Komme auf Befehl, es sei denn, du bist weit weg von dem Befehlsgeber und die unmittelbaren Belohnungen, die sich aus dem Ignorieren des Befehls ergeben, sind größer als diejenigen, die dessen Befolgung einbringen könnte.

Gleicherweise beherrschen widerspenstige Pferde in vielen Fällen eine durchaus differenzierte erlernte Assoziation – nur eben nicht die, die wir ihnen beibringen wollten. Ein ungebärdiges

Pferd, dessen Kapriolen dem Reiter Angst machen und ihn veranlassen, die Übungsstunde abzubrechen und das Tier in den Stall zurückzubringen, hat schlauerweise gelernt, eine Assoziation herzustellen zwischen anarchischem Verhalten seinerseits und der unmittelbaren Belohnung, nicht weiterarbeiten zu müssen. In unseren Augen ist das Pferd nicht lernfähig, in Wirklichkeit jedoch hat es sich als höchst gelehrig erwiesen.

Der Unterschied zwischen einem «schlauen Hund» und einem «dummen Hund» ist zu einem großen Teil eine Sache unterschiedlicher Naturelle – und ein Kunstprodukt unserer egozentrischen Definition der Intelligenz von Hunden. Hunde, die mit ihrem Verhalten Dominanz demonstrieren, sind nicht abrichtbar, denn sie akzeptieren unsere Autorität nicht. Allzu scheue oder überängstliche Pferde sind nicht abrichtbar, weil sie überwiegend emotional reagieren und bei Bestrafung aus der ganzen Situation auszubrechen suchen. Dass die meisten Hunde und Pferde abrichtbar sind, hat seinen Grund hauptsächlich darin, dass diese Spezies hochgradig vergesellschaftet und die Individuen daher auf stimmliche und körperliche Signale von Dominanz und Unterwerfung eingestellt sind; Hunden wie Pferden ist der Instinkt angeboren, sich dem Willen des Rudel- beziehungsweise Herdenführers zu unterwerfen. Das wenigste von dem, was wir von ihnen verlangen, widerstrebt ganz oder auch nur teilweise ihren natürlichen Neigungen. Hunde im Allgemeinen können an das Leben in der Wohnung gewöhnt werden, weil sie Höhlenbewohner mit ausgeprägtem Trieb zur Reinhaltung des eigenen Nestes sind. Man kann ihnen beibringen, «Pfötchen zu geben», weil dieserart Heben der Pfote bei ihnen eine angeborene Unterwerfungsgeste ist. Border-Collies können zum Schafehüten abgerichtet werden, weil sie über Generationen hinweg einer Selektion unterzogen wurden, die das aus dem Jagdinstinkt der Wölfe herstammende Element des Einkesselns von Beutetieren verstärkte. Man hört oft bewundernde Kommentare, wie klug doch so ein Border-Collie sei, weil er die Schafe nicht angreife und fresse – was doch ganz seinem angeborenen Instinkt zuwiderlaufe. Das tut es ganz und gar nicht. Haben doch viele Hunde überhaupt kein Interesse an der Beutejagd mehr; Hirtenhunde, wie zum Beispiel der Pyrenäen-Berghund und der Maremmaner, sind durch Züchtung inzwischen so weit, dass sie Schafe eher als Milchgeschwister denn als Beutetiere betrachten und fremden Störenfrieden angriffslustig begegnen. Klugheit spielt dabei nicht die geringste Rolle.

Was die Schafe angeht, die wir als dumm abqualifizieren, so sind sie durchaus lernfähig und können sogar einzelne Menschen am Gesicht identifizieren, lernen mit wacher Auffassungsgabe rasch, sich auf einen neuen Fütterungsrhythmus einzustellen, und finden unfehlbar jedes Loch im Zaun. Zwar trauen die meisten Menschen den Schafen nicht zu, dass sie zu irgendetwas abgerichtet werden könnten, tatsächlich jedoch kann man den Herden auf Farmen in wenigen Unterrichtsstunden (mit geeigneten Futterbelohnungen) mühelos beibringen, auf Rufen herbeizukommen, und Ausstellungstiere werden routinemäßig dazu abgerichtet, an der Leine zu gehen und sich dem Richter zur Begutachtung zu präsentieren.

Obwohl gleich Pferden und Hunden vergesellschaftete Tiere mit einer Dominanzhierarchie, sind Schafe sehr scheue und furchtsame Kreaturen – bei einem kleinen Beutetier eindeutig ein adaptives Merkmal –, zudem ermangeln sie des Ausdrucksrepertoires stimmlicher und körperlicher Signale, über das jene Spezies verfügen, sodass sie für den Aufbau und Erhalt der Hierarchie stärker auf direkten Körperkontakt angewiesen sind. Das alles zusammen bedeutet, dass es einfach schwieriger ist, ihnen die Assoziationen beizubringen, die wir ihnen womöglich gern beibringen würden. Indes konstruieren wir hier eine falsche Polarität, denn Tatsache ist, dass es gar nicht viel gibt, was wir Schafen beibringen *wollen*. Ihr Naturell und ihre Körpergröße prädestinieren sie einfach nicht für Funktionen vergleichbar denen von Pferden und Hunden (es gibt Wachhunde, aber kann man sich ein «Wachschaf» vorstellen?), also kommen wir gar nicht erst auf die Idee, sie abrichten zu wollen. Gesetzt den Fall, jemand zieht in seiner Wohnung ein Lamm auf und es fällt ihm dies und das ein, was er seinem Pflegling beibringen möchte, so gibt es keinen besonderen Grund, zu bezweifeln, dass er damit – sachgerechtes Vorgehen vorausgesetzt – Erfolg haben würde.

Interessant ist, dass wir den Katzen das Zugeständnis machen, das wir den Schafen verweigern: Die meisten Katzenbesitzer legen für die Intelligenz ihrer Tiere die Hand ins Feuer, wenngleich sie zugeben, dass sie zu nichts abzurichten sind. Auch hier greift die evolutionsgeschichtliche Erklärung: Katzen sind keine vergesellschafteten Tiere und standen im Lauf ihrer Stammesgeschichte niemals unter dem Zwang, das komplexe, mit raffinierten Droh- und Beschwichtigungsritualen gespickte System von Dominanz und Unterwerfung zu entwickeln, das ein so vorzügliches Instrument zur Wahrung des Friedens in einer großen Gruppe ist. Wir spielen der Natur der Sache nach die Rolle des Rudel- oder Herdenführers, wenn wir einen Hund beziehungsweise ein Pferd dazu bringen, sich kampflos unserem Willen zu beugen, aber in der ökologischen Nische der Katze existiert diese Rolle nicht.

In den Fabeln und Legenden der Menschheit gelten vornehmlich solche Tiere als intelligent, die sich durch scharfes Sehvermögen (die weise Eule) oder geschickte Hände (Affe) beziehungsweise behände Vorderfüße (Fuchs) auszeichnen. Und auch bei den bisherigen Versuchen, eine «wissenschaftliche» Bewertungsskala für Intelligenz zu entwickeln, scheint vielfach nichts weiter herausgekommen zu sein als eine Notenskala für den Faktor Sehschärfe. Wir sind selbst visuell orientierte Lebewesen, und andere Lebewesen, die sehen, was wir sehen, erscheinen uns schlau; Lebewesen, deren Orientierung eher auf dem Geruchssinn oder dem Gehör gründet, halten wir gern für trübe Tassen. Pferde scheuen leicht, weil der Bau ihrer Augen für die Bereitstellung eines Gesichtsfelds von nahezu 360 Grad optimiert ist – eine feine Sache, wenn es um die Früherkennung von möglichen Gefahren geht; aber diesen Vorteil bezahlen die Pferde mit verhältnismäßig schlechter Sehschärfe und verwischten Zonen im Gesichtsfeld, wo einzelne Gegenstände aus der Hintergrundwahrnehmung jäh in die Figurwahrnehmung umkippen können. «Du blöder Gaul», sagen wir, wenn das Tier plötzlich vor einem Briefkasten scheut, den es schon eine geraume Weile seelenruhig zu betrachten schien; der Sachlage besser angemessen wäre es, zu sagen: «Du Kreatur ohne die für das visuelle System des Menschen charakteristische Sehschärfe.» In dem langen Festhalten an der fixen Idee vom Hirnvolumen als einem Indikator der tierlichen – wie auch der menschlichen – Intelligenz spiegelt sich die Überzeugung, dass die Intelligenz eine Art Multifunktionssystem sei, das die einzelnen Organismen in einer mehr oder weniger leistungsstarken Ausführung mitbekommen hätten. Eine Korrelation zwischen Intelligenz und Gehirngröße ist inzwischen für den Menschen verlässlich als nichtexistent erwiesen und dürfte ziemlich offenkundig bei Tieren ein gleichermaßen bedeutungsloser Faktor sein; der Faktor, der sowohl von Mensch zu Mensch wie von Spezies zu Spezies am stärksten mit der Gehirngröße korreliert, ist die Körpergröße. Niemand würde ernsthaft behaupten wollen, dass große Menschen schlauer seien als kleine oder dass Elefanten um ein Vielfaches klüger seien als Hunde, weil Erstere ein um ein Vielfaches größeres Gehirn besitzen als Letztere. Das Hirnvolumen wächst mit der Körpergröße nicht zuletzt aus dem einfachen Grund, weil in größeren Körpern mehr sensorische Nervenfasern von überallher im Gehirn zusammenlaufen und vom Gehirn mehr efferente Fasern zur Steuerung der Muskeln ausgehen. Des Weiteren muss man sich darüber im Klaren sein, dass Zunahme des Hirnvolumens nicht notwendigerweise mit einer proportionalen Zunahme der Anzahl der Nervenzellen einhergeht. Mit dem wachsenden Abstand zwischen den Neuronen wächst auch die Dicke der «Kabel», die das verbindende Element zwischen ihnen darstellen. Wäre es anders, würden die Nervenimpulse bei der Überwindung dieser größeren Distanz zu sehr abgeschwächt werden. Das heißt, das Mehrvolumen des größeren Gehirns geht auch auf das Konto der «Verkabelung», und in erster Annäherung kann man sagen, dass die Zahl der Neuronen de facto unabhängig vom Gesamtvolumen des Gehirns ist. In einem größeren Gehirn sind einfach nur die Nervenzellen nicht so dicht gebündelt.

Selbstverständlich ist das nicht die ganze Geschichte. Sobald man anfängt, Reptilienhirne mit Vogelhirnen, Affenhirne mit Katzenhirnen oder Menschenhirne mit Schimpansenhirnen zu vergleichen, kommen Unterschiede in der Struktur und der Organisation des Zentralorgans in den Blick. Bei Pferden, Carnivoren, Affen, Menschenaffen und Menschen liegt die Gehirngröße in signifikantem Maß über der Kurve der Gehirngröße/Körpergröße-Relation. (Beim Menschen ist das Gehirn im Verhältnis zum Körpergewicht dreimal so groß wie bei anderen Primaten.) Die Hauptabweichung liegt freilich in der Größe der Großhirnrinde (Cortex) bei den Affen, den Menschenaffen und dem Menschen. Diese bei Säugern anzutreffende Umhüllung des Gehirns aus so genannter grauer Substanz (Nervenzellen und Nervenfasern) spielt die Hauptrolle bei der Verarbeitung von Informationen aus den Sinnesorganen und bei der Steuerung der Gliederbewegungen. Beim Igel macht der Cortex weniger als 30 Prozent des gesamten Hirnvolumens aus, bei Affen ungefähr 70 Prozent, bei Schimpansen 75 Prozent und beim Menschen 80 Prozent. Wäre der Cortex vergleichbar einer Lage glattes Zeitungspapier, die eine Grapefruit umhüllt, würde sein Gesamtvolumen mit zunehmendem Umfang der Grapefruit langsamer anwachsen als das der Grapefruit. Der Cortex ist aber vielfach gefaltet, und diese Faltung nimmt im Zuge des Gehirnwachstums ihrerseits zu, sodass seine gesamte Oberfläche sich in diesem Prozess dramatisch vergrößert. Stellt man sich die gefaltete und gewundene Hirnrinde des Menschen glatt gebügelt vor, so hat man, wie William Calvin bemerkte, eine Fläche des Formats DIN-A2 (vierfache Briefbogengröße) vor sich. Die Hirnrindenfläche eines Schimpansen entspricht einem DIN-A4-Blatt, die eines Affen hat Postkartenformat und die einer Ratte Briefmarkengröße.

Neurologische Untersuchungen führten zu der Erkenntnis, dass die Hirnrinde sich in Felder gliedert, die im Großen und Ganzen gesehen jeweils für eine bestimmte Funktion zuständig sind, und dass zwischen der Größe der für die einzelnen Sinnesfunktionen zuständigen Felder und der Wichtigkeit der jeweiligen Sinnesfunktion für das betreffende Lebewesen eine eindrucksvolle Korrelation besteht. Bei Affen als Tagtieren mit hoher Sehschärfe – die hier ein unerlässliches Hilfsmittel bei der Futtersuche ist und bei der Fortbewegung durch Baumkronen Kollisionen und Fehlgriffe vermeiden hilft – ist ein besonders großes Rindenareal («Sehrinde» oder «visueller Cortex» genannt) für die Sehfunktion reserviert. Bei den Katzen, Nachttieren, die zum Beutemachen in hohem Maß auf das Gehör angewiesen sind, hat die «Hörrinde» (der «auditorische Cortex») einen entsprechend großen Umfang. Im «motorischen» und «somatosensorischen Cortex» des Menschen sind ausgedehnte Zonen ausschließlich für die Bewegungen und die Tastempfindungen der Finger und der Händen zuständig; bei Neue-Welt-Affen ist analog dazu die «fünfte Hand», das zum Greifen benutzte Schwanzende, in größeren Rindengebieten repräsentiert. Das Vogelhirn besitzt zwar keine Rindenschicht, weist aber Strukturen auf, die anscheinend die gleichen Funktionen erfüllen wie der Cortex der Mammalia.

Andere Rindenbereiche scheinen am Lernen beteiligt; auch diese «Assoziationsfelder» sind offenbar in sich funktional differenziert. Wird aus dem Cortex eines Affen ein bestimmter Teil entfernt, hat er Schwierigkeiten, visuelle Aufgaben lösen zu lernen, beispielsweise zu erkennen, welche von zwei Schalen die Futterschale ist; Extirpationen an anderen Stellen beeinträchtigen die Fähigkeit, Dinge anhand von Geräuschen oder Berührungsempfindungen unterscheiden zu lernen.

SIND INPUT UND OUTPUT BESTANDTEILE DER INTELLIGENZ?

Reptilien und Amphibien sind unbestreitbar lernfähig (sogar Würmer sind es!); Versuche, zu beweisen, dass ein größerer Cortex oder größere Assoziationsfelder mit größerer Lernfähigkeit oder größerer allgemeiner Intelligenz gepaart sind, haben zu Ergebnissen geführt, die alles andere als eine klare Sprache sprechen. Wir stoßen hier auf zwei eng miteinander verwandte Probleme, ein methodologisches und ein philosophisches. Das philosophische besteht darin, dass – wir sahen es bereits – wir über keine zufrieden stellende Definition der Intelligenz verfügen. Die herkömmlichen Ansichten über die Sache gehen zwar in vielem auseinander, fußen aber im Großen und Ganzen auf der gemeinsamen Grundannahme, dass Intelligenz das ist, was man von der Gehirntätigkeit erhält, wenn man ihren Kern herausschält. Wenn man von der Tatsache abstrahiert, dass Lebewesen unterschiedliche Wahrnehmungs- und Manipulationsfähigkeiten haben, stößt man unter dieser Schale auf die Multifunktions-Rechen- und -Lernmaschine, in der die Intelligenz verkörpert ist. Es scheint nur natürlich, dass manche Lebewesen eine größere und schneller arbeitende Maschine haben als andere. Außerdem wird stets davon ausgegangen, dass diese Maschinen alle nach dem gleichen Prinzip funktionieren. Ist Intelligenz Sache eines *generellen* Schemas, dann müssen generelles Problemlösen und generelle Lernfähigkeit sich an allen Problemen gleich gut bewähren können. Ergo bedienten sich vergleichende Psychologen bis vor kurzem traditionell abstrakter Lernprobleme (Sortieren von Figuren, Merklisten) zur Überprüfung jener untergründigen Rechenleistung, einerlei in welcher besonderen Körperlichkeit sie verpackt ist.

Neuerdings wechseln jedoch Künstliche-Intelligenz-Forscher zunehmend auf die Position über, dass ein hochwichtiger Teil der Intelligenz gerade in den «Peripheriegeräten» steckt, die es dem Gehirn ermöglichen, in die reale Welt hineinzuwirken. Der springende Punkt ist, dass selbst ein superschneller Computer mit einer nach Gigabytes oder Terabytes messenden Kapazität an Arbeitsspeicher im Grunde dumm ist, solange er Input nur über einen Lochstreifen empfangen und Output nur an einen ausschließlich im Textmodus arbeitenden Schwarzweißmonitor ausgeben kann – seine Intelligenz gleicht weniger der eines Normalmenschen als vielmehr der eines *idiot savant*, der für abstrakte Probleme in einem bestimmten Bereich (Schachprobleme zum Beispiel) mit geradezu genialen Lösungen aufzuwarten vermag, aber ein klägliches Bild abgibt, wenn es um das allgemeine Bewusstsein von der Welt geht und um die Fähigkeit, sich mit wirklichen Problemen in der wirklichen Welt auseinander zu setzen – um die Dinge also, die (bis heute jedenfalls) den Unterschied zwischen Mensch und Roboter ausmachen. Die Fähigkeit, in der wirklichen Welt etwas zu leisten, baut auf den Fähigkeiten auf, genaue und vollständige Informationen zu rezipieren und wirkungsvoll darauf zu reagieren.

Diese Sicht führt zu einer Schlussfolgerung, die durchaus auf der Linie des Urteils liegt, das der «gesunde Menschenverstand» über die relative Intelligenz der Tiere fällt. Dass ein Menschenaffe gut kontrollierte Hände hat, ermöglicht ihm ja nun wirklich, ganz andere Probleme in Angriff zu nehmen, als ein Goldfisch es könnte. Der Grund für die guten Leistungen des Schimpansen im Werkzeuggebrauch dürfte allerdings weit weniger in einer angeborenen Vorzüglichkeit seiner zentralen Informationsverarbeitungsfähigkeit liegen als vielmehr in dem Umstand, dass er Hände und das Triebwerk dafür besitzt. «Wir haben nicht den geringsten Grund zu der Annahme, dass Hunde, wenn sie denn Hände hätten, diese nicht gebrauchen würden», meint Euan M. Macphail.

Mit anderen Worten: Was wir als Intelligenz apostrophieren, steckt zu einem Teil in Sinnes- und Bewegungsorganen und dem Kabelnetz der Steuerschaltung zwischen ihnen. Die Großhirnrinde ist mehr als nur ein passives mechanisches Verbindungsstück zwischen den Sinnesorganen und dem eigentlichen «Grips» der Operationen in dem zentralen Prozessor. In der geschilderten Sicht ist Intelligenz die Summe von Prozessorleistung plus Peripherieleistung. Wenn wir unter Intelligenz die Fähigkeit verstehen, wechselnde Herausforderungen der Umwelt mit effektiven Lösungen zu beantworten, dann ist diese Sicht ohne jede Frage die richtige. Betrachten wir als analoges Beispiel die Herausforderung, der sich eine Foxhound-Meute gegenübersieht. Füchse hinterlassen eine vielfach gewundene und äußerst unstete Geruchsfährte. Die Meute zerstreut sich im Gelände, um Witterung aufzunehmen; hat einer der Hunde die Fährte aufgenommen, gibt er Laut, woraufhin die anderen zu der fraglichen Stelle laufen und ihre Anstrengungen auf das umliegende Gebiet konzentrieren. Durch fortgesetzte Wiederholung des Vorgangs bleibt die Meute als Ganze dem Fuchs auf der Spur. Die Meute als ganze löst die Aufgabe sehr viel effektiver, als ein einzelner Hund es könnte, und zwar eben weil sie über viele zusätzliche Nasen verfügt und dazu über ein Kommunikationssystem, das diese Nasen immer wieder zum nächsten, neuen Erfolg versprechenden Einsatzort dirigiert. Hätte man lediglich den Foxhound-Grips vermehrt, hätte die «Intelligenz» dieses dezentralen Systems keine signifikante Zunahme erfahren. Nur durch das Anschließen zusätzlicher Peripheriegeräte ist das Netzwerk schlauer geworden.

Das methodologische Problem ist, dass wir uns in der Frage, was Intelligenz denn nun eigentlich ist, entscheiden können, wie wir wollen – in der Praxis bleibt es in jedem Fall extrem schwierig, Prozessor und Peripheriegeräte experimentell zu sondern, ob wir sie nun der Wahrnehmung oder der Intelligenz als solcher zurechnen, die Peripherie spielt bei der Ausführung intelligenter Akte durch Tiere eine so große Rolle, dass es schwer fällt, die Ungewissheit zu beseitigen, ob wir nicht Äpfel mit Birnen verrechnen, wenn wir versuchen, die Prozessorseite der Gleichung zu beziffern. Einem Blinden einen gedruckten IQ-Test vorzulegen ist evidentermaßen kein sehr sinnvoller Weg zur Erfassung seines geistigen Potenzials.

Aber im Grunde ist dies genau die Methode, nach der viele artenübergreifende Intelligenztests verfahren. Bei Affen zum Beispiel stellte man nicht nur fest, dass sie für visuelles Unterscheidungslernen offen waren, sondern auch, dass sich ihre Leistung über eine Problemserie hin verbesserte: Sie bildeten eine Lernhaltung aus – ein Konzept von der allen äußerlich noch so verschiedenen Problemen der Serie gemeinsamen Lösungsgrundlage, das einen höheren kognitiven Prozess als bloße Reiz-Reaktionsassoziation anzeigte. Mit der gleichen Problemserie konfrontierte Ratten hatten Mühe, die einzelnen Aufgaben zu meistern, und bewiesen keinerlei Fähigkeit zur Ausbildung einer Lernhaltung. Die nahe liegende Schlussfolgerung, dass Affen schlauere Tiere als Ratten sind, wurde bedenkenlos akzeptiert, stimmte sie doch bestens mit unseren gut abgehangenen Vorurteilen über die Verteilung der allgemeinen Intelligenz in der Natur überein. Indes, als man das Rattenexperiment wiederholte – nur mit dem Unterschied, dass die Tiere diesmal keine visuellen Wahrnehmungen, sondern Gerüche zu unterscheiden hatten –, lernten die Probanden ebenso rasch und zeigten über die Problemserie hin eine ebenso rapide Leistungsverbesserung wie die Affen.

Das Motivationsproblem ist eine weitere konfundierende Variable von erheblicher Tragweite. Es kann vorkommen, dass wir glauben, das Gehirn eines Tieres zu testen, während es lediglich sein Magen ist, der sich in den Testergebnissen äußert. So zeigten beispielsweise Goldfische im Rahmen einer Untersuchungsreihe absolut keine Leistungsverbesserung, wenn sie mit Umlernaufgaben konfrontiert waren. Bei Umlernexperimenten wird den Probanden in einer ersten Lernphase ein in einer binären Dimension unterschiedenes Reizpaar zur Wahl dargeboten (z. B. ein schwarzes und ein weißes Feld), und eine der Wahlmöglichkeiten ist mit einer Futterbelohnung verbunden; in der nächsten Phase ist die Belohnungsverknüpfung umgepolt, der Proband muss also «umlernen» – lernen, eine andere Wahl zu treffen. Ratten lernten rasch, ihre Reaktion zu ändern, wenn die zuvor belohnte Wahl nicht mehr zum Erfolg führte. Fische nicht. Das stimmte aufs schönste mit der allgemeinen Ansicht überein, dass Fische dümmer sind als Ratten. Doch dann wurde das Goldfischexperiment mit einer anderen Futterbelohnung wiederholt (statt wie zuvor in einer Ecke des Aquariums Trockenfutter in Kapseln ins Wasser zu werfen, drückte man jetzt direkt an der Stelle, wo der Fisch die richtige Entscheidung getroffen hatte, aus einer Tube eine Paste in sein Element), und siehe da! die Goldfische begannen, ihre Leistung beim Umlernen zu verbessern. Ebenso verschwanden bei anderen Experimenten die scheinbar fundamentalen Lernunterschiede zwischen Fischen und Nagern, sobald man mit einer abgeänderten Versuchsanordnung den Unterschieden in der Motivlage der Probanden Rechnung trug.

Das Egalisieren von Motivlagen ist für Versuchsplaner ein nahezu unlösbares Problem. Sind drei Kapseln Goldfischfutter das Äquivalent für eine Banane oder, in einem anderen Fall, von fünfzehn Körnern Vogelfutter? Wie könnten wir das überhaupt erkennen? Um hier Gewissheit zu haben, müssten wir uns ja irgendwie Zugang zur Innenwelt anderer Spezies verschaffen, und wenn uns das gelänge, hätten wir es doch überhaupt nicht mehr nötig, deren mentale Prozesse auf dem Umweg von Experimenten zu erkunden.

Haben wir alles an konfundierenden Variablen, was wir irgend eliminieren können, eliminiert, dann zeigt sich an den verbleibenden «reinen» kognitiven Unterschieden als das eigentlich Verblüffende, dass die Übereinstimmungen zwischen den Leistungen verschiedener Spezies bei gleicher Aufgabenstellung die Unterschiede bei weitem überwiegen. Gewiss, es scheint kaum zu bezweifeln, dass Schimpansen in der Lage sind, schon mit dem ersten bekräftigten Versuch eine neue Assoziation zu erlernen, und dass sie damit realiter schneller sind als andere Säuger oder auch als Tauben. Affen und Menschenaffen sind auch beim Behalten von Listen schneller als Tauben. Affen und Menschenaffen scheinen Zahlenverhältnisse schneller und genauer zu erfassen als Vögel. Die Fähigkeit zur mentalen Manipulation von Informationen über räumliche Beziehungen ist anscheinend bei Menschenaffen stärker ausgebildet als bei Affen.

Doch wieder und wieder hat sich im Experiment gezeigt, dass viele Leistungen, die man für eine ausschließlich den «höheren» Primaten vorbehaltene Domäne hielt, mit Geduld auch Tauben und anderen Tieren beigebracht werden können. Vermeintlich höher stehende Rhesusaffen schnitten bei einem mit vielfarbigen Gegenständen durchgeführten Test der Lernhaltung besser ab als vermeintlich nicht so hoch entwickelte Kapuzineraffen. Später stellte sich heraus, dass die Kapuzineraffen besser als die Rhesusaffen abschnitten, wenn statt bunter Gegenstände einfarbig graue verwendet wurden. Eine Zeit lang galt es als sicher, dass Ratten sehr viel besser als Tauben befähigt seien, sich die Ortsverhältnisse in einem Radiallabyrinth einzuprägen, aber nach relativ geringfügigen Änderungen an dem Testverfahren und der Apparatur schnitten Tauben genauso gut ab.

Hätten solche Experimente zu Befunden geführt wie etwa dem, dass Affen sich eine Liste von fünfundvierzig Items, Tauben dagegen sich nur zwei Items merken können, dann wären wir wahrscheinlich überzeugt, dass zwischen den zwei Arten ein absoluter Unterschied im mentalen Apparat besteht. Doch die absoluten Unterschiede erreichen bei weitem nicht solche Größenordnungen. Wenn es darum geht, zwei Figuren zu paaren, von denen die eine durch Drehung um eine Achse aus der anderen entstanden ist, scheinen Tauben einen anderen Lösungsweg einzuschlagen als Paviane oder Menschen, gelangen aber trotzdem zur richtigen Lösung. Dias von Vögeln oder Fischen oder was auch immer kategorisieren sie im Prinzip genauso gut wie Affen. Euan Macphail kam bei der Durchsicht der einschlägigen Literatur zu dem Befund, dass in allem, was man guten Gewissens als Ausfluss allgemeiner Intelligenz bezeichnen könne, bisher noch keinerlei Unterschiede zwischen den verschiedenen Wirbeltierarten hätten nachgewiesen werden können. So weit wie Macphail würden zwar nur wenige Kognitionswissenschaftler gehen wollen; tatsächlich werden wir noch eine Anzahl von Beispielen für Unterschiede in den geistigen Fähigkeiten kennen lernen, die zwischen einzelnen Arten bestehen und schwerlich anders als aus einer fundamentalen Verschiedenheit der kognitiven Funktion zu erklären sind. Frappant ist jedoch, wie klein diese Unterschiede sind – viel kleiner, als der «gesunde Menschenverstand» gemeinhin annimmt. Macphail regte an, bei allen vergleichenden Intelligenz-Studien die «Kein Unterschied»-Position als «Nullhypothese» zu behandeln: als eine Option, die grundsätzlich immer in Betracht zu ziehen sei und bis zum Beweis des Gegenteils als stichhaltig zu gelten habe.

KONTEXTUALISTEN CONTRA GENERALISTEN

Eine mögliche Deutung dieser Befunde lautet dahin, dass Intelligenz im Wesentlichen spezialisierte Intelligenz ist und dass, sieht man genauer hin, daneben im Gehirn nicht mehr viel übrig sein dürfte, was auch nur einen entfernten Anspruch darauf hätte, als allgemeine Intelligenz bezeichnet zu werden. Die echten Unterschiede im Leistungsvermögen, die sich zwischen den verschiedenen Spezies auftun, sind meistenteils der Reflex von Anpassungen an die spezifischen Anforderungen eines arteigenen ökologischen Kontexts. Spinnen spinnen ihre Netze; viele Vögel singen ihre Lieder auch dann, wenn sie niemals ein Vorbild gehabt haben, nach dem sie sich hätten richten können; der amerikanische Kuhstar und der europäische Kuckuck spüren die Nester anderer Vögel auf und legen ihre Eier hinein; Elchbullen rammen die Köpfe gegeneinander. Als kognitive Aufgabe betrachtet ist keine dieser Aktionen eine Bagatelle; sie alle schließen Entscheidungsfindung oder Wahrnehmungsverarbeitung oder beides ein. Sie alle sind jeweils der Reflex einer hoch spezialisierten Anpassung an eine spezifische Umwelt und eine spezifische Lebensweise. Dafür spricht schon der Umstand, dass ein so großer Teil des Gehirns für die Verarbeitung der Signale aus den für die Lebensweise des fraglichen Tieres spezifisch wichtigen Sinnesorganen und die Steuerung des ebenso wichtigen Bewegungsapparats reserviert ist.

Auch das Lernen selbst scheint eine hochgradig spezialisierte Angelegenheit zu sein. Häufig können Tiere eine bestimmte Aufgabe erlernen, aber eine andere, logisch völlig identische nicht. Lernfähigkeit scheint weniger das Resultat genereller kognitiver Prozesse zu sein als eine Sache spezialisierter rezeptorischer Kanäle, die ganz auf das fest verdrahtete Verhaltensprogramm der einzelnen Spezies abgestimmt sind. Der klassische Beweis dafür ergab sich im Verlauf von Edward Thorndikes bahnbrechenden Problemkäfig-Experimenten, bei denen Katzen lernen mussten, sich durch Drücken eines Hebels oder Ziehen an einer Schnur aus ihrem Gefängnis zu befreien. Bei einer Variante des Versuchs steckte Thorndike die Tiere jeweils in einen Käfig vom «Typ Z», der keine Hebel oder andere Sesam-öffne-dich-Vorrichtungen hatte, sondern lediglich eine Tür, die vom Versuchsleiter geöffnet werden konnte. Und der öffnete die Tür, sobald das Tier in dem Käfig sich leckte oder kratzte. Den Katzen fiel es ungemein schwer, diese Assoziation zu erlernen – viel schwerer, als einen Hebel drücken oder an einer Schnur ziehen zu lernen. Ebenso ist es im Prinzip unmöglich, einem Hund beizubringen, dass er sich mit Gähnen eine Futterbelohnung verdienen kann. Hunde können lernen, sich im linken Kasten oder im rechten Kasten eine Belohnung abzuholen, je nachdem, ob der Signalton aus dem Lautsprecher über ihnen oder aus dem Lautsprecher unter ihnen kommt, aber sie lernen nur mit unendlicher Mühe, zwischen Signal von oben und Signal von unten zu differenzieren, wenn es darum geht, dass sie auf das Signal hin entweder am Platz bleiben oder sich in Bewegung setzen. Tauben lernen ohne weiteres, sich einem elektrischen Schlag physisch zu entziehen, aber nur unter größten Schwierigkeiten, den Schlag dadurch zu vermeiden, dass sie mit dem Schnabel auf eine Taste picken – obschon sie mühelos lernen, auf Tasten zu picken, um Futter zu erhalten. (Tauben lernen sogar rasch, auch *ohne* Futterbelohnung auf eine beleuchtete Taste zu picken.) Ratten lernen, Futter zu meiden, das Stunden nach dem Verzehr zu Erbrechen führt, wären jedoch nie in der Lage, zwischen einem Tastendruck und einer ebenso lang verzögerten Bestrafung eine Assoziation herzustellen. Der springende Punkt bei dem allen ist, dass für viele zu erlernende Reaktionen durch die im Gehirn des Tieres vorinstallierte Schaltung – vorinstalliert durch artspezifische Anpassung an den ökologischen Kontext – entweder «Vorbereitungen» oder «Gegenvorbereitungen» getroffen sind.

Auf etwas loszupicken gehört bei Tauben zu den Grundzügen des Fressverhaltens. Vor unliebsamen Stimuli zu flüchten gehört bei den meisten Spezies zum Grundbestand im Repertoire der Selbstschutzmaßnahmen. Tiere, die Pfoten haben, manipulieren Dinge in ihrer Umwelt. Von daher gesehen erscheint Lernen weniger als ein in einer zentralen Prozessoreinheit situierter kognitiver Prozess allgemeiner Natur denn als einer, der in den «peripheren» Verarbeitungseinheiten des Gehirns – und unablösbar von ihnen – abläuft.

Die Ansicht Macphails, dass alle Tiere das gleiche Quantum «allgemeiner Intelligenz» besitzen, scheint auf den ersten Blick der diametrale Gegensatz zum ökologischen Kontextualismus zu sein, der davon. ausgeht, dass alle Intelligenz der Reflex spezialisierter Anpassungen an eine einmalige arteigene Umwelt ist. Doch die Positionen liegen sehr viel näher beieinander, als es den Anschein haben könnte, und die scheinbare Divergenz leitet sich im Grunde genommen davon her, wie man Intelligenz definiert. Macphail sagt, wenn wir von allen im Wahrnehmungsvermögen und in den manipulatorischen Fähigkeiten liegenden Unterschieden zwischen den Arten abstrahieren, ist das, was übrig bleibt – nach seiner Definition ist dies die eigentliche Intelligenz –, bei allen so ziemlich identisch. Demgegenüber behauptet der ökologische Kontextualismus praktisch, dass die eigentliche Intelligenz sich überwiegend gerade aus all dem zuammensetzt, wovon Macphail abstrahiert – aus der artspezifischen Zusammenschaltung des sensomotorischen Apparats mit dem Gehirn und damit aus dem, was die einmalige artspezifische Differenz der Spezies zu anderen Spezies ausmacht. Mancherorts im Lager der ökologischen Kontextualisten vertritt man die Position, dass sogar elementare Lernprozesse von Spezies zu Spezies und von Spezialaufgabe zu Spezialaufgabe differieren: dass es einen inneren Mechanismus für das Sichmerken der räumlichen Lage von Nahrungsquellen gibt und einen anderen Mechanismus für das Erlernen sozialer Rangverhältnisse usw. Die Tatsache bleibt jedoch bestehen, dass arbiträre Lernaufgaben, die unter sorgfältiger Vermeidung sensorischer Vorentscheidungen geplant wurden, häufig selbst von sehr verschiedenartigen Spezies in gleicher Weise und mit der gleichen Geschwindigkeit bewältigt werden.

Auf beiden Seiten sehen wir uns mit einem interessanten Befund konfrontiert, der da lautet: Alle Spezies (zumindest alle Vögel und Säugetiere) sind so ziemlich gleich intelligent. Welche Spezies ist die intelligenteste? Jede. Es ist einfach unsinnig, zu fragen, worin sich die größere Intelligenz manifestiert: in den Berechnungen, die ein Taubenhirn ausführt, um die Route für den Heimflug auszuknobeln, oder in den Berechnungen, die ein Zaunkönighirn ausführt, um aus dem Gesang eines Rivalen dessen Entfernung zu bestimmen, oder in den Berechnungen, die ein Schimpansenhirn ausführt, um die Information zu erhalten, welches in letzter Zeit angelegte Futterversteck augenblicklich das räumlich nächste ist. Spezialisierung bedeutet per definitionem, dass unterschiedliche Fähigkeiten schlechterdings nicht miteinander vergleichbar sind. Es ist der klassische Fall des Nebeneinanders von «Äpfeln» und «Birnen». Es ist genauso, als fragte jemand ernsthaft: Was ist besser, Arme oder Flügel? Fell oder Haare? Zwei Beine oder vier Beine? Tagsicht oder Nachtsicht? Ein kurzer Schwanz oder ein langer Schwanz? Pfoten oder Hufe? Lunge oder Kiemen? Die Antwort kann selbstredend in all diesen Fällen nur lauten: Das kommt darauf an – nämlich darauf, wozu die Sache gut sein soll.

Macphail trifft zusätzlich die Feststellung, dass unterschiedliche Fähigkeiten, soweit sie miteinander vergleichbar sind, allem Anschein nach weitgehend – möglicherweise zur Gänze – auf einem gemeinsamen Mechanismus gründen. Intelligenzunterschiede zwischen Tierarten sind eine Sache der Qualität, nicht der Quantität.

UND WAS IST MIT UNS?

Können Menschen Sprache erwerben, weil sie so intelligent sind? Oder sind sie intelligent, weil sie zum Spracherwerb fähig gewesen sind? Eine populäre Theorie der Evolution des menschlichen Geistes geht von der Annahme aus, dass unsere spezialisierten Anpassungen an die menschliche ökologische Nische eine Zunahme der allgemeinen Intelligenz mit sich brachten – beinah zufällig, könnte man sagen. Eine Großhirnrinde, die sich ausdehnte, um visuellen Input verarbeiten und die Kontrolle präziser Handbewegungen ausüben und die Ablaufsteuerung komplexer manueller Aufgaben durchführen zu können, war zugleich eine Großhirnrinde, die noch eine Menge Kapazität für andere Verrichtungen frei hatte. Die fossile Urkunde des Frühmenschen dokumentiert die ständig zunehmende Präzision der Hände und die ständig fortschreitende Verfeinerung der Werkzeuge. Vor zwei Millionen Jahren schuf sich der *Homo habilis* Steinschaber und Abschläge, und die äffische Hand mit dem kurzen Daumen und den gekrümmten Fingern war schon auf dem Rückzug vor der stärker modernmenschlichen Hand mit ihrem langen, vollständig opponierbaren Daumen und den geraden, verschlankten Fingern. Das Gehirn war immer noch erst halb so groß wie beim modernen Menschen. Nahm also das Gehirn insgesamt an Umfang zu, um den Anforderungen dieser ökologischen Anpassung an die Werkzeugherstellung genügen zu können, und war es das, was uns so intelligent machte?

Anregender und aufregender und möglicherweise sehr viel eher im Einklang mit der Faktenlage ist freilich der Gedanke, dass unsere allgemeine Intelligenz sich von der jedes beliebigen anderen Säugers oder jedes beliebigen Vogels nicht sonderlich unterscheidet; das Einzige, was uns wirklich abgrenzt, ist jene artspezifische Anpassung, welche die Form eines eingebauten Spracherwerbsmechanismus angenommen hat.

Nach dem Zeugnis aller Umstände scheint die Sprache beim Menschen ebenso sicher ein fest verdrahtetes Merkmal zu sein wie das Orientierungsvermögen bei der Taube. Kinder müssen im Sprechen nicht unterrichtet werden; selbst bei taubstummen Kindern ist eine spontane Beherrschung grammatischer Konzepte festzustellen. Schimpansen können in fast lebenslangem Unterricht bei generöser Bestechung mit Schokolinsen dazu gebracht werden, ein paar Dutzend Assoziationen zwischen Symbolen und Wunschobjekten beherrschen zu lernen; Menschen lernen ohne jeglichen formellen Unterricht Tausende Wörter und dazu die Regeln, nach denen sie diese Einheiten zum Ausdruck ihrer Gedanken zu neuen Kombinationen in unbegrenzter Zahl zusammenstellen können. Die Sprachproduktion wird in einer spezialisierten Region des menschlichen Cortex gesteuert, dem so genannten Broca-Zentrum (oder Broca-Areal); Menschen, bei denen diese Region durch Unfall oder Schlaganfall geschädigt ist, haben Schwierigkeiten, sinnvolle Lautfolgen zu bilden («corticale motorische Aphasie»). Das Sprachverstehen scheint in einer anderen Rindenregion lokalisiert, dem Wernicke-Zentrum (oder Wernicke-Areal). Aus einem Affenhirn können die entsprechenden Rindenpartien operativ entfernt werden, ohne dass dadurch die Fähigkeit, arteigene Rufe auszusenden und auf solche zu reagieren, beeinträchtigt würde.

Dass Menschen einen fest verdrahteten Sinn für grammatische Strukturen besitzen, wurde schlagend bekräftigt durch eine faszinierende Untersuchung, bei der den Versuchspersonen die Aufgabe gestellt war, unaussprechliche Buchstabenketten wie zum Beispiel PVPXVPS oder TSSXXVPS oder PVV zu memorieren. Die Ketten waren drei bis acht Buchstaben lang und wurden den Versuchspersonen etappenweise in Vierergruppen zum Sicheinprägen dargeboten. Was die Probanden nicht wussten: Die Ketten waren nach den «grammatischen» Regeln gebildet worden, die in Wörtern der realen Sprache die Ersetzungsmöglichkeiten der einzelnen Buchstaben durch andere Buchstaben definieren. Einer Kontrollgruppe wurden aus den gleichen Buchstaben zusammengesetzte Ketten gleicher Länge vorgelegt, die jedoch durchweg vom Zufallsgenerator erzeugt worden waren. Die Gruppe, die den nach grammatischer Rezeptur angerichteten Buchstabensalat erhielt, prägte sich «Wort»-Gruppe um «Wort»-Gruppe in beschleunigtem Tempo ein, mit dem sie die Kontrollgruppe, die sich mit dem planlos angerichteten Buchstabensalat herumzuschlagen hatte, in signifikantem Abstand hinter sich ließ. Der womöglich noch interessantere Umstand: Nachdem man der «grammatisch» bedienten Gruppe mitgeteilt hatte, dass ihre Buchstabenketten nach Regeln gebildet waren (wobei aber die Regeln selbst nicht spezifiziert wurden), bewiesen diese Probanden bei einem anschließenden Test eine beachtliche Fähigkeit, nach Regeln gebildete Buchstabenketten von Zufallsbildungen zu unterscheiden – wenngleich sie nicht imstande waren, im Einzelfall die Kriterien ihrer Wahl anzugeben.

Wenn wir uns bemühen, unseren Beobachtungshorizont auf die elementarsten *averbalen* kognitiven Fähigkeiten des Menschen zu verengen, stellen wir fest, dass sie effizient, schnell und in keiner Weise sonderlich anders oder besser arbeiten als die von nichtmenschlichen Primaten, Katzen, Ratten oder Tauben. Wir können uns in einem Anlauf plus/minus sieben Items einer Liste einprägen; wir können uns in einem Zimmer oder einer Landschaft orientieren; wir erkennen auf den ersten Blick, in welchem von zwei Häufchen Schokolinsen sich die größere Zahl von Linsen befindet; wir erkennen Gesichter wieder; wir können auf den ersten Blick einen Elch von einem Auto unterscheiden. Das alles können Menschenaffen, Affen und Tauben auch. Angesichts der Übereinstimmung zwischen den kognitiven Fähigkeiten dieser so ungemein verschiedenen nichtmenschlichen Arten wäre es Dualismus par excellence, sich auf den Standpunkt stellen zu wollen, dass Menschen diese elementaren averbalen kognitiven Aufgaben in grundlegend anderer Weise bewältigen als alle anderen Geschöpfe.

Mit der Sprache ist es etwas ganz anderes. Es ist höchst bezeichnend, dass wir beim Problemlösen mit Hilfe der Sprache langsamer sind als der Computer, langsamer auch als die angeborenen *averbalen* mentalen Prozesse, die unser Gehirn so mühelos und zumeist außerhalb unseres Bewusstseinsraums ausführt. Die basale Schaltung aller Gehirne, so stellten die ersten Künstliche-Intelligenz-Forscher zu ihrer großen Enttäuschung fest, entspricht nicht der eines digitalen Multifunktionssystems, das die Daten in sequentiellen logischen Operationen verarbeitet. Bei dem Verbund Gehirn plus Sprache indessen ist diese Entsprechung gegeben – wenngleich dieser Verbund zugegebenermaßen ein langsames und ziemlich schwerfälliges Multifunktions-Problemlösegerät darstellt.

Das Schlüsselmoment ist: Die Sprache ist ein System, das die Repräsentation von Ideen in unendlicher Stufung, Spiegelung und Verschachtelung ermöglicht; mit ihr stehen uns automatisch die Mittel zur Verfügung, Gedanken über Gedanken über Gedanken (und so weiter, solange wir wollen) darzustellen. Sehr gut möglich, dass die Sprache das Sprungbrett ist, das uns von der Ebene des bloßen Habens von Absichten und Vermutungen auf die Ebene katapultiert, wo wir Absichten und Vermutungen haben können, die sich auf Absichten und Vermutungen beziehen – ein Sprung von kaum zu überschätzender Bedeutung.

Die Sprache ist, mit anderen Worten, eine Zäsur, ein Kontinuitätsbruch. Die Kluft zwischen unserem Geist und dem Geist anderer Lebewesen ist so gesehen kein gradueller oder quantitativer Unterschied – es ist keineswegs so, dass wir eine opulentere Hardware-Ausstattung, etwa mehr Arbeitsspeicher oder einen schnelleren Prozessor, hätten. Es handelt sich vielmehr um einen qualitativen Unterschied: Wir verfügen über eine leistungsstarke Software, die den anderen schlicht abgeht. Das Besondere an dieser Software ist, dass sie es erlaubt, mittels Symbolen andere Symbole nach ganz anderen Operationsschemata als denen der Hardware zu repräsentieren und zu manipulieren. Eine Taube besitzt ein Arbeitsprogramm für eine spezielle Anwendung, aber die Sprache ist ein Programm zur *universellen* Anwendung.

Die Ausbildung der Fähigkeit, nicht nur zu denken, sondern darüber hinaus Gedanken ihrerseits zum Gegenstand des Denkens zu machen – sie aufzuzeichnen, über sie nachzusinnen, sie versuchsweise neu zu gliedern und zu ordnen –, ist ein Schritt von gewaltiger adaptiver Bedeutung. Er gestattete den ersten sprachbegabten Hominiden, vor dem Herumprobieren an einem Problem sich dessen Lösung vorzustellen, die Gedanken anderer zu mutmaßen (und überhaupt erst einmal der Tatsache innezuwerden, dass es so etwas wie Gedanken gibt), Werkzeuge zu ersinnen, Jagdexpeditionen zu planen, Informationen weiterzugeben, sich gegenseitig ohne Ende zu unterweisen und zu belehren (alles, was man sich in Worten ausdenken kann, kann man auch jemand anders in Worten erklären). Die Sprache ist verantwortlich dafür, dass letzten Endes die Menschen und nicht all diese cleveren Menschenaffen und Carnivoren und Bienen und Tauben die Physik und die Astronomie und die Ethik und die Hochfrequenztechnik und die Sprachwissenschaft und die Historiographie und das Erziehungswesen und das Rechtssystem und die Neurophysiologie schufen.

Es ist verlockend, die Sprache auch als Erklärung für die Entstehung des Bewusstseins in Anspruch zu nehmen. Sie versieht uns mit einem selbsttätigen Instrument: zur Repräsentation unserer Gedanken; wenn wir uns unserer Gedanken bewusst sind, sind es Gedanken im Medium der Sprache, deren wir uns bewusst sind. Das Experiment auf der Basis der künstlichen Grammatik (mit «Wörtern» wie PVPXVPS) legt die Vermutung nahe, dass der Spracherwerb selbst durch unbewusste Prozesse vermittelt ist, dass also ein unbewusstes Urladeprogramm die Sprache und mit ihr das Bewusstsein in unseren mentalen Arbeitsspeicher lädt.

Aber das heißt vielleicht doch den Bogen überspannen. Es gibt Indizien dafür, dass Kleinkinder noch vor dem Spracherwerb beginnen, sich Begriffe von mentalen Zuständen anderer Menschen zu machen (siehe Kapitel 6). Autistischen Kindern mag die Fähigkeit abgehen, anderen Menschen Gedanken zuzuschreiben, dennoch haben sie keine Probleme mit der Sprachbeherrschung. Demnach könnte man vielleicht sagen, dass die Sprache uns zwar ein leistungsfähiges Instrument zur Repräsentation mentaler Zustände in uns selbst und in anderen Menschen liefert, dass dies aber für sich allein genommen als Erklärung für die Entstehung des Bewusstseins nicht ausreicht. Und außerdem ist da noch der Punkt, dass viele der «aus dem Bauch kommenden» Gedanken und Schlussfolgerungen betreffend die Motive und die Ehrlichkeit anderer Menschen aus einer tieferen, *averbalen* Region unserer Psyche zu stammen scheinen. Dennoch, die enge Analogie zwischen der in der Natur der Sprache liegenden Meta-Repräsentation und den Meta-Repräsentationen, die notwendige Voraussetzungen des Bewusstseins und der Zuschreibung von inneren

Zuständen sind, ist nicht zu leugnen. Es könnte sein, dass die Hardware für Sprache und die Hardware für Bewusstsein sich in Koevolution entwickelten.

In unserem averbalen und unbewussten Denken sind wir womöglich den Spezies, für die wir so verwandtschaftliche Gefühle hegen, erstaunlich ähnlich. Es ist mehr als nur Anthropomorphismus, was in uns ein Gefühl der Verbundenheit mit dem animalischen Leben auf diesem Planeten nährt. Der Kontinuitätsbruch zwischen uns und der übrigen Kreatur ist nicht eine Sache der Biologie, sondern des metabiologischen Phänomens − wie man fast sagen könnte − der Sprache, das unser Geist, und nur der unsrige, hervorbringt. Die Sprache ist etwas jenseits der auf aufzählbare Zwecke spezialisierten Hardware der menschlichen und der tierlichen Psyche. Sie ist ein unendlicher Algorithmus, der die auf spezifische Aufgaben zugeschnittenen begrenzten Algorithmen aller mentalen Hardware übersteigt. Daraus folgt, was wir in gewisser Weise schon immer gewusst haben: Wir sind den Tieren sowohl gleich als auch grundverschieden von ihnen.

2 EINE WISSENSCHAFT, DIE FRAGT: «WIE KÖNNEN WIR DAS MIT SICHERHEIT WISSEN?»

Mantelpaviane sind harembildende Tiere. Ein einzelnes Männchen ist Herr («Pascha») über mehrere Weibchen und verwendet einen erklecklichen Teil seiner Zeit darauf, eifersüchtig darüber zu wachen, dass keine der Damen seines Harems sich in ein Techtelmechtel mit einem im Wohngebiet der Gruppe herumstreunenden Junggesellen einlässt. Eines schönen Tages wurde allerdings Folgendes beobachtet: Ein junges Pavianweibchen entfernte sich vom Haremshalter, versteckte sich hinter einem Felsen und kopulierte dort mehrmals mit einem jungen Junggesellen. Zwischen den unerlaubten Tête-à-têtes kehrte sie regelmäßig in die Haremsgruppe zurück, näherte sich dann langsam ihrem Pascha, um sich ihm zu präsentieren – und zog, nachdem das erledigt war, alsbald wieder ab hinter den Felsen, zu einem neuen Quickie. Pavianweibchen vokalisieren üblicherweise beim Kopulieren, und das ziemlich lautstark; nicht so diese Kokotte: Sie sündigte schweigend.

Männliche Glühwürmchen verbringen die meiste Zeit der Nacht damit, nach paarungsbereiten Weibchen zu suchen, die sie befruchten können. Die Männchen der im Osten der USA verbreiteten Art *Photinus pyralis* beginnen kurz nach Sonnenuntergang über den Wiesen mit ihrer Brautschau. Etwa alle sechs Sekunden senden sie bei einem J-förmigen Schwenk auf der Flugbahn einen Lichtblitz von einer halben Sekunde Dauer aus, in der Erwartung, dass vom Boden her ein Weibchen mit seinem Halbsekunden-Blitz antwortet. Nach dem Paarungsakt sucht das Weibchen ein Erdloch auf, wo es seine Eier ablegt, und das Männchen beginnt mit einer neuen Suche nach einer Paarungspartnerin – was zur Folge hat, dass die paarungswilligen Männchen gegenüber den Weibchen jederzeit in erdrückender Überzahl sind, sodass unter den männlichen Leuchtkäfern eine scharfe Konkurrenz herrscht. (Im Zuge einer Studie, bei der über Jahre hinweg neben anderen insgesamt 199 männliche Individuen einer bestimmten Leuchtkäferspezies beobachtet wurden, ergab sich, dass zuweilen an einem Abend auf hundert paarungswillige Männchen dieser Spezies nur zwei Weibchen kamen.) Nicht selten jedoch führt das brünstige Verlangen die Freier in den Tod: Auf das Blinksignal des Männchens meldet sich ein Weibchen mit einem passenden Antwortsignal zur Stelle. Der Freier fliegt näher, aber das Weibchen, das von der Spitze eines hohen Grashalms aus geantwortet hat, kriecht jetzt am Stängel hinunter zu einem versteckteren Platz, wobei sie die Blinksignale des werbenden Männchens nur mehr mit schwächeren und selteneren Lichtblitzen beantwortet. Wenn der Freier gelandet ist und sich der prospektiven Partnerin nähert, merkt er zu spät, dass er auf das Täuschungsmanöver einer Femme fatale hereingefallen ist, nämlich eines räuberisch lebenden Weibchens einer ganz anderen, größeren Leuchtkäfergattung mit Namen *Photuris* – die falsche Braut stürzt sich auf den leichtgläubigen Freier und verspeist ihn.

Wie die Paviane sind auch Hähne Haremshalter. Wie die Paviane müssen sie sich jederzeit mächtig ins Zeug legen, um die Haremsdamen bei der Stange zu halten. Findet ein Hahn etwas Essbares, so sendet er einen Futterlockruf aus, zumal wenn Hennen in der Nähe sind, und die Hennen laufen daraufhin herbei und fressen mit. Auf besondere Leckerbissen wird mit besonders ausgedehntem Rufen aufmerksam gemacht. In Gegenwart fremder Hennen legen Hähne jedoch ein ihnen sonst fremdes Verhalten an den Tag. Im Rahmen eines Experiments präsentierte man Hähnen mal einen höchst begehrenswerten Happen (einen Mehlwurm), mal etwas nicht nur nicht Begehrenswertes, sondern überhaupt nicht Konsumierbares (eine Nussschale). War das Versuchstier allein oder in Gesellschaft eines zweiten Hahns, so ließ es so gut wie niemals einen Futterlockruf hören, wenn ihm eine Nussschale dargeboten wurde. In Gegenwart einer Henne reagierten Hähne auf die Nussschale in 17 Prozent aller Fälle mit einem Futterlockruf. War jedoch eine dem Hahn unbekannte Henne mit von der Partie, ließ er in 50 Prozent der Fälle seinen Lockruf vom Stapel, sobald er der Nussschale ansichtig wurde.

TÄUSCHENDE TÄUSCHUNG

Alle drei dieser tragikomischen Episoden wurden in der jüngsten Vergangenheit als bemerkenswerte Beispiele für *Täuschung* angeführt – und auf allgemeinerer Ebene als Indizien für eine tierliche Intelligenz, die Einsicht, bewusstes Denken und Begreifen einschließt. Für Donald Griffin ist die genau auf wechselnde Beutetierarten abgestimmte Fälschung von komplexen Signalmustern durch die räuberischen *Photuris*-Weibchen eine «möglicherweise rationale, ja machiavellistische» List und deutet darauf hin, dass es sich bei der «traditionellen» Annahme, der zufolge das Verhalten von Insekten einer rigiden genetischen Vorprogrammierung gehorcht, «durchaus um eine bedenklich weit getriebene Simplifizierung handeln könnte». Dem flunkernden Hahn, der, um eine unbekannte Henne unter seine Krallen zu locken, so tut, als hätte er Futter anzubieten, wurde der «Vorsatz zur Desinformation» zugeschrieben. Die Paviane, die hinter den Felsen abtauchten, wurden von vielen Autoren als Beispiel einer äußerst hoch entwickelten Verständnisleistung zitiert: Nicht nur müsse der Junggeselle realisiert haben, dass der Haremshalter ihn von seinem Platz aus nicht sehen konnte, sondern das Weibchen müsse zudem gewusst haben, dass sie durch Unterdrücken der üblichen Vokalisationen der Wachsamkeit des Paschas ein Schnippchen schlug (eine Meisterleistung an Täuschung durch «akustisches Sichverbergen»).

Nicht nur hätten die beiden eine Vorgehensweise vorausplanen und einhalten müssen, sondern sie hätten sich auch einen Begriff davon machen müssen, dass der Kenntnisstand eines anderen Pavians von dem ihren differierte; sie seien in der Lage gewesen, sich klar zu machen, was der Haremshalter wusste und was er nicht wusste, und ihr Handeln danach einzurichten. Sie hätten bewiesen, dass sie nicht nur ihre eigenen Absichten, Vermutungen und Wünsche hatten, sondern auch anderen Individuen Absichten, Vermutungen und Wünsche zuzuschreiben vermochten. Sie dachten nicht bloß – sie besaßen auch die Fähigkeit, sich in die Perspektive anderer und deren Vorstellung von der Welt hineinzuversetzen.

Tatsächlich? Der gesunde Menschenverstand ist nicht zuletzt deswegen ein so unzuverlässiger Ratgeber bei der Interpretation scheinbar plan- und absichtsvollen tierlichen Verhaltens, weil die Welt voll von etwas ist, wofür der Kognitionswissenschaftler Daniel Dennett die treffende Bezeichnung «gedankenlose Intelligenz» geprägt hat. Die Erforschung der kognitiven Fähigkeiten der Tiere könnte man definieren als «Wissenschaft, die fragt: ‹Wie können wir das mit Sicherheit wissen?›», denn die Evolution und das Lernen sind wahre Zauberkünstler, wenn es darum geht, atemberaubende Formen von Intelligenz hervorzubringen, mit denen weder bewusstes Wollen noch Einsicht verbunden ist. Und das bedeutet, dass wir gut daran täten, jedes Mal wenn wir einem Beispiel von Intelligenz begegnen, das wir auf eine Denkleistung zurückzuführen geneigt sind, uns die absolute, nicht den Schatten eines Zweifels duldende Sicherheit zu verschaffen, dass wir es nicht wieder einmal nur mit einer Manifestation der bewusstlosen Genialität von Mutter Natur zu tun haben.

Im vorigen Kapitel haben wir eine Anzahl Beispiele für scheinbar absichtsgeleitetes, bewusstes Verhalten kennen gelernt, das sich bei genauerer Betrachtung als Resultat simplen mechanischen Lernens entpuppte. Der Hund lernt, dass er nur an der Tür hochzuspringen und sie zu bekratzen braucht, damit sie zuletzt aufgeht und ihm den Durchgang freigibt. Eines folgt auf das andere, und die Assoziation wird bekräftigt, ohne dass Einsicht oder ein Begreifen des zugrunde liegenden Mechanismus im Spiel wäre. Ist das eine mit dem anderen durch einen *Kausalnexus* verbunden, ist das Lernen trotzdem «intelligent». Ein Pferd lernt, eine Assoziation zwischen Eimern und Futter oder zwischen einem Menschen, der mit Zaumzeug und Leine in den Händen draußen auf der Weide auf es zukommt, und eigener Fluchtbereitschaft herzustellen.

Lernen ist ein hervorragend wirksames *allgemeines* Paradigma für den Umgang mit den gegen alle Organismen unentwegt andringenden *spezifischen* Komplexitäten der Welt. In seiner einfachsten Form ist es nichts weiter als die mentale Verknüpfung, die ein animalisches Lebewesen zwischen einer Einheit des eigenen Handelns oder einem Umweltreiz und einem anderen, mehr oder weniger gleichzeitig auftretenden Reiz vornimmt. Aber zwischen gemeinsam auftretenden Ereignissen besteht gewöhnlich *realiter* ein Kausalzusammenhang. Eine Jagdtaktik, die einer Raubkatze keinen Erfolg bringt, versagt gewöhnlich deshalb, weil sie tatsächlich keine gute Idee ist. Stößt ein Zebra irgendwo auf Wasser, dann ist es gewöhnlich so, dass an diesem Ort auch zu anderen Zeiten Wasser zu finden ist. Ein Hund, der einen Skunk angreift und von diesem besprizt wird, wird tatsächlich wieder besprizt, sollte er es wieder versuchen. Es ist eine praktische Sache, dass die Welt im Großen und Ganzen ein logisch strukturierter Ort ist, denn das sichert der ungemein simplen Strategie des mechanischen Lernens ihre so wirksamen und «intelligenten» Ergebnisse. Sogar der Konservativismus des Lernprozesses trägt zur «Intelligenz» von dessen Ergebnis bei. Tiere scheinen oft fast nicht davon abzubringen, dies oder das selbst unter veränderten Rahmenbedingungen weiterhin genau so zu machen, wie sie es einmal gelernt haben; zudem braucht es unter Umständen viele Wiederholungen einer Erfahrung, damit sie eine erlernte Assoziation zustande bringen. Derlei mag uns auf kurze Sicht großenteils als eine Manifestation von Dummheit und nicht von Intelligenz anmuten. Die Katze, die immer wieder am alten Platz nach ihrem Fressen sucht, obwohl der Futternapf einige Schritte zur Seite gerückt worden ist, kommt uns wie eine verlebendigte Illustration des Ausdrucks «Hohlkopf» vor. Doch langsam zu lernen und langsam umzulernen, ist im Großen und Ganzen eine effektive Strategie, weil die Welt zwar nicht eben ein alogischer Ort ist, aber doch ein Ort voller kurzlebiger Erscheinungen – Wiederholungen abzuwarten ist eine gute Methode, die Spreu des Zufälligen vom Weizen der Regularitäten zu scheiden.

Verfechter einer großzügigen mentalistischen Interpretation tierlicher Bravourstücke bemängeln, dass der Versuch, diese Leistungen als einfache erlernte Assoziationen zu erklären, häufig auf halsbrecherische und verstiegene Argumentationspfade führe. Indes, «einfaches» Lernen ist dank seiner enormen Generalisierbarkeit ein Instrument von einer Vielseitigkeit und Leistungsfähigkeit, die man ihm vielerorts nicht zutraut. Die Erklärung, dass jenes Versteck spielende Pavianpärchen, das den Haremshalter hinters Licht führte, über die Fähigkeit verfügte, sich in die Perspektive anderer und deren Bild von der Realität hineinzuversetzen, und nach bewusstem Plan handelte, ist nicht zwingend zu widerlegen. Doch einfaches mechanisches Lernen ist demgegenüber eine klare und vollkommen plausible Alternative. Ein junges Pavianmännchen, das sich an ein Weibchen heranzumachen versucht, wird von dem Haremshalter rüde abgestraft. (Daraus erlernte Regel: Versuche niemals zu kopulieren, solange der Haremshalter zu sehen ist.) Der Pavian-Junggeselle benötigte so gesehen keinerlei Fähigkeit, sich in die Geistesverfassung anderer hineinzuversetzen: Er suchte sich lediglich einen Ort aus, von wo er den Haremshalter nicht sehen konnte. Ähnliches gilt für das Weibchen und sein Unterdrücken der an sich üblichen Paarungslaute. Einfache Konditionierung konnte sie gelehrt haben, dass Vokalisationen den Pascha anlocken und dass dies Ärger mit sich bringt. Mein Hund, das lässt sich nicht überhören, hat gelernt, dass auf sein Bellen vor der Haustür hin jemand kommt und ihn einlässt. Würde ich jedes Mal, wenn ich auf sein Signal hin zur Tür komme, ihm die Hucke vollhauen, statt ihn einzulassen, würde es nicht lange dauern, bis er das Bellen vor der Tür aufgäbe. Müssten wir das dann eine «Täuschung» nennen? Müssten wir sagen, dass mein Hund mir vorsätzlich zu verheimlichen sucht, dass er eigentlich ins Haus möchte?

Oder nehmen wir ein anderes Beispiel: das durchtriebene Verhalten meiner alten Collie-Hündin. In der Abstellkammer meiner Scheune, wo auch meine Katzen ihr Fressen bekommen, habe ich ein Telefon. Gewöhnlich achten wir darauf, dass die Tür zu dem Raum geschlossen ist, damit unsere Hunde sich nicht über die Näpfe der Katzen hermachen können, doch ab und an, wenn ich dorthinein gehe, um etwas zu holen, kommt die Collie-Hündin hinter mir her und fängt an, sich am Fressen der Katzen zu vergehen. Selbstverständlich wird sie dann mächtig angepfiffen. Eines Tages verfiel sie auf eine neue Strategie. Jetzt behandelte sie die Katzennäpfe wie Luft, wenn sie mit mir in den Raum kam – außer wenn das Telefon klingelte und ich mich an dem Apparat in ein Gespräch verwickelte. Dann machte sie sich mit größtem Interesse und voller Konzentration über die Näpfe her und kam hinterher meist auch ungestraft davon.

Nun könnte man zur Erklärung dieses Verhaltens sagen, die Hündin habe bewusst damit gerechnet, dass ich für eine Weile abgelenkt sein würde; sie habe gewusst, dass für die Dauer meines Telefongesprächs meine Kenntnis ihres Verhaltens eine andere war als die, die sie selber hatte. Die faktisch sehr viel einfachere und nicht im Mindesten halsbrecherische Erklärung lautet dahin, dass sie es immer auf das Katzenfutter abgesehen hatte, wenn sie in dem Raum war, und als sie einmal einen Versuch in diese Richtung machte, während ich telefonierte, ergab sich aus dieser Erfahrung die einfache erlernte Assoziation: Mach dich über das Zeug her, wenn der Kerl den Hörer in der Hand hält und hineinquasselt.

Überhaupt liefern Hunde viele schöne Beispiele für cleveres Verhalten, die einen fruchtbaren Boden für Spekulationen über die Frage ««Gedankenlose Intelligenz› oder Verstandesleistung?» abgeben. Tatsache ist, dass selbst die komplexesten und verständigsten Verhaltensformen von Hunden in so gut wie allen Fällen ohne weiteres auf einfachste Weise und ohne den Fakten Gewalt anzutun, aus assoziativem Lernen erklärt werden können. Um es noch einmal zu sagen: Dies beweist nicht, dass Hunde *kein* bewusstes Verständnis hätten; es warnt uns lediglich vor überstürzten Schlüssen in dieser Richtung. Zum Beispiel würden die wenigsten Hundebesitzer die kriecherisch unterwürfige Begrüßung ihres vierbeinigen Freundes, der zuvor auf den Teppich gekotet hat, anders interpretieren denn als Ausdruck von Schuldbewusstsein. Überlegen wir jedoch: Alle Hunde werden zur Stubenreinheit in der Weise erzogen, dass sie eine Assoziation herzustellen lernen zwischen dem eigenen Akt des Defäzierens in der Wohnung – oder der gleichzeitigen Anwesenheit eines Hundehaufens auf dem Fußboden und ihres Herrn – und Bestrafung. Mithin ist der Bedingungszusammenhang, den der Hund erlernen muss, um das in unseren Augen schuldbewusste Verhalten an den Tag zu legen, eigentlich ganz einfach: Hundehaufen im Haus plus Mensch dabei ist gleich Ärger. Als vergesellschaftete Tiere verfügen Hunde von Natur aus über ein reichhaltiges Repertoire von Unterordnungs-, Demuts- und Beschwichtigungsgebärden – dazu gehört an prominenter Stelle das «kriecherische» Sichducken –, die gegenüber einem ranghöheren Tier im Rudel, das Aggression zeigt (in unserem Fall ist dies der Herr), ganz instinktiv eingesetzt werden. Die Frage ist also: Schuldbewusstsein oder doch nur rituelle Beschwichtigung einer Aggression, die unter den gegebenen Umständen zu antizipieren der Hund durch Konditionierung gelernt hat? Mein eigener Hund ließ, nachdem das Unglück ein paar Mal passiert war, kein sonderlich großes antizipatorisches «Schuldbewusstsein» sehen, lernte aber rasch, die Gegenwart eines Menschen, der den Boden säubert und Zeitungspapier mit Hundekot drin in der Hand hält, mit Brenzligkeit der Lage zu assoziieren. Einmal rannte er munter und vergnügt die Treppe hinauf, um meiner Frau Gesellschaft zu leisten, die just auf dem Dachboden eine unsaubere Hinterlassenschaft von ihm beseitigte, drehte jedoch auf der Stelle um und stob die Treppe hinunter davon, als er das inhaltsreiche Zeitungspapier in ihrer Hand bemerkte.

INTELLIGENZ IM ALLGEMEINEN

Wer das alles für eine überzogene Argumentation hält, der denke nur an die beachtliche Zahl von komplexen «abergläubischen» Assoziationen, die Hunde leicht erwerben. In seinem Buch *The Farmer's Dog* berichtet John Holmes, wie einer seiner Hunde einmal mit einem anderen zusammenprallte, als beide mit hoher Geschwindigkeit durch dasselbe offen stehende Tor rennen wollten. Danach passierte der Hund weiterhin ohne Widerstreben das Tor, wenn er allein war, war aber durch keine Macht der Welt zu bewegen, diesen Weg zu nehmen, wenn jener andere Hund – oder auch ein dritter, der bei der Havarie zugegen, aber nicht an ihr beteiligt gewesen war – irgendwo zu sehen war. Spiegelt ein Verhalten, das nach plausiblen Kriterien nichts weiter als das Resultat mechanischen Lernens ist, eine zutreffende Generalisation des Realitätshintergrunds wider, so interpretieren wir es ohne weiteres als Klugheit und Einsicht; wie sollen wir aber nun die exorbitante Dummheit einer Assoziation interpretieren, in der sich die verfehlte Generalisation eines Zufalls dokumentiert?

Abergläubisches Verhalten ist unter Haustieren außerordentlich verbreitet. Ein Pferd scheut noch mehrmals an derselben Stelle der Landstraße, wo es von einem aus dem Gebüsch auffliegenden Vogel erschreckt wurde. Hunde ziehen den weiteren und umständlicheren Weg zum Briefkasten vor, wenn sie ihn gewohnt sind. Häufig ist solches abergläubische oder einfach nur sonderbare Verhalten autogen. Ein Tier tut zufällig irgendetwas, was von einem erfreulichen Ereignis gefolgt wird, und schon ist die Verbindung geschmiedet. Tag für Tag lasse ich morgens gewohnheitsmäßig meinen Border-Collie aus dem Haus; er jedoch führt zuvor jedes Mal eine ganze Serie von Ritualen aus, weil er im Lauf der Zeit eine assoziative Verbindung zwischen diesen seinen Aktionen und dem nachfolgenden Türöffnen hergestellt hat: Zum einen wartet er ab, bis entweder ich oder meine Frau aufgestanden sind, und gibt erst *danach* ein eigenartiges kurzes Heul-Bellen von sich, das er bei keiner anderen Gelegenheit hören lässt.

Sie und ich können das für albern erklären, weil er mich ja nicht aufzufordern braucht, ihn hinauszulassen, denn ich tue es automatisch jeden Morgen. Von seinem Standpunkt aus jedoch erfährt diese Assoziation eine mustergültige Bekräftigung. Allmorgendlich geschieht Folgendes: Ich stehe auf, er gibt einen komischen Laut von sich, worauf ich nach unten gehe und die Haustür aufmache.

Es ist ganz ähnlich wie in der Geschichte von dem Mann in Nebraska, der immerzu alles mögliche Papier klein riss und die Fetzen auf dem Boden verstreute, um die Tiger fernzuhalten: Es funktioniert hundertprozentig. Ähnlich verfiel eine von meinen alten Collie-Hündinnen irgendwann einmal auf eine höchst bizarre Aufführung, die darin bestand, dass sie sich unter Gewinsel rückwärts auf unseren anderen Hund zubewegte, bis sie ihn rammte. Für dieses Verhalten war absolut kein Grund ersichtlich (tatsächlich kniff der andere Hund sie öfter in die Schnauze, weil er sich belästigt fühlte) – außer dem, dass es ihr jedes Mal eine Menge Zuwendung vonseiten ihres menschlichen Publikums einbrachte, das ihre Darbietung lachend verfolgte und sie anschließend eifrig tätschelte.

Oder denken wir an das Hunde-«Lächeln». Wildhunde öffnen ihren Fang nicht und zeigen ihre Zähne nicht, es sei denn zum Drohen. Haushunde tun es bei ihren freundlichen Interaktionen mit uns ständig. Die mentalistische Erklärung dafür lautet dahin, dass sie unser Verhalten nachahmen. Was so viel bedeutet wie: Sie sehen, was wir machen, überlegen, welches Tun ihrerseits auf einen Beobachter den gleichen visuellen Eindruck machen würde, und entschließen sich zur Nachahmung. Was diese Erklärung problematisch macht, ist nicht zuletzt die Tatsache, dass kontrollierte Experimente zum Imitationslernen im Falle von Nichtprimaten zu überwältigend negativen Ergebnissen geführt haben. So erlernen beispielsweise Hunde und Pferde eine Handlung nicht das kleinste bisschen schneller, wenn sie zuvor einen Menschen oder einen Artgenossen diese Handlung haben ausführen sehen. (Ein Pferd führt bestimmte Dinge – wie zum Beispiel den Sprung über einen Wasserlauf – bereitwilliger aus, wenn ein anderes Pferd mit gutem Beispiel vorangeht, aber das ist lediglich Herdeninstinkt, nicht Lernen.) Auch in diesem Fall ist die Erklärung aus assoziativem Lernen nicht nur vollkommen plausibel, sondern auch die viel einfachere: Bewusst oder unbewusst belohnen wir unseren Hund mit Zuwendung, wenn er «lächelt», weil dieser Gesichtsausdruck uns stärker anspricht.

Die Intelligenz dieserart erlernter Assoziationen ist zum Teil *außerhalb* des Tiergehirns lokalisiert. Nicht darauf, was im Kopf ist, sondern darauf, worin der Kopf ist, kommt es an – um es mit einer geglückten Formulierung aus einem Aufsatz von William Mace zu sagen, der für einen «ökologischen Ansatz» beim Studium der tierlichen Intelligenz plädiert. Was den einfachen Assoziationsvorgang «intelligent» macht, ist die Logizität der Welt, die Tatsache, dass zwischen assoziierten Ereignissen in der Mehrzahl der Fälle ein Kausalzusammenhang besteht. Der eigentliche Grund, warum Haustiere so schlau erscheinen, liegt darin, dass die Intelligenz ihres Agierens und Reagierens zu einem großen Teil in *unserem* Verhalten beheimatet ist. Ein Hund, der gelernt hat, sich schwanzwedelnd vor der Tür des Schranks, in dem seine Leine hängt, aufzustellen, wenn ihm nach Gassigehen ist, tut das aufgrund unserer Fähigkeit, solche Signale zu verstehen und sie mit unserer Reaktion zu bekräftigen. (Die Intelligenz der Antworten, die von der Person in Searles – in der Einführung vorgestelltem – «Chinesischem Zimmer» nach draußen übermittelt werden, ist die Summe aus der Fähigkeit dieser Person, Übersetzungsregeln zu verstehen und zu befolgen, *plus* den ihr zur Verfügung gestellten Übersetzungsregeln selbst. Mit anderen Worten, die Intelligenz der Antworten ist eine Eigenschaft, der gesamten Konfiguration, einschließlich Zimmer, Handbücher usw., nicht allein des Geistes jener Person.) Zu einem der raffinierteren Tricks, mit denen mein Border-Collie sich Zuwendung zu erschleichen pflegt, gehört ein mit perfektem Timing eingesetztes Bellen, während meine Frau am Telefonieren ist. Wie die meisten Hunde buhlt er unentwegt um Aufmerksamkeit und Zuwendung; tut er das bei meiner telefonierenden Frau mittels Bellen oder sonstiger Störaktionen, schubst sie ihn weg und ignoriert ihn. Aber er besitzt eine erstaunliche Fähigkeit, aus den Veränderungen in der Intonation eines Telefonierenden (die ich für meinen Teil erstmals mit Bewusstsein registrierte, als das Verhalten des Hundes mich auf sie aufmerksam machte) herauszuhören, dass das Gespräch seinem Ende zugeht. Es ist schwierig, Intonationsfaktoren mit Worten zu beschreiben, aber wer will, kann sich von dem hier Gemeinten einen unmittelbaren Eindruck verschaffen, indem er genau hinhört, wenn jemand am Telefon zu Sätzen übergeht wie «Also dann, danke für den Anruf, war schön, von dir zu hören, ich meld mich demnächst, pass auf dich auf» und so weiter. Jedes Mal, wenn meine Frau in ihrem Gespräch diesen Punkt erreicht hat, fängt der Border-Collie an, zu bellen und sie mit der Schnauze zu stupsen. Offensichtlich hat er eine Assoziation hergestellt zwischen jenen Lauten und dem darauf folgenden Auflegen des Hörers, das ein Wiederaufleben der Aufmerksamkeit für den Hund ankündigt, eine Assoziation, die durch den Umstand bekräftigt wird, dass meine Frau gewöhnlich nichts mehr unternimmt, um den Hund zum Schweigen zu bringen, wenn das Gespräch erst einmal in der Substanz abgeschlossen ist und sie sowieso gleich auflegen wird. Der springende Punkt ist hier jedoch, dass die raffinierte Schlauheit des geschilderten Verhaltens zweierlei dokumentiert: zum einen die enorme Sensibilität des Hundes für stimmliche Signale sowie seine Fähigkeit, Assoziationen zu bilden, zum anderen die Komplexität des sozialen Kontexts der Spezies Mensch, in den zahllose Hinweisreize eingebettet sind, die Orientierung über unser rationales Verhalten geben können – und die dem Hund ein fruchtbares Betätigungsfeld für seine Fähigkeit zu assoziativem Lernen bieten.

Pflanzen sind sicherlich dümmer als Leuchtkäfer. Und dennoch, so wie gedankenlose erlernte Assoziationen gewöhnlich (gedankenlos) eine intelligente Einschätzung von Ursache und Wirkung bilden, beweist die Evolution eine Begabung – eine noch frappantere sogar –, selbst in den einfachsten Organismen das funktionale Äquivalent von Intelligenz hervorzubringen. Wie Daniel Dennett so wohl begründet dargelegt hat, arbeitet die natürliche Selektion exakt so, *als ob* sie sich von bewusster Absicht leiten ließe – und zwar häufig von der Absicht, andere Organismen auszutricksen, übers Ohr zu hauen, hinters Licht zu führen. Fleisch fressende Pflanzen verströmen den Geruch von fauligem Fleisch, um Fliegen in den Tod zu locken. Obstpflanzen offerieren ihre verführerischen Lockmittel zu einem anderen Zweck, nämlich um Säugetiere und Vögel zu verleiten, ihre Samen zu verbreiten und denen dabei obendrein Gratisdünger mitzugeben. Manche Pflanzen erweitern den Trick um ein zusätzliches Raffinement, indem sie Früchte mit bitteren Samen produzieren; der bittere Geschmack wirkt auf Säugetiere wie beispielsweise Mäuse, die die Samen beim Verzehr zerkauen und dadurch zerstören, abschreckend, stört aber Vögel, die die Samenkörner unversehrt schlucken und wieder ausscheiden, nicht im Mindesten. Unkraut passt sich, um sein Nassauer-Dasein führen zu können, mit satanischer Schläue den Wachstumsrhythmen von Nutzpflanzen an. Manche Unkräuter sind von den Nutzpflanzen, unter die sie sich mischen, bis zur Blüte ununterscheidbar und haben, wenn es so weit ist, schon lange ungestraft Düngung und Hege und Pflege genossen. Andere produzieren Samen, der kaum zu unterscheiden ist von dem Samen der Nutzpflanze, der für die Aussaat im nächsten Jahr aufgehoben wird. Bestimmte Kleearten produzieren eine chemische Substanz mit Östrogenwirkung – das ist Rache in höchster Vollendung: Eine Pflanze zahlt es ihrem Fressfeind heim, indem sie ihm die Antibabypille unterjubelt.

Viren sind das Musterbeispiel diabolischer Intelligenz, der unmöglich Absicht innewohnen kann. Sie bestehen aus nichts weiter als einem Strang DNA oder RNA in einer Proteinhülle. Es fällt schwer, sich eine elementarere Form von Evolution vorzustellen.

Halten wir uns vor Augen, was das Tollwutvirus macht: Es befällt bevorzugt Carnivoren (Wolf, Fuchs, Hund) und attackiert das Zentralnervensystem der Opfer mit dem Effekt, dass deren Neigung zum Zubeißen verstärkt wird – und Bisswunden sind so ungefähr der einzige Übertragungsweg, auf dem der Erreger zu anderen Opfern gelangen kann. Das Tollwutvirus versteht mehr von Neurophysiologie als ein studierter Neurophysiologe. Oder denken wir an das Aidsvirus: Es attackiert genau die Zellen des Immunsystems, die der Abwehr viraler Infektionen dienen. Es versteht mehr von Immunbiologie als ein studierter Immunbiologe.

Das Erscheinungsbild, das Tiere im Lauf ihrer Evolution ausgebildet haben, ist in vielen Fällen ein Werkzeug für List und Betrug, Schwindel und Gaukelei. Das Tagpfauenauge trägt auf der Flügeloberseite eine große farbige Zeichnung, die Augen ähnelt und darum feindliche Vögel abschreckt. Stabheuschrecken und Wandelndes Blatt verschmelzen durch Mimikry mit ihrer Umgebung und entziehen sich so dem Blick ihrer Fressfeinde. Als Parasiten in einem garnelenähnlichen Wasserbewohner lebende Fadenwürmer bewirken die Blaufärbung dieses Zwischenwirtes, der daraufhin den Enten, denen er als Grundnahrungsmittel dient, umso deutlicher in die Augen sticht – mit der Folge, dass die Fadenwürmer garantiert Zugang zum Darm der Enten, ihrer Endwirte, finden.

Von solchen Kunststücken der Evolution lesen wir mit Staunen. Es sind nicht nur schlaue – es sind teuflisch schlaue Strategien. Einfälle dieses Formats hätten wir selber gern. Oberflächlich betrachtet, scheint unter diesen Tricksereien keine einzige zu sein, die auszubilden gewesen wäre ohne eine Art natürlicher Psychologie, ohne Einfühlungsvermögen, ohne die Fähigkeit, sich in andere Wesen hineinzuversetzen. Die Idee, eine stinkende Blume zu schaffen, kann doch wohl nur aus dem Nährboden des Wissens, was es heißt, eine Fliege zu sein, sprießen. Samen hervorzubringen, der dem von amerikanischen Bauern sorgfältig eingesammelten und überwinterten, dann an ihren Rasen kultivierende Eigenheimbesitzer im ganzen Land verkauften Grassamen oder Kleesamen zum Verwechseln ähnlich sieht – das scheint doch die Kenntnis der im Amerika des zwanzigsten Jahrhunderts üblichen Landbaupraktiken wie auch des hier in der Landschaftsgärtnerei vorherrschenden Geschmacks vorauszusetzen. Indes, die natürliche Selektion hat selbstverständlich nichts weiter getan, als alles auszumerzen, was nicht funktionierte, und alles beizubehalten, was funktioniert. Ein Prozess, der nicht mehr ist als ein blindes, gedankenloses Herumprobieren, hat einige der intelligentesten Dinge hervorgebracht, die wir kennen.

Intelligentes, listiges, betrügerisches *Verhalten* ist in der Natur nicht weniger verbreitet als physische und chemische Tricks. Alle Raubtiere beschleichen ihre Beute. Das ist sicherlich eine glänzende Strategie, und eine «Einfühlungs»-Erklärung müsste hier recht vielschichtig ausfallen: Der Räuber muss offenbar nicht nur der Geräusche eingedenk sein, die er bei der Vorwärtsbewegung produziert, sondern auch der Möglichkeit, dass das Beutetier einen von seinem eigenen abweichenden Kenntnisstand in Bezug auf seine Bewegungen hat, sowie obendrein auch der Tatsache, dass Schleichen ein probates Mittel ist, die Bewegungsgeräusche zu dämpfen. «Akustisches Sichverbergen», wie es im Buche steht. Aber schon im Alter von wenigen Wochen fangen Raubtierjunge an, dahinkriechende Käfer (oder ihre Geschwister) zu beschleichen, und das ist doch offenbar ein ebenso feststehendes instinktives Verhaltensmuster wie das Fressen und das Laufen. Ein Carnivore in der Ahnentafel, der seine Beute nicht beschlichen hätte, hätte kaum Zeit gehabt, seine Nicht-Schleicher-Gene weiterzugeben.

Ein Hund sträubt bei der Konfrontation mit einem potenziellen Gegner das Fell über Rücken und Nacken. Auch das ist allem Anschein nach ein rein instinktives Verhalten; mit an Sicherheit grenzender Wahrscheinlichkeit ist es ein ritualisiertes Signal, das auf der Tatsache gründet, dass Körpergröße einen Einschüchterungseffekt hat. Der Hund sträubt also Rücken- und Nackenhaare, «um» größer zu wirken. Aber wiederum ist es nicht notwendig, eine bewusste Absicht als Erklärung zu bemühen – die Evolution reicht völlig aus. Hunde richten bei einer feindlichen Konfrontation das Rücken- und Nackenfell auf, weil die natürliche Selektion Hunde begünstigte, die das taten. Es funktioniert. Zu den raffiniertesten Verhaltensstrategemen gehören die Gaukelspiele, die Beutetiere inszenieren, um Fressfeinde abzulenken oder hinters Licht zu führen. Opossums stellen sich tot, wenn sie angegriffen werden – eine Strategie, die besonders brillant ist, weil sie die Instinkte der meisten Räuber überlistet. Watvögel wie die Regenpfeifer und der Stelzenläufer, aber auch andere Bodennister (Enten, Seetaucher, Eulen, Ziegenmelker usw.) locken Räuber von ihrem Gelege oder ihrer Brut weg, indem sie Kranksein oder eine Verletzung vortäuschen und sich, scheinbar «leichte Beute», wie behindert humpelnd oder flatternd von dem kritischen Ort entfernen, um sich dann, wenn die Aufmerksamkeit des Feindes über den *point of no return* hinaus vom Nest abgezogen ist, gesund und munter in die Luft zu erheben.

Die Leuchtkäferweibchen, die die Blinksignale anderer Arten fälschen, verkörpern nur eine der tausenderlei Formen spezialisierten Verhaltens, die im Laufe des evolutionären «Rüstungswettlaufs» zwischen den Arten aus der Waffenschmiede der natürlichen Selektion hervorgegangen sind. Donald Griffin bleibt gleichwohl unbeirrt dabei, dass bei dem allen bewusste Planung im Spiel sein könnte. Es sei inkonsequent, so argumentiert er, das der Beobachtung nicht zugängliche Phänomen der evolutionären Selektion als Erklärung für das in der Natur zu beobachtende adaptive, intelligente oder täuschende Verhalten zu akzeptieren, aber das keineswegs in höherem Grad unbeobachtbare Phänomen der tierlichen Geistesverfassung als Erklärung abzulehnen. Außerdem beweist nach seiner Meinung, mit der er nicht allein steht, schon die Flexibilität der betrügerischen Leuchtkäfersignale, der Anschleichtaktik von Raubtieren oder des Inszenierungsstils, in dem etwa simulierende Regenpfeifer ihre «Vogel mit gebrochenem Flügel»-Nummer abziehen, dass es sich hier um weit mehr als lediglich mechanische Reflexe handelt. Raubtiere modifizieren ihre Anschleichtechnik nach den Umständen. Leuchtkäfer scheinen ihre Betrugsstrategie den Erfordernissen der Situation anzupassen und dabei mit höchst kunstvollen Variationen des Grundthemas aufzuwarten: Die Männchen der Art mit den räuberisch lebenden Weibchen senden auf der Suche nach einer geeigneten Paarungspartnerin zuweilen das Signal der Männchen jener Art aus, auf welche die Weibchen der eigenen Art es abgesehen haben – und überlisten so die Betrügerinnen mit einem Betrugsmanöver eigener Provenienz. Die Weibchen, die sich als Braut maskieren, um einen Braten zu ergattern, werden von Männchen übertölpelt, die sich als Braten maskieren, um eine Braut zu ergattern.

Eine Studie an Schreiregenpfeifern erbrachte den Befund, dass diese Vögel im Allgemeinen das Verhalten des Störenfrieds im Auge behalten und allem Anschein nach die Inszenierung ihres theatralischen Auftritts an den Beobachtungen ausrichten, die sie dabei machen. Kümmert der Störenfried sich gar nicht um das Theaterspiel des Simulanten, beginnt der Vogel häufig näher bei ihm mit einer noch theatralischeren Wiederholung seiner Vorstellung. Nimmt der Störenfried die Verfolgung des simulierenden Vogels auf, reguliert der seine Fluchtgeschwindigkeit so, dass er stets verlockend knapp außer Reichweite des Verfolgers bleibt. Schreiregenpfeifer scheinen auch rasch zwischen bedrohlichen und weniger bedrohlichen Störenfrieden unterscheiden zu lernen; während sie Herbivoren ignorieren, ziehen sie für Carnivoren Theaterklamauk grellster Sorte ab. Sie reagieren stärker auf Menschen, die sich zu einem früheren Zeitpunkt dem Nest bis auf wenige Schritte näherten, schwächer dagegen auf solche, die schon einmal in einiger Entfernung daran vorbeigingen.

Aus alldem folgern Griffin und, in eingeschränktem Maß, auch Carolyn Ristau, die Leiterin der Regenpfeifer-Experimente, dass sich in dem Verhalten der Vögel eine real existierende Täuschungsabsicht ausdrückt. Griffin zufolge ist «die Anpassungsfähigkeit an sich ändernde Umstände [...] ein sehr wichtiger Bestandteil des Tierverhaltens, der intuitiv auf bewusstes Denken hindeutet».

Aber an diesem Argument stimmt etwas nicht – stimmt sogar einiges nicht. Zunächst einmal ist es ja nicht so, dass die Regenpfeifer bei der Annäherung eines Fressfeindes mal einen gebrochenen Flügel simulieren, andere Male wiederum einen Charleston tanzen. Alle Raubtiere beschleichen ihre Beutetiere, alle Opossums stellen sich tot, alle Schreiregenpfeifer täuschen einen gebrochenen Flügel vor. Das ist in jedem einzelnen Fall nicht anders zu erklären denn als ein angeborener, genetisch verankerter Instinkt, an dem die Evolution weiter schleift und poliert, weil er funktioniert.

Die bei Tieren anzutreffenden Variationen dieser Themen deuten allerdings auf einen gewissen kalkulatorischen Aufwand hin. In dessen Bewertung können nun die meisten Verfechter des kognitionswissenschaftlichen Ansatzes mit Griffin nicht konform gehen. Was Kognitionswissenschaftler gegen Griffin einzuwenden haben – und damit wären wir bei dem zweiten problematischen Aspekt seines Arguments –, ist im Wesentlichen einzig dies: Zwischen den zwei Polen der simplen Alternative «Tiere sind ihrer selbst bewusste, denkende, vorausplanende Wesen» und «Tiere sind nichts als von ihren Genen an einem straffen Gängelband geführte Konglomerate von mechanischen Reflexen» erstreckt sich ein riesiges Feld differenzierterer Möglichkeiten. «Zum Täuschen- und Betrügenkönnen braucht es keine Unmenge Nervenzellen», meint Roy Caldwell, Biologe an der University of California at Berkeley. Selbst komplexes, flexibles, anpassungsfähiges, intelligentes Verhalten ist nicht selten auf der Ebene der zugrunde liegenden Funktionsprinzipien so einfach strukturiert, dass es ohne weiteres mit einem ziemlich simplen Computerprogramm simuliert werden kann – das absolut ohne «Verständnis» arbeitet. Entscheidungsfindung schließt nicht als solche und von sich aus schon Bewusstsein ein. Wäre es anders, müssten wir mit schöner Regelmäßigkeit auch Bakterien und Pflanzen ein Bewusstsein zuschreiben. Die Venusfliegenfalle hält ihre Klappfalle nur geschlossen, wenn es ein Insekt ist, was sie darin gefangen hat; hat ein Zweig das Zuschnappen ausgelöst, trennen sich die zusammengeklappten Blatthälften umgehend wieder. Bakterien wandern zu einer Stelle hoher Konzentration der chemischen Substanz, nach der sie «suchen».

Ebenso wenig – auch das ist ein wichtiger Punkt – ist ein Verhalten, das Produkt einer evolutionären Anpassung ist, zwangsläufig auch starr, anpassungsunfähig, stereotyp. Der Verhaltensforscher David McFarland meint: «Wir dürfen der natürlichen Selektion getrost zutrauen, dass sie die Entscheidungsfindungsmechanismen der Tiere so gestaltet, dass die resultierenden Verhaltenssequenzen in der Regel der aktuellen Situation optimal angepasst sind.»

Kurzum: Evolutionäre Selektion, assoziatives Lernen und echte Einsicht können unabhängig voneinander gleichermaßen intelligente Verhaltensformen hervorbringen. Die Evolution ist ein Versuch-und-Irrtum-Lernen in extrem langsamem Zeitmaß. Neue Lösungen entstehen zufällig; die dysfunktionalen werden verworfen – durch den Tod des Individuums. Das Lernen ist ein ganz ähnlicher Vorgang, nur in einem schnelleren Zeitmaß. Potenzielle Lösungen werden ausprobiert; die dysfunktionalen werden in der Weise verworfen, dass sich keine erlernte Assoziation herstellt. Einsicht ist, wie Daniel Dennett dargelegt hat, in gewissem Sinn wiederum der gleiche Prozess, nur dass wir in diesem Fall die Lösungen zuerst in unserem Kopf ausprobieren. Wie der Wissenschaftsphilosoph Karl R. Popper bemerkte, eröffnet uns diese virtuelle Vorprüfung potenzieller Lösungen «den Ausweg, dass unsere Hypothesen stellvertretend für uns sterben». Als Zuschauer vor der großen Schaubühne der Natur sehen wir jedoch nur Überlebende. In jedem Akteur haben wir das Endprodukt eines erfolgreichen Evolutions- und Lernprozesses vor uns. Kein Wunder, dass sich die Verwechslung der Rollen mit echter Verstandeskraft und Einsicht förmlich aufdrängt.

SCHEINANTHROPOMORPHISMUS

Die Verfechter der Kontinuität zwischen der menschlichen und der tierlichen Psyche berufen sich oft und gern auf Darwin als wichtigsten Gewährsmann für ihr Theorem. Nun ist Darwin zwar zu dem inzwischen von keiner Seite mehr angezweifelten Ergebnis gekommen, dass alle Lebensformen auf dieser Erde über gemeinsame Stammeltern miteinander zusammenhängen, aber seine Evolutionstheorie entzieht den gewagten mentalistischen Thesen zum Tierverhalten, für deren Rechtfertigung sie zunächst in Anspruch genommen worden war, in vieler Hinsicht die Grundlage. Vor Darwin konnte man sich zweckbestimmtes oder zielgerichtetes Verhalten einzig mit der Vorstellung erklären, dass dem Organismus als solchem ein «beseelender Geist» innewohne. Doch die Fähigkeit der Evolution, bewusste Absicht zu simulieren, hat hier alles verändert. Wie der Zoologe Gordon Gallup bemerkte, «haben sich Organismen in vielen Fällen evolutionär in der Weise entwickelt, dass sie handeln, als ob sie Verstand besäßen». Heute benutzen Biologen die Ausdrücke «zweckmäßig», «zweckvoll» oder «zweckbestimmt», wie John S. Kennedy betont, nur mehr als Metaphern für das Wort «adaptiv», und zwar in dessen strikt evolutionstheoretischer Bedeutung. Die Evolution ist ein unglaublich starker Motor der Vervollkommnung von Zweckmäßigkeit, denn adaptive Strategien, die sich im Lauf der Evolution nicht bewährten, haben nicht überdauert. Darwins theoretischer Durchbruch bedeutet in Wahrheit keinen Freibrief für Anthropomorphismus, sondern regt im Gegenteil zur Vorsicht gegenüber der Annahme an, dass der Organismus sich selber den Zweck oder das Ziel gesetzt haben muss, das zu erreichen ersichtlich der Sinn seines Handelns ist.

Andererseits: Eben weil die Evolution so häufig zu Ergebnissen führt, die von bewusster Zielsetzung nicht zu unterscheiden sind, können wir eine Menge darüber herausfinden, warum Tiere so handeln, wie sie handeln, wenn wir so tun, *als ob* bewusste Zielsetzung in der Evolution tatsächlich eine Rolle spielte, und beobachten, wie weit wir mit diesem Gedankengang kommen. Zu fragen, was ein Tier mit seinem Tun «bezweckt», ist eine kreative Methode, den adaptiven, evolutionären Sinn seines Verhaltens zu ergründen. Die Frage, warum der Fadenwurm seinen Zwischenwirt blau färben «will», kann der Anstoß zum Planen von Experimenten sein, die den adaptiven Hintergrund der Gesamtsituation ausleuchten helfen. So könnte beispielsweise bei der Spezifizierung dieser Frage das Bedürfnis nach Tests auftauchen, die messen, ob blaue Objekte für Enten leichter wahrzunehmen sind.

Kennedy bezeichnet diese heuristische Methode als «Scheinanthropomorphismus»; andere sprechen von «kritischem Anthropomorphismus», Dennett vom «Finalitätsstandpunkt». Das Verfahren funktioniert, solange wir uns des Umstandes bewusst bleiben, dass es nur die natürliche Selektion ist und allenfalls noch die durch natürliche Selektion erzeugten kognitiven Prozesse, was wir da sondieren. Wir erkunden *nicht*, was im Geist dieses oder jenes Tieres vorgeht – denn wie Kennedy dazu bemerkt hat, ist es die natürliche Selektion, die Sorge dafür getragen hat, dass das Tun der Tiere einen «Sinn ergibt». Wir setzen den Prozess der natürlichen Selektion in Analogie zur Funktionsweise unseres Geistes – zu unserem Bewusstsein von Finalität: von Zielen und Zwecken –, wir setzen *nicht* den Geist der Tiere in Analogie zum menschlichen Geist.

Dieser heuristische Ansatz ist die Grundlage der evolutionären Ökologie, eines aufsprießenden Forschungszweigs, der erstaunliche Einsichten in den Anpassungswert anderweitig unerklärlicher in der Natur vorkommender Verhaltensformen und physischer Gestaltungen erbracht hat. Es ist ein Ansatz, der sich auf Formen sowohl des Verhaltens wie der Physis, sowohl auf pflanzliche wie auf tierische Organismen anwenden lässt. Zum Beispiel fiel Darwin an der Madagaskar-Sternorchidee die außergewöhnlich lange Blütenröhre auf. Er fragte sich dann sinngemäß, wozu die Pflanze eine Röhre dieser Länge wohl benötigte. Erst Beobachtungen aus jüngerer Zeit bestätigten endlich Darwins Mutmaßung, mit der Länge der Blütenröhre wachse die Wahrscheinlichkeit, dass die Nachtfalter, die bei dieser Blume das Geschäft der Bestäubung erledigen, beim Vordringen zu dem am Grund der Röhre befindlichen Nektar Beine und Körper in volle Berührung mit dem Geschlechtsapparat der Blüte bringen und dadurch umso mehr Pollen übertragen. Aber die einschlägigen Studien brachten auch einen «Rüstungswettlauf» zwischen der Pflanze und dem Falter ans Licht. Lange Blütenröhren begünstigen Falter mit langer Zunge, die benötigt wird, um überhaupt an den Nektar heranzukommen; lange Zungen wiederum üben auf die Pflanze einen Selektionsdruck zur Ausbildung noch längerer Röhren aus, die die Falter zwingen, den Körper in Kontakt mit dem oben in der Blüte befindlichen Geschlechtsapparat zu bringen (indem sie es nämlich unmöglich machen, dass die Falter einfach nur den Saugrüssel bis zum Blütenboden hinunter ausrollen und dabei mit dem Körper «auf Distanz» zum Geschlechtsapparat bleiben). Der explizite Gebrauch anthropomorphisierender Ausdrücke wie «Rüstungswettlauf» und «wozu die Pflanze den Falter damit bringen will» leistet enorme Hilfe bei der Klärung dessen, was da stattfindet.

Auf ein anderes Beispiel wurde die biologische Forschung durch eine auf den ersten Blick sonderbare Beobachtung an den Kopulationsgepflogenheiten der Dungfliegen aufmerksam. Das Männchen bricht die Kopulation gewöhnlich ab, bevor sämtliche Eier des Weibchens befruchtet sind. Auch hier führte die Frage «Wozu tut es das?» zu einer einleuchtenden Erklärung, die in diesem Fall obendrein zahlenmäßig zu verifizieren war. Nehmen wir an, dass es das Ziel des Fliegenmännchens ist, in der ihm zur Verfügung stehenden Zeit die größtmögliche Zahl von Eiern zu befruchten. Es braucht eine gewisse Zeit, um ein Weibchen aufzutreiben und die Kopulation mit ihm einzuleiten. Bei jedem Kopulationsvorgang ist irgendwann der Punkt erreicht, wo das Männchen praktisch gesehen vor der Entscheidung steht: Bleibe ich hier noch bei der Sache, bis die letzten paar Eier befruchtet sind, oder ist meine Zeit besser angelegt, wenn ich hier Schluss mache, mir eine neue Partnerin suche und mit ihr das Spiel von vorn anfange? Ihren Beobachtungsdaten konnten die Forscher entnehmen, wie lange ein Fliegenmännchen braucht, um eine neue Paarungspartnerin zu finden, und mit welcher Zuwachsrate die Eier bei der Kopulation befruchtet werden; anhand dieser Daten errechneten sie, dass die Kopulation jeweils etwa 41 Minuten dauern und zu einem 85-prozentigen Befruchtungserfolg führen müsste. Die tatsächlichen Zahlen lagen nur geringfügig darunter.

«Heute, wo wir wissen, dass die natürliche Selektion ein Optimierungszwang ist, trauen wir uns ohne Bedenken, zu raten, was ein Tier als Nächstes tun wird, wobei wir einfach davon ausgehen, was unter den gegebenen Umständen das Beste für das Tier wäre – und damit raten wir häufig richtig», meint Kennedy. Die Buschmänner sollen bei ihren Jagdexpeditionen seit eh und je nach diesem Rezept verfahren; sie verständigen sich darüber, was sie an der Stelle des Jagdtieres tun würden, und kommen dabei, wie es heißt, zu «phänomenal exakten» Voraussagen. Der Tierrechte-Advokat Michael W. Fox zitiert diesen Sachverhalt als Beweis dafür, dass Tiere Bewusstsein haben, und bemängelt, dass Wissenschaftler in ihrer eifernden Anthropomorphismus-Gegnerschaft derlei Beweismaterial verwerfen. Aber dieses Argument – fast überflüssig zu sagen – verkennt total, was für eine Bewandtnis es in diesem Zusammenhang mit der natürlichen Selektion hat. Was Wissenschaftler verwerfen, ist der «echte» Anthropomorphismus, der scheinbare Zweckbestimmtheit mit bewusster Zielsetzung verwechselt.

Die in Fox' wie in Griffins Argumentation zutage tretende Unfähigkeit, die zwei Formen des Anthropomorphismus auseinander zu halten, ist der Grund, warum selbst der «Scheinanthropomorphismus» mit hohen Risiken behaftet ist; es ist nur allzu leicht, vom Gebrauch einer Wendung wie «Das Fliegenmännchen sucht nach Wegen, seinen Samen so effektiv wie möglich zu verbreiten» als rein evolutionstheoretischer Metapher abzukommen und sie stattdessen, sei's auch unbewusst, als Aussage über eine bewusste Zielsetzung misszuverstehen.

Diese Gefahr unterstreicht Gordon Burghardt von der University of Tennessee in einem Artikel, in dem er sich zwar für den Einsatz eines kritischen Anthropomorphismus als Hilfsmittel zur Formulierung nachprüfbarer Hypothesen ausspricht, dieses Plädoyer jedoch mit dem warnenden Hinweis verbindet, dass nach seiner Erfahrung «Studenten, die nicht dazu angehalten werden, zwischen Beschreibung und Deutung streng zu unterscheiden, prompt nicht nur zu einer teleologischen und anthropomorphisierenden Sprech-, sondern auch Denkweise übergehen und diese Schludrigkeiten obendrein argumentativ rechtfertigen». Teleologische Aussagen sind solche, die das Resultat einer Handlung als deren beabsichtigten Zweck, ihre augenscheinliche Funktion als ihre «Finalursache» darstellen. Selbst innerhalb der engen Grenzen der evolutionstheoretischen Erklärung ist der Gebrauch anthropomorphisierender Metaphern immer in Gefahr, in die Teleologie abzugleiten (die lange Blütenröhre hat sich nicht entwickelt, «um» Nachtfalter zu effektiverer Befruchtung zu veranlassen; der Zusammenhang ist vielmehr das Ergebnis einer natürlichen Selektion – die intensiver bestäubten Blumen hatten einen Überlebensvorteil und daher auch die besseren Chancen, jenes Merkmal, das die effektivere Befruchtung bedingte, an Nachkommen weiterzugeben).

Werden jedoch die anthropomorphisierenden Metaphern auf alles Tierverhalten ausgedehnt, ist Verwirrung womöglich nicht mehr zu vermeiden.

DAS WESEN DER LÜGE

Neben dem «kruden» Anthropomorphismus – wie wir ihn nennen könnten –, der Tieren umstandslos menschliches Denken, Wollen und Fühlen zuschreibt, gibt es noch einen sehr viel «dezenteren» Anthropomorphismus, der sich mit dem Gebrauch metaphorischer Wendungen in unser Denken einzuschleichen vermag. Allein schon die Ausdrucksweise, deren sich die Verfasser populärer Sachbücher auf dem Gebiet der Verhaltensforschung und sogar die Forscher selbst in ihren wissenschaftlichen Publikationen bedienen, neigt ihrer Natur nach dazu, die geschilderten Verhaltensweisen «aufzuwerten».

Manches davon ist harmlos und vielleicht nicht zu umgehen. Pointierte Kürze ist die Seele lebendiger Prosa. Das «egoistische Gen» ist eine eingängige, Neugier erweckende Formel. Die Kopulation von Wildpferden, bei der der Hengst das sonst übliche Werberitual auslässt und eine von einem anderen Hengst besprungene Stute zum Stillhalten in der Paarungsstellung zwingt, als «Vergewaltigung» zu bezeichnen, ist eine plastische (und sehr viel gedrängtere) Darstellung des Sachverhalts. Sie hat gleichwohl bedenkliche Folgen für die Interpretation der Fakten.

Schon die Verwendung des Ausdrucks «Futterlockruf» im Zusammenhang mit dem eingangs des Kapitels erwähnten lügnerischen Hahn ist ein einschlägiges Beispiel. Die menschliche Rede hat eine Bedeutungskomponente. Die gesprochenen Laute sind im Verhältnis zu ihrer Bedeutung «arbiträr» (beliebig, unmotiviert, willkürlich, durch Konvention, nicht durch naturgegebene Notwendigkeit zugeordnet); die Evolution hat zwar in der Form unseres Stimmapparates unserer Fähigkeit zur Lautbildung gewisse Beschränkungen auferlegt, aber sie kümmert sich nicht darum, welche Laute aus unserem Repertoire wir mit welchen Bedeutungen verknüpfen: Es gibt kein evolutionäres Faktum, das uns nötigte, eine bestimmte Lautfolge zur Bezeichnung des Konzepts, das wir von dem Tier Elch haben, zu verwenden und eine andere zur Bezeichnung des Konzepts, das wir von dem Tier Eichhörnchen haben. Ebenso gut könnten wir mit der Lautkombination ɛlç das Konzept «Eichhörnchen» und mit der Lautkombination aɪçœrnçən das Konzept «Elch» bezeichnen. Sprachliche Kommunikation zwischen Menschen besteht zu einem erheblichen Teil aus dem Codieren eines zusammengesetzten Gedankens durch einen Sender und dem Decodieren des Nachrichtensignals durch den Empfänger. Da wir nur Menschen sind, stellen wir uns gewohnheitsmäßig alle Formen der Kommunikation analog der unseren vor: als eine nach einem bestimmten Code strukturierte

Zeichenfolge, die eine wohl definierte Bedeutungskomponente als Inhalt hat. Die Zeichen können aus Kombinationen von «Punkten» und «Strichen» (kurzen und langen Signalen) bestehen wie beim Morsealphabet. Oder in den sequenziellen Mustern von elektrischen Null-/Eins-Zuständen, wie Computer sie zur Datenmanipulation und -übertragung benutzen. Oder in den Vokalen und Konsonanten der menschlichen Rede.

Und so benannten und sortierten die Wissenschaftler, die mit dem Studium der Rufe von Tieren begannen, ihre Studienobjekte, fast als ob das selbstverständlich wäre, nach Bedeutungskategorien. Man beobachtete, womit das Tier beschäftigt war, wenn es einen Ruf ausstieß, und zog dann die scheinbar nahe liegende Schlussfolgerung. Der Laut, den ein Tier bei der Wahrnehmung eines Fressfeindes hören ließ, war ein «Warnruf». Laute bei der Partnersuche oder -werbung waren «Paarungsrufe» («oder Werbegesänge» o. Ä.). Und ließ das Tier angesichts frisch entdeckter Nahrung etwas hören, so war das ein «Futter(lock)ruf» (auch «Futterschrei», «Fressquieker» o. Ä.).

Ebendiese semantische Kategorisierung lädt ihrem Gegenstand die gewaltige Last einer anthropomorphisierenden Präsupposition auf. Indem wir dem Hahnenschrei einen präzisen semantischen Inhalt zuwiesen, haben wir uns selbst die Befugnis und den Auftrag erteilt, etwaiges «Lügen» aufzudecken. Der Ruf bedeutet: «Hier ist etwas zu fressen», und wenn der Hahn ihn hören lässt, ohne dass etwas zu fressen da ist, dann ist das ganz klar eine Täuschung. So ist es doch? Nun ja, so ist es – falls und insoweit unsere stillschweigende Voraussetzung gilt. Aber betrachten wir kurz eine ganz andere Konstellation. General Halftrack in dem Comicstrip *Beetle Baily* macht immerfort Glupschaugen nach seiner drallen Sekretärin Miss Buxley. Nehmen wir an, Sie sind als Ermittler in Disziplinarsachen im Büro des Generaladjutanten tätig und einer anonymen Anzeige, in der General Halftrack der sexuellen Belästigung beschuldigt wird, in der Weise nachgegangen, dass Sie im Büro des Generals eine versteckte Videokamera installieren ließen; jetzt sind Sie in Ihrem eigenen

Büro dabei, die Bandaufzeichnung einer einwöchigen Beobachtung auszuwerten. Sie kennen die Arbeitsplatzbeschreibung für Miss Buxleys Job und wissen, dass die Sekretärin auf jedes Summersignal des Generals hin in dessen Büro zu erscheinen hat, um die Aktenablage zu erledigen. Am Montag, Dienstag und Mittwoch betätigt der General jeweils um elf Uhr morgens den Summer; Miss Buxley kommt herein und legt die nicht mehr benötigten Unterlagen ab; dabei späht der General bei jeder sich bietenden Gelegenheit in ihren Ausschnitt. Am Donnerstag drückt der General um elf Uhr morgens auf den Summerknopf; Miss Buxley kommt herein; der General erklärt ihr, nicht ohne in ihren Ausschnitt zu linsen, dass es heute keine Akten abzulegen gibt. Am Freitag nimmt sich Miss Buxley frei; ihre Stellvertreterin ist ein noch drallerer Miss-Buxley-Klon; der General hat nicht den kleinsten Fetzen Papier zum Ablegen, betätigt aber an diesem Tag den Summer um neun, zehn und elf Uhr morgens, um zwölf Uhr mittags und um ein, zwei, drei, vier und fünf Uhr am Nachmittag, und jedes Mal frisst er die Aushilfskraft fast mit den Augen auf.

Der General ist offenbar ein Lüstling. Sie, der Ermittler, haben ihn bei dreizehnmaligem geilen Äugeln und Spannen erwischt. Und was noch schlimmer ist: In zehn Fällen hat er nachweislich einen ausschließlich für Zwecke der Landesverteidigung bestimmten Summer dazu missbraucht, gegenstandslose und irreführende Befehle an eine Untergebene zu übermitteln – ganz offensichtlich ging es ihm darum, Miss Buxley und ihre Stellvertreterin in sein Büro zu locken, um sie beglupschen zu können.

Der General, eine ehrliche Haut, bekennt sich, was den Vorwurf der Geilheit und Lüsternheit angeht, auf der Stelle schuldig. Den Vorwurf der Lüge und Täuschung weist er eisern zurück. Seine Argumentation ist einfach: *Sie* denken, der Summerton bedeutet «Hier sind Sachen zum Ablegen; es wird Zeit, dass Sie sich darüber hermachen»; *ich* für meinen Teil benutze den Summer nur in dem Sinn «Würden Sie bitte gleich einmal zu mir in mein Büro kommen». Weiter erklärt er, dass Miss Buxley auf den Summer bald nicht mehr reagieren würde, wenn er ihr bei ihrem Erscheinen immer wieder sagen müsste, dass es nichts zu tun gebe. Deshalb rufe er sie meistens nur herein, wenn etwas abzulegen sei. Was die Aushilfskraft betreffe, so sei er da naturgemäß sehr viel stärker interessiert gewesen, einen Blick in die Auslage zu erhaschen, und da sie, neu, wie sie war, auf jeden Summerton pflichteifrig herbeigeeilt kam, weil sie glaubte, der habe etwas Konkretes zu bedeuten, habe er halt wieder und wieder den Knopf gedrückt. Aber – und in diesem Punkt lässt General Halftrack nicht mit sich handeln – das Summersignal benutze er hundert Pro im Einklang mit dessen Sinn, Zweck und Bedeutung, ohne Falschspiel und ohne irgendwen zu täuschen.

Tatsache ist, dass alle unsere Schlussfolgerungen in Bezug auf das Täuschungsverhalten jenes Hahns auf der im Begriff «Futterlockruf» enthaltenen Annahme beruhen, der Laut habe die Bedeutung «Hier ist etwas zu fressen für euch». Es gibt jedoch eine Menge Indizien dafür, dass er keinerlei derart präzisen semantischen Inhalt hat. Tatsächlich ist durch Beobachtungen belegt, dass Hähne den «Futterlockruf» unter vielerlei anderen Bedingungen hören lassen. Sein «Bedeutungsgehalt» kann zu einem banalen «Hier bin ich» schrumpfen oder besser gesagt: Einen «Bedeutungsgehalt» im strengen Sinn dieses Wortes hat er überhaupt nicht. Haargenau der gleiche Ruf kommt in Situationen zum Einsatz, die mit Nahrung und Nahrungsaufnahme nicht das Geringste zu tun haben, vor allem wenn ein Volk zersprengt ist und die Mitglieder versuchen, wieder Kontakt miteinander aufzunehmen. Hähne praktizieren das bei vielen Vogelarten übliche «Balzfüttern». Sie bieten einem sich nähernden weiblichen Individuum etwas zu fressen an. Das «Täuschungs»-Szenario könnte nach allem Vorigen schlicht eine komplette Fehldeutung der tatsächlichen Situation sein. Möglicherweise gibt der Hahn nur seinen Standort bekannt; aus früheren Erfahrungen haben die Hennen gelernt, dass sie einen appetitlichen Happen erhalten, wenn sie sich zu einem männlichen Individuum gesellen, das diesen Ruf ausgestoßen hat, und die Hähne haben gelernt, dass mit Futtergeschenken an die Hennen die Wahrscheinlichkeit der Annäherung von Hennen im Anschluss an jenen Ruf steigt – und damit auch die Chance, sie zu treten. Erscheint eine neue Henne auf der Szene, ist der Hahn möglicherweise stärker motiviert, mit ihr zu kopulieren und sie seinem Harem einzugliedern – und neigt folglich auch stärker dazu, seinen Ruf auszusenden, ohne dass er etwas zum Fressen anzubieten hat. Ein letzter Stolperstein für den Interpreten liegt in dem Umstand, dass das Balzfüttern bei vielen Arten ein stark ritualisiertes Verfahren geworden ist – und in manchen Fällen wird dabei das Futtergeschenk regelmäßig durch irgendetwas zum Verzehr Untaugliches ersetzt. Tanzfliegenmännchen wickeln erbeutete Insekten wie die Spinnen in Seide ein und bieten das Päckchen dem paarungsbereiten Weibchen gleichsam als Brautgeschenk dar; aber bei manchen Arten besteht das Geschenk nur mehr aus Überresten der Beute ohne Nährwert, und eine Art bietet überhaupt nur noch den leeren Seidenballon – ohne irgendwelche Beute drin – dar. Demnach könnte selbst eine leere Nussschale lediglich ein Requisit in einem weitgehend ritualisierten Balzspiel sein, in dem der einstmals reale Fütterungsvorgang nur mehr als verblasstes Schema präsent ist.

Ob wir jemandes Handeln oder Rede als «Falschspiel», «Täuschung», «Betrug» oder ähnlich einschätzen, hängt in hohem Maß von unserer vorgefassten Meinung über die Absichten unseres Gegenübers ab. Ein vielen Urhebern zugeschriebenes geflügeltes Wort sagt, die Sprache sei dem Menschen gegeben, damit er um so überzeugender lügen könne, und es ist kaum zu bezweifeln, dass unsere eigene Vertrautheit mit den Formen der semantischen Täuschung uns dazu disponiert, Ähnliches auch in der Tierkommunikation zu entdecken, auch wenn dort nicht dergleichen vorhanden sein mag. Ein jüdischer Witz, den Freud überliefert, veranschaulicht in schlagender Form diese menschlich-allzumenschliche Neigung zu dem gegen jegliche Form der Kommunikation gerichteten Verdacht der Lügenhaftigkeit:

Zwei Juden treffen sich im Eisenbahnwagen einer galizischen Station.

«Wohin fahrst du?», fragt der eine.

«Nach Krakau», ist die Antwort.

«Sieh her, was du für ein Lügner bist!», braust der andere auf. «Wenn du sagst, dass du nach Krakau fahrst, willst du doch, dass ich glauben soll, du fahrst nach Lemberg. Nun weiß ich aber, dass du wirklich fahrst nach Krakau. Also warum lügst du?» (Sigmund Freud, «Der Witz und seine Beziehung zum Unbewussten» [1905], in: *Gesammelte Werke*, Bd. 6, S. 127)

Und noch ein letzter Vergleich, der uns zur Warnung vor den Gefahren der ungerechtfertigten Kategorisierung von Tierlauten nach semantischen Kriterien dienen soll: Nehmen wir an, Ihr Hund bellt draußen vor Ihrem Haus in ganz bestimmter Weise, wann immer ein fremdes Auto vorfährt. Sie gehen dann jedes Mal hinaus, um nachzusehen, wer da kommt. Eines Tages hören Sie den Hund wieder so bellen, aber als Sie hinausgehen, sehen Sie weit und breit kein Auto, sondern nur Ihren Hund mit einem Frisbee zwischen den Zähnen. Haben Sie dem Bellen vorher den Namen «Fremdes-Auto-Melden» gegeben, dann ist Ihr Hund jetzt ein frecher Lügner. Stellen Sie einfach nur fest, dass Ihr Hund offenbar dahinter gekommen ist, dass auf dieses spezielle Bellen hin jemand vors Haus kommt und ihm Gesellschaft leistet, dann sind Sie der prosaischen Wahrheit sehr viel näher.

Die Gepflogenheit, den Vokalisationen von Tieren Namen zu geben, die ihnen eine semantische Komponente zuschreiben, hat in der Erforschung der Tierkommunikation – einerlei ob es dabei um «Täuschung» geht oder nicht – unendlich viel Verwirrung gestiftet. Ein wichtiger Grundsatz (den wir noch näher kennen lernen werden) lautet dahin, dass viele tierliche Vokalisationen Phänomene sind, die mehr mit Akustik als mit Semantik zu tun haben. Lange Zeit hat man sich bei der Untersuchung der Vokalisationen von Pferden bemüht, dem Wiehern semantische Inhalte zuzuschreiben, ohne dass man zu schlüssigen, widerspruchsfreien Ergebnissen gekommen wäre. Pferde wiehern, wenn sie mit den Augen oder der Nase in der Ferne einen ihnen bekannten Artgenossen wahrnehmen; sie wiehern, wenn die übrige Herde weitergezogen ist und sie abgesprengt zurückgeblieben sind; Stute und Fohlen wiehern einander zu, wenn sie getrennt worden sind; wild lebende Pferde wiehern, um Positionsinformationen mit anderen Herden auszutauschen; im Stall gehaltene Tiere wiehern zuweilen, wenn sie sehr hungrig sind und ihren Besitzer näher kommen hören. Da scheint es einer ganzen Reihe von bedeutungsbeschreibenden Namen zu bedürfen. Wiehern bedeutet «Komm her» oder «Wartet auf mich» oder «Ich hab mich verlaufen» oder «Kommt uns nicht in die Quere» oder «Ich hab Kohldampf». Aber in vorrangiger Hinsicht ist das Wiehern ein Signal, das dank seinen akustischen Eigenschaften selbst bei unterschiedlichsten Umgebungsbedingungen außerordentlich weit trägt. (Besonders wichtig ist, dass Wiehern sehr hoch einsetzt, um über ein breites Frequenzspektrum bis auf etwa die Hälfte der ursprünglichen Tonhöhe abzufallen; über offenem Gelände pflanzen sich am effektivsten tiefe brummende Töne fort, während es am ehesten hohen Tönen gelingt, Wälder zu durchmessen.) So gesehen ist das Wiehern einfach nur ein Laut, den das Pferd benötigt, um über Entfernungen hinweg seine Präsenz kundzutun. Die «Bedeutung» des Signals liegt faktisch ausschließlich in dessen Kontext und nicht im Entferntesten in dem Signal selbst.

BEWEGLICHE TORPFOSTEN

Ein einziges Wort vermag Tierverhalten mit einer gewaltigen Last von stillschweigenden Annahmen zu befrachten. Dass dies immer wieder vorkommt, liegt, wie zu Anfang dieses Buches erwähnt, zum Teil an unentrinnbaren Tendenzen unserer von Natur aus anthropomorphisierenden Sprache. Zu einem anderen Teil jedoch hat es einen weniger harmlosen Hintergrund. Wie Jean-Marie Vidal und Jacques Vauclair konstatierten, herrscht heute allenthalben die Neigung, «das Blatt, das man auf der Hand hat, zu überreizen». Die Vokalisationen von Tieren werden als «Symbole», «Zeichen» oder gar «Sprache» gehandelt; die Interaktion zwischen zwei Individuen ist ein «Sichaustauschen»; die instinktive Sperre gegen Paarung mit nahen Verwandten ist ein «Inzesttabu»; das Hintanhalten oder Verbergen von Informationen ist eine «Lüge»; die Fähigkeit, die Mitglieder der eigenen Gruppe und ihren Rang in der Sozialhierarchie zu identifizieren, ist «Respekt vor anderen»; die Bindung zwischen Mutter und Nachwuchs ist «Liebe»; einseitig unfreiwillige Kopulation ist «Vergewaltigung»; die einem anderen Gruppenmitglied gewährte Hilfeleistung ist «Altruismus» oder gar Ausdruck eines «moralischen Gefühls»; die Weitergabe von Know-how ist «Unterricht»; regelmäßig praktizierte Gewohnheiten sind «soziale Regeln»; eine selten auftretende Verhaltenweise ist ein «Bruch» dieser Regeln oder ein «Verstoß» gegen sie; Selbstverteidigung oder Gegenangriff sind «Rache» oder ein «gerechter Krieg».

Zum großen Teil sind diese Dinge die Ergebnisse eines mehr oder minder absurden Spiels, das folgendermaßen abläuft: Mannschaft A legt eine Liste von charakteristischen Merkmalen vor, die den Menschen vom Tier unterscheiden. Mannschaft B entdeckt eine Ausnahme zu einem oder mehreren Punkten auf der Liste. Mannschaft A legt eine neue, verbesserte Liste vor. Mannschaft B entdeckt eine neue Ausnahme. Und so weiter. Ein Beispiel: Lange Zeit hieß es, der Mensch sei die einzige Spezies, die Werkzeuge gebraucht. Dann wurde darauf hingewiesen, dass Elefanten mit dem Rüssel Stöcke ergreifen und sich damit kratzen; dass Seeotter einen Stein auf ihrer Brust platzieren und ihn als Amboss benutzen, auf dem sie Krebs- und Muschelschalen zertrümmern; dass Aasgeier Steine auflesen und sie im Flug auf Straußennester abwerfen, um die harte Schale der Eier zu knacken. Dann hieß es, der Mensch sei der einzige Werkzeug*hersteller*. Dann wurde beobachtet, dass Schimpansen die Blätter von Zweigen abstreifen oder sich Grashalme zurichten, um mit diesen Dingen Termiten aus den Gängen ihres Baus zu «angeln». Dann hieß es, die Menschen seien die einzige Spezies, die Werkzeuge benutze, um andere Werkzeuge herzustellen. Nun wirft die Mannschaft B der Mannschaft A vor, sie habe die Torpfosten verschoben. Aber vielleicht hätte die Mannschaft A sich gar nicht erst darauf einlassen sollen, ein so lächerliches Spiel mitzuspielen. Es liegt doch wohl auf der Hand, dass der Unterschied zwischen dem Menschen und den anderen Tieren nicht mit einigen kategorialen Definitionen zu beschreiben ist, sondern in einer Gesamtsumme spezifischer Einzelheiten besteht. Um von diesen nur einen winzigen Bruchteil zu nennen: Menschen sind die einzigen Wesen, die sich überlegen können, ob sie kommendes Wochenende ins Kino gehen sollen. Sie können die Bedeutung eines Wortes erörtern. Sie können eine Sonate auf dem Klavier spielen. Sie können auf einem Blatt Papier einen Plan für die Anlage eines Gemüsegartens entwerfen und dann den Garten wie geplant anlegen. Sie können die hohe Schule reiten. Sie können die nächste Mondfinsternis vorausberechnen. Sie können sich in Gedanken eine Unterhaltung mit Groucho Marx ausmalen, zu der sie ach so gern einmal Gelegenheit gehabt hätten. Sie können aus einem Buch erfahren, was sich vor zweihundert Jahren in ihrem Heimatland zugetragen hat. Sie können einen Automotor reparieren. Sie können einen Hund zum Apportieren abrichten. Sie können einen Schreibtisch zimmern. Sie können sich über Fragen der Politik oder der Moral auseinander setzen. Sie können ihre geheimen Gedanken einem Tagebuch anvertrauen. Sie können mit Hilfe einer Landkarte eine Reise planen. Sie können sich gegenseitig frotzeln. Sie können Listen der Dinge anfertigen, die Menschen können, Tiere aber nicht.

Aber trotzdem präsentiert die Mannschaft B jede neue Entdeckung einer «phänomenalen» Ausnahme von den «Allgemeinen Regeln der menschlichen Einzigartigkeit» unfehlbar als «klare Widerlegung der These von der menschlichen Sonderstellung», als eine «Verringerung der unsererseits behaupteten Kluft zwischen uns und dem Rest des Tierreichs»: Unfehlbar in diesem Stil werden die Ergebnisse dieserart Forschung auf populärwissenschaftlicher Ebene unter die Leute gebracht; da werden bei den großen Menschenaffen «mathematische Begabung» und «Sprachbegabung» und die Fähigkeit zur «Werkzeugherstellung» entdeckt und als Beweis dafür gewertet, dass der Abstand zwischen «unseren nächsten lebenden Verwandten» und uns wieder einmal geschrumpft ist. Dabei müsste es jedermann von selbst einleuchten, wie absurd es ist, das, was ein Schimpanse mit einem Zweig anstellt, mit dem ganzen Spektrum menschlicher Werkzeugherstellung und menschlichen Werkzeuggebrauchs auf eine Stufe stellen zu wollen. Zu behaupten, ein Schimpanse habe, weil er drei oder vier Objekte auseinander zu halten vermag, mit dem Menschen die Fähigkeit zu mathematischem Denken gemein, ist ein Sieg des oberflächlichen Spielens mit Wortbedeutungen über das Ethos der substanziellen Argumentation. Es gehört doch bestimmt nicht viel dazu, den essenziellen Unterschied in der Sache zwischen der Beherrschung von Infinitesimalrechnung oder Trigonometrie auf der einen Seite und der Fähigkeit zur korrekten Einschätzung der relativen Größe zweier Häufchen Schokolinsen auf der anderen Seite anzuerkennen. Steven Pinker spinnt in seinem Buch *The Language Instinct* (New York 1994; dt. *Wie der Geist die Sprache bildet,* München 1996) eine köstliche Parabel zu diesem Thema aus, indem er zunächst den Leser auffordert, sich einmal vorzustellen, was passieren würde, wenn einige Verhaltensforscher Elefanten wären. Der Elefant ist das einzige lebende Tier, das einen Rüssel besitzt, jenes fast zwei Meter lange erstaunliche Organ, das mit seinen sechzigtausend Muskeln seinen Besitzer befähigt, sogar riesige Baumstämme zu tragen. Die nächsten Verwandten der Elefanten sind die Klippschliefer oder Klippdachse *(Procavia)*, eine Gattung von etwa kaninchengroßen Säugern. Obschon die Klippschliefer im Aussehen eher den Meerschweinchen ähneln, würde sich unter den Elefanten-Ethologen nach Pinkers Ansicht bestimmt eine Fraktion herausbilden, «deren Anstrengungen dahin gehen dürften, die Kluft zu minimieren. Als Erstes wird man darauf verweisen, dass Elefant und Klippschliefer in der DNA zu etwa 90 Prozent übereinstimmen und schon deshalb nicht sonderlich weit auseinander sein können. Vielleicht kommt auch das Argument auf den Tisch, dass man in dem Rüssel möglicherweise bei weitem nicht die komplexe Angelegenheit vor sich habe, für die alle Welt ihn hält; wäre es nicht durchaus denkbar, dass bei der Zählung der Muskeln ein Fehler unterlaufen ist? Des Weiteren muss man wohl auch mit dem Argument rechnen, dass man es bei den Klippschliefern im Grunde mit Rüsseltieren zu tun habe, wenngleich ihre Rüssel von der Forschung bisher immer vernachlässigt worden seien; unstreitig sei ja immerhin, dass sie Nasenlöcher besitzen. Ungeachtet des Scheiterns ihrer Versuche, Klippschliefer zum Aufnehmen von Lasten mit den Nasenlöchern abzurichten, dürften manche ein großes Geschrei um ihre erfolgreichen Bemühungen machen, die Tiere durch Dressur so weit zu bringen, dass sie mit der Zunge Zahnstocher hin und her schoben – ein Erfolg, der um so höher zu bewerten sei, als der Unterschied zum Stapeln von Baumstämmen [...] ja nur ein gradueller sei.»

Dem hält Pinker entgegen, dass (wie Stalin einmal in Bezug auf militärische Stärke gesagt haben soll) Quantität eine ganz eigene Qualität besitzt. Man kann sich auf den Standpunkt stellen, dass *alle* Unterschiede eigentlich nur graduelle sind. Eine Eiche unterscheidet sich nur dem Grad nach von einer Eichel, ein fertig gebildeter Mensch nur dem Grad nach vom Fetus – und übrigens auch nur dem Grad nach von einer Amöbe. Aber an irgendeinem Punkt schlägt die Quantität in Qualität um, wird aus dem Unterschied des Grades ein essenzieller Unterschied in der Sache.

Pinkers zweiter, wichtigerer Einwand zielt auf das Argument von dem «nächsten lebenden Verwandten»: Darin feiere schlicht und einfach der alte Irrtum von der Evolution als geradlinigem Prozess (dem wir schon einmal in Kapitel 1 begegnet sind) fröhliche Urständ. Aber die Evolution verläuft eben *nicht* in gerader Linie, sondern hat die Form eines unendlich verzweigten Baums. Zwischen zwei lebenden Arten, die auf dem Hintergrund der existierenden Artenvielfalt füreinander zufälligerweise die nächsten «Verwandten» sind, besteht eine Verwandtschaftsbeziehung lediglich über einen sehr entfernten gemeinsamen Vorfahren. Die meisten Arten haben sich über Jahrmillionen ganz unabhängig von ihren «nächsten lebenden Verwandten» entwickelt und dabei an ganz andere Lebensräume und Lebensbedingungen angepasst als diese. Es ist also im Grunde nur eine Sache des historischen Zufalls und des Auf und Ab von Evolution und Extinktion, welche Art unsere nächste lebende Verwandte ist.

Aber es ist uns nie ganz geglückt, uns von dem populären Irrtum zu lösen, dem zufolge die Evolution einen «Fortschritt» darstellt, dessen stetiger Lauf über alle derzeit auf der Erde lebenden Arten führt, von den Amöben über die Schlangen und die Katzen zu den Großen Menschenaffen und von diesen weiter zu uns. Die Vorstellung von der Evolution als einer Kette des Fortschritts hat sich in der Massenkultur festgesetzt. In Edgar Rice Burroughs' Roman *Tarzan bei den Affen* (*Tarzan of the Apes*, 1914) beherrscht eine Horde vulgärdarwinistischer Menschenaffen die Szene, die noch ganz gut als ein bisschen ungehobelte Menschen, mit denen ab und an die tierischen Instinkte durchgehen, passieren können. In liebevoller Kleinmalerei führt Burroughs eine Affengesellschaft aus, die in einer Ur- oder Embryonalform sämtliche Institutionen menschlicher Kultur besitzt – Religion, Rechtswesen, politische Ordnung usw. An Tarzan wiederum tritt jenes Affentum offen zutage, das unter dem Lack der Zivilisiertheit oder den Deformationen der modernen Dekadenz im Menschen latent noch immer vorhanden ist. So besitzt er beispielsweise einen unerhört feinen Geruchssinn.

Selbstverständlich stammen wir *nicht* von Menschenaffen ab; die einzige verwandtschaftliche Verbindung zwischen den Menschenaffen und dem Menschen ist ein gemeinsamer Vorfahr, der vor sieben Millionen Jahren gelebt hat. Könnten wir den fossilen Hominidengebeinen aus der Olduvaischlucht Leib und Leben wiedergeben, dann hätten wir in der Tat Material, das wir auf entwicklungsgeschichtliche Kontinuität mit uns untersuchen könnten, denn dann – und nur dann – sähen wir die Evolution im Fortschreiten begriffen. Demgegenüber ist die Jagd nach menschenähnlichen Merkmalen bei den Großen Menschenaffen eine egomane Nabelschau unserer Spezies und unter evolutionsgeschichtlichem Gesichtspunkt barer Nonsens. Setzen wir einmal den Fall, alle Großen Menschenaffen wären im Lauf der Evolutionsgeschichte untergegangen, schlägt Pinker vor – wären wir dann der Überzeugung, dass wir in den Affen Spiegelbilder unserer selbst vor uns hätten? Nehmen wir an, auch die Affen wären auf der Strecke geblieben – würden wir dann mit allen verfügbaren Mitteln bei den Halbaffen nach Anzeichen für Werkzeuggebrauch und Sprachfähigkeit suchen? Und jetzt einmal ganz radikal: Wenn auf dem Planeten nur noch zwei Formen von tierischem Leben, Amöben und Menschen, übrig und alle Zwischenformen und gemeinsamen Ahnen durch die Folgen eines Kometeneinschlags ausgelöscht wären – würden wir dann unsere Zeit darauf verwenden, die zwischen den beiden Formen bestehenden Ähnlichkeiten in der DNA herauzustreichen und nach weiteren Anzeichen enger Verwandtschaft zu suchen? Würden wir uns auf den Standpunkt stellen, dass Darwins Evolutionstheorie die Kontinuität zwischen Amöbe und Mensch impliziert, und steif und fest darauf beharren, dass alle, die das für Unsinn erklären, sich in Widerspruch zu Darwin selbst setzten?

Die experimentellen Bemühungen, Menschenaffen eine quasimenschliche Sprache zu lehren, kommentierte der Sprachwissenschaftler Noam Chomsky vor einiger Zeit verärgert: «Um mehr über einen Organismus zu erfahren, studiert man, was er besonders gut kann. Wer den Menschen studieren will, studiert seine Sprache. Wer Brieftauben studieren will, studiert ihr Heimfindevermögen. Jeder Biologe weiß das.» Sara Shettleworth, Psychologin an der University of Toronto, setzt dem «anthropozentrischen Programm» der Kognitionsforschung ein «ökologisches Programm» entgegen. Anthropozentrische Fragen wie «Ist irgendeine nichtmenschliche Art in der Lage zu zählen?» führen laut Shettleworth zur Suche nach *Beweisen,* nicht zur Bemühung um *Verstehen.* Sie führen zur Missachtung der bedeutsamsten unter den «kognitiv gehaltvollen» Formen von Tierverhalten zugunsten solcher, die ausschließlich deshalb Gegenstand des Forscherinteresses werden, weil sie irgendeiner *unserer* Fähigkeiten ähneln. Und sie führen zur völligen Vernachlässigung «der Überlegung, welche kognitiven Prozesse zur Auseinandersetzung mit ihrer natürlichen Umwelt evolutionär ausgebildet zu haben man von Tieren sinnvollerweise erwarten kann». So haben beispielsweise gewisse Vögel wie etwa der Tannenhäher und der Eichelhäher, ganz besonders jedoch der im Westen Nordamerikas heimische Kiefernhäher ein erstaunlich gutes Gedächtnis für die Lage ihrer zahlreichen versteckten Nahrungsvorratslager. Wenn wir wirklich daran interessiert sind, die kognitiven Leistungen von Tieren zu verstehen und sie in ihren ökologischen und evolutionären Kontext einzuordnen, dann – so Shettleworth – müssen wir, um beim Beispielfall der Häher zu bleiben, untersuchen, wie diese Vögel das Wiederfinden ihrer weit verstreuten Depots bewerkstelligen, nicht ob sie wie Menschen zählen können.

Bei unseren angestrengten Versuchen, die Mauer zwischen dem Menschen und den anderen Tieren niederzureißen, scheinen wir aus den Augen verloren zu haben, wozu wir uns eigentlich so anstrengen. Herbert Terrace, Psychologieprofessor an der Columbia University und ehemals selbst ein eifriger Erforscher des Sprachvermögens nichtmenschlicher Primaten, heute jedoch einer der schärfsten Kritiker solcher Unternehmungen, betont, dass die Suche nach trivialen Gegenbeispielen für die allgemeinen Kriterien, von denen man annimmt, dass sie die Trennungslinie zwischen Tier und Mensch definieren, im Grunde am Wesen der Sache vorbeiführt. Wie lösen Schimpansen ohne Sprache Probleme? Wie treffen sie ohne Sprache Entscheidungen? Wie behalten sie ohne Sprache Dinge im Gedächtnis? «Diese Fragen», meint Terrace, «sind sehr viel interessanter als die Versuche, einem Schimpansen, der auf Belohnungen scharf ist, ein paar Häppchen Sprachproduktion zu entlocken.»

3 DIE MENTALE SOFTWARE

Bereits im Jahr 1912 stießen Pioniere der in Entstehung begriffenen experimentellen Ethologie auf Phänomene, die sich aus einfachem Lernen nicht vollständig erklären ließen. Gewiss, das Einsichtverhalten von Köhlers Schimpansen war mehr ein Fall von Wunschdenken auf menschlicher Seite als von besonderer Geisteskraft aufseiten der Menschenaffen, wie sich inzwischen erwiesen hat. Doch andere tierliche Leistungen schienen zu dem Schluss zu zwingen, dass Tiere in ihrem Innern eine symbolische Repräsentation der Welt speichern, Informationen, die sie nicht nur abrufen, sondern auch umformen und auf neue Situationen anwenden können. Bei einem der ersten einschlägigen Versuche hatten Hunde von ihrem Platz hinter einer Glasscheibe aus drei Türen im Auge, über denen jeweils eine Signallampe angebracht war; die Tiere wurden dressiert, zu der mit einem kurzen Aufblitzen der zugehörigen Lampe bezeichneten Tür zu laufen. Hunde, die nach dem Entfernen der Trennscheibe direkt auf die bezeichnete Tür zuliefen, erhielten eine Belohnung. So weit nichts Besonderes: ein klassischer Fall von erlernter Assoziation. Späterhin schalteten die Experimentatoren jedoch eine Zeitverzögerung zwischen Blinksignal und Aufheben der Sperre ein, die sie nach und nach verlängerten. Bis zu zehn Sekunden vergingen zwischen dem Signal und dem Entfernen der Glasscheibe. Die Fähigkeit der Hunde, auch bei «verzögerter Reaktion» die richtige Wahl zu treffen, ließ darauf schließen, dass die Tiere nicht auf den Reiz als solchen, sondern vielmehr auf eine zurückbehaltene Erinnerung oder «mentale Repräsentation» des Reizes reagierten.

Noch frappanter waren die Ergebnisse von Labyrinthversuchen mit Ratten. Ratten, die, ohne dass sie hungrig oder durstig waren, Gelegenheit erhalten hatten, ein ihnen noch nicht bekanntes

Labyrinth zu erkunden, behielten anscheinend eine «kognitive Landkarte» der Anlage und der Plätze, wo das Futter und das Wasser zu finden waren, im Gedächtnis, denn als die Tiere späterhin teils in hungrigem, teils in durstigem Zustand in das Labyrinth eingelassen wurden, liefen die hungrigen Ratten auf dem kürzesten Weg zum Futter, die durstigen auf dem kürzesten Weg zum Wasser. Man gab diesem Verhaltenstypus den Namen «latentes Lernen»: Ohne direkten Stimulus hatten die Ratten eine Information erlernt, die sie später verwerten konnten.

Weder die eine noch die andere dieser Leistungen dürfte uns als besonders erstaunlich oder intelligent beeindrucken. Doch alle beide stellten sie ein echtes Problem für das behavioristische Reiz-Reaktionsmodell dar. Da ging eindeutig irgendetwas vor in der *Innenwelt* der Hunde und der Ratten – etwas, das man noch nicht direkt beobachten konnte, das man auch nicht indirekt erschließen konnte, das aber trotzdem *irgendetwas* war.

WO IST DER UNTERSCHIED ZWISCHEN EINEM FLAKGESCHÜTZ UND EINEM SPIELZEUGROBOTER?

Das behavioristische «Tabu» hatte Mutmaßungen über die Natur eines solchen Etwas verboten, weil wir nun einmal nur ein einziges Modell hatten, an das wir uns bei derlei Spekulationen halten konnten: den (Introspektion oder Selbstbeobachtung genannten) Blick nach innen, in unsere eigene, die menschliche Psyche. Und dieses analogisierende Rückschließen von den menschlichen Fähigkeiten zum Problemlösen und schlussfolgernden Denken hatte allemal zu peinlichen Fehlschlüssen in Bezug auf die mentalen Prozesse von Tieren geführt, und zwar hauptsächlich weil Grundlage unserer Art des Problemlösens und unseres schlussfolgernden Denkens zu einem so großen Teil die so einzigartige menschliche Sprache ist. Ja man kann sagen, dass wir über die Vorgänge in unserer eigenen Innenwelt wohl kaum ohne Rückgriff auf die Sprache nachzudenken vermögen.

In den dreißiger und vierziger Jahren des zwanzigsten Jahrhunderts bildete sich allmählich ein neues Denkmodell für Entscheidungs- und Informationsverarbeitungsprozesse heraus. Jahrtausendelang – darauf hat der Psychologe Howard Gardner aufmerksam gemacht – war unser Modell für das Grundschema logischer Operationen die klassische Syllogistik des Aristoteles gewesen. Hervorstechendes Merkmal von Syllogismen ist ihre Sprachgebundenheit. Aber die prinzipielle Koppelung von Entscheidungsfindung an die Fähigkeit, Sprachkomponenten zu manipulieren, hatte den Nebeneffekt, dass sie eine polare Gegensätzlichkeit zwischen der behavioristischen und der mentalistischen Position bedingte. Wenn schlussfolgerndes Denken ohne quasimenschlichen Geist nicht möglich ist, muss man entweder annehmen, dass den Tieren jedes geistige Vermögen menschlicher Art abgeht und sie infolgedessen auch der Entscheidungsfindung nicht mächtig sind, oder man muss annehmen, dass sie fähig sind, Entscheidungen zu treffen, und folglich einen quasimenschlichen Geist besitzen.

Erst mit dem Computer tat sich ein dritter Weg auf. Bereits im ausgehenden neunzehnten Jahrhundert hatten Mathematiker eine symbolische Logik formuliert, die überhaupt keine sprachlichen Hilfsmittel mehr benutzte. Im Jahr 1936 führte dann Alan Turing (der Erfinder jenes Turing-Tests maschineller Intelligenz, den wir in der Einführung kennen lernten) den Beweis, dass eine Maschine, die lediglich über eine extrem begrenzte Zahl von Operationen verfügt, *jede* Rechenaufgabe zu lösen vermag. Die so genannte Turing-Maschine ist das theoretische Modell eines mechanischen Apparats, durch den ein unendlich langer, in gleich große quadratische Zellen eingeteilter Papierstreifen läuft, vorbei an einer Lesevorrichtung, die feststellen kann, ob die einzelnen Zellen ein Zeichen enthalten oder nicht. Nach dem Lesevorgang kann der Apparat die folgenden vier Operationen ausführen: (1) Er kann in eine leere Zelle ein Zeichen schreiben; (2) er kann aus einer schon beschrifteten Zelle das Zeichen tilgen; (3) er kann den Papierstreifen um eine Zelle in die eine Richtung verschieben; (4) er kann den Papierstreifen um eine Zelle in die andere Richtung verschieben. Das alles sind binäre Operationen, und Turings Einfall, Daten und logische Operationen als Sequenzen von Einsen und Nullen, von Ein/Aus-Zuständen zu repräsentieren, wurde zum Grundprinzip des heutigen Elektronenrechners.

Gleichzeitig begannen andere Forscher, an erster Stelle der Mathematiker Norbert Wiener (MIT), mit der Entwicklung der Mechanik und Elektronik für automatische Waffenlenksysteme. Solche Systeme können beispielsweise ein Flugzeug auf einem vorgegebenen Kurs halten, indem sie die Kontrolle über das Seiten- und die Höhenruder übernehmen. Grundprinzip aller derartigen Mechanismen ist die Rückkoppelung. Gibt der Kompass die Information aus, dass der Flieger nach links vom vorgegebenen Kurs abdriftet, stellt das Steuerungssystem das Seitenruder nach rechts, um so lange gegenzusteuern, bis vom Kompass die Information kommt, dass die Maschine wieder auf Kurs fliegt. Ich besitze eine Spielzeugmaus mit Elektroantrieb, die etwas ganz Ähnliches tut. Sie hat zwei jeweils von einem eigenen batteriegetriebenen Elektromotor bewegte Räder, und ihr elektronisches Innenleben ist so geschaltet, dass sie immer in Schlangenlinien an einer links von ihr befindlichen Wand entlangfährt. Ein gefederter «Schnurrbart» ist die Abtastvorrichtung für die Wand; hat er keinen Kontakt, leitet der mit dem Schnurrbart verbundene Schalter Strom zum Antrieb des rechten Rads, und die Maus fährt nach links. Berührt der Schnurrbart eine Wand, wird der Schalter so gedreht, dass er den Strom zum Motor des linken Rads leitet.

Wiener (aber nicht nur er allein) vertrat die Ansicht, dass solche Mechanismen eine Analogie zu den Selbstregulierungsprozessen des menschlichen Nervensystems darstellten und (was dann nicht unangefochten blieb) dass man von ihnen ohne Übertreibung sagen könne, sie zeigten eine ausgesprochene «Zielstrebigkeit».

Doch einerlei ob es einen Sinn hat oder nicht, von Maschinen als zielstrebig zu sprechen – nicht zu leugnen ist jedenfalls, dass selbst einfache Maschinen sich so verhalten können, *als ob* sie zielstrebig wären. Alle diese um die Mitte des zwanzigsten Jahrhunderts erzielten Fortschritte der mathematischen Computertheorie zusammen mit dem Bau wirklicher Computer liefen nicht zuletzt auf eine Neubewertung der cartesischen Definition der Tiere als bloße Automaten hinaus – denn im Zusammenhang mit Automaten schien das «bloß» mit seiner abwertenden Bedeutung längst nicht mehr angebracht. Diese Gebilde erwiesen sich neuerdings immer wieder eindeutig als außerordentlich leistungsfähig. Ja, was Kognitionsforscher jetzt wirklich in Erregung versetzte – und letztlich in der Psychologie die kognitive Revolution der ausgehenden 1960er und der 1970er Jahre inspirierte –, war die Vorstellung, die mentalen Prozesse *des Menschen* bis hin zum Bewusstsein endlich auf materieller Grundlage erklären zu können. Ein Schlüsseltheorem besagt, dass jede logische Operation, die eine beliebige spezifizierte Kombination von Inputsignalen mit einem Output verbindet, von einem aus einer endlichen Zahl von Einzelelementen bestehenden Netz von elektrischen Ein/Aus-Relais ausgeführt werden kann – welches im Übrigen auch ein Netz von Nervenzellen sein könnte. Von einem solchen «neuronalen Netzwerk» kann jede unzweideutig spezifizierbare Operation abgewickelt werden.

Auf logische Operationen programmierte Maschinen arbeiten nicht lediglich eine immer gleiche Folge von Anweisungen ab – sie sind nicht einfach nur sehr schnelle Rechenmaschinen –, sondern können instruiert werden, «Ziele anzusteuern» und «Entscheidungen zu treffen» und den Fortgang ihrer Operationen je nach den Erfordernissen des bearbeiteten Problems selbständig zu ändern. (Selbst die allereinfachsten Computerprogramme enthalten solche «wenn ..., dann ...»-Anweisungen. So kann zum Beispiel ein Programm für einen Industriebetrieb, das per Formulardruck Schecks zum Begleichen von Lieferantenrechnungen ausfüllt, jedes Mal prüfen, ob der Betrag 2500 Dollar übersteigt, und gegebenenfalls den Scheck mit dem Aufdruck «Zwei Unterschriften erforderlich» versehen. Wenn A, dann B.)

Es war von vornherein kein prinzipieller Grund ersichtlich, warum ein Computer nicht sogar Aufgaben sollte bewältigen können, die eine komplizierte Symbolmanipulation erfordern, wie zum Beispiel das Lösen von Problemen aus der Geometrie oder das Beweisen mathematischer Lehrsätze. Im Jahr 1955 entwickelten Herbert Simon und Alan Newell eine Programmiersprache, die es ermöglichte, ein Computerprogramm zur Auflösung von Theoremen zu schreiben. Die beiden Informatiker demonstrierten zunächst «mit Bleistift und Papier» an einem Modellfall, dass ein Computer mit Hilfe dieses Programms durchaus in der Lage wäre, den Beweis für einen Lehrsatz der symbolischen Logik zu führen. «Über Weihnachten haben Alan Newell und ich eine denkende Maschine erfunden», eröffnete Simon seinen Studenten bei der nächsten Vorlesung. Später ließen sie ihr Programm dann auf einem Digitalrechner laufen und wiesen nach, dass der «Logiktheoretiker» – wie sie es getauft hatten – tatsächlich eine korrekte mathematische Beweisführung zu entwickeln vermochte, und das häufig in weniger als einer Minute. In einem Fall war der computergenerierte Beweis kürzer und eleganter als der bereits veröffentlichte, einem Menschenhirn entstammende Beweis.

Ein letztes Ingrediens der kognitiven Revolution war die Erkenntnis, dass die physikalische Struktur und Aktivität der Nervenzellen es erlaubte, auch geistige Aktivität (zumindest im Prinzip) als Funktion eines Systems von logischen Ein/Aus-Schaltern zu modellieren. Eine Nervenzelle feuert Impulse oder feuert nicht (ein/aus) und ist mit anderen Nervenzellen dergestalt verbunden, dass das gesamte Netz derartiger Schalter sich für alle theoretischen Belange in nichts von einem Netzwerk elektrischer Relais unterscheidet. Für solche «neuronalen Netze» war bereits der Beweis erbracht, dass sie alle mit den Mitteln der symbolischen Logik präzise formulierbaren Rechenoperationen auszuführen vermochten. Die symbolische Logik wiederum war erwiesenermaßen in der Lage, jeden mit den Mitteln der normalen Sprache präzise formulierbaren Syllogismus abzubilden. Das Gehirn war ein Computer, und ein Computer konnte Hirnprozesse nachbilden.

WISSEN, WAS MAN TUT

Hier war ein völlig neuer Denkansatz in Sachen Gehirn und Hirntätigkeit. Zugleich schien er die Aussicht nicht nur auf eine endgültige, erschöpfende Erklärung des Geistes zu bieten – nämlich als eines Computers mit Neuronen anstelle von Relais oder Röhren oder Silikonchips –, sondern auch auf die Möglichkeit, dass man eines Tages den menschlichen Geist vollständig im Computermodell abbilden werde. Keine der beiden Erwartungen hat sich in exakt der Weise erfüllt, wie man es sich in der ersten Begeisterung erhofft hatte. Computer, so hat sich gezeigt, können manches sehr gut, anderes jedoch jämmerlich schlecht. Ein Computer kann einen Schachweltmeister schlagen, kann es aber nicht einmal mit einem Kleinkind (oder einem Schaf) aufnehmen, wenn es darum geht, Gesichter wiederzuerkennen oder den Hinterhof zu überqueren, ohne gegen die da herumstehenden Hindernisse zu stoßen.

Allerdings hat das Bemühen um die Computersimulation der menschlichen Intelligenz in einigen Fragen der Theorie zu Klärungen von bleibender Bedeutung geführt. An erster Stelle ist hier die zentral wichtige Einsicht Norbert Wieners zu nennen, dass man über Information und Informationsverarbeitung sinnvoll und produktiv nachdenken kann, ohne auch nur im Mindesten auf deren gegenständliche Repräsentation Bezug zu nehmen. Ob elektrische Relais oder mechanische Verbindungen oder Nervenzellen die eigentliche Arbeit verrichten – Information bleibt Information, und Bits sind Bits. Es gab Zeiten, da wurde in Flugzeugen der Input vom Steuerknüppel über Kabel und Rollen und Kegelräder auf das Ruder übertragen; heute geht vom Höhensteuer ein elektrisches Signal aus, das eine hydraulische Pumpe aktiviert, welche ihrerseits das Ruder bewegt. Aber in beiden Fällen gelangt ein Informationsinput ins Steuerungssystem, wird in einer Weise verarbeitet, die das gewünschte Verhältnis zwischen Steuerbewegung und Ruderverstellung wahrt, und ein Output schafft das angestrebte Resultat. Was mit der Information zwischen Steuer und Ruder geschieht, können wir exakt beschreiben, ohne auf die zwischengeschaltete «Hardware» Bezug nehmen zu müssen. Wir können den Informationsverarbeitungsmechanismus als Blackbox betrachten.

Selbst ohne einen Begriff davon, ja ohne auch nur eine Vermutung zu haben, wie die einzelnen Nervenzellen im Innern eines Tieres zusammenwirken, um ein bestimmtes Verhalten hervorzubringen, können wir nach dem Gesagten die eintreffende Information, das ausgegebene Verhalten und die dazwischenliegende Informationsverarbeitung der Betrachtung unterziehen. Anders als der Behaviorismus, der sich in seinem Reiz-Reaktionsbogen-Modell die Verbindung zwischen den Nerven, die einen eintreffenden Reiz leiten, und den Nerven, die eine ausgegebene Reaktion steuern, als einfache Verschaltung denkt, hat die Kognitionswissenschaft ihr Modell des neuronalen Netzes dreigeteilt in Inputs, Outputs und Operationen konzipiert. «Kognition» stellt demnach die Zwischenschicht des gegliederten Systems dar; sie ist das Ergebnis von (bislang) nicht vollständig erklärbarer Nerventätigkeit, doch das verbietet uns weder, Geistestätigkeiten zu untersuchen, noch, uns an die Formulierung allgemeiner Prinzipien der Geistestätigkeit zu machen. Mit Experimenten, die ein Tier zwingen, in seiner unmittelbaren Umgebung nicht vorhandene Informationen zu verwenden, können wir die Informationsverarbeitungsprozesse erkunden, mittels deren ein Tier sich eine kognitive Landkarte seines Territoriums bildet oder Individuen seiner Spezies identifiziert oder zählt oder Merklisten anlegt. Ebenso wenig wie Sprachwissenschaftler, um die Regeln der Syntax erkunden zu können, verstanden haben müssen, wie der menschliche Geist den Stimmapparat dazu bringt, bestimmte Laute zu erzeugen, müssen Kognitionsforscher sich in den physikalischen Einzelheiten der Hirnaktivität von Tieren auskennen, um diese oder jene Rechenleistung des Tiergehirns untersuchen zu können. Die Informatik befreit uns von der Notwendigkeit, beim vergleichenden Studium des Geistes mit Analogieschlüssen vom Menschen auf das Tier zu arbeiten. Wie Howard Gardner betont, beschäftigt sich die Kognitionswissenschaft mit «Symbolen, Regeln, Bildern – den Materialien der zwischen Input und Output angesiedelten Repräsentationen – und darüber hinaus mit der Frage, wie diese Repräsentationselemente zusammengesetzt, umgestaltet und miteinander abgeglichen werden».

Selbst noch das auf vielerlei Teilgebieten hervortretende Unvermögen des Computers, Leistungen des menschlichen Geistes zu imitieren, hat einen wichtigen Sachverhalt ans Licht gebracht. Computer imitieren auf das Vorzüglichste all das, was wir mittels Sprache machen – «Planung, Problemlösung, wissenschaftliche Kreativität und dergleichen [...] Aufgaben, die wir bewusst und vorsätzlich ausführen», notiert Herbert Roitblat von der University of Hawaii. Doch paradoxerweise «arbeiten Menschen auf diesen Gebieten schlecht und langsam, misst man ihre Leistung an ihrer zügigen und augenscheinlich automatischen Bewältigung sensorischer und perzeptueller» Aufgaben. Viele dieser automatisierten «banalen» Aufgaben, die wir uns nicht einmal bewusst machen, so Roitblat weiter, sind tatsächlich mit hochdifferenzierter Informationsverarbeitung einer Art verbunden, mit der sich Computer aufgrund ihrer Schritt-für-Schritt-Abarbeitung einzelner Programmanweisungen entsetzlich schwer tun.

Das besagt nicht, dass der von der Informatik inspirierte Ansatz nicht der richtige Weg zum Verständnis des Geistes der Tiere wäre. Es besagt allerdings, dass der gesamte Bereich der averbalen Informationsverarbeitung, die in unserem Geist stattfindet und die bei allen nichtmenschlichen Lebewesen das Wesen ihres Denkens ausmachen dürfte, nicht sonderlich geeignet ist für die Repräsentation durch Sprache oder durch die sprachverwandte Logik der Digitalrechner mit ihrer sequenziellen Befehlsabarbeitung. Anders gewendet bedeutet das Gesagte aber auch: Die Feststellung, dass Tieren jene Art rationalen Denkens fremd ist, zu welcher durch seine Sprache einzig und allein der Mensch befähigt ist, führt keineswegs zu der Konsequenz, dass Tiere Automaten seien. Viele unserer eigenen hochdifferenzierten und fraglos intelligenten Berechnungen, Analysen und logischen Operationen finden in einer sehr tiefen, unbewussten Geistesschicht statt. Nicht anders dürfte es bei den Tieren sein.

Wir sind es so sehr gewohnt, uns Intelligenz als Qualität bewusster, kreativer, sprachbasierter Verstandestätigkeit zu denken, dass es eine Menge Überzeugungsarbeit kostet, einem Menschen glaubhaft zu machen, wie viel echte Intelligenz in den automatisierten, gedankenfernen Schichten seines Geistes steckt – und daher vermutlich auch im Geist der Tiere. Sobald Sie sich jedoch einmal die Zeit nehmen, ernsthaft darüber nachzudenken, wird Ihnen rasch klar werden, wie viele Dinge Sie im buchstäblichen Sinn des Wortes «gedankenlos» verrichten. Sofern Sie sich nicht gravierend von der Mehrzahl Ihrer Mitmenschen unterscheiden, orientieren Sie sich auf Ihrem Weg durch eine vertraute Straße, praktisch ohne je bewusst zu reflektieren, was Sie dabei tun. Sie denken so gut wie niemals an Ihre Route; wenn Sie nicht gerade einer Wegbeschreibung folgen, die Sie zu einer Ihnen nicht bekannten Adresse führen soll, sagen Sie nicht im Stillen zu sich selbst: «An dem weißen Kirchenbau da vorn links abbiegen, dann bis zum vierten Haus auf der linken Seite abzählen»; Sie biegen einfach ab. Experimentell erwiesen ist, dass Menschen in unbekanntem Gelände unbewusst lernen, sich anhand von groben Berechnungen – auf der Grundlage des Gefühls, welche Entfernungen man in dieser und welche in jener Richtung zurückgelegt hat – und dem Achten auf Landmarken zurechtzufinden. Manchmal sprechen wir derartige Schlussfolgerungen auch aus: «Ich glaube, hier ist die Stelle, wo wir abbiegen müssen», oder: «Ich hab den Eindruck, wir sind lange genug geradeaus gegangen, wir sollten jetzt das Feld da überqueren.» Aber wir haben in solchen Fällen nicht unsere Schritte gezählt oder eine geometrische Berechnung angestellt.

Ebenso wenig ist normalerweise zum Wiedererkennen vertrauter Gesichter oder Stimmen irgendein bewusster Denkakt erforderlich – die Namen der fraglichen Menschen scheinen uns im Grunde von irgendwoher zuzufliegen. Wenn wir uns jedoch anstrengen müssen, ein Gesicht unterzubringen, und bewusst in unseren Erinnerungen kramen, geben wir im Allgemeinen ein ziemlich schlechtes Bild ab. Der Prozess der bewussten logischen Analyse («Wo könnte ich diese Person schon einmal gesehen haben? Ich muss versuchen, mir nacheinander alle Leute mit roten Haaren und rotem Bart zu vergegenwärtigen, die ich jemals kennen gelernt habe. Ist es vielleicht jemand, den ich beruflich kennen gelernt habe?») ist unverkennbar sehr verschieden von dem unbewussten, automatisierten, meinem Zugriff entzogenen Prozess, dank dem die Antwort einfach *da* ist. Daran liegt es wahrscheinlich auch, dass Computer üblicherweise schlecht im Wiedererkennen von Gesichtern und Gegenständen sind. Hunderassen gibt es in einer außerordentlichen Vielfalt von Größen, Formen und Farben, trotzdem macht es uns keine Schwierigkeiten, all diese Rassen als Hunde zu identifizieren. Stellen wir uns vor, wir müssten eine erschöpfende Liste der Regularitäten aufstellen, die das Konzept Hund definieren und es von dem Konzept Katze, Waschbär, Opossum usw. unterscheiden. «Vier Beine, zwei Augen, Fell und langer, fellbedeckter Schwanz» bringt uns nicht sehr weit. (Es setzt übrigens voraus, dass wir bereits geklärt haben, wie «Bein», «Fell», «Schwanz» zu definieren sind.) Dass solche Dinge überhaupt einer Definition bedürfen sollen, kommt uns komisch vor, doch das beweist umso schlagender, welch große Mengen an Information bei uns unterhalb der Bewusstseinsebene verarbeitet werden. Wer ernsthaft darüber nachdenkt, wie er einen Computer zu programmieren hätte, damit dieser «Fell» identifizieren könnte, der kommt bald dahinter, dass er es mit einem alles andere als trivialen Problem zu tun hat. Ein langer, fellbedeckter Schwanz schließt Opossums aus, aber auch Katzen und Waschbären haben ihn, und andererseits haben manche Hunderassen keinen fellbedeckten Schwanz und andere wiederum überhaupt keinen. Die Liste der Regularitäten und zulässigen Abweichungen würde enorm umfangreich ausfallen, und am Ende wären da immer noch irgendwelche nicht erfassten Einzelfälle (Chihuahuas, Boxer, Bobtails). Womöglich würde es sich sogar als praktischer erweisen, das Konzept Hund durch eine Sammlung von simplen Einzelbeschreibungen sämtlicher Rassen zu definieren und von allgemeinen Formulierungen ganz abzusehen.

Einem Sprechenden zuzuhören und die vernommenen Laute in Wörter und Sätze zu transformieren; trockenen Fußes auf einer mit Pfützen übersäten Straße voranzukommen; beim Basketball den Ball über eine gewisse Entfernung und vielleicht auch noch aus vollem Lauf im Korb zu platzieren – das sind weitere Beispiele für Leistungen, die das menschliche Gehirn sehr gut und der Computer überhaupt nicht gut vollbringt und die wir, wenn wir sie erbringen, auf vollkommen unbewusster Ebene erbringen.

GEISTIGE AUSFALLERSCHEINUNGEN

Besonders interessante Hinweise auf das Ausmaß dessen, was unser Geist ohne Zutun des Bewusstseins erledigt, ergeben sich immer dann, wenn die eine oder andere dieser Funktionen ausfällt. Bei Menschen mit einer Hirnläsion infolge Unfalls oder Schlaganfalls treten außerordentlich viele und mannigfaltige kognitive Störungen bizarrster Art auf. Für uns gehören jene unbewussten Vorgänge zu den Selbstverständlichkeiten des Lebens, eben weil sie ein Geschehen sind, das unser Geist nicht in Worte oder auch nur in abstrakte Symbole fasst, ein Geschehen, das für uns nicht greifbar, ja nicht einmal vorstellbar ist – der Existenz dieser Vorgänge werden wir lediglich dann gewahr, wenn sie bei anderen Menschen ausfallen. Bei manchen einschlägigen Störungen kann der Betroffene sich nicht mehr an die Namen der Dinge erinnern, aber beim Sprechen immer noch grammatisch korrekte Sätze bilden. In anderen Fällen kann der Patient Wörtern keine Bedeutung mehr zuordnen, aber ein Diktat fehlerfrei zu Papier bringen und Wörter korrekt buchstabieren. Bei manchen Patienten ist das Sprachverstehen auf rein buchstäbliche Bedeutungen geschrumpft; sie können Konkreta klassifizieren und kategorisieren, sind aber nicht imstande, Abstrakta zu fassen oder metaphorische Ausdrücke zu verstehen. Andere können keine Angaben über die eigene Person machen, erinnern sich aber an allgemeine Zusammenhänge in der gegenständlichen Welt. In einem bestimmten Fall war ein Junge nicht imstande, mündlich über seinen Tageslauf zu berichten – er könne sich an nichts erinnern, gab er an, konnte jedoch einen schriftlichen Bericht anfertigen und war selber höchst erstaunt, als man ihm den vorlas. Es kommt vor, dass ein Patient sich beim besten Willen nicht mehr über die Spanne des gegenwärtigen Tages hinaus zurückerinnern kann, aber trotzdem in der Lage ist, eine neue Fertigkeit wie das Klavier- oder Golfspielen zu erlernen; jedes Mal, wenn er spielt, hat er den Eindruck, es ist das allererste Mal, dennoch wird sein Spiel von Mal zu Mal besser. Und es gibt den umgekehrten Fall: Ein Patient erinnert sich bestens an alle fünfzehn Klavierstunden, die er schon gehabt hat, spielt aber noch immer so wie beim ersten Mal.

Vielleicht die absonderlichste kognitive Störung infolge Hirnläsion ist das Capgras-Syndrom (so genannt nach dem Erstbeschreiber, dem französischen Psychiater Jean Marie C., 1873–1959). Die Betroffenen erliegen dem Wahn, dass ihr Ehegefährte beziehungsweise ihre Ehegefährtin oder irgendeine andere ihnen nahe stehende Person hinter ihrem Rücken von einem betrügerischen Doppelgänger oder Zwilling verdrängt wurde: Ja, die Frau da sieht aus wie seine Ehefrau, sie benimmt sich auch wie seine Ehefrau, und sie beteuert auch hoch und heilig, dass sie seine Ehefrau ist – aber das Opfer des Capgras-Syndroms hat die unumstößliche Gewissheit: Sie ist es nicht. In einigen tragischen Fällen haben Capgras-Patienten sogar den «Schwindler» oder die «Schwindlerin» umgebracht, der beziehungsweise die den Platz des geliebten Menschen usurpiert hatte.

Der Neuropsychologe Andrew Young brachte für dieses Syndrom eine faszinierende Erklärung ins Gespräch; sie deutet auf einen untergründigen, unbewussten kognitiven Mechanismus für das Erkennen von Gesichtern hin, der mit dem bewussten Erkennen parallel läuft. Eine andere absonderliche kognitive Störung, die sich als Folge eines Schlaganfalls einstellen kann, ist die

Prosopagnosie (von griechisch *prosopon*, «Gesicht», und *agnosis*, «Unkenntnis»); die Betroffenen können zwar ein Gesicht als Gesicht, seine Teile und sogar den Gefühlsausdruck darauf identifizieren, sind aber nicht in der Lage, ein bestimmtes Gesicht einer bestimmten Person zuzuordnen. Zeigt man ihnen ein Sortiment von Fotoporträts, das Bilder von Prominenten, von Personen aus ihrem Lebenskreis, einschließlich nächster Verwandter, sowie von irgendwelchen x-beliebigen Fremden umfasst, sind sie nicht fähig, auch nur ein einziges Bild mit einem Namen zu verbinden. Trotzdem: Liest man ihnen eine Liste von in Frage kommenden Namen vor, tritt eine messbare unbewusste physiologische Reaktion auf, sobald der Name einer prominenten Persönlichkeit oder eines Familienmitglieds fällt, die in dem Bildersortiment vertreten sind. (Es handelt sich hier ersichtlich um ein Analogon zum «Lügendetektor»-Test, bei dem die Erwähnung eines bekannten, aber verheimlichten Faktums eine Änderung des elektrischen Hautwiderstands zur Folge hat.) Es sieht ganz so aus, als könnten Prosopagnostiker auf irgendeiner unbewussten Ebene Gesichter *doch* identifizieren, nur dass diese Einsicht aus irgendeinem Grund für das Bewusstsein blockiert ist. Young regt nun an, sich die Gegebenheiten beim Capgras-Patienten genau umgekehrt vorzustellen: Auf der Bewusstseinsebene sind sie durchaus in der Lage, bekannte Gesichter zu identifizieren, aber der unbewusste Prozess, der bei Prosopagnostikern unbeeinträchtigt weiterläuft, ist bei ihnen zum Erliegen gekommen. Die Dissonanz zwischen dem bewussten Erkennen und dem unbewussten Nichterkennen wird aufgelöst durch die Folgerung, dass die fragliche Person zwar durchaus das richtige Aussehen hat, aber in Wirklichkeit nicht der Mensch ist, der sie zu sein vorgibt.

Macken und logische Defizienzen einer anderen, selbst Normalmenschen affizierenden Art sind so universal verbreitet, dass auch sie stark für die Existenz einer unbewussten Ebene kognitiver Operationen sprechen, die im technischen Betrieb unseres Gehirns und für dessen Ergebnis eine enorme Rolle spielt. Jeder, der sich einmal bemüht hat, Laien in die Anfangsgründe der Statistik einzuführen, weiß ein Lied davon zu singen, wie schwer sich unser Verstand mit den elementarsten Regeln dieser mathematischen Disziplin tut. Selbst intelligente und gebildete Menschen machen immer wieder die gleichen Fehler.

Der verbreitetste Irrtum ist die praktisch allgegenwärtige «instinktive» Überzeugung, dass, ist beim Münzewerfen viermal hintereinander «Kopf» herausgekommen, die Wahrscheinlichkeit beim nächsten Wurf für das Ergebnis «Zahl» spricht. Schauen Sie sich in einem Spielcasino um, und Sie werden sehen, wie überall nach diesem Prinzip gehandelt wird: Niemand will an einem Automaten spielen, der gerade einen Supergewinn ausgeschüttet hat; niemand setzt auf Rot, wenn Rot gerade in Serie gekommen ist; ein Spieler, der am Verlieren ist, spielt weiter, weil sich sein Glück ja bald wenden «muss». Alle diese Überzeugungen sprechen den elementarsten statistischen Tatsachen Hohn. Woher sollte die Roulettescheibe wissen, dass die Kugel gerade viermal hintereinander auf Rot gefallen ist? Die Chancen für Rot und Schwarz sind jedes Mal wieder gleich. Aber warum wiegen wir uns dann alle in diesem Irrtum?

Die Antwort muss wahrscheinlich lauten, dass wir zwischen Ereignissen, die in der wirklichen Welt örtlich oder zeitlich zusammentreffen, unbewusst eine Assoziationsbrücke schaffen. Es ist ja immerhin ein beobachtbares Faktum, dass eine Serie von «Kopf», «Kopf», «Kopf», «Kopf» und dann noch einmal «Kopf» ein sehr seltenes Vorkommnis ist. Es ist ein beobachtbares Faktum, dass ein Spielautomat höchst selten zweimal in Folge den Jackpot ausschüttet. Doch dahinter stehende statistische Gesetze sind nicht ohne weiteres ersichtlich und gehören zu den wenigen Dingen in der wirklichen Welt, für deren Bestimmung sich der Augenschein von Kausalität bei genauerer Betrachtung als trügerisch erweist. Unsere «Antennen» sind auf Kontiguität ausgerichtet, weil sie gewöhnlich einen Kausalnexus widerspiegeln. Roulettescheiben sind jedoch just darauf ausgelegt, allem Augenschein (und den üblicherweise verlässlichen Naturgegebenheiten, dank denen zwischen zusammen auftretenden Erscheinungen ein Kausalzusammenhang besteht) zu widersprechen und immer wieder Ergebnisse zu produzieren, die vollkommen unabhängig sind von allem vorangegangenen Geschehen. Dass zwei Jackpots in Folge selten vorkommen, ergibt sich aus der Multiplikation einzelner Wahrscheinlichkeiten, deren keine auch nur im Mindesten von dem vorausgegangenen Geschehen beeinflusst ist. Wir betrachten das Endresultat der über eine Folge einzelner Ereignisse wirksamen statistischen Gesetze und nehmen an, dieses Endresultat sei Glied einer Kausalkette. Aber «annehmen» ist in diesem Zusammenhang eigentlich nicht das richtige Wort; genau genommen überlassen wir uns in derlei Fällen einem «instinktiven» Empfinden, einem Empfinden, das «aus dem Bauch» kommt.

Gleiches gilt für die in den 1970er Jahren von den Psychologen Amos Tversky und Daniel Kahnemann untersuchte umfangreiche Klasse einseitiger Voreinstellungen der menschlichen Kognition. Die beiden Forscher stellten fest, dass Probanden zweierlei Situationen, die unter formallogischem oder mathematischem Blickwinkel vollkommen identisch waren, im sozialen Kontext durchweg als verschieden beurteilten. So murrten zum Beispiel Tankstellenkunden unzufrieden und verärgert, als ihnen bei Zahlung per Kreditkarte ein Aufschlag von fünf Cent pro Gallone auf den regulären Benzinpreis berechnet wurde. Daraufhin griffen die Erdölkonzerne zu folgender Lösung: Der Benzinpreis wurde generell um fünf Cent pro Gallone erhöht, Barzahler erhielten einen «Rabatt» von fünf Cent. Schon waren die Kunden wieder zufrieden.

Ein anderes Beispiel; hören Sie sich dazu einmal in Ihrem Bekanntenkreis um, wie die Einzelnen die folgenden zwei Situationen beurteilen würden. Fall 1: Sie sind auf dem Weg ins Theater; die Eintrittskarte für die Vorstellung zum Preis von vierzig Dollar haben Sie sich schon Tage zuvor an der Vorverkaufskasse besorgt. Im Theaterfoyer stellen Sie fest, dass Sie Ihre Karte verloren haben. Geben Sie noch einmal vierzig Dollar aus und kaufen sich eine neue Karte? Fall 2: Sie sind auf dem Weg zum Theater, um eine Karte zu kaufen. Am Kassenschalter stellen Sie fest, dass Sie vierzig Dollar aus der Geldbörse verloren haben. Kaufen Sie die Karte trotzdem? Die rechnerische Bilanz ist in beiden Fällen die gleiche – Sie sind um eine Eintrittskarte reicher und um achtzig Dollar ärmer. Dennoch werden Sie von den meisten Befragten hören, dass sie in Fall 2 sehr viel eher als in Fall 1 dazu disponiert wären, die Karte zu kaufen.

Dass die Leute sich leichter mit dem Verlust des Bargelds als mit dem der Karte arrangieren, hat nach Tverskys und Kahnemanns Vermutung seinen Grund in einer getrennten «mentalen Kontenführung» über Geldausgaben einerseits und Kostenaufwand für Eintrittskarten andererseits. Indessen ist auch eine andere Erklärung denkbar, nämlich dass im Menschen ein unbewusster «Schwindeldetektor» arbeitet. Wir alle hassen das Gefühl, dass wir angeschmiert worden sind, dass irgendwer uns übervorteilt, und aus anderen psychologischen Studien haben wir reichlich Belege dafür, dass die Menschen ein sehr scharfes Empfinden für Fairness und Gerechtigkeit haben. Im Fall Benzinpreis ist das entscheidende Faktum, dass es uns verdrießt, für etwas bezahlen zu sollen, was unserer Meinung nach nichts kosten dürfte. Im Fall Theaterkarte dürfte in der Situation 1 die eigentliche Ursache unseres Verdrusses der Gedanke sein, dass das Theater den Preis von zwei Karten von uns einnimmt, wir aber nur eine dafür erhalten. In der Situation 2 gibt es diese augenfällige Ungerechtigkeit nicht; die irgendwo auf der Straße verloren gegangenen vierzig Dollar dürften kaum in den Händen der Leute landen, mit denen wir hier den Kartenkauf abwickeln.

Um es zu wiederholen: Alle genannten Beispiele illustrieren Eingebungen «aus dem Bauch». Unsere Beurteilung ist in diesen Fällen offenbar nicht das Ergebnis einer logischen Analyse; sie steigen von irgendwo unterhalb der Bewusstseinsschwelle auf. Dort arbeitet das Räderwerk unablässig, um Urteile über die Außenwelt und insbesondere über das Verhalten unserer Mitmenschen zu produzieren. Wahrscheinlich haben wir alle schon einmal die Erfahrung gemacht, dass wir ganz sicher wussten, unser

Gegenüber belügt uns, ohne dass wir im Entferntesten hätten sagen können, was genau an seinem Verhalten uns diese gefühlsmäßige Überzeugung eingab.

UNTER DECK: DER MENTALE MASCHINENRAUM

Differenzierte und gut kontrollierte psychologische Untersuchungen menschlichen Welterlebens und mentalen Reagierens haben weiteres Beweismaterial für die Existenz unbewusster kognitiver Prozesse erbracht, die möglicherweise jene Art unbewusster und averbaler Denkprozesse exemplifizieren, die im Geist der Tiere stattfinden. Eines der ersten und späterhin bekanntesten Beispiele stellte der Psychologe George Miller 1956 in einem «The Magical Number Seven, Plus or Minus Two» (Die magische Zahl Sieben plus/minus zwei) betitelten Aufsatz vor. Miller hatte bei zahllosen humanpsychologischen Untersuchungen die Beobachtung gemacht, dass seine Probanden sich bis zu sieben verschiedene Items einzuprägen vermochten, die sie dann manipulieren und vergleichen konnten – über die Siebenzahl hinaus reichte die Kapazität offenbar nicht. Dabei spielte es keine Rolle, ob es um Ziffern, Wörter oder Sachen ging: Sieben schien in jedem Fall die magische Zahl zu sein. Seinen Aufsatz zu dem Thema eröffnete Miller mit der launigen Bemerkung: «Ich habe ein Problem: Eine Zahl, eine aus der Reihe der ganzrationalen Zahlen, hat mich aufs Korn genommen und lässt mich nicht mehr in Frieden. Seit sieben Jahren verfolgt sie mich auf Schritt und Tritt, drängt sich in meine privatesten Unterlagen ein und springt mich aus den öffentlichsten Journalen an.»

Wenn wir uns etwas merken wollen, was mehr als sieben Items umfasst, helfen wir uns häufig in der Weise, dass wir mehrere Items zu einem «Klumpen» zusammenbacken. Es ist hochinteressant, sich unter diesem Aspekt umzusehen und dann festzustellen, wie viele Beispiele für dieses Gesetz der Siebenzahl in der Tat allenthalben anzutreffen sind und auf welche Weise wir uns im

Einzelfall bemühen, die Klippe zu umschiffen. Die in den USA gebräuchliche Gliederung der Telefonnummern mittels Bindestrichen ist so ein Verfahren, die lange Zahlenschlange zu merkfähigen «Klumpen» zu raffen – so merken wir uns beispielsweise den *area code,* die Regionalvorwahl, nicht als Ziffernfolge, sondern als eine vertraute Einheit für sich. Mit mnemotechnischen Kunstgriffen und Akronymen schaffen wir auf andere Weise «Klumpen» (zum Beispiel AIDS statt *«A*cquired *I*mmuno-*De*ficiency *S*yndrome). Von den zwölf Tönen der Ganztonleiter werden sieben mit Buchstaben, die anderen mit der Formel für eine Alterationsanweisung (zum Beispiel «cis», «des») bezeichnet. Das mag einfach nur eine Sache historisch verfestigter Gewohnheit sein, trotzdem wäre ein Notationssystem mit zwölf Namen für die einzelnen Töne (die Buchstaben A bis L vielleicht?) irgendwie eine reichlich verwirrende Angelegenheit.

Das Wesentliche an all diesen Beobachtungen zu der Zahl Sieben ist, dass sie etwas sehr Entschiedenes über die immanente kognitive Architektur unseres Gehirns aussagen. Nämlich: Informationsverarbeitung findet in bestimmter Weise, aber mit sehr realen Folgen unterhalb des Bewusstseinsraums statt.

Bei einer anderen Kategorie von psychologischen Untersuchungen, die sehr stark für die Existenz einer unbewussten Schicht der Informationsverarbeitung sprechen, geht es um die mentale Repräsentation gedrehter Figuren. Einer Versuchsperson wird eine Figur gezeigt – beispielsweise der Großbuchstabe F – und dazu entweder ein gedrehtes F oder ein gedrehtes und gespiegeltes F:

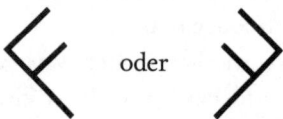

Die Frage an die Versuchsperson lautet: Sind die beiden Figuren einander völlig gleich? Im Allgemeinen kommt die Antwort in weniger als einer Sekunde, das eigentlich Bedeutsame ist jedoch die Beobachtung, dass die für die Beantwortung benötigte Zeit, wird sie exakt gemessen, direkt proportional dem Grad der Drehung ist. Ist die Figur um 40 Grad gedreht, braucht die Versuchsperson doppelt so lange für die Antwort wie bei einer Drehung um 20 Grad. Es hat praktisch den Anschein, als ob die Probanden die Figur innerlich zurückdrehten. Wie wir im nächsten Kapitel sehen werden, konnte dieser Versuch mit Tauben und Menschenaffen wiederholt werden; er ist der Typus des perfekten kognitiven Experiments, denn er führt die Sonde direkt in ein geistiges Rechenzentrum ein. Und die in quantitativer Hinsicht stimmigen Ergebnisse begründen in hohem Maß die Überzeugung von realen und fundamentalen Vorgängen, die dort stattfinden; zudem erlauben sie Mutmaßungen über den «Algorithmus», mit dem der Geist arbeiten muss, um die fraglichen Berechnungen ausführen zu können.

Der Gedanke, dass solche kognitiven Grundoperationen im Gehirn jeweils von einem spezifischen «Unterprogramm» ausgeführt werden, erfuhr eine weitere Bestätigung durch Untersuchungsergebnisse, die belegten, dass unterschiedliche Grundoperationen unterschiedlich lange Zeit benötigen und offenbar auch in unterschiedlichen Hirnzonen lokalisiert sind. So wurden zum Beispiel Versuchspersonen Buchstabenpaare dargeboten, und ihre Aufgabe bestand darin, schnellstmöglich anzugeben, ob die Buchstaben miteinander übereinstimmten. Bei identischen Buchstaben (zum Beispiel «A» und «A») nahm die Feststellung der Identität durchschnittlich 0,55 Sekunden in Anspruch. Im nächsten Schritt wurde jeweils ein Buchstabe in Groß- und Kleinschreibung dargeboten (zum Beispiel «A» und «a»), und gefragt war, ob es sich um denselben Buchstaben handle; um das zu erkennen, brauchten die Probanden durchschnittlich 0,62 Sekunden. Zum Schluss wurden jeweils zwei verschiedene Buchstaben gezeigt (zum Beispiel «a» und «e») und gefragt, ob es sich um Paarungen von Vokalen oder von Konsonanten handle; gepaarte Vokale zu identifizieren erforderte 0,7 Sekunden, gepaarte Konsonanten 0,9 Sekunden und ungleiche Paarungen (Vokal und Konsonant) 0,8 Sekunden. Auffallend ähnlich waren die Ergebnisse, wenn die Paarungen aus Tiernamen oder Pflanzennamen gebildet wurden (zum Beispiel «ELCH»/«ELCH», «ELCH»/«Elch» oder «Elch»/«Kaninchen»). Hier wie dort verlangt die erste Etappe des Versuchs lediglich den Vergleich der zwei gezeigten Objekte nach der äußeren Erscheinung, die zweite Etappe das Erkennen des identischen Namens in zweierlei äußerer Erscheinung und die dritte Etappe die Anwendung einer Kategorienregel. (Dass für die Identifizierung von Vokalpaaren weniger Zeit benötigt wurde als für die von Konsonantenpaaren, mag sich daraus erklären, dass es weniger Vokale als Konsonanten gibt.)

Was aber noch interessanter ist: Bei der Beobachtung der Hirntätigkeit mittels bildgebender Verfahren hat sich gezeigt, dass im Zuge der unbewussten Lösung wechselnder Aufgabenstellungen, bei denen die Manipulation von Wörtern verlangt ist, automatisch verschiedene Hirnregionen aktiviert werden. Die Positronenemissionstomographie (PET) liefert Schichtaufnahmen vom Gehirn mit Informationen über die Stoffwechseltätigkeit, und aus PET-Aufnahmen lässt sich unter anderem ersehen, welche Hirnregionen besonders aktiv sind, wenn die Versuchsperson passiv auf einen Bildschirm blickt, auf dem ihr eine Folge von Substantiven dargeboten wird. Weitere lokal präzise umgrenzte Hirnregionen werden aktiv, wenn die Versuchsperson in Bezug auf die vor ihren Augen vorübergleitenden Substantive irgendeine «semantische» Operation auszuführen hat – wenn sie beispielsweise laut die Zweckbestimmung der bezeichneten Gegenstände angeben soll oder sagen soll, welches der Wörter ein gefährliches Tier bezeichnet. Bei einer anderen Untersuchung wurden den Probanden Fotos von Gesichtern gezeigt, die über eine schwarz umrandete quadratische Fläche verteilt waren; die Probanden waren zum einen aufgefordert, die abgebildeten Personen zu identifizieren, zum anderen, die Position des jeweiligen Fotos innerhalb des quadratischen Kastens anzugeben; die PET-Aufnahme zeigte, dass im einen Fall andere Hirnareale in Tätigkeit traten als im anderen: «Was» und «Wo» scheinen jeweils an separater Stelle verarbeitet zu werden. Offenbar codiert und kategorisiert unser Gehirn Information auf unbewusster Ebene noch auf vielerlei andere Weise. Zeigt man Versuchspersonen Bilder von Tieren und bittet sie, sich selbst im Stillen die Namen der Bildmotive vorzusagen, wird eine bestimmte Hirnregion aktiviert; wechselt man dann zu Bildern von Werkzeugen, wechselt die Hirnaktivität den Ort – und zwar geht sie exakt in die Region über, die auch aktiv wird, wenn man die Probanden auffordert, sich die zur Ausführung einer manuellen Arbeit erforderlichen Handbewegungen vorzustellen.

Viel von diesem Material legt den Schluss nahe, dass das Gehirn mit Algorithmen arbeitet, die ganz anderer Art sind als die aus einer Serie von Rechenanweisungen bestehenden Programme von Digitalrechnern. Eine Figur im Geist zu drehen ist ein visuelles Analogon und alles andere als eine Sequenz symbolisch-logischer Operationen. Der Geist arbeitet in diesem Fall mit «Repräsentationen» und «Operationen», die weder sprachlicher noch symbolisch-logischer, sondern eher bildhafter Natur sind – oder vielleicht noch tiefer gründen. «Was *ist eigentlich* eine mentale Repräsentation?»: Auf diese Kernfrage spitzt sich letzten Endes das Rätsel des tierlichen Denkens und Bewusstseins zu.

WAS ROBOTER NICHT KÖNNEN

Wie wir sahen, haben sich Digitalrechner als außerordentlich unbegabt zur Simulation von mentalen Leistungen erwiesen, die ein Gehirn so automatisch und mühelos erbringt, dass dessen Besitzer sich ihrer nicht einmal bewusst wird. Die blauäugige Ansicht, der zufolge es grundsätzlich möglich ist, einen Universalrechner so zu programmieren, dass er einen Großteil des menschlichen Leistungsspektrums zu imitieren vermag, genießt heutigentags sowohl aus praktischen wie aus theoretischen Gründen keinen großen Kredit mehr. Es hat sich gezeigt, dass für Funktionen wie beispielsweise das visuelle Erkennen sehr wahrscheinlich eine Art spezielles Trägersystem unerlässlich ist. Eine Liste der für das Erkennen eines Hundes – oder auch nur einer senkrechten Linie – erforderlichen symbolisch-logischen Operationen ist eine ermüdend lange Angelegenheit. Und ein daraus entwickeltes Computerprogramm benötigt, selbst wenn es fehlerfrei funktioniert, unendlich lange im Vergleich mit dem Tempo, in dem ein Mensch die gleiche Aufgabe erledigt – obschon die einzelnen Speichereinheiten des Computers sehr viel schneller arbeiten als die Nervenzellen. Demgegenüber schafft allein schon die richtige Verschaltung von Nervenzellen (oder Speichereinheiten im Computer) ein spezialisiertes «neuronales Netz», das solche Spezialberechnungen, wie etwa das Erkennen einer senkrechten Linie sie erfordert, automatisch besorgt. Es häufen sich die Indizien dafür, dass die unbewusste Komponente des Computers «Geist» kein Multifunktionssystem ist, das symbolisch-logische Operationen in Serie ausführt, sondern ein System von spezialisierten Maschinen, die in einer «Parallel-distribuierter Prozess»-Architektur miteinander zusammengeschlossen sind. Die Antwort auf ein Rechenproblem steckt hier nicht am Ende einer einsinnigen Abfolge logischer Operationen in einer einzelnen Speichereinheit, sondern über sie entscheidet der innere Zustand des gesamten Netzes.

Der zweite Einwand gegen den in sequentieller Arbeitsweise seine logischen Operationen ausführenden herkömmlichen Computerprozessor als Modell der unbewussten Komponente des Geistes ergab sich aus der Tatsache, dass ein Großteil der Computerprogramme, die angeblich künstliche Intelligenz demonstrierten, in Wirklichkeit eher unterhaltsame Taschenspielerkunststücke als echte Imitationen menschlicher Geistestätigkeit waren. Das berühmteste Beispiel für jene Pseudointelligenz, die sich mit der traditionellen logischen Programmierung erzeugen ließ, war das Programm ELIZA, eine Schöpfung des MIT-Informatikers (und KI-Skeptikers) Joseph Weizenbaum. ELIZA enthielt eine Anzahl von Verzweigungsanweisungen (WENN... DANN...-Instruktionen), mit deren Hilfe das oberflächlich überzeugende Imitat eines Psychotherapeuten, der eine Therapiesitzung abhielt, geschaffen wurde. Ein Mensch in der Rolle des «Patienten» gab über eine Tastatur Sätze in das System ein, und ELIZA antwortete jedes Mal mit scheinbar gezielten Fragen, wie um das Problem des Patienten tiefer auszuloten. Ein typischer Patient-Therapeut-Dialog sah folgendermaßen aus:

Patientin: Die Männer sind alle gleich.
ELIZA: IN WELCHER HINSICHT?
Patientin: Ständig löchern sie einen mit irgendetwas.
ELIZA: FÄLLT IHNEN DAZU EIN KONKRETES BEISPIEL EIN?
Na ja, mein Freund wollte unbedingt, dass ich hierher komme.
IHR FREUND WOLLTE, DASS SIE HIERHER KOMMEN?
Er sagt, ich bin so oft deprimiert.
SIE SIND DEPRIMIERT? DAS TUT MIR LEID ZU HÖREN.
Und es stimmt ja auch. Ich fühle mich unglücklich.
GLAUBEN SIE, DASS ES IHNEN HILFT, NICHT MEHR UN-
GLÜCKLICH ZU SEIN, WENN SIE HIERHER KOMMEN?
Ich könnte Hilfe ganz gut gebrauchen, das steht mal fest.
WIE WÜRDE DAS FÜR SIE AUSSEHEN, HILFE ZU BEKOMMEN?
Vielleicht könnte ich lernen, mich mit meiner Mutter zu vertragen.
ERZÄHLEN SIE MIR ETWAS MEHR ÜBER IHRE FAMILIE.

Das einigermaßen Erschreckende an dem Ganzen war, wie viele Menschen bei der ersten Begegnung mit dem Programm nach und nach in großzügigster Weise intime Einzelheiten aus ihrem Privatleben preisgaben. Selbst viele Fachleute in Sachen Psychotherapie und geistige Gesundheit glaubten ernsthaft, ELIZA markiere den Beginn einer Entwicklung, an deren Ende Maschinen stünden, die nach allen Regeln der Kunst Patienten therapierten.

Das Programm ließ sich allerdings ebenso leicht äffen, denn es bestand aus einer relativ kleinen Zahl von eher schlichten Prozeduren. Bestimmte Schlüsselwörter riefen dazu passende Antworten auf (so hatte zum Beispiel jede Erwähnung von «Bruder», «Schwester», «Mutter» oder «Vater» die Aufforderung «Erzählen Sie mir etwas mehr von Ihrer Familie» zur Folge). Aussagesätze wurden nach simplen Regeln (zum Beispiel: ERSETZE «mein» DURCH «Ihr») in Fragesätze umgewandelt. Machte der Patient oder die Patientin jedoch eine syntaktisch verzwickte Bemerkung, war der Bart ab. Die Bemerkung «Ich fühle mich kaum jemals richtig glücklich und zufrieden» hätte womöglich als Antwort das folgende Ungetüm von einer Satzkonstruktion nach sich gezogen: «Glauben Sie, dass es Ihnen hilft, nicht mehr kaum jemals richtig glücklich und zufrieden zu sein, wenn Sie hierher kommen?»

Daniel Dennett beschreibt eine ähnliche Taschenspielerei, die er zusammen mit einigen Kollegen am KI-Labor des MIT ausgeheckt hat. Endziel des Gemeinschaftsprojekts ist es, einen Roboter «mit Bewusstsein» zu schaffen. Im derzeitigen Entwicklungsstadium ist das Geschöpf mit dem Spitznamen «Cog» (Handlanger) von diesem Ziel freilich noch weit entfernt. Aber immerhin ist es schon mit einigen verwirrend «menschlichen» Attributen ausstaffiert. «Cog kann überhaupt noch nicht hören oder sehen oder fühlen», sagt Dennett, «aber er kann seine Gliedmaßen und einzelne Körperpartien schon auf eine so menschenähnliche Weise bewegen, dass es richtig gruselig ist. Seine Augen sind winzige Videokameras, die sich mit einem blitzartigen Schwenk auf jeden Neuankömmling im Raum richten und dann jede Bewegung der betreffenden Person verfolgen. Dergestalt ins Visier genommen zu werden ist selbst für Eingeweihte etwas Unbehagliches. [...] Anders als die Roboter, die gemäß der aus der Realität oder dem Kino bekannten üblichen Schablone gestaltet sind, bewegt Cog seine Arme so flink und geschmeidig wie jeder von uns; und wenn man gegen Cogs ausgestreckten Arm drückt, reagiert er mit einem so unheimlich menschenähnlichen Gegendruck, dass man wie eine Figur in einem dieser Schema-F-Horrorfilme aufschreien möchte: ‹Er lebt! Er lebt!› Das tut er zwar nicht, aber ein beinah übermächtiges Gefühl will uns das Gegenteil einreden.»

Von dem allen ist als entscheidender Punkt festzuhalten, dass ein bisschen Verhaltens- und Intelligenzsimulation noch lange kein adäquates Modell von Funktionsweise und Leistungspotential eines lebenden Wesens darstellt; es fehlen elementare Komponenten, und deshalb geben solche Spielereien nicht den mindesten Aufschluss darüber, wie ein lebendes Gehirn die gleichen Aufgaben erledigt. Allerdings steckt gerade so viel von der echten Sache in ihnen, dass sie uns – zumindest eine Zeit lang – nasführen können.

WAS ROBOTER KÖNNEN

Wann immer wir uns einem Computermodell lebendiger Intelligenz gegenübersehen, sind also grundsätzlich Skepsis und Wachsamkeit am Platz, denn das Modell bildet möglicherweise sehr viel weniger ab, als wir glauben. Doch unbeschadet aller gebotenen Vorsicht erweisen Computersimulationen sich mehr und mehr als hocheffektive Testwerkzeuge für unsere Hypothesen über die Art und Weise, wie Tiere bestimmte kognitive Aufgaben lösen. So haben sie uns schlüssig belehrt, dass zur Bewältigung selbst komplexer Berechnungen erstaunlich wenige Nervenzellen (beziehungsweise deren Äquivalente im Computer) ausreichen können, sofern diese Neuronen in der richtigen Weise verschaltet sind. In Computersimulationen konnten unter Verwendung von weniger als hundert Neuronen, zwischen denen weniger als zweihundert Verbindungen bestanden, Anpassungsleistungen realer Insekten demonstriert werden – und zwar solche, die weit über einfache Reiz-Reaktionsassoziationen hinausgingen. Erinnern wir uns an Roy Caldwells Bemerkung: Zum Täuschen- und Betrügenkönnen braucht es keine Unmenge Nervenzellen.

Solchen Computermodellen von tierlicher Kognition und tierlichem Verhalten hat man den Namen «Animate» gegeben. Zum Teil führen sie lediglich eine virtuelle Existenz als am Bildschirm zu beobachtende Computerprogramme, zum Teil wurden sie in physikalischer Realität ausgeführt als bewegliche, wahrnehmungsfähige, mit ihrer Umgebung interagierende Roboter. Eines der einfachsten Computermodelle ist den im menschlichen Darm lebenden Colibakterien (wissenschaftliche Bezeichnung: *Escherichia coli*) gewidmet. Das einzelne Bakterium hat eine äußerst primitive Navigationsmethode.

Es kann sich entweder in der Richtung seiner aktuellen Bewegung geradlinig weiter fortbewegen oder sich in eine wirbelnde Bewegung stürzen, die mit einer Richtungsänderung endet – wobei die neue Richtung freilich ein reines Zufallsprodukt ist; die Möglichkeit der kontrollierten Änderung seiner Bewegungsrichtung – etwa um ein Ziel anzusteuern – hat das Colibakterium nicht. Aber wie ein überaus simples Computerprogramm gezeigt hat, sind diese zwei denkbar einfachen Fortbewegungsformen zusammen mit einem gewissen Kurzzeitgedächtnis alles, was das Bakterium braucht, um den Weg zu einer einladenden chemischen Reizquelle (Nahrung) oder weg von einer abstoßenden Reizquelle (Toxin) zu finden. Das Modell basiert auf der Annahme, dass *Escherichia coli* zur Annäherung an eine einladende Reizquelle folgenden simplen Algorithmus benutzt: Das Bakterium registriert die Stärke des Reizes, bewegt sich in gerader Linie weiter, registriert die Reizstärke von neuem und vergleicht die beiden Wahrnehmungen. Solange die Signalstärke zwischen zwei Messungen während der Geradeausbewegung stärker wird, setzt *Escherichia coli* die Bewegung fort; nimmt die Signalstärke ab oder bleibt unverändert, überlässt sich das Bakterium der ungesteuerten Wirbelbewegung, um auf dem zufallsbedingten neuen Geradeauskurs das vorherige Prozedere wieder aufzunehmen. Die Computersimulation lieferte den Beweis dafür, dass dies effektiv alles ist, dessen es bedarf, um die Nahrungsquelle zuverlässig zu erreichen. Menschliche Probanden, denen die gleiche Aufgabe gestellt war – in der Form, dass sie auf dem Computerbildschirm einen Punkt, der sich in gerader Linie fortbewegte, durch Drücken einer Taste, das jeweils eine zufallsgesteuerte Richtungsänderung bewirkte, zu einem vorgegebenen Ziel zu dirigieren hatten –, brachten ein Bewegungsmuster hervor, das sich in nichts von dem der simulierten oder auch der echten *Escherichia coli* unterschied.

Der wichtige Aspekt der Sache: Das Modell lieferte eine vollständige Reproduktion der Verhaltensstrategie, mit der *Escherichia coli* den Weg zu einem Ziel findet, obwohl das Bakterium weder eine «Landkarte» seiner Umgebung besitzt noch einen Plan seiner Route, noch irgendein «Wissen» über Lösungskonzentration oder Geruchskegel oder Titer – ja übrigens nicht einmal über Richtungen. «Es lebt in einer Welt von kurzzeitig erinnerten eindimensionalen Signalen», erklärt W. Thomas Bourbon von der University of Texas, der Schöpfer des computerisierten Kolibakteriums. Laut Bourbon wollten viele seiner Fachkollegen, die er über die Ergebnisse seiner Arbeit informierte, einfach nicht glauben, dass ein so simpler, primitiver Algorithmus es einem Lebewesen ermöglichen könne, sich mit Erfolg in seiner Umgebung zu orientieren; die Begegnung mit dieser Skepsis war es, was ihn zur Planung einer Versuchsanordnung veranlasste, die den Probanden in die Rolle des Kolibakteriums versetzte, in der er dann selber die «Erfahrung» machen konnte, dass der Algorithmus tatsächlich zur zielorientierten Navigation taugte.

Das Kolibakterium-Animat erreicht mit wenigem viel, weil es sich in seiner Umwelt vorhandene Informationen zunutze macht. Das Prinzip begegnet in Animaten immer wieder. Der Grundgedanke dabei ist, ein Problem so anzugehen, dass man es nicht auf prinzipieller Ebene lösen muss, sondern dass es genügt, wenn man Mittel und Wege findet, denkbar einfachen sensorischen Input so zusammenzuschalten, dass eine zweckentsprechende Verhaltensreaktion erfolgt. Nehmen wir zum Beispiel an, Sie (oder die Evolution) «planten» ein Animat (oder *animal*), das sich immer, wenn es sich fortbewegt, auf eine Lichtquelle zubewegt. Eine Möglichkeit, die Aufgabe zu lösen, besteht darin, Ihr Geschöpf mit einem drehbaren Auge auszustatten, das unter wiederholtem Messen und Registrieren der Lichtstärke den Horizont absucht; nach einer vollständigen Drehung besäße das Geschöpf eine «Karte» der Lichtstärke in allen Richtungen und könnte jetzt die Gesamtheit der Messwerte daraufhin evaluieren, aus welcher Richtung das stärkste Licht kommt. Anschließend wäre dann die Winkeldifferenz zwischen der Richtung des stärksten Lichts und der derzeitigen Frontalrichtung des Wesens zu berechnen und an die Beine der Befehl zu übermitteln, nach Verringerung der Winkeldifferenz auf den Wert Null mit der Vorwärtsbewegung zu beginnen. Neben seiner rechnerischen Komplexität hat dieser Lösungsansatz noch andere Nachteile. So könnte die Lichtquelle sich bewegen. Außerdem können sich leicht kleine Ungenauigkeiten in den Vorgang einschleichen; zum Beispiel könnte holpriges Terrain das Geschöpf von der festgelegten Kompassrichtung abbringen. Schon die Übermittlung der errechneten Kompassrichtung an die Beine ist eine potenzielle Fehlerquelle, insofern Augenkompass und Fußkompass Unterschiede in der Messgenauigkeit aufweisen können. Stellen Sie sich als vergleichbare Situation vor, dass Sie ein Segelboot auf eine Landmarke zusteuern wollen, indem Sie zunächst den Winkel zwischen dem angepeilten Objekt und Ihrer Bugleine messen und dann die Richtung des Boots anhand des Schiffskompasses um soundso viel Grad nach Backbord oder Steuerbord korrigieren.

Der bei weitem einfachere – und todsichere – Lösungsweg ist der, das Geschöpf als kybernetisches System zu planen, das die Wahl der Bewegungsrichtung und notwendige Kurskorrekturen über einen Rückkoppelungsvorgang automatisch vornimmt. Statt des einen, drehbaren, Auges verwende man zwei Augen und lasse sie einfach gegensinnig arbeiten: Trifft das Licht verstärkt das linke Auge, verstärkt sich in gleichem Maß der Impuls, den das Auge zu den rechten Beinen schickt; Gleiches gilt für die Beziehung zwischen dem rechten Auge und den linken Beinen. Die Folge davon: Befindet sich die Lichtquelle rechts von der augenblicklichen Frontalrichtung des Geschöpfs, werden die linken Beine stärker bewegt als die rechten, bis die Lichtquelle sich genau in Frontalrichtung befindet. Trifft das Licht die Augen genau von vorn, empfangen die Beine beiderseits gleich starke Gehimpulse, und das Geschöpf bewegt sich in gerader Linie auf die Lichtquelle zu.

Anstelle von Berechnungen und mentaler Kartographie haben wir hier ein System, das ein hervorstechendes Umweltmerkmal als Informationsquelle nutzt, und einen simplen Regelmechanismus, der diese Information unmittelbar in praktischen Erfolg umsetzt. Bewegt sich die Lichtquelle, gleicht das System seine Bewegungsrichtung automatisch an. Wird das System durch eine von außen kommende Störung vom Kurs abgebracht, kehrt es automatisch auf den Kurs zurück. Man braucht nicht zu wissen, wo genau sich eine Lichtquelle befindet, solange es genügt, dass in das rechte Auge mehr Licht einfällt als in das linke, um sie irgendwo rechts zu orten. Man braucht auch nicht über Lagepläne, Wegbeschaffenheit, Entfernungen Bescheid zu wissen und ebenso wenig darüber, ob das erfasste Licht von einem fixen Punkt im Raum oder einer beweglichen Quelle ausgeht. All diese Dinge sind hier in der Anlage der Sensoren und Regelmechanismen aufgehoben. Um bei dem Vergleich mit dem Segelboot zu bleiben: Sie müssen nicht den Kompass lesen und mit dem Sextanten umgehen können, Sie müssen auch keine Karte studieren und keinen Kurs berechnen, um eine weithin sichtbare Landmarke anzusteuern: Liegt sie backbord von Ihrem Bug, dann steuern Sie nach Backbord. Liegt sie steuerbord, dann steuern Sie nach Steuerbord. Das ist alles.

Animate sind besonders interessant in den Fällen, wo aus dem Zusammenwirken der verschiedenen Regelmechanismen, mit denen sie ausgestattet sind, komplexe – und wirklichkeitsnahe – Verhaltensweisen hervorgehen, die mehr sind als die Summe ihrer vorprogrammierten Elemente. So wurde zum Beispiel ein Animat-Frosch mit drei einfachen Regeln programmiert. Befindet sich ein Beutetier in gerader Linie vor der Schnauzenspitze und in Reichweite des Zungenschlags, erzeugen die Sensoren ein Signal, das den Frosch zum Zuschnappen veranlasst. Ist das Beutetier unmittelbar vorn, aber außer Reichweite, veranlasst ein Signal den Frosch vorwärtszuhüpfen. Befindet sich die potenzielle

Beute seitab, ergeht ein Signal, das den Frosch veranlasst, sich ihr zuzuwenden. Die Stärke des jeweiligen Signals hängt von der Stärke des sensorischen Inputs ab. Eine Fliege sehr weit vorn löst einen weiten Sprung aus. Eine Fliege sehr weit zur Seite, löst eine große Drehung aus, verbunden mit starker Hemmung des Hüpf- und des Zungenschlagmechanismus.

Da alle drei Signalleitungen immer gleichzeitig offen sind, sodass die Impulse sich gegenseitig verstärken oder hemmen können, ist das Endergebnis im Einzelfall mitunter eine neue und komplexe Verhaltensform. Melden beispielsweise die Sensoren eine Fliege in sehr geringer Entfernung und nur ein winziges Stück zur rechten Seite, ist der Impuls zur Zielwendung seinerseits winzig und hemmt den sehr starken Impuls zum Zungenschlag nur sehr geringfügig, mit dem Ergebnis, dass der Frosch schon während der Rechtsdrehung zuschnappt. Befindet die Fliege sich nur knapp außerhalb der Reichweite des Zungenschlags, ergeht nur ein schwacher Anstoß zum Hüpfen, und der Frosch hopst nur ein kleines Stück vorwärts; dem Hopser schließt sich aber schon im selben Moment, da die Distanz zur Fliege auf die Reichweite des Zungenschlags verkürzt ist, das Zuschnappen an.

Das Bemerkenswerte an dem allen ist, dass keine dieser «kreativen» und sachgerechten Kombinationen von Verhaltensweisen veranlasst ist durch eine «von oben nach unten»-Anweisung aus einem zentralen Steuerungsorgan (à la Gehirn), das die Gesamtsituation analysiert und aufgrund dieser Analyse eine Vorgehensweise vorausplant. Sie sind vielmehr das Ergebnis eines in «Parallel-distribuierter Prozess»-Manier verlaufenden Gegen- und Miteinanders ungehindert kombinierbarer einfacher Elemente.

Selbstverständlich haben wir keine Gewähr dafür, dass reale Frösche in dieser Weise «verschaltet» sind. Mit Sicherheit jedoch haben wir in Animaten den Beweis dafür, dass mit der Umwelt interagierende einfache Regelmechanismen der Situation angemessene komplexe und unter Umständen auch kreative Verhaltensformen hervorbringen können. Animate sind Hardware-Implementierungen von Morgans Kanon* – sie zeigen, dass beobachtbares Verhalten sich aus viel einfacheren psychologischen Vorgängen erklären lässt, als wir es für möglich gehalten hätten. Dass diese Modelle häufig Fähigkeiten an den Tag legen, die zu erklären in Anbetracht der Einfachheit ihrer Einzelteile selbst ihren Erfindern schwer fällt, ist an sich schon eine aufregende und einigermaßen verblüffende Entdeckung. Wohl möglich, dass dem menschlichen bewussten Denken, linear und sprachbasiert, wie es nun einmal ist, das intuitive Gefühl für die Leistungsfähigkeit eines parallel-distribuierten, averbalen Steuerungssystems abgeht. Griffins Gleichsetzung von Entscheidungsfindung mit bewusstem, zentral gelenktem Denken erweist sich vor diesem Hintergrund als fragwürdiger denn je.

SCHALTPLAN FÜR EINE GRILLE

Wenn die Verschaltung eines Animats genauestmöglich dem aktuellen Stand unseres Wissens über die Neurophysiologie des modellierten Tieres entspricht, wird alles noch bedeutsamer, was sich an ihm demonstrieren lässt. Diese Dinge fungieren dann als Prüfstein möglicher Theorien über die Art und Weise, wie ein Tier kognitive Aufgaben innerhalb der durch die Physiologie gesetzten realen Grenzen löst. Nebenbei bemerkt: Selbst wenn wir alles wüssten, was es über die Physiologie des Gehirns und der Sinnesorgane zu wissen gibt, könnten wir die Vorgänge, die sich in diesem Medium vollziehen, nicht begreifen, ohne auf kognitiver Ebene Theorien zu entwerfen und zu testen. Alles andere käme wiederum dem Versuch gleich, Logik und Leistung eines Computerprogramms begreifen zu wollen, indem man den Schaltplan

---

* Sozusagen die Adaptation von «Ockhams Rasiermesser» für die Tierpsychologie: der von dem Tierpsychologen C. Lloyd Morgan (1852–1936) formulierte Grundsatz, dem zufolge eine tierliche Verhaltensweise nicht durch Rückgriff auf eine höhere psychologische Funktion erklärt werden soll, wenn sie auch aus einer niedrigen zu erklären ist. – Anm. d. Red.

des Computers studiert und die Spannungsschwankungen in den Schaltkreisen misst. Was wir eigentlich begreifen wollen, sind die logischen Prozesse, die mathematischen Algorithmen, die vom Input zum Output führen. Dazu reicht es nicht, nur die Nervenzellen zu beobachten; wir müssen die logischen Strukturen in der Verschaltung der Nervenzellen erkennen.

Doch je enger unsere kognitiven Theorien sich an die physiologischen Realien anschließen, desto sicherer dürfen wir uns fühlen, dass wir auf der richtigen Spur sind. Zu einem aufschlussreichen Modellfall summieren sich die bisherigen Bemühungen, herauszufinden, wie Grillenweibchen es anstellen, einen Paarungspartner zu orten. Die Weibchen zeigen eine Anzahl erstaunlicher Fähigkeiten. Sie können den Gesang der Männchen ihrer eigenen Art in einem Konzert von ganz ähnlich klingenden Gesängen anderer Arten identifizieren. Experimente brachten zutage, dass die Weibchen am stärksten auf Zirptöne reagieren, die bei der Wiederholung ein ganz bestimmtes rhythmisches Muster einhalten, einen «Silbenrhythmus», der ein Artspezifikum ist. Grillenweibchen sind außerdem in der Lage, sich zielsicher auf das lauteste und ihnen nächste Männchen ihrer Art zuzubewegen, selbst wenn zahlreiche rivalisierende Freier die Luft mit ihren Serenaden erfüllen.

Das hört sich nach einer ungemein komplexen kognitiven Aufgabe an. Das Weibchen muss aus einem vielstimmigen Konzert dissonanter Gesänge diejenigen mit dem artspezifischen Rhythmus herausfiltern, muss alsdann in diesem Chor die lauteste Stimme identifizieren und obendrein schließlich die Raumstelle orten, von der dieser eine unter so vielen Gesängen herkommt. Doch die Insektenforscherin Barbara Webb fand heraus, dass man ein, was die geforderte Rechenleistung angeht, sehr einfaches Animat-Modell bauen kann, das nahezu perfekt das Verhalten eines Grillenweibchens bei der Partnerwahl imitiert; Voraussetzung dafür ist lediglich, dass unser gesamtes Wissen über die Anatomie und Neurophysiologie der Grillen – zumal ihrer Hörorgane und Gehörnerven – in das Modell eingearbeitet wird.

Die Hörorgane der Grillen nun weisen eine Anzahl von Besonderheiten auf. Zum Beispiel gelangen Geräusche aus der Umgebung auf zwei separaten Wegen zu den Rezeptororganen: zum einen auf direktem Weg durch die Luft, zum anderen auf dem Umweg durch Schallleitungsrohre im Körperinneren, deren Eingangsöffnungen in der Körpermitte der Grille sitzen. Die im Hörorgan eintreffenden Schallwellen sind demnach das Produkt der Überlagerung zweier Wellen, die unterschiedliche Entfernungen zurückgelegt haben. Stellen wir uns zwei Wellenzüge im Meer vor, die in sehr spitzem Winkel aufeinander zu und ineinander laufen. Treffen Berge und Kämme exakt parallel zusammen, entsteht ein einziger Zug noch stärkerer Wellen. Laufen die Wellenzüge jedoch mit Phasenverschiebung ineinander, ist Abschwächung des Wellengangs, unter Umständen sogar völlige Auslöschung die Folge. Die Schallleitungsrohre der Grille sind nun gerade so lang, dass sie zwei spezielle akustische Eigenschaften besitzen. Erstens bewirken sie eine Phasenverschiebung: In dem der Schallquelle näheren Hörorgan verstärken sich die eintreffenden Schallwellen gegenseitig, in dem der Schallquelle ferneren Hörorgan schwächen sie sich gegenseitig ab. Zweitens betrifft diese Phasenverschiebung nur Töne einer bestimmten Höhe – einer Höhe die genau der Tonlage des Artgesangs entspricht. Deshalb hören sich die Gesänge anderer Arten für das Grillenweibchen in beiden Hörorganen gleich laut an, egal aus welcher Richtung sie kommen. Nur der Artgesang erzeugt zwischen beiden Hörorganen eine richtungsabhängige Lautstärkedifferenz.

Man sieht: Das kalkulatorische Problem des Grillenweibchens wird zu einer guten Hälfte – nämlich in den Teilaspekten Erkennungsproblem (Identifizierung des Artgesangs unter den Gesängen anderer Arten) und Orientierungsproblem (Ortung des Senders) – überhaupt nicht im Gehirn, sondern schon durch die Physik des auditorischen Apparats bewältigt.

Neurophysiologische Untersuchungen erbrachten weitere Aufschlüsse über die Architektur des auditorischen Systems der

Grille. Jedes Hörorgan enthält etwa fünfzig Sinneszellen, die die Vibrationen in dem Organ registrieren. Die fünfzig sensorischen Neuronen übertragen ihre Signale an ein einzelnes «Interneuron». Das Interneuron feuert, wie man aus direkten Messungen mit Hilfe von Elektroden weiß, sobald der Gesamtinput aus den Gehörnerven einen bestimmten Schwellenwert erreicht hat. Je lauter der gehörte Schall, desto schneller ist der Grenzwert erreicht und desto schneller feuert das Interneuron dann auch den nächsten Impuls und wieder den nächsten ... Die einschlägigen Untersuchungen an realen Grillen haben gezeigt, dass ein Grillenweibchen, das auf Artgesang reagiert, sich nach *der* Seite wendet, auf der sich innerhalb seines auditorischen Systems das aktive Interneuron befindet.

Ausgerüstet mit diesen Informationen sowie Legoklötzchen, zwei motorgetriebenen Räderpaaren, Hörorganen in Gestalt von Mikrophonen und einem Mikroprozessor vom Typ Motorola 68000, machte Barbara Webb sich an den Bau einer funktionsfähigen Robotgrille. Und mit einem glücklichen Händchen setzte sie das vorhandene Wissen über Grillen und deren Nervenzellen in einen genial einfachen Algorithmus um. Der Algorithmus stellt nicht nur fest, von welcher Seite das stärkste Signal kommt, sondern unterdrückt auch automatisch alle Signale, die nicht den richtigen Silbenrhythmus aufweisen. Webb ging von der Annahme aus, dass nicht das Wiederholungstempo beim Feuern der Interneuronen, sondern der Umstand, welches der zwei zuerst feuert, darüber entscheidet, in welche Richtung das Weibchen sich wendet. Mit dem Zuerst-Feuern zeigt das Neuron ebenso gut die größere Signalstärke an wie mit dem Tempo der Impulsfolge. Indes bedeutet das Ansprechen auf den ersten Impuls die Verarbeitung einer zusätzlichen Information, die in der Geschwindigkeit der Impulsfolge nicht enthalten ist. Stellen wir uns beispielsweise vor, was passieren würde, wenn das Eingangssignal statt eines rhythmischen Zirpens ein anhaltender Ton wäre. Die «Ich spreche auf die Seite mit der schnellsten Impulsfolge an»-Grille würde kurzerhand auf die Signalquelle zusteuern. Die «Ich spreche auf die Seite, die zuerst feuert, an»-Grille indessen würde umgehend die Orientierung verlieren, denn sie kann nur zu Beginn des Signals die Seite identifizieren, auf der das Interneuron zuerst feuert. Ein anhaltender Ton oder eine Folge von Tönen mit so kurzen Intervallen, dass den Sinneszellen der Grille zwischen den einzelnen Zirplauten keine Zeit zur Erholung bleibt, würde vom Empfangssystem unterdrückt werden. Ähnlich würde ein Signal mit allzu niedriger Wiederholungsfrequenz die Orientierungsinformation wohl nicht in der Dichte liefern, die das Weibchen benötigt, um ohne erhebliches Abirren vom Kurs zu dem Männchen zu gelangen.

Webbs Robotgrille lief unter einem Programm, das mit nicht mehr als hundert Zeilen Code geschrieben worden war. Ein Teil der Befehle war nur dazu da, Effekte wie etwa die Erholungsphase der Neuronen zu imitieren, die bei der echten Grille ja zur physischen Hardware gehören, sodass der Komplexitätsgrad des Algorithmus de facto sogar noch geringer war, als es auf den ersten Blick den Anschein hatte. Wenn das Kunstgebilde am einen Ende eines drei auf dreieinhalb Meter großen «Vorführplatzes» aufgestellt und vom anderen Ende her aus einem Lautsprecher mit Grillengesang beschallt wurde, verhielt es sich ganz ähnlich wie ein echtes Grillenweibchen. Steigerte Webb das Schrilltempo, machte der Roboter kaum noch einen Versuch zur orientierten Fortbewegung, was genau das erwartete Verhalten war, denn im Endeffekt verschliffen sich die Schrilllaute zu einem einzigen anhaltenden Ton, der so gut wie keine Information zu der Frage «Welche Seite war zuerst?» übermittelte. Wurde das Schrilltempo stark vermindert, steuerte der Roboter insgesamt gesehen auf den Lautsprecher zu, allerdings in einem weiten Bogen, der nicht ganz zum Ziel führte. Echte Grillen zeigen unter gleichen Umständen das gleiche Verhalten.

Zudem zeigte der Roboter zwei Verhaltensformen, die ihm zwar nicht bewusst einprogrammiert worden waren, die aber sehr genau dem Verhalten realer Grillen entsprachen. Webb war neugierig, was passieren würde, wenn ihre Robotgrille zwischen zwei unterschiedlichen Gesängen, die jeder aus einem eigenen Lautsprecher kamen, zu «wählen» hätte. Sie wusste, dass ihre Konstruktion eigentlich nicht in der Lage war, mit mehreren Gesängen umzugehen oder sie auseinander zu halten; der Robotgrille war kein Algorithmus für diese Aufgabe einprogrammiert worden, deshalb sprach die Wahrscheinlichkeit dafür, dass sie einfach «konfus» reagieren würde. Doch bei geduldig wiederholten Versuchen stellte Webb jedes Mal fest, dass es ihrem Roboter «offenbar keine Schwierigkeiten bereitete, zu einem Entschluss zu kommen und so prompt wie definitiv entweder den einen oder den anderen Lautsprecher anzusteuern». Dank Interaktion mit der Umgebung vermochten die simplen Mechanismen des Roboters weit komplexeres Verhalten als das durch die Programmierung vorgesehene hervorzubringen.

In einem zweiten Versuch wollte Webb herausfinden, was passiert, wenn zwischen Serien von etwa drei Schrillsignalen jeweils eine Schweigepause eingelegt wird – genau das tun nämlich die Grillenmännchen in der wirklichen Welt. Auch diese Komplikation hatte sie bei der Planung und Programmierung ihrer Robotgrille glatt vergessen. Aber als ihr schlichter Roboter mit dem wirklichkeitsnäheren Klangbild des Artgesangs konfrontiert wurde, schlug er sich hervorragend. Tatsächlich kam er in der Regel innerhalb kürzerer Zeit bei dem Lautsprecher an, als es bei Gesang ohne Schweigeperiode der Fall zu sein pflegte. Allem Anschein nach besteht die effektivste Navigationsstrategie für ein paarungsbereites Grillenweibchen nicht darin, auf dem Weg zu dem angepeilten Männchen laufend kleine Kurskorrekturen vorzunehmen, sondern darin, anhand ausreichender Anfangsinformation einen geradlinigen Kurs festzulegen und diesen eine Zeit lang unbeeinflusst zu verfolgen, ehe eine aktualisierte Kursinformation eintrifft und ausgewertet wird. Es kam manchmal vor, dass der Roboter unter diesen Bedingungen den Lautsprecher knapp verfehlte und ihn ein kleines Stück hinter sich ließ, doch selbst in den Fällen, wo er kehrtmachen und zurückmanövrieren musste, war er zuletzt immer noch früher am Ziel, als wenn er, überpenibel, unterwegs in ununterbrochener Folge kleine Kurs-korrekturen vorgenommen hätte. Es zeigt sich dabei also, dass es zur Erklärung des Ganzen keines Rückgriffs auf zusätzliche ko-gnitive Mechanismen bedarf – alles ergibt sich einfach als zusätz-liche Folge aus der Interaktion simpler kognitiver Algorithmen mit der Umwelt. Aus evolutionstheoretischer Sicht ist es hier dringend geboten, eine Warnung auszusprechen. Die Komplexi-tät beobachtbaren Verhaltens, zumal Kommunikationsverhaltens, spiegelt zu einem großen Teil nur die Art und Weise wider, wie eine einzelne Spezies beziehungsweise eines der beiden Ge-schlechter einer Spezies die Verschaltung eines anderen Organis-mus ausnutzt. Grillenweibchen sind nicht notwendigerweise spe-ziell für die Reaktion auf Schrillserien mit eingeschalteten stummen Intervallen gebaut. Aber Männchen, die das stumme Intervall in ihren Gesang aufnahmen, dürften die größere Chan-ce gehabt haben, schneller als andere zu einer Paarungspartnerin zu kommen und somit im Gang der Evolution ihre Gene mit die-ser Eigenheit im Genpool der Spezies durchzusetzen. Wenn dem tatsächlich so war, hieße es das Pferd beim Schwanz aufzäumen, wollte man im Gehirn des Grillenweibchens nach den Besonder-heiten suchen, die es ihm ermöglichen, beschleunigt auf dieses spezielle Schrillen zu reagieren – denn die beschleunigte Reak-tion wäre dann ja von Anfang an reiner Zufall gewesen.

WAS SIEHT DIE KATZE VOR IHREM GEISTIGEN AUGE?

Dem wissenschaftlichen Studium der kognitiven Funktionen von Tieren liegt der Gedanke zugrunde, dass manches, was Tiere tun, mentale Repräsentationen der Welt voraussetzt, die unabhängig von Reiz-Reaktionsverhalten manipuliert werden. Und ganz be-stimmt lässt sich unsere gewöhnliche Neugier in Bezug auf das Innenleben der Tiere, betrachtet man sie näher, großenteils in die Frage zusammenfassen, was Tiere an und für sich denn eigentlich sehen und verstehen und fühlen. Doch wie könnten diese Repräsentationen aussehen? Was sieht, denkt, empfindet und fühlt ein Tier denn nun eigentlich?

Die konservative Antwort lautet: gar nichts. Das soll nicht heißen, dass den Tieren jegliches Empfindungsvermögen abgeht oder dass sie in Wahrheit nichts als geistlose Maschinen sind. Es heißt einfach nur, dass wir womöglich über kein Medium verfügen, in dem wir tierliche Repräsentationen der Welt sinnvoll darstellen könnten. Wir wissen, dass Tiere nicht die Fähigkeit zur verbalen Repräsentation der Welt besitzen. Averbale Repräsentationen könnten indessen Formen annehmen, die – weder visuell noch symbolisch, noch sonst wie – im wahrsten Sinn des Wortes nicht zu beschreiben sind. Denken wir an die Animat-Modelle: Der fliegenschnappende Animat-Frosch verfügt in gewissem Sinn über eine Repräsentation des Raums, aber sie ist auf die Regelmechanismen für dreierlei Verhaltensformen und die relative Signalstärke in diesen Mechanismen verteilt. Die Berechnungen und Transformationen, denen der Frosch den sensorischen Input aus seiner Umgebung unterzieht, sind direkt in die spezielle Art seiner parallel-distribuierten Verschaltung eingebaut. Oder wie ein aus jüngerer Zeit stammendes Papier zur vergleichenden Psychologie formuliert: «Wenn wir von einem Tier sagen, es nehme einen Störenfried wahr, wollen wir das nicht in dem Sinn verstanden wissen, dass dieses Tier innerlich einen Satz der Art ‹Da vorn ist ein Störenfried› erwägt; wir wollen damit vielmehr sagen, dass das fragliche Tier sich in einem neuronalen Zustand befindet, der in einer Weise auf die Welt bezogen ist, welche ein Beobachter mit dem angeführten Satz umschreiben könnte.» Webbs Robotgrille findet einen Paarungspartner ohne visuelles Bild von einem Partner, ohne auditorisches Bild vom männlichen Lockgesang, ohne gespeicherte Karte von ihrer Umgebung, ohne Richtungssinn. Es wäre nicht falsch, zu sagen, dass ihre Gehörnerven so verschaltet sind, dass *tatsächlich* irgendeine «Repräsentation» des Artgesangs in ihnen gespeichert ist; diese Repräsentation existiert freilich nur in funktionaler Form, die sich für unsere Vorstellung nicht in ein bildliches oder symbolisches Medium übersetzen lässt. Wir können uns Analogdarstellungen ausdenken – Listen, Modelle, Schemabilder, Baupläne –, aber sie kommen der Realität nicht näher als die vertrauten Bilder, die wir in der modernen Physik zur Darstellung der Phänomene im subatomaren Bereich heranziehen. «Wellen» und «Teilchen» sind vorstellbare Entitäten, Bilder aus unserer Alltagserfahrung, aber eben auch nicht mehr als das, wenn es um Quantenmechanik geht. Licht besteht nicht wirklich aus Teilchen und ist auch keine Welle; genau genommen lässt es sich nur mit den Mitteln der Mathematik erschöpfend darstellen, in abstrakter Form, der keinerlei gegenständliches Bild entspricht.

Untersuchungen an Tieren wie Menschen sprechen stark dafür, dass selbst visuelle Bilder im ursprünglichen Wortsinn in unserem Innern nicht als Bilder gespeichert werden. Bereits die frühesten Untersuchungen der Zellaktivität in der Sehrinde von Katzen führten zu dem Befund, dass die Verarbeitung von visuellen Informationen und die Kategorisierung unterschiedlicher Bildtypen automatische, durch die Verschaltung der Sehzellen definierte Funktionen sind. Die Nervenzellen in einer ersten Schicht der Sehrinde sprechen lediglich auf die Anwesenheit oder Abwesenheit von Licht an einzelnen Stellen im Gesichtsfeld an. Die Ausgänge dieser Neuronen führen jedoch in eine Schicht von «komplexen Zellen», die auf vertikale und horizontale Konturen ansprechen. Die «komplexen Zellen» wiederum haben Ausgänge zu «hyperkomplexen Zellen», die durch bestimmte charakteristische Formen wie beispielsweise Ecken aktiviert werden. Bei weiteren Forschungen wurden andere derartige Zellen entdeckt, die auf noch komplexere Formen ansprechen. Frösche besitzen «Insektenindikator»-Zellen, die durch klumpige Formen im Gesichtsfeld aktiviert werden. Bei Affen haben sich sogar Zellen gefunden, die auf Bilder von Affenhänden oder Affengesichtern reagieren; manche sprechen offenbar auf ein *bestimmtes* Gesicht an. Ein feuerndes Neuron ist kein Wort, kein Bild, kein Symbol, sondern einfach nur ein feuerndes Neuron. Verfügt ein Frosch über ein «inneres Bild» von einem Insekt? Oder ist diese mentale Repräsentation in Wirklichkeit nur eine Funktion seiner neuronalen Verschaltung? Sowohl Animat-Modelle als auch Untersuchungen an realen Tieren lassen keinen Zweifel daran, dass es nicht nötig ist, Kenntnisse oder Vorstellungen oder visuelle Modelle von Insekten zu besitzen, um ein Insekt identifizieren zu können.

Die Auffassung, dass innere Bilder in Wahrheit Produkte unserer Einbildungskraft sind, erhielt neue Nahrung durch Untersuchungen an Affen, aus denen hervorging, dass ein einzelnes solches Bild im Gehirn tatsächlich über mehrere Regionen verteilt gespeichert wird. Es wird also gar nicht als Bild gespeichert, sondern als zerlegte Repräsentation eines Bildes, deren einzelne Komponenten wiederum nicht in einer für uns nachvollziehbaren Weise darstellbar sind. Neurophysiologische Versuche an Affen zeigten, dass Neuronen im Schläfenlappen des Gehirns auf Form und Farbe, Neuronen im Scheitellappen auf die räumliche Lage eines Objekts ansprechen. Die Entfernung der Schläfenlappen beraubt die Affen der Fähigkeit zur Unterscheidung von Mustern, lässt jedoch ihre Fähigkeit zur Unterscheidung von Raumstellen intakt; die Entfernung der Scheitellappen führt zum umgekehrten Resultat. Die vielleicht interessantesten Studien dieser Art wurden an Menschen vorgenommen und brachten zutage, dass die Versuchspersonen beim bewussten Abruf visueller Bilder aus dem Gedächtnis die Bilder Schritt für Schritt aufbauen. Den Probanden wurden auf einer rechteckigen Fläche, die durch ein Gitternetz in fünf mal vier Quadrate unterteilt war, Blockbuchstaben dargeboten. Nach jedem Buchstaben wurde der leere Raster gezeigt und gefragt, ob der zuletzt gezeigte Buchstabe das mit «X» markierte Quadrat bedeckte oder nicht:

 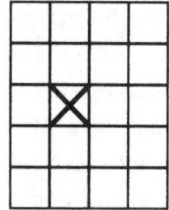

Die für die Antwort benötigte Zeit war direkt proportional der Zahl der Balken, aus denen sich der Blockbuchstabe zusammensetzte. (Beispiel: Ein «E» ist aus 4, ein «F» aus 3 Balken zusammengesetzt.) Die Antwort ließ länger auf sich warten, wenn das Markierungszeichen in dem Balken zu stehen gekommen war, der beim Schreiben von Blockbuchstaben normalerweise als letzter gezogen wird.

Psychologische Untersuchungen führten zu dem Befund, dass menschliche Probanden durch die Bank unzuverlässige Auskunft geben, wenn sie die Beschaffenheit der Symbole oder Bilder ihres averbalen Denkens beschreiben sollen. Die Angaben können von einem Befragten zum anderen weit auseinander gehen; manche berichten, ihr averbales Denken vollziehe sich in ziemlich klaren symbolischen Formen, andere geben an, niemals Symbole wahrzunehmen. Vergleicht man jedoch die Angaben mit synchronen Messungen am aktiven Gehirn, zeigen sich regelmäßig Unstimmigkeiten. So erklären die meisten Versuchspersonen, beim aktiven Abruf des visuellen Bildes eines Buchstabens oder anderen einfachen Objekts aus dem Gedächtnis «taucht es [dieses Bild] mit einem Schlag im Kopf auf». Das eben geschilderte Experiment beweist jedoch, dass es sich ganz und gar nicht so verhält, dass vielmehr die Konstituenzien dessen, was sich in der Vorstellung dann als Bild präsentiert, eines nach dem anderen «im Kopf auftauchen» – weil sie vom Gehirn (zusammen mit einer – in einem anderen Hirnareal abgelegten – Anleitung für ihren Zusammenbau zu einem räumlichen Gebilde) als eine Kollektion von Einzelteilen gespeichert wurden.

Wie hat man sich diese separaten Informationseinheiten vorzustellen? Die einzig richtige Antwort lautet: überhaupt nicht. Die meisten Kognitionsforscher betrachten den Begriff «mentale Repräsentation» als ein theoretisches Konstrukt; es geht ihnen darum, zu bestimmen, was der rechnende Geist *tut*, und sich im Übrigen fern zu halten von dem unerforschlichen Terrain der Frage, was ein Tier subjektiv erlebt, während sein Geist Berechnungen anstellt.

In manchen Beispielen von neurophysiologischen Untersuchungen, denen wir in den folgenden Kapiteln begegnen werden, können wir jedoch die ersten Ansätze zu einer Erklärung des eigentlichen Wesens jener Repräsentationen und Operationen erblicken, die Tiere vornehmen, wenn sie eine Landkarte anlegen, Dinge und Individuen identifizieren, sich Listen einprägen und so weiter. Und damit befinden wir uns auf dem einzigen gangbaren Weg zum wirklichen Verständnis des tierlichen Bewusstseins.

4 GRIPS IN AKTION

Der alte Burrhus Frederick, den sie alle nur B. F. nannten, pflegte sich seit neuestem wieder bei jeder Gelegenheit ordentlich voll laufen zu lassen. Nun hatte die Natur in einer ihrer Launen sich mit B. F. einen Scherz erlaubt, und der sah im Endeffekt so aus: Je mehr B. F. trank, desto mehr wurde sein Geist zum perfekten Inbild des behavioristischen Paradigmas. B. F. war dann durch und durch nur Reiz-plus-Reaktion, und seine Freunde (Kognitionsforscher allzumal) begannen sich sehr zu sorgen, wie man ihn daran hindern könnte, in diesem Zustand Auto zu fahren. Ihnen war klar: Wenn B. F. nach der Versuch-und-Irrtum-Methode lernen sollte, was das Rot, Gelb, Grün und der grüne Pfeil der Verkehrsampeln ihm sagen wollten, würde das schon allein seinem Wagen einen schrecklichen Tribut abfordern, von seiner körperlichen Wohlfahrt gar nicht zu reden. Vorübergehend dachte die Freundesschar daran, den Teufel mit Beelzebub auszutreiben und das Problem mit einem behavioristischen Paradigma zu lösen – etwa mit einem leichten Elektroschock bei jedem Berühren des Zündschlüssels. Aber dann kam man auf eine bessere, ja die vermeintlich schlechthin perfekte Lösung: Ein spezielles Zündschloss musste her, das nur von jemandem zu bedienen war, dessen Geist mentale Repräsentationen zu formen und umzuformen vermochte. Man installierte im Auto des Schluckspechts einen Bildschirm, auf dem nacheinander und durch ein Zeitintervall getrennt zwei Buchstaben aufleuchteten, und anschließend die Frage, ob die eben gezeigte Buchstabenfolge «A, B» gewesen war. Um den Motor starten zu können, musste F. B. den Knopf mit der richtigen Antwort, JA oder NEIN, drücken. Es lag auf der Hand, dass er dazu eine mentale Repräsentation sowohl der abgefragten Folge (A, B) als auch der tatsächlich auf dem Schirm gezeigten Buchstabenfolge – welche auch immer es gewesen war – innerlich behalten und beide miteinander vergleichen musste, was kein Reiz-Reaktionsorganismus zu leisten imstande war.

Nur wenige Tage später hatte B. F. schon wieder sein Auto im Vollrausch in den Straßengraben gefahren. Um das Zündschloss zu knacken, sei ja nun wirklich nicht mehr als Reiz-Reaktionsverhalten nötig gewesen, erklärte er. Mit dem Analysieren oder Vergleichen von Buchstabenfolgen habe er überhaupt nichts am Hut gehabt. Durch Vorgehen nach der Methode Versuch-und-Irrtum – also schlichtes Herumprobieren – sei er auf folgende Lösung gekommen: Wenn der erste Buchstabe, der auf dem Bildschirm aufleuchtete, ein A war, hob er ein Bein an und blieb auf einem Bein stehen. Wenn der zweite Buchstabe kein B war, stellte er das angehobene Bein auf den Boden zurück. Auf die JA/NEIN-Frage hin drückte er JA, wenn er auf einem Bein stand, andernfalls NEIN. Danach startete er seinen Wagen und fuhr los. Er setzte hinzu, dass er immer noch an der Lösung der Frage herumprobiere, was er zu tun habe, wenn er eine Ampel mit einem Pfeil sehe, der nach links zeige.

B. F.s kognitivistischen Freunde mochten sich damit nicht geschlagen geben und starteten einen neuen Versuch. Sie brachten an dem elektronischen Verriegelungsmechanismus des Zündschlosses zusätzlich ein mit den Buchstaben des Alphabets beschriftetes Tastenfeld an und lehrten den nüchternen und in diesem Zustand kognitiv funktionierenden B. F. die Buchstaben A, B und C in Folge einzutippen; sobald die drei Buchstaben in der richtigen Reihenfolge auf dem Bildschirm erschienen, war das Zündschloss entriegelt. Es verging eine Woche bis zum nächsten Unfall, und wieder saß ein betrunkener B. F. hinterm Lenkrad. Auch diesmal, so erklärte er, hatte er allein mittels Verhaltenskonditionierung durch Versuch und Irrtum gelernt, die richtige Buchstabenfolge einzugeben. Er hatte drei einfache Assoziationen erlernt: Zu Beginn des Tests drücke A; erscheint auf dem Bildschirm A, drücke B; steht auf dem Bildschirm AB, drücke C. Abermals hatte er keine mentale Repräsentation der vollständigen Folge benötigt.

Schließlich kamen die Kognitivisten doch noch auf den richtigen Trichter. Diesmal brachten sie B. F. ein aus fünf Buchstaben bestehendes Kennwort bei: ABCDE. Auf dem Bildschirm erschien eine der möglichen Paarungen von nicht benachbarten Buchstaben des Kennworts – AC, CA, AD, DA, AE, EA, BD, DB, BE, EB, CE oder EC –, und B. F. musste die gezeigten Buchstaben in der Reihenfolge eintippen, in der sie in dem Kennwort erschienen (AC, AD, AE, BD, BE oder CE). Solange die Freunde nicht vergaßen, das Kennwort nach nicht allzu langem Gebrauch zu wechseln, war die Aufgabe nur von dem nüchternen, kognitiv funktionierenden B. F. zu bewältigen – denn er konnte nur anhand einer mentalen Repräsentation der vollständigen Buchstabenliste herausfinden, welche Reihenfolge bei nicht benachbarten Buchstaben die richtige war.

B. F. gestand das Skandalöse seines Betragens ein und sagte sich los vom Alkohol – und los auch von dem noch größeren Übel des dogmatischen Behaviorismus.

DIE ENTSCHEIDUNG ERZWINGEN

Die Moral von der Geschicht' hätte in diesem Fall jeder Kognitionsforscher, der mit Tieren arbeitet, längst erkannt. Experimente zu planen, die ein Tier zwingen, einen unbezweifelbar kognitiven mentalen Prozess in Gang zu setzen, ist keine leichte Aufgabe.

Bei den Animat-Experimenten versuchen die Forscher zunächst zu raten, welche mentalen Algorithmen ein Organismus wohl anwenden könnte, implementieren diese Algorithmen dann in einem Roboter und geben dem den gleichen Input ein, den der nachgebaute Organismus aus seiner natürlichen Umwelt empfängt. Verhält sich der Roboter danach, wie der simulierte Organismus sich unter gleichen Umständen verhält, hat man zumindest einen indirekten Beweis dafür, dass man richtig geraten hat. Das Schöne an dieser Vorgehensweise: Das Robotergehirn ist für uns völlig transparent – seine kognitive Architektur ist von uns geplant, und wir können es nach Gutdünken manipulieren. Wirkliche Tiere sind bei weitem nicht so kooperativ. Das Einzige, was wir bei Versuchen mit ihnen völlig unter Kontrolle haben, ist der Input, und das Einzige, was wir beobachten können, ist der Output, und wenngleich es so aussehen kann, als läge der mentale Prozess, der Input X mit Output Y verbindet, ohne Wenn und Aber klar auf der Hand, entbindet uns das nicht von der Pflicht, uns jedes vorschnellen Urteils zu enthalten und erst einmal gewissenhaft und geduldig sämtliche vordergründig einleuchtenden Alternativerklärungen zu entkräften. Alle Bemühungen, bei Tieren im Rückschlussverfahren kognitiven Prozessen auf die Spur zu kommen, sind mit dem obstinat lästigen Problem behaftet, dass viele mentale Glanzleistungen, die sich in unseren Augen wie ein «Denken» ausnehmen, das die Verrechnung oder Transformation mentaler Repräsentationen einschließt, sich aus simplem Assoziationslernen erklären lassen – oder auch (wir haben es bereits gesehen) Beispiele für die gedankenlose Intelligenz der Evolution sind.

Bei einem Teil der ersten gut kontrollierten Studien zur tierlichen Intelligenz ging es um die Frage, ob Tiere in der Lage seien, eine simple Unterscheidung zwischen zwei Reizen zu treffen, um eine Futterbelohnung zu erlangen. So wurden beispielsweise Ratten für eine Linkswendung in einem T-Labyrinth belohnt oder Tauben für das Picken auf die blaue statt der roten Taste oder Hunde für das Hinabdrücken eines Hebels nach einem bestimmten Tonsignal, jedoch nicht nach einem anderen. Die Fähigkeit zum Lösen dieser Aufgaben liegt natürlich vollständig im Geltungsbereich des Reiz-Reaktionsmodells des assoziativen Lernens. Und ein Goldfisch erlernt solche Aufgaben ebenso erfolgreich wie ein Schimpanse – eine Bestätigung der These, dass hier reines assoziatives Lernen am Werk ist. Eine kognitive Erklärung ist in diesen Fällen nicht vonnöten.

Indes führten diese Versuche zu anderen bahnbrechenden Experimenten, die wahrscheinlich die einfachsten Belege für höhere kognitive Prozesse darstellen. Immer wieder stießen die Experimentatoren auf das Faktum, dass Vögel und Säugetiere «das Lernen erlernen». Es mögen Dutzende von Durchläufen nötig sein, um ein Pferd darauf zu dressieren, dass es sein Maul gegen eines von zwei visuellen Mustern drückt, um eine Belohnung zu erhalten. Ist jedoch das Tier erst einmal auf mehrere solcher Paarungen dressiert, beginnt es die Spielregeln zu kapieren und lernt bei neuen Mustern viel schneller, zwischen den Gliedern der Paarung zu differenzieren. Mit anderen Worten: Das Pferd hat nicht nur gelernt, die verschnörkelten Linien gegenüber den geraden Linien zu bevorzugen, sondern es hat zudem gelernt, dass jedes Mal, wenn ihm zwei visuelle Muster zur Wahl dargeboten werden, die Entscheidung, die ein Mal zur Belohnung führte, auch jedes weitere Mal eine Belohnung zur Folge hat. Erfahrene Schimpansen schaffen es sogar, eine neue Unterscheidungsaufgabe im ersten Durchlauf zu lösen. Diese Generalisationsfähigkeit besagt klipp und klar, dass hier mehr im Spiel ist als einfaches Assoziationslernen. (Die Fähigkeit von Schimpansen, frühere Erfahrungen in einem einzigen Durchlauf auf die gegenwärtige Situation anzuwenden, dürfte die Tatsachenbasis der zahlreichen Schimpansen-Anekdoten sein, die von scheinbar «auf Einsicht beruhenden» Problemlösungen angesichts neuartiger Situationen berichten. Die Fähigkeit zur Übertragung relationaler Konzepte ist, als kognitive Leistung betrachtet, fraglos keine Kleinigkeit – aber auch kein einsichtiges Denken.)

Vielleicht noch aufschlussreicher ist, dass Primaten, die schon einmal ein Umlernen mit *«reversal shift»* absolviert haben, bei neuen Unterscheidungsaufgaben im Allgemeinen besser abschneiden als solche, denen jene Erfahrung fehlt. Tiere, denen das «Umlernen bei *reversal shift»* gelingt (*reversal shift* bedeutet die Abänderung eines Unterscheidungsproblems in dem Sinn, dass die zuvor falsche Antwort jetzt die richtige, die zuvor richtige Antwort jetzt die falsche ist), scheinen im selben Zug eine noch allgemeinere Regel zu erlernen: Wiederhole die vorher erfolgreiche Wahl, gehe jedoch *sofort* zur zweiten Option über, wenn die erste nicht zum Erfolg führt. Praktisch haben sie nicht nur erlernt, dass entweder unter der einen oder unter der anderen von zwei Kisten Futter zu finden ist, sondern auch, dass es für den Erfolg der Suche eine Regel gibt, die so lange gilt, bis eine neue Regel an ihre Stelle tritt.

Nachzuprüfen, ob ein Tier seine Erfahrung mit einem Problem auf ein anderes Problem zu übertragen vermag, ist eine bestechend einfache Methode, festzustellen, wie es mit seiner Fähigkeit zur Bildung averbaler Konzepte bestellt ist. So bekommt der Prüfling etwa beim *Match-to-sample-Test* (MTS) eine Fotografie oder ein Objekt wie zum Beispiel eine geometrische Figur gezeigt und muss dann aus einem Sortiment anderer Dinge den dem gezeigten Muster *(sample)* entsprechenden *(match)* auswählen. Schimpansen, die an einer bestimmten Kollektion von Objekten zur Bewältigung dieser Aufgabe geschult wurden, kommen bei der Wiederholung des Versuchs mit einer anderen Sammlung von Objekten viel schneller auf die richtige Antwort als bei dem ersten Versuch. Manche Individuen können das an der ersten Kollektion Erlernte bereits nach wenigen Malen des Probierens mit der neuen Kollektion auf diese übertragen. Mit anderen Worten: Sie haben offenbar nicht einfach nur eine Reihe von Assoziationen erlernt (wähle die Lampe, wenn man dir zuvor die Lampe gezeigt hat; wähle den roten Käfer, wenn dir zuvor der rote Käfer gezeigt wurde, und so weiter und so fort); sie haben vielmehr gelernt, das abstrakte Konzept «Gleichheit» anzuwenden.

Dieser «Gleichheits»-Test kann auf eine höhere Abstraktionsebene gehoben werden, wenn schon der MTS-Test an sich nicht auf vollkommene Identität der zu paarenden Items abgestellt wird, sondern auf eine Relation zwischen ihnen. So könnte man beispielsweise die Versuchstiere darauf dressieren, Objekte nicht erst zu paaren, wenn sie in jeder Hinsicht identisch sind, sondern wenn sie eine gemeinsame Eigenschaft, etwa identische Farbe oder im Großen und Ganzen identische Form, besitzen. Oder die Aufgabe könnte darin bestehen, aus einer Gruppe von Dingen dasjenige auszusondern, das anders ist als die übrigen (ein «Abweichler»-Test). Wieder gelingt es Schimpansen und einigen Affenspezies recht gut, ein abstraktes Konzept von Relationen auf neue Situationen zu übertragen. Ein Schimpanse, dem man beigebracht hat, Objekte gleicher Farbe zu paaren, bewältigt einen Test, bei dem es darum geht, Objekte gleicher Form zu paaren, in signifikant weniger Durchläufen als Artgenossen ohne jene Vorbildung. Beim Lösen von dieserart Problemen zeichnen sich unübersehbar Artunterschiede zwischen den Prüflingen ab. So brauchen beispielsweise Tauben sehr viel länger als Affen, bis sie erstmals Objekte nach Farbe oder Form paaren können – Tauben benötigen buchstäblich Tausende von Durchläufen, um so weit zu kommen, dass sie derartige Paarungen kontinuierlich vorzunehmen imstande sind. Bedeutsamer noch als die so kümmerlich beschleunigte Lernkurve ist der Umstand, dass sie offenbar nicht in der Lage sind, das Gleichheitskonzept auf neuartige Situationen zu übertragen. Sie können zwar die Regel der farblichen Entsprechung auf neue Objekte übertragen (die Aufgabe, ein rotes Quadrat und ein rotes Dreieck zu paaren, bestehen sie mit gutem Erfolg, wenn sie vorher rote Kreise und rote Kleckse zusammenzustellen gelernt haben), aber sie benötigen im Prinzip jedes Mal die gleiche Zahl von Durchläufen, um eine *neue* Gleichheitsrelation zu erlernen (zum Beispiel Objekte gleicher Form zu paaren). Anders gesagt, sie müssen jedes Mal wieder bei Null anfangen: Sie können eine einzelne Gleichheitsregel erlernen, sind aber nicht imstande, das Gleichheitskonzept zu übertragen.

Ähnlich sind Tauben, Ratten, Katzen, Affen und Menschenaffen alle imstande, bedingte Aufgaben zu erlernen, beispielsweise das Dreieck statt des Quadrats zu wählen, wenn die Figuren rot sind, aber das Quadrat zu wählen, wenn sie weiß sind. Doch nur Affen und Menschenaffen zeigen eine verbesserte Leistung, wenn sie nach einem ersten derartigen Lernvorgang vor neuartige bedingte Probleme gestellt werden; Ratten, Katzen und Tauben hingegen müssen mit dem Lernen jedes Mal wieder ganz von vorn anfangen.

Zu all diesen Experimenten ist ein Wort der Warnung am Platz: Wie wir in Kapitel 1 sahen, rührt ein Teil von solcherlei zwischenartlichen Unterschieden vielleicht nicht von Unterschieden in den kognitiven Fähigkeiten der Probanden, sondern von einer im Versuchsaufbau selbst angelegten einseitigen Betonung einzelner Sinnesfunktionen her – deshalb können die vorliegenden Befunde nicht als das letzte Wort in der Sache gelten. Ratten schneiden bei visuellen Unterscheidungsproblemen im Großen und Ganzen ziemlich kläglich ab. Zudem erzielen sie über eine Serie einschlägiger Versuche keine Leistungsverbesserung. Das könnte den Schluss nahe legen, dass ihnen die – bei Tauben, Pferden, Katzen, Affen und Menschenaffen ausnahmslos anzutreffende – Fähigkeit abgeht, eine Lernhaltung auszubilden («das Lernen zu lernen»). Werden Ratten jedoch auf die Unterscheidung von Gerüchen dressiert, beschleunigt sich ihre Lernkurve über eine Reihe von Versuchen. Das Problem besteht einfach nur darin, dass Ratten sehr schlecht sehen. Ähnlich bei den Tauben: Eine sorgfältige Untersuchung kam zu dem Befund, dass die Grundstruktur ihrer visuellen Wahrnehmung, die es für die Tiere schwierig macht, einen direkten visuellen Vergleich zu ziehen, die Aufgabe, von zwei Bildern dasjenige auszuwählen, das einem gleichzeitig dargebotenen Muster entspricht, für Tauben unverhältnismäßig erschwert.

NATÜRLICHE KATEGORIEN

Die Fähigkeit, den Umgang mit Relationen – Identität, Farbgleichheit, Formgleichheit, Gleichheit im Gesamtbild, Unterschiedlichkeit im Gesamtbild, Bedingtheit – zu meistern, spiegelt eindeutig, so könnte es scheinen, das Wirken kognitiver Prozesse einer gewissen Höhe wider. Indes verraten uns diese Tests so gut wie nichts darüber, was genau im Innern eines Tieres vor sich geht. Hat ein Tier irgendeine dieser Bezeichnung würdige Vorstellung von den genannten Konzepten? Wendet es eine Art Analogieschlussverfahren an? Oder (um vom entgegengesetzten Extrem her zu fragen) machen wir hier in Wirklichkeit aus einer Mücke einen Elefanten? Steckt hinter dieser augenscheinlichen

Fähigkeit zur Generalisation von Erfahrungen vielleicht doch nichts weiter als die elementare Verschaltung des Gehirns? Vielleicht können durch ursprüngliche Lernprozesse gebildete Bahnungen im Gehirn späterhin von neu auftretenden ähnlichen Problemen in Anspruch genommen werden.

Eine Methode, genauer zu sondieren, wieweit Tiere relationale Konzepte beherrschen, besteht darin, ihre Fähigkeit zum Erkennen von Dingkategorien zu testen. Tauben kann man beibringen, das Foto einer bestimmten Person aus einer Vielzahl von Porträtfotos anderer Leute herauszusuchen; sie können Bilder, auf denen Bäume zu sehen sind, von Bildern ohne Bäume darauf unterscheiden, desgleichen Bilder mit Tauben von Bildern ohne Tauben, Bilder mit Menschen von Bildern ohne Menschen. Sie können Luftaufnahmen, auf denen Bauten von Menschenhand zu erkennen sind, und solche, bei denen dies nicht der Fall ist, verlässlich auseinander halten; sie können den Buchstaben A von der Zahl 2 unterscheiden, selbst wenn ihnen die Zeichen in einer ihnen bislang unbekannten Druckschrift präsentiert werden; sie können Bilder von Eisvögeln von solchen anderer Vögel unterscheiden; und sie können Fotografien in bis zu vier verschiedene Kategorien (Katzen, Autos, Blumen, Sitzmöbel) einordnen. Bei dem letztgenannten Test wurden die Tauben wieder und wieder an ein und demselben Satz von Dias geschult, bis sie in der Lage waren, die Kategorisierung in 80 Prozent der Fälle korrekt vorzunehmen (was durch Picken auf eine von vier Tasten zu bewerkstelligen war); danach wurden sie mit vierzig völlig neuen Dias konfrontiert (je zehn Katzen, Autos, Blumen und Sitzmöbel, die sie nie zuvor gesehen hatten), anhand deren festgestellt werden sollte, ob die Tiere die allgemeinen Kategorien des Katze-Seins, Auto-Seins, Blume-Seins und Sitzmöbel-Seins erfasst hatten. Die Tauben waren in der Lage, die neuen Bilder mit 64-prozentiger Erfolgsquote zu kategorisieren.

Wie machen sie das? Die nächstliegende Antwort lautet dahin, dass sie in sich ein mentales Konzept beziehungsweise Ur- oder Musterbild hervorgebracht haben. Sie haben gelernt, was eine

Katze *als solche* ist, und stellen dieses Wissen unter Beweis, indem sie als Antwort auf die Darbietung des Fotos einer nie zuvor gesehenen Katze mit dem Schnabel auf die «Katze»-Taste picken. Die nicht so nahe liegende Antwort lautet: Sie flunkern. Wie aus zahlreichen Untersuchungen hervorgeht, sind der Möglichkeiten, bei solchen Experimenten zu flunkern, leider nur allzu viele. Mit zu den am schwierigsten auszuschaltenden Spielarten des Flunkerns gehört jene, die an – den Experimentatoren selbst nicht bewusste – Hinweisreize im Bildhintergrund anknüpft.

Wir haben an früherer Stelle bereits mit dem beunruhigenden Fall der Kapuzineraffen Bekanntschaft gemacht, die dem Anschein nach ein natürliches Talent für die Unterscheidung zwischen den Kategorien «Person» und «Nichtperson» hatten, in Wirklichkeit jedoch ihre Wahl nach dem Kriterium trafen, ob ein Diamotiv an irgendeiner Stelle ein Fleckchen rote Farbe aufwies oder nicht. Der schiere Zufall hatte es so gefügt, dass in diesem speziellen Diastapel die Verteilung der Merkmale mit Rot/ohne Rot ungefähr mit derjenigen der Merkmale Person/Nichtperson korrelierte. In Anbetracht der enormen Zahl von Hintergrundattributen auf den meisten normalen Fotos von Naturszenen kann sich aus dieser Richtung für die Interpretation von Kategorisierungsstudien, die mit Naturaufnahmen arbeiten, ein Problem enormen Ausmaßes ergeben. Vielleicht sind es Flecken von Rot, die als Orientierungshilfe benutzt werden, vielleicht sind es Flecken von Grün, vielleicht ist es der Helligkeitsgrad des Gesamten, vielleicht sind es kreisrunde Formen irgendwelcher Art, vielleicht sind es Bäume, vielleicht sind es Berge – die Liste ließe sich beliebig verlängern. Wo so viele irrelevante sekundäre Reize als Ausgangsmaterial bereitstehen, kann es leicht sein, dass *einer* davon durch reinen Zufall sehr viel häufiger auf Dias der Kategorie X als auf solchen der Kategorie Nicht-X vorkommt. Und es liegt im Interesse der Affen, im Gesamt der Dias auf möglichst effiziente Weise ein Schema zu «entdecken», das ihm Belohnungen bringt. Wenn die sekundären Reize ein Schema aufweisen, das in etwa der «echten» Kategorisierung entspricht, kann es für den

Affen durchaus das Einfachste sein, sich über simples Assoziationslernen darauf festzulegen.

Das Problem, vor das die Situation den Experimentator stellt, lautet: Wie verschafft man sich die Kontrolle über Hinweisreize, deren man selbst sich gar nicht bewusst ist? Ein möglicher Lösungsweg sieht so aus, dass man eine zweite Probandengruppe auf das Erkennen einer «Quasikategorie» dressiert: Die Person- und Nichtperson-Dias werden nach dem Zufallsprinzip in zwei Stapel geteilt; die Probanden erhalten eine Belohnung, wenn sie die Taste drücken, sobald ein Dia aus dem ersten Stapel gezeigt wird. Stellt sich heraus, dass die Quasikategorie schwieriger zu erlernen ist als die Person-Kategorie, dann ist es – sofern wir in puncto irrelevanter Sekundärreize nicht von extremem Pech verfolgt sind – ziemlich sicher, dass die Affen in der ersten Gruppe ihre Entscheidung tatsächlich nach der Anwesenheit oder Abwesenheit von Personen auf dem Bild getroffen haben.

Diesem Test wurde ein faszinierendes Experiment unterzogen, bei dem Tauben darauf dressiert worden waren, Unterwasseraufnahmen von Fischen zu unterscheiden von Unterwasseraufnahmen, auf denen keine Fische zu sehen waren. Für Fische als Bildmotive hatte man sich in diesem Fall entschieden, weil sie in der normalen Lebenswelt weder heutiger Tauben noch ihrer unmittelbaren stammesgeschichtlichen Vorfahren eine Rolle spielen. Die Tauben hatten die Aufgabe recht gut gemeistert und auch in kniffligen Situationen, etwa wenn ihnen Bilder von Schildkröten oder Sporttauchern gezeigt worden waren, passabel abgeschnitten. Das Ergebnis des Quasikategorie-Tests nun schloss definitiv aus, dass ihre Antworten auf unvermerkten sekundären Reizen beruhten, die zufällig mit den Kategorien Fisch/Nichtfisch korrelierten.

Aber es gibt noch andere Möglichkeiten des «Flunkerns», solche, die noch schwieriger in den Griff zu bekommen sind. Die Experimentatoren, die ihren Tauben das Auseinanderhalten des Großbuchstabens A und der Ziffer 2 in vielerlei Druckschriften beigebracht hatten, behaupteten in ihrer Beschreibung des Experiments, dass ihre Versuchstiere sich das «Konzept» des A angeeignet hätten. Bei späteren Tests zeigte sich jedoch, dass die Tauben auch andere Buchstaben, die oben einen spitzen Winkel und unten zwei vorstehende Enden aufweisen (wie etwa das N), als A kategorisierten und Buchstaben mit geschwungener Linie (wie etwa das S) in dieselbe Kategorie wie die Ziffer 2 einordneten. Sie waren weit davon entfernt, ein Konzept des A oder der 2 in Form eines mentalen Urmodells oder Urbildes erlernt zu haben; was sie erlernt hatten, war die visuelle Unterscheidung von gezackten und gekurvten Figuren.

Ob Ersteres oder Letzteres der Fall ist, macht einen gewaltigen Unterschied, und so gesehen dokumentiert das Taubenexperiment zusammen mit seinem Nachspiel wieder einmal die Gefährlichkeit einer unscharfen Terminologie, vor der Vidal und Vauclair so eindringlich gewarnt haben; nur allzu schnell kann es geschehen, dass man «sein Blatt überreizt», wenn man Leistungen von Tieren in anthropomorphisierenden Ausdrücken beschreibt. Tests, bei denen Tauben lernen, Bilder, die Personen zeigen, von solchen zu unterscheiden, auf denen keine Menschen zu sehen sind, besagen nicht, dass die Tauben «das Konzept ‹Mensch›» gebildet haben; es könnte ebenso gut das Konzept «Säugetier» oder «Lebewesen» oder «etwas mit einem Gesicht» oder «etwas mit Beinen» sein oder ein Konzept, das sich überhaupt nicht in Worte fassen lässt. Angenommen selbst, die Tiere hätten eine konzeptuelle Kategorie gebildet – nichts garantiert uns, dass ihre Kategorien auch nur das Geringste mit denen zu tun haben, die wir in denselben Bildern erblicken.

WIE TAUBEN, AFFEN UND MENSCHEN
DIE WELT SEHEN

Ein besonders aufschlussreiches Experiment, bei dem Tauben, Affen und Collegestudenten mit derselben Aufgabenstellung konfrontiert waren, zeigte, wie schwer Gewissheit darüber zu erlangen ist, nach welchen Gesichtspunkten Tiere ihre Unterscheidungen treffen. In der ersten Testphase wurden den Probanden jeweils zwei Bilder simultan dargeboten; das eine zeigte einen Eisvogel, das zweite irgendeinen anderen Vogel. Die Berührung des Bildschirms, auf dem der Eisvogel zu sehen war, brachte eine Belohnung ein (Trockenbananenkugeln für die Affen, Körner für die Tauben und für die offenbar leichter zufrieden zu stellenden Studenten einen Signalton). Sobald die Aufgabe saß, wurden den Probanden neue Bilder in der Paarung Eisvogel/sonstiger Vogel gezeigt. Tauben, Affen und Menschen machten bei der Übertragung ihres Lernerfolgs auf die neuen Bilder alle ihre Sache gut.

Was jedoch besonders interessant war: Den wenigsten menschlichen Probanden war bei der anschließenden Befragung nach dem ausschlaggebenden Kriterium ihrer Wahl bewusst, dass die Bilder, welche die Anzeige «Richtig» auslösten, alle die gleiche Vogelart zeigten. Die meisten gaben an, sie hätten sich jedes Mal einfach nur für den farbenprächtigeren der beiden Vögel entschieden. Nachdem die Versuchsanordnung dahin abgeändert worden war, dass im zweiten Durchlauf Bilder von Eisvögeln mit solchen von anderen farbenprächtigen Vogelarten gepaart waren, sackte bei neuen Versuchen die Leistung der menschlichen Probanden in dieser Phase von ungefähr 94 auf 77 Prozent richtiger Antworten ab. Auch bei den Affen und den Tauben ging die Erfolgsquote deutlich zurück, und zwar um rund zehn Prozentpunkte von etwa 80 auf 70 Prozent richtiger Antworten.

In Wirklichkeit also bildeten die Probanden nicht die Kategorie «Eisvogel», sondern ließen sich einfach von einer einzelnen und leicht wahrnehmbaren Variablen – Farbenpracht – leiten. Nimmt ein Tier alle Einheiten der Kategorie X als identischer Natur wahr – sei's, weil eine einfache Regelmäßigkeit (zum Beispiel «Farbenpracht») sie hinlänglich von den dargebotenen Einheiten einer anderen Kategorie unterscheidet, sei's, weil die Einheiten der Kategorie X im Erscheinungsbild nicht sonderlich stark voneinander abweichen –, dann hat das Tier keinerlei Kategorisierungsarbeit geleistet.

Das mag manchem als philosophische Haarspalterei vorkommen, betrifft jedoch einen ganz wesentlichen Punkt an dieserart Untersuchungen. Wenn von einer Gruppe unterschiedlicher Objekte jedes ein Tier zu der gleichen Reaktion veranlasst, weil das Tier sie alle als gleich *wahrnimmt*, haben wir damit absolut nichts über die Fähigkeit des Tieres, mentale Kategorien und Generalisationen zu bilden, in Erfahrung gebracht. Die Tauben, die ein A von einer 2 zu unterscheiden vermochten, einerlei in welcher Druckschrift ihnen die Zeichen dargeboten wurden, vollbrachten beileibe keine Glanzleistung an Generalisation, wie sich plausibel nachweisen ließ. Sie hatten sich ein hervorstechendes Merkmal (oder höchstenfalls zwei) des Objekts ausgesucht und machten das zur Grundlage all ihrer Unterscheidungen. Gute Gründe sprechen dafür, dass ein A aus der Schrift Times und ein A aus der Schrift Bodoni für die Tauben nicht wie Dinge der gleichen Kategorie, sondern schlichtweg wie das gleiche Ding aussahen.

Mit gut durchdachten Zusatztests kann man freilich in solchen Fällen bestimmen, ob die Tiere tatsächlich Kategorien bilden oder lediglich einfache visuelle Unterscheidungen treffen. In einem Experiment mit Pavianen brachten Jacques Vauclair und Joël Fagot den Tiere zunächst bei, den Buchstaben B und die Ziffer 3 in einer Vielzahl von Druckschriften voneinander zu unterscheiden. Die Paviane machten ihre Sache gut, so wie das ja auch die Tauben bei den schon erwähnten Versuchen getan hatten. Anschließend wurden sie jedoch einem zweiten Test unterzogen, der sicherstellen sollte, dass die Affen tatsächlich in der Lage waren, individuelle Vertreter der jeweiligen Kategorie zu unterscheiden – das heißt, dass sie den Unterschied zwischen einem B in dieser und einem B in jener Schriftart überhaupt realisierten. Für diese Kontrolle trainierten die Experimentatoren die Paviane zunächst in einem MTS-Test mit wahllos zusammengestellten geometrischen Figuren. Anschließend wurden die Tiere in einen neuen MTS-Test geschickt: Das Muster war ein B oder eine Ziffer 3, und die Prüflinge hatten sich zu entscheiden zwischen einem Zeichen, das mit dem Muster in jeder Hinsicht – also auch in der Schriftsorte – übereinstimmte (die richtige Wahl), und einem Zeichen, das zwar derselbe Buchstabe beziehungsweise dieselbe Ziffer war, aber aus einer anderen Schrift stammte. Dieser Test erbrachte den Beweis, dass die Affen tatsächlich einen Unterschied zwischen gleichen Zeichen aus verschiedenen Druckschriften machten – und folglich eine echte Generalisation vorgenommen haben mussten, um die einzelnen Zeichen in Kategorien einzuordnen.

Mit anderen Worten: Die Tauben und die Paviane führten zwei Aufgaben aus, die einander fast aufs Haar glichen, aber sehr wahrscheinlich ganz verschiedene kognitive Prozesse in Anspruch nahmen. Und das veranschaulicht hervorragend, warum ein praktischer Test der kognitiven Fähigkeiten von Tieren sich von dem Bereich der philosophischen oder sagen wir grundlagentheoretischen Fragestellungen nie sehr weit entfernen kann.

Erst wenn wir die Sicherheit haben, dass ein Tier tatsächlich Kategorien bildet, können wir die wahrhaft interessante Frage angehen, wie sein Geist das macht. Von den Theorien, die darauf eine Antwort zu geben versuchen, lautet eine dahin, dass Tiere in sich ein einzelnes platonisches Urbild erschaffen, mit dem sie dann neue Bilder vergleichen. Fritz der Kater sieht der idealen Katze ähnlicher als dem idealen Stuhl oder dem idealen Pkw, folglich, so schließt die Taube, ist Fritz eine Katze. Für eine Variante dieser Theorie stellt sich die Sache so dar, dass Tiere die Vertreter einer Kategorie erkennen, indem sie für jede Kategorie ein regelrechtes Archiv von Beispielfällen anlegen. Demnach könnte es so sein, dass eine Taube von allen Bildern von Personen wie Nichtpersonen, die ihr jemals dargeboten wurden, eine mentale Repräsentation in sich aufbewahrt; mit einem noch nicht gesehenen Bild konfrontiert, würde sie praktisch das ganze Bildarchiv durchkämmen, um festzustellen, in welchem Bilderstapel – Personen oder Nichtpersonen – sich die meisten Ähnlichkeitsmomente mit dem neuen Bild finden.

Einer Konkurrenztheorie zufolge fassen Tiere Einzeldinge zu Klassen zusammen, indem sie verkürzte Listen von «Familienähnlichkeit» bedingenden Regelmäßigkeiten oder konstanten Eigenschaften führen. Nicht jedes Merkmal auf der Liste müsste unbedingt auch bei jedem Individuum einer Klasse vorhanden sein; Tauben könnten zum Beispiel ein Objekt als Baum kategorisieren, wenn er eine gewisse Auswahl beziehungsweise ein bewährtes, von der einzelnen Taube anhand ihrer Begegnungen mit neuen Beispielfällen umgestaltetes und verfeinertes gewogenes Mittel der aufgelisteten klassenkonstitutiven Merkmale aufweist. Beispiele solcher Merkmale könnten sein: Die Farbe Grün überwiegt im Erscheinungsbild; Laubwerk; Astwerk; die Gestalt im Ganzen senkrecht vom Boden in die Höhe strebend, und so weiter. Eine Reihe von Experimenten spricht für die «Familienähnlichkeits»-Theorie. Bei dem Eisvogel/Vogel-Versuch wurden die Probanden auch zur Unterscheidung der Kategorien Vogel/anderes Tier und Tier/Nichttier angeleitet. Die Affen und die Tauben taten sich mit beiden Aufgaben überraschend schwer. Nach ausdauerndem Training brachten sie es beim Tier/Nichttier-Test in der Kategorisierung neuer Bilder schließlich zu leidlich gutem Erfolg, wenn auch nicht zu einem entfernt so guten wie beim Eisvogel/anderer-Vogel-Test. Der Erfolg beim Vogel/anderes-Tier-Test indessen ging über die Zufallsquote nicht hinaus.

Bei Untersuchungen an Rhesusmakaken zeigte sich ein ähnliches Bild: Die Affen konnten Rhesusmakaken-Dias von Japanmakaken-Dias unterscheiden, erlernten jedoch nicht die allgemeineren Kategorien Makaken/andere Affen.

Das Urbild- und das Beispielsammlung-Modell der Kategorienbildung würden arg in Bedrängnis geraten, sollten sie diese Resultate erklären. Probanden, denen massenhaft Bildmaterial über Vögel präsentiert wurde, sollten doch wohl reichlich Gelegenheit gehabt haben, ein stattliches Archiv von Beispielen aufzubauen, mit denen sie neue Bilder vergleichen könnten. (Sogar nachdem sie im Lauf des Versuchs mehrfach an zweihundertundfünfzig Vogel/anderes-Tier-Diapaaren gedrillt worden waren, zeigten sich manche der Tiere noch unfähig, die Glieder neuer Bilderpaare fehlerfrei zu unterscheiden.) Ähnlichkeiten mit einem bislang noch nie gesehenen Vogelbild sollten doch fraglos in einem Archiv von Vogelbildern zahlreicher zu finden sein als in einem Archiv von Bildern anderer Tiere. Und da die Bilder im Vogelarchiv untereinander größere Ähnlichkeit aufweisen als die Bilder in einem allgemeinen Tierarchiv, müsste es doch nach diesen Theorien leichter sein, einen Vogel (eine verhältnismäßig eng umschriebene Klasse) aus einem Meer von Tierbildern auszusondern als irgendein x-beliebiges Tier (eine weiter definierte Klasse) aus einem Meer von Bildern, die alle möglichen Dinge zeigen. Doch nein, alle getesteten Tiere taten sich mit der ersten Aufgabe schwerer.

Das Familienähnlichkeitsmodell leistet bei der Erklärung dieser Versuchergebnisse bessere Arbeit. Die Regeln für die Unterscheidung eines Tieres von einem Objekt, das kein Tier ist, dürften ziemlich einfach sein; zur Wahl stehen absolute Gegensätze, es ist eine Alles-oder-nichts-Entscheidung zu treffen. Die Regeln für die Unterscheidung zwischen einem Vogel und einem Tier, das kein Vogel ist, müssen schon sehr viel verwickelter sein, denn Vögel bringen ja von vornherein sehr viele Gemeinsamkeiten mit anderen Tieren mit – Beine, Augen, Mundorgane und so weiter. Demgegenüber ist es nach dem Familienähnlichkeitsmodell schon wieder eine relativ unkomplizierte Sache, eine bestimmte Tierart von anderen Arten der gleichen Klasse zu unterscheiden; eine Spezies besitzt ihre einmaligen Unterscheidungsmerkmale, die kaum nach irgendwelcher Generalisation verlangen. Die Kognitionsforscher R. J. Herrnstein und Peter de Villiers wiesen darauf hin, dass es leicht ist, in einer Serie von Porträtfotos einen einzelnen Italiener zu identifizieren, leicht auch, Menschen als solche zu erkennen, aber schwer, Italiener als solche zu erkennen. Kategorisierungen der mittleren Ebenen sind am schwierigsten zu treffen. Tatsächlich ist zur Identifikation eines Individuums unter Umständen überhaupt keine «Kategorisierung» vonnöten; wenn in der zweiten zur Wahl stehenden Kategorie ein eher beschränktes Spektrum von Items dargeboten wird, lassen sich die mehr oder minder richtigen Antworten durch Flunkern treffen. Solange die Tauben lediglich zwischen A und 2 aus verschiedenen Schriften zu wählen hatten, reichte es aus, wenn sie nur auf den

Spitzgiebel des A und die geschwungene Linie der 2 achteten; solange die studentischen Probanden nur zwischen Eisvögeln und
farblich unscheinbaren Vögeln zu wählen hatten, schnitten sie
mit gutem Erfolg ab, wenn sie einfach nur die Farbenfreudigkeit
des Federkleids der Kandidaten verglichen.

DAS CODIEREN DER REGELN

Wie könnten diese Regeln beziehungsweise ein gewogenes Mittel
solcher Regeln im Geist des Tieres repräsentiert sein? Menschen
können manchmal im Nachhinein wiedergeben, wie sie Kategorien gebildet haben, indes scheint der Vorgang als aktuelles Geschehen oft gänzlich unbewusst abzulaufen. Und manchmal können die Menschen beim besten Willen nicht erklären, was sie da
gemacht haben, so wie Kinder oft die Regeln eines neuen Spiels
beim Zuschauen zu erlernen scheinen, sie dann aber nicht in Worte fassen können. Es ist wenig wahrscheinlich, dass im Gehirn
gleichsam eine Liste der Regeln für die Kategorisierung von Dingen archiviert ist und Schritt für Schritt abgearbeitet wird. Eine
der in Frage kommenden Erklärungen sieht den Vorgang in Analogie zu einem künstlichen neuronalen Netz: Stellen wir uns ein
Feld von zusammengeschalteten Photozellen vor, die auf ein Netz
von «Knoten» höherer Ebene konvergieren – so wie die einfachen
lichtempfindlichen Zellen in der Netzhaut einer Katze ihre Aus-
gangssignale in Schichten von komplexen und hyperkomplexen
Zellen projizieren. Wir haben vor uns ein Steuerpult, auf dem wir
mittels Drehreglern die relative Stärke des Signals bei der Übermittlung von einer Schicht zur anderen regulieren können. Jetzt
«zeigen» wir dem Photozellenfeld das Bild einer Katze und stellen
unsere Knöpfe so ein, dass das Signal an einem der Knoten höchster Ebene in Maximalstärke ankommt. Dann zeigen wir das Bild
eines Fischs und drehen unsere Knöpfe ein bisschen weiter, bis das
Signal in voller Stärke an einem anderen Knoten höchster Ebene
ankommt. Setzen wir das mit immer neuen Bildern von Katzen

und Fischen lange genug fort, haben wir schließlich ein Netz, das leidlich gut zwischen ihm noch unbekannten Bildern unterscheiden kann. Zeigen wir ihm eine Katze, die es noch nie gesehen hat, legt es das Signal auf den einen Knoten, zeigen wir ihm einen ebensolchen Fisch, legt es das Signal auf den anderen Knoten. Würden wir ihm einen Hummer zeigen, bekämen wir womöglich an beiden Knoten ein schwaches Signal herein; zeigen wir ihm einen Hund, bekommen wir wahrscheinlich am Katze-Knoten ein stärkeres Signal als am Fisch-Knoten, das allerdings nicht so stark ist, wie das durch ein Katzenbild ausgelöste es wäre. Verfährt das Netz nach «Regeln»? Ja und nein. Es sind auf jeden Fall keine Regeln, die man mit einiger sprachlicher oder logischer Präzision formulieren könnte. Sie existieren in einer über die gesamte Verschaltung des Netzes verteilten Form. Das Drehen an den Knöpfen reguliert automatisch das relative Gewicht, das verschiedenen Merkmalen auf den Bildern zugemessen wird; die Wahl der Merkmale, auf die das Netz achtet, ist ein operationaler Schritt, der sich nicht in klar voneinander abgrenzbare Einheiten wie «Beine» und «Behaarung» zerlegen lässt.

Wie zuverlässig bilden künstliche neuronale Netze nach, was in realen Tieren vor sich geht? Wie die des neuronalen Netzwerks scheinen auch die Regeln, nach denen der Geist des Tieres verfährt, sich der präzisen Formulierung zu verweigern. Im Rahmen des Tier/Nichttier-Tests bemühten sich die Experimentatoren dahinter zu kommen, ob einzelne Tieraufnahmen spezielle Merkmale aufwiesen, aufgrund deren sie leichter oder schwerer zu identifizieren waren – eine zum allergrößten Teil vergebliche Anstrengung. Sie vermochten keinerlei Unterschiede zu entdecken zwischen Fotos, die den Tauben oder den Affen Schwierigkeiten machten, und solchen, die sie spielend identifizierten. Die «leichten» und die «schweren» Bilder glichen sich in puncto absoluter Größe des Tieres, Größe des gezeigten Gestaltausschnitts, farblichen Charakters des gezeigten Tieres, Nähe des gezeigten Tieres zum «Idealtyp» der Spezies. Mit anderen Worten: Sowohl Tiere als auch künstliche neuronale Netze scheinen Bilder nicht anhand von Einzelzügen, sondern anhand ihres Gesamtcharakters zu kategorisieren. (Die einzige signifikante Korrelation, die die Experimentatoren entdeckten, war eine negative: Tauben und Affen taten sich regelmäßig schwer mit Bildern, auf denen die Augen der gezeigten Tiere einen auffälligen Blickfang bildeten. Die meisten Tiere empfinden den Blick eines anderen Tieres üblicherweise als Signal der Bedrohung, und das könnte die Probanden verstärkt zu einer Vermeidungsreaktion gegenüber diesen Bildern und als Folge davon zu deren Fehlklassifikation disponiert haben.)

Bedeutende Unterschiede zwischen Tieren und künstlichen neuronalen Netzen zeigen sich allerdings in der konkreten Leistung. In einem Fall lernte ein künstliches Netz mit relativ gutem Erfolg, die Comicfigur Charlie Brown zu «identifizieren», versagte aber vor echten Menschen in freier Natur; bei Tauben war es gerade umgekehrt. Tauben können nicht viel anfangen mit abstrakten Kategorien wie beispielsweise farbigen Lichtern, sie schneiden besser ab im Umgang mit natürlichen Kategorien wie etwa Fischen, und sie leisten ihr Bestes, wenn es um natürliche Kategorien geht, die vor dem Hintergrund der Evolutionsgeschichte eine Bedeutung für die Spezies haben, wie zum Beispiel Bäume, Laubwerk, Menschen. Das schließt an und für sich nicht aus, dass die mentale Repräsentation visueller Kategorien bei Tieren im Wesentlichen im Medium der von der Netzhaut ausgehenden interneuronalen Verbindungen erfolgt. Es ergibt sich jedoch daraus, dass der Geist der Tiere nicht eine Art Allzwecknetz ist, das durch Drehen an den Reglerknöpfen in jedem beliebigen Sinn ausgerichtet werden kann, sondern dass ihm von der Evolution fest verdrahtete perzeptuelle Voreinstellungen eingebaut wurden. Erinnern wir uns daran, dass manche Zellen in der Sehrinde von Affen vorzugsweise auf die Form der Affenhand anzusprechen scheinen; es wäre kaum zu verwundern, wenn zumindest noch einige weitere Teile der Reizverarbeitungshardware des visuellen Cortex auf andere wichtige Formen, die in der realen Lebenswelt seines Besitzers vorkommen, voreingestellt wären. Man hat festgestellt, dass Katzen – die als Carnivoren, die sie ja letztlich doch geblieben sind, fähig sein müssen, ein sich bewegendes Beutetier auszumachen – in der Lage sind, «biologische» von «nichtbiologischer» Bewegung zu unterscheiden: Im Experiment erhielten Katzen aus vierzehn computergenerierten Lichtpunkten aufgebaute Bilder dargeboten, die einmal den Umriss einer gehenden oder laufenden Katze nachbildeten, ein andermal lediglich verzerrte Varianten derselben Figuren konstellierten. Die Katzen konnten die beiden Formen von Bewegung zuverlässig auseinander halten. Das Unterscheidungsvermögen endete, wenn das Bild der biologischen Bewegung auf dem Kopf stehend gezeigt wurde. Auch andere Arten zeigen eine besondere Begabung für das Klassifizieren von Objekten, die für sie von direkter biologischer Bedeutung sind. Blauhäher zum Beispiel können Dias von Nachtfaltern kategorisieren, die für jeden Durchschnittsmenschen ein Buch mit sieben Siegeln wären.

Fische kommen zwar in der Lebenswelt von Tauben nicht vor, und das ist schon seit Jahrmillionen Evolutionsgeschichte so, aber es ändert nichts an der Tatsache, dass Fische Lebewesen sind und als solche abstrakte Merkmale mit biologischen Formen gemeinsam haben, die von akuter Wichtigkeit für das Taubenleben sind. Ein neuronales Netz, das für das Kategorisieren von Nahrungs- oder Gefahrenquellen in der wirklichen Welt optimiert ist, dürfte allein aufgrund seines Schaltschemas auch mit anderen natürlichen Formen ziemlich gut zurechtkommen – und ziemlich schlecht mit Strichzeichnungen.

SELBST ERZEUGTE LISTEN

Sind Sie Besitzer eines PC, ein mehr oder minder normaler Mensch und zudem jemand, der außerordentlich genau darauf achtet, wie viel Zeit auch noch die kleinen alltäglichen Verrichtungen jeweils für sich in Anspruch nehmen, dürften Sie binnen kürzester Frist darauf gekommen sein, dass Menschen und Computer beim Multiplizieren großer Zahlen nicht in vergleichbarer

Weise vorgehen. Ob Sie einen Computer 3 x 3 oder 300 x 3000 oder 0,3 x 0,003 ausrechnen lassen, macht für ihn keinen Unterschied; in allen drei Fällen ist die Zeit, die es dauert, bis er die Lösung ausspuckt, gleich lang (oder kurz). Ein Mensch braucht im Normalfall für die zweite und die dritte Aufgabe deutlich länger als für die erste. Obzwar kaum jemand Probleme mit 3 x 3 haben dürfte – und mehr an Multiplikation ist auch in den beiden anderen Aufgaben nicht verlangt –, halten die meisten Menschen es für nötig, die einzelnen Stellen die ganze Reihe der Nullen entlang zu multiplizieren, damit sie am Ende zuverlässig ein Ergebnis mit der richtigen Stellenzahl und dem Komma an der richtigen Stelle haben. Computer hingegen erledigen das alles automatisch, und zwar schon aufgrund der Art und Weise, wie sie Zahlen speichern. Jede Zahl, die in einen Computer eingegeben wird, wird hier in der so genannten wissenschaftlichen Notation repräsentiert, das heißt als das Produkt aus einer Potenz der Zahl 10 und einer Dezimalzahl zwischen 0 und 9. So wird 300 repräsentiert als 3×10^2, 3 als 3×10^0 und 0, 3 als 3×10^{-1}. Wenn der Computer zwei Zahlen miteinander multipliziert, bestimmt er die Position des Dezimalkommas einfach, indem er die zugehörigen Potenzexponenten addiert. Infolgedessen sind die drei Aufgaben für ihn Berechnungen von exakt gleicher Komplexität. In allen drei Fällen multipliziert er 3 mit 3 und zählt die Potenzexponenten der Zehnerkomponente in den beiden Multiplikatoren zusammen. (Beispiel: 300 ist gleich 3×10^2; 3000 ist gleich 3×10^3; demnach hat im Fall 300 x 3000 der Multiplikator 10 in der Lösung die Potenz 2 + 3 = 5, sodass die vollständige Lösung lautet: 300 x 3000 = 9×10^5.)

Bei oberflächlicher Betrachtung sieht es so aus, als hätten Computer und Mensch die gleiche Berechnung ausgeführt. Doch selbst wenn wir nichts über die tatsächliche Vorgehensweise von Computern und Menschen wissen, deuten allein schon die zwischen den Akteuren auftretenden Unterschiede im zeitlichen Verlauf der Rechenoperationen auf untergründige «kognitive» Differenzen hin.

Durch Abwandlung der Aufgaben könnten wir uns ein genaueres Bild verschaffen. Sollte sich zeigen, dass jede weitere Null, die wir an den größeren der beiden Multiplikatoren anhängen, die Frist, die unser menschlicher Proband für die Lösung benötigt, um eine konstante Spanne verlängert, könnten wir wohl ohne große Mühe auf den «Algorithmus» zurückschließen, dessen sich die fragliche Person bedient. Sollten wir feststellen, dass der Computer kleine Rundungsfehler macht, wenn wir ihm Zahlen eingeben, die mehr als sieben Stellen haben – wenn er zum Beispiel 12.345.678 wie 12.345.680 behandelt –, dass er aber haargenau den gleichen Fehler auch bei Zahlen wie 12.345.678.000 oder 12.345,678 oder 0,000000000012345678 macht, so dürften wir daraus schließen, dass der Computer für die interne Repräsentation der Zahlen wahrscheinlich die wissenschaftliche Notation benutzt.

Um effektiv in Erfahrung zu bringen, was im Geist eines Tieres vor sich geht, dürfen wie uns also nicht schon damit begnügen, unserem Probanden die Bewältigung einer Aufgabe zu attestieren, die kognitive Prozesse erfordert, sondern müssen auch untersuchen, wie viel Zeit er für definierte Varianten der Aufgabe benötigt und was für Fehler er unter Umständen dabei macht.

In einer besonders aufschlussreichen Versuchsreihe stand die Fähigkeit von Tauben und Affen, sich geordnete Listen einzuprägen, auf dem Prüfstand (diese Untersuchungen liegen, fast überflüssig zu sagen, der von den Freunden des alten B. F. konstruierten Zündschlosssperre zugrunde). Die Items der Liste waren, je nachdem, Farben oder geometrische Figuren oder Farbfotos von natürlichen Objekten wie Tomaten, Wieseln, Steinen, Menschen oder Bergen. Tauben zeigten sich in der Lage, eine Liste von fünf Items zu behalten; Rhesusaffen brachten es auf sechs Items. Die normale Versuchsanordnung sah so aus, dass sämtliche Items in einer Zufallskonstellation auf einem berührungsempfindlichen Bildschirm gezeigt wurden und es Aufgabe des Probanden war, in exakt der Reihenfolge auf die Dinge mit dem Finger zu drücken oder mit dem Schnabel zu picken, in der er sie sich zuvor eingeprägt hatte. Das Versuchstier erhielt während des Experiments keinerlei Hinweis darauf, ob es sich auf der richtigen Spur befand oder nicht; erst wenn die komplette Serie korrekt abgetastet war, wurde eine Belohnung ausgegeben. Die erste Phase des Experiments bestand darin, dass den Probanden etappenweise die richtige Reihenfolge der Items beigebracht wurde. Zunächst bekamen die einzelnen Tiere einen Bildschirm mit nichts als dem ersten Item (nennen wir es A) darauf zu sehen. Sobald sie gelernt hatten, dass Drücken beziehungsweise Picken auf A eine Belohnung einbrachte, folgte als nächster Schritt der Bildschirm, auf dem A und B zu sehen waren, und die Belohnung für das Berühren von A und B in der richtigen Reihenfolge (nicht BA oder AA oder BB); auf der nächsten Etappe kam C hinzu, und die einzelnen Tiere wurden für das Berühren der Bilder in der Reihenfolge A, dann B, dann C belohnt. Und so weiter.

Die Affen lernten schneller als die Tauben. Viel interessanter ist jedoch, dass die beiden Spezies sich die Listen jeweils in grundlegend anderer innerer Repräsentation merken. Diesen Sachverhalt brachten Herbert Terrace und seine Mitarbeiter an der Columbia University durch definierte Variation der experimentellen Problemstellung zutage. Sobald die Tiere imstande waren, die Merkliste korrekt wiederzugeben, wurden sie mit einer abgewandelten Aufgabe konfrontiert. Statt eines Bildschirms mit sämtlichen Items ihrer Liste sahen sie jetzt nur noch eine Untergruppe von zwei Items. Ihre Aufgabe bestand darin, diese in der Reihenfolge zu berühren, die sie in der vollständigen Liste hatten; zeigte der Schirm beispielsweise die Items A und D, sollte zuerst A, dann D berührt werden. Und hier traten nun Merkwürdigkeiten auf. Ein Tier, das ein vollständiges «Bild» der Liste verinnerlicht hat, dürfte mit dieser Aufgabe keine Probleme haben. Doch die Tauben zeigten höchst sonderbare Schwächen. Sie schnitten (wenn wir davon ausgehen, dass die vollständige Liste vier Items umfasste) ganz hervorragend bei allen Untergruppen ab, die entweder Item A oder Item D (oder beide) enthielten: Die Konstellationen AB, AC, AD, BD und CD erbrachten sämtlich eine hohe Trefferquote. Bei der Konstellation BC jedoch überschritt die Trefferzahl niemals die Zufallsquote.

Das war aus zweifachem Grund merkwürdig. Vor die Aufgabe gestellt, die komplette 4-Items-Folge wiederzugeben, machte es den Tauben keinerlei Schwierigkeit, auf C zu picken, nachdem sie auf B gepickt hatten, aber wann immer sie lediglich die Untergruppe BC vor sich hatten, waren sie mit der Aufgabe überfordert. Damit war eindeutig ausgeschlossen, dass die Tiere eine durchgängige lineare mentale Repräsentation der kompletten Sequenz gebildet hatten. Ausgeschlossen war zudem die Möglichkeit, die man für das einfachste Rezept halten könnte, sich eine Gruppe von Dingen in vorgegebener fester Reihenfolge zu merken, nämlich die so genannte «Verkettung», bei der man sich benachbarte Paare von Items einprägt – auf A folgt B, auf B folgt C, auf C folgt D. Zugleich jedoch vollbrachten die Tauben etwas, was weit über die durch Verkettung gebotenen Möglichkeiten hinausging: Sie konnten die Reihenfolge von Items, die in der Gesamtfolge nicht benachbart waren, korrekt angeben (AD, AC, BD).

Demgegenüber konnten Affen alle zehn aus einer Liste von fünf Items extrahierbaren Zweiergruppen in die richtige Reihenfolge bringen. Ein wirkliches Begreifen dessen, was in den Tieren vor sich ging, stellte sich schlagartig bei der Betrachtung des zeitlichen Verlaufs ein, den die Lösung der verschiedenen Untergruppen-Aufgaben bei Affen und Tauben nahm. Bei den Affen war die Frist bis zum Drücken auf das erste Item eines Paares beinah exakt proportional der Ordinalzahl des fraglichen Items in der vollständigen Liste. Bei Untergruppen, die das Item A enthielten, dauerte es etwa 1,25 Sekunden, bis die Affen mit Drücken auf A das erste Item der Folge bezeichneten; war in der Untergruppe B das Item, das an erster Stelle der Abfolge stand, dauerte es etwa 2,5 Sekunden, bis als Erstes Item B gedrückt wurde; der korrekte erste Druck auf C ließ 3,75 Sekunden, der auf D 5 Sekunden auf sich warten. Ähnlich war der zeitliche Abstand zwischen dem Drücken des ersten und dem Drücken des zweiten Elements der Untergruppe proportional der Zahl der Items, durch die diese Elemente in der vollständigen geordneten Liste voneinander getrennt waren; das heißt, dass bei der Kombination AB für die Wahl des zweiten Elements weniger Zeit vonnöten war als bei AC, bei AC wiederum weniger als bei AD.

Diese Befunde in puncto zeitlichen Verlaufs sprechen stark dafür, dass die Affen praktisch eine intern gespeicherte Liste in der vorgegebenen Ordnung durchmusterten. Das erste Item einer Untergruppe suchten sie, indem sie bei A anfingen und Schritt für Schritt weiterwanderten, bis sie auf ein Item stießen, das einem der zwei auf dem Bildschirm sichtbaren entsprach. Dagegen zeigte der zeitliche Verlauf der Antwortfunktion bei den Tauben kein vergleichbares Bild. Sie benötigten in allen für sie lösbaren Fällen nahezu die gleiche Zeit, um zur Lösung zu kommen. Folglich gingen sie nicht eine mentale Liste durch, sondern müssen einen anderen Algorithmus angewandt haben. Nach Terrace' Überzeugung liegt die Erklärung darin, dass die Tauben sich die originale Liste als eine Reihe von Verknüpfungsregeln einprägten, die sogar noch simpler sind als Verkettungsregeln – und in denen sich die Einzelschritte des Lernprozesses widerspiegeln. Im Wesentlichen lauten diese Regeln: Picke zuerst auf A; hast du auf A gepickt, picke auf B; hast du auf AB gepickt, picke auf C; hast du auf ABC gepickt, picke auf D. Der Umstand, dass A den Anfang der Liste bildet und im Rahmen des Lernprozesses, der die gesamte Sequenz einprägt, ständig wiederkehrt, wirkt sich dahin gehend aus, dass dieser Startpunkt zu einem besonders hervorgehobenen Element wird. Auch das letzte Element der Reihe sticht von seiner Nachbarschaft ab. Terrace ist überzeugt, dass die Tauben auf die Untergruppen-Aufgaben mit der Anwendung von drei Regeln antworten: (1) Wenn A da ist, picke darauf zuerst; (2) wenn B da ist, picke darauf zuletzt; (3) anschließend wähle die einzige noch übrige Option. Angesichts von BD trifft die Taube also nur eine einzige Entscheidung: Sie pickt zuletzt auf D, was sie automatisch zwingt, zuerst auf B zu picken. Auf die «problematische» Untergruppe BC sind diese Regeln jedoch nicht anwendbar, und folglich landet die Taube bei dieser Kombination nur Zufallstreffer.

Eine Erkenntnis aus Untersuchungen dieser Art sollte uns inzwischen schon geläufig sein: Die Tatsache, dass ein Tier Aufgabe X auszuführen gelernt hat, bedeutet nicht unbedingt, dass es irgendwo in seinem Gehirn eine vollständige mentale Repräsentation von X gespeichert hat. Man hätte es sich zu einfach gemacht, wenn man in Anbetracht der prinzipiellen Fähigkeit von Tauben, sich 5-Punkte-Listen einzuprägen und wiederzugeben, die Annahme für begründet erklärt hätte, dass die Tiere im Zuge des Lernprozesses eine Repräsentation der gesamten Liste in ihrem Gehirn speichern. Erst weitergehende Untersuchungen – die Beobachtung von Reaktionszeiten und des Ordnens von Untergruppen – machten deutlich, dass die Tauben es nicht ganz so weit gebracht hatten.

Die zweite Erkenntnis ist nun allerdings faszinierend: Es hat sich bestätigt, dass Affen die Fähigkeit besitzen, Items in geordneter Folge intern zu speichern und diese geordnete Liste im Geiste durchzugehen und Schlussfolgerungen aus ihr abzuleiten. Andere Untersuchungen erbrachten den Befund, dass Affen in der Lage sind, einzelne paarige «Verkettungen» zu einer vollständigen und korrekt geordneten internen Liste zusammenzufügen, die sie dann durchmustern können, um korrekte Urteile über die relative Stellung nicht benachbarter Items zu bilden. So hatte man beispielsweise Affen mittels Belohnungen darauf dressiert, in Entscheidungssituationen E den Vorzug vor D zu geben, D den Vorzug vor C, C den Vorzug vor B und B den Vorzug vor A. Vor eine neuartige Wahl wie etwa B/D gestellt, entschieden sich die Tiere durchweg für D – obgleich sie bei der vorausgegangenen Dressur für die Wahl von B mit gleicher Häufigkeit belohnt worden waren wie für die Wahl von D. Es ist nicht zu übersehen, dass ein behavioristischer Denkansatz in diesem Fall das Versuchsergebnis ganz anders prognostiziert hätte, als es dann tatsächlich eingetreten ist. Hätten die Affen lediglich auf der Basis der bisher erlebten Bekräftigungen reagiert, hätte ihre Wahl angesichts neuer Paarungen wie B/D, E/C oder E/B mit gleicher Wahrscheinlichkeit auf das eine wie das andere Glied der Alternative fallen müssen. Doch stattdessen wandten die Tiere spontan das

Prinzip der «Transitivität» auf ihre innere Liste an. Und was noch interessanter ist: Die Beobachtung der Reaktionszeiten brachte zutage, dass die Affen auch die selbst erzeugte Liste sequenziell durchmusterten – und dass jeder damit konstant an ein und demselben Ende der Liste begann (wenngleich ein Teil der Tiere am vorderen, der andere Teil am hinteren).

Dass Affen sich die tatsächlichen Positionen von Items einer geordneten Liste einprägen, erfuhr eine weitere Bestätigung durch ein besonders interessantes Experiment der Terrace-Arbeitsgruppe. Die Tiere wurden zunächst darauf dressiert, vier gleichzeitig dargebotene Fotografien in einer bestimmten Reihenfolge zu bezeichnen – zum Beispiel: Elch, Stein, Blattwerk, Mensch. Die Affen benötigten in der Regel mindestens vierhundert Durchläufe, bis sie eine solche Liste und ihre Ordnung so weit beherrschten, dass sie sie mit 75-prozentiger Erfolgssicherheit reproduzieren konnten. Hatten sie sich erst einmal vier derartige Listen eingeprägt, gab man ihnen eine Reihe von Listen neuen Typs zu memorieren, von denen jede ein Verschnitt aus allen vier bereits memorierten Listen war. Bei einem Teil der neuen Listen stand jedes Item an derselben Stelle in der geordneten Reihe, die es auch in der früher memorierten Liste, aus der es stammte, innehatte. Wenn also in der neuen Liste ein Elch vorhanden war, so stand er an erster Stelle; an zweiter Stelle stand ein Item aus einer anderen Liste, das dort die Position zwei innehatte, und so weiter. Diese neuen Listen, in denen die Items an Stellen standen, wo die Affen sie bereits in früheren Listen kennen gelernt hatten, konnten die Tiere schon nach etwa hundert Durchläufen behalten. Bei einem anderen Teil der neuen Listen hatte man jedoch den Items gezielt andere Positionen zugewiesen, als sie in ihren Herkunftslisten innehatten, und um sich diese Listen einzuprägen, benötigten die Affen im Großen und Ganzen ebenso viele Durchläufe wie für Listen, die sich aus ihnen völlig unbekannten Items zusammensetzten. Die Tiere hatten eindeutig für jedes Item eine Repräsentation seiner Stellung in der geordneten Reihe zurückbehalten, die sie mit Gewinn auf neue Probleme zu übertragen vermochten.

ZAHLENVERSTÄNDNIS

Bei einer Anzahl von Tieren, die innerhalb einer Fortpflanzungs-
saison mehrfach Nachwuchs hervorbringen, verhalten sich die
Weibchen in grausamer – wenn auch unterm rein mathematischen Aspekt eindrucksvoller – Weise «berechnend». Ist die Brut
zu zahlreich, kann es sein, dass die Mutter einen Teil ihrer Nach-
kommenschaft tötet und auffrisst. Ist die Zahl der Nachkömmlin-
ge zu gering, kommt es vor, dass sie die gesamte Brut im Stich
lässt und sofort mit einem neuen Reproduktionszyklus beginnt –
eine in evolutionärer Perspektive immer dann sinnvolle Strategie,
wenn sie damit die durchschnittliche Zahl erfolgreich aufgezogener Nachkommen pro Zeiteinheit steigert. Ähnlich scheint es für
Vogelweibchen von vornherein festzustehen, wie viele Eier ihr
Gelege haben soll. Nimmt man einem legenden Weibchen heimlich Eier aus dem Nest, legt es gewöhnlich mehr Eier als sonst, um
den Schwund auszugleichen. Schmuggelt man dem Weibchen
während der Legephase zu bereits vorhandenen Eiern noch ein
paar zusätzliche unter, stellt es unter Umständen das Eierlegen
ganz ein. Im einen wie im anderen Fall muss das Verhalten des
Vogels durch ein zahlenmäßiges Verständnis der Situation ausgelöst sein.

Zahlenverständnis müsste allem Anschein nach der ideale Untersuchungsgegenstand zur Bestimmung der kognitiven Fähigkeiten von Tieren sein. Schließlich ist das Handhaben von Zahlen
ein Paradebeispiel für averbales Denken. Es steht außer Zweifel,
dass viele Tierarten eine zahlenmäßige Einschätzung von situati-
ven Gegebenheiten treffen können. Doch jenseits dieser allgemeinen Feststellung sind die Dinge mehr als unübersichtlich, was zu
einem nicht geringen Teil an der anthropozentrischen Geistes-
haltung liegt, in der wir den ganzen Bereich der mathematischen
Fähigkeiten von Tieren betrachten. Wenn uns die bisherigen Untersuchungen des tierlichen Zahlenverständnisses etwas gelehrt
haben, dann dies: Es gibt viele Möglichkeiten des Zahlengebrauchs, die sich sehr stark von der Art und Weise unterscheiden,

wie Menschen das bewusst gehandhabte Instrumentarium unserer schulmäßigen Mathematik anzuwenden gelernt haben.

Selbst eine so simple Frage wie die, ob Vögel imstande sind, ihre Eier zu zählen, führt unmittelbar in eine neblige philosophische Moorlandschaft voller Dornengestrüpp und Kontroversen über die Bedeutungsunterschiede zwischen «Zahlenverständnis» und «Zahlenkompetenz» oder «Abzählbarkeit» und «Quantifizierbarkeit». Schlimmer noch ist es, die Entdeckung zu machen, dass an diesem unsicheren Gelände wahrscheinlich kein Weg vorbeiführt. Das Klügste wird sein, wir überfliegen dieses Territorium in einem metaphorischen Helikopter und nehmen uns auf dem Flug nur die wichtigsten Landmarken zu näherer Betrachtung vor.

Eine ganze Reihe weiterer Tierarten hat in Labortests gut abgeschnitten, bei denen es darum ging, eine korrekte Einschätzung, sei's relativer, sei's absoluter numerischer Sachverhalte, zu treffen. So hat man zum Beispiel Waschbären fünf durchsichtige Plexiglaswürfel dargeboten, die eine, zwei, drei, vier oder fünf Trauben enthielten, und den Tieren beigebracht, dass sie sich für den Würfel mit den drei Trauben entscheiden mussten, wenn sie den Inhalt verzehren wollten. Die Dressur ging durchaus nicht im Handumdrehen vonstatten, doch als die Waschbären endlich so weit waren, dass sie konstant den 3-Trauben-Würfel wählten, hatten sie keine Mühe ihr erworbenes Unterscheidungsvermögen auch bei der Wahl eines Würfels mit drei Rosinen und sogar eines mit drei Spielzeugglöckchen zu bewähren. Ratten wurden darauf dressiert, auf ihrem Weg längs einer Wand das vierte Schlupfloch zu wählen, selbst wenn die Entfernung zwischen den Löchern immer wieder geändert wurde. Tauben kann man beibringen, auf denjenigen von zwei Bildschirmen zu picken, auf dem die meisten Punkte (oder auch Menschen) zu sehen sind; das klappt sogar, wenn es nicht gleichartige Dinge sind, die auf den beiden Schirmen wiedergegeben werden, sondern etwa auf dem einen Blumen, auf dem anderen Vögel, oder auf dem einen ein Haufen X, auf dem anderen ein Haufen O, oder auf dem einen große Punkte, auf dem anderen kleine.

Die meisten Menschen würden sagen, dass die Tiere in all diesen Fällen zählen. Bei näherem Hinsehen jedoch deutet sich in ihrer Leistung – und den Fehlern, die sie machen – an, dass hier womöglich simplere kognitive Prozesse am Werk sind. Ein wichtiger Aspekt des menschlichen Zahlengebrauchs ist der Umstand, dass wir nicht nur abzählen können, sondern auch über das bloße Zählen hinausgehende allgemeine Begriffe von der Funktion der Zahlen und den Beziehungen zwischen ihnen besitzen. Ein siebenjähriges Kind kann ohne weiteres sagen, dass die Zahl 173 größer als die Zahl 142 ist, und braucht dazu nicht die Zahlenreihe von 1 an vor seinem inneren Auge Revue passieren zu lassen oder sie mit der inneren Stimme aufzusagen. Ältere Kinder haben einen expliziten Begriff davon, dass zum Zählen die Möglichkeit gehört, den Vorgang endlos fortzusetzen, aber auch jüngere Kinder muss nicht jede Zahl gesondert gelehrt werden; einem Kind, das bis 24 zählen kann, muss man nicht eigens beibringen, dass es eine Zahl 25 und auch eine Zahl 26 gibt, und man braucht ihm auch nicht Bilder mit 25 beziehungsweise 26 Einzeldingen darauf zu zeigen, damit es die Bedeutung dieser Zahlen begreift. Würde ein Tier richtiggehend zählen, dürfte es eigentlich auf der Zahlenreihe keine Grenze geben, über die hinaus zu zählen es nicht in der Lage ist.

Was also tun Tiere? Schon im Jahr 1871 stellten Psychologen fest, dass Menschen die Zahl der Elemente kleiner Mengen sehr schnell und sehr genau abzuschätzen vermögen. Zeigt man Ihnen einen Teller, auf dem drei Rosinen, und einen zweiten, auf dem drei Kekse liegen, müssen Sie die Dinge nicht erst zählen, sondern erkennen auf einen Blick, dass auf jedem der Teller die gleiche Menge von Dingen liegt, und zwar jeweils drei. Dieser Erkenntnisprozess findet wahrscheinlich bereits auf der Ebene der Wahrnehmung statt: Eine Menge von drei Elementen macht einen charakteristischen visuellen Eindruck – den Eindruck einer «Dreiheit» – durchaus vergleichbar den charakteristischen Merkmalen im Erscheinungsbild von Kühen oder Vögeln, die wir auf den ersten Blick wahrzunehmen und korrekt zu kategorisieren vermögen. Dieser – gelegentlich als «Subitisierung» bezeichnete –

Wahrnehmungsvorgang funktioniert bei den meisten Menschen bis zu einer Zahl von etwa sechs Elementen ganz ausgezeichnet. Selbst wer nicht zählen könnte und überhaupt keinen Zahlbegriff hätte, wäre in der Lage, auf diesem Weg zuverlässig zwischen Dreier- und Vierergruppen zu unterscheiden – obschon er in diesem Fall die zwei Kategorien statt Dreier- und Vierergruppe ebenso gut Manfred und Adelheid oder Fifi und Bello nennen könnte. Menschen, die zählen *können*, können erkennen, dass die solchermaßen wahrgenommene «Dreiheit» faktisch gleich der absoluten Zahl 3 ist, auf die man durch Zählen der Elemente kommt. Es gibt Anhaltspunkte dafür – eine freilich nicht unumstrittene These –, dass Kinder, noch ohne dass sie den mindesten Begriff von Zahl und Zählen haben, sich die Namen der ersten Hand voll Zahlen auf der Zahlenreihe als Etiketten für subitisierend wahrgenommene Mengen einprägen und erst später lernen, diese Namen mit der Prozedur des Zählens zu verknüpfen.

Eine einleuchtende Obergrenze für die zahlenmäßige Stärke der solchermaßen identifizierbaren Mengen ergibt sich aus dem Umstand, dass mit zunehmender Zahl der Elemente auch die Zahl der möglichen räumlichen Konstellationen dieser Elemente zunimmt. Drei Elemente können so angeordnet sein, dass sie schematisch entweder eine gerade Linie oder ein Dreieck konstellieren, und das war's dann schon. Vier Elemente können eine Gerade, ein Viereck (Quadrat, Rechteck, Parallelogramm, Trapez), ein L, ein T, ein Y und andere Figuren bilden. Mit jedem weiteren Element nehmen die Möglichkeiten rasant zu. Die räumlichen Verteilungsmuster von zwölf und von dreizehn Elementen besitzen gegenüber dem jeweils anderen keine derart ausgeprägte Spezifik, dass der Unterschied zwischen beiden Mengen für die visuelle Wahrnehmung unmittelbar evident wäre.

Die Waschbären, die gelernt hatten, den Behälter mit den drei Objekten zu wählen, subitisierten möglicherweise; gut möglich, dass dies auch die diversen Menschenaffen tun, die nach dahin gehender Dressur die Zahl der Elemente einer Menge korrekt anzugeben wissen, indem sie aus verschiedenen mit arabischen Ziffern beschrifteten Tasten oder Karteikarten die entsprechende auswählen. Man braucht wohl kaum noch eigens darauf hinzuweisen, dass es ein leichtes Air von Taschenspielerei oder Hokuspokus hat, in einem solchen Experiment in der Menschenwelt gebräuchliche Zahlzeichen zu verwenden. Wenn es nur darum zu tun ist, herauszufinden, ob ein Tier Mengen von einem bis zu sechs Elementen identifizieren und auseinander halten kann, kann man den Probanden zum Gebrauch ganz beliebiger Symbole (Farben, Figuren, Buchstaben) abrichten; man könnte ihn übrigens sogar lehren, die arabische Ziffer 6 für den Zahlenwert drei, die arabische 2 für den Zahlenwert fünf (und so weiter) zu gebrauchen. Indes, einen Schimpansen die gleichen Zahlzeichen wie wir in gleicher Weise wie wir verwenden zu sehen, hat unweigerlich den Effekt, dass dem Betrachter insinuiert wird, hier passiere mehr, als in Wirklichkeit der Fall sein dürfte.

Menschen und möglicherweise auch Tiere verfügen über noch andere von einem Zählvermögen unabhängige Methoden, Zahlen zu repräsentieren, und diese Methoden könnten durchaus auch für sehr viel größere Zahlen tauglich sein. Eine davon ist die Nutzung rhythmischer Strukturen, wie sie sich oft in Zahlenverhältnisse einschließenden Naturphänomenen manifestieren. Hank Davis und Rachelle Pérusse haben darauf aufmerksam gemacht, dass die meisten unserer Mitbürger den Nonsensrefrain des Weihnachtsliedes *Deck the Halls* («fa la la la la la la la la») ohne die kleinste Schwierigkeit vortragen, aber so gut wie keiner ist imstande, ohne Unterbrechung des Gesangs zum Nachzählen anzugeben, dass in der einzelnen Verszeile achtmal «la» vorkommt. Man beachte zudem, dass es sich um eine Verszeile von Nonsenssilben handelt, dass also die Lautung als solche keine Merkhilfen bietet, wie es sonst die syntaktischen Beziehungen zwischen den Wörtern eines Gedichtes tun. Bei vielen Experimenten mit Tieren, die scheinbar auf eine Fähigkeit, zu zählen, hindeuten, kann man rhythmische Repräsentation als Erklärung der Ergebnisse nur sehr, sehr schwer ausschließen.

Es dürfte noch andere Formen mentaler Repräsentation geben,

die dem Zählen Äquivalentes leisten, obwohl sie keinerlei Hantieren mit Zahlen einschließen. Wir haben bereits gesehen, dass viele Tiere lernen können, verkettete Listen der Art «A, dann B, dann C, dann D» zu bilden. Zum Beispiel kann man einer Taube beibringen, in einer bestimmten Reihenfolge auf vier Fotos zu picken. Wenn eine Ratte lernt, immer das vierte Schlupfloch zu wählen, zählt sie dann in gleicher Weise ab, wie wir es tun würden – oder arbeitet sie lediglich eine verkettete Liste ab, die statt der Form ABCD die Form AAAA hat? Wenn wir uns der Entdeckung der «magischen Zahl Sieben» entsinnen, wird es uns zweifellos mehr als wahrscheinlich vorkommen, dass Tiere, die lernen, vier-, fünf- oder sechsmal hintereinander die gleiche Aktion auszuführen, schlicht und einfach mit Hilfe ihres praktischen Gedächtnisses eine Liste erzeugen und gar nicht richtig «zählen», sondern lediglich Vergleiche anstellen, wie sie es auch beim Durchmustern einer Liste unterschiedlicher Items tun würden. Wenn eine Ratte erst einmal in der Lage ist, das dreiundzwanzigste Schlupfloch vom zweiundzwanzigsten oder vierundzwanzigsten zu unterscheiden, sind wir womöglich einen Schritt weiter.

Schließlich ist da noch eine ganze Klasse von Wahrnehmungsleistungen, die unter das Rubrum «relative Quantitätsbestimmung» fallen. Viele Tiere ziehen von Natur aus ersichtlich eine größere Menge von Futtereinheiten einer kleineren vor. Die Natur gibt, wenn diesbezügliche visuelle Unterscheidungen zu treffen sind, mit vielerlei Hinweisreizen Hilfestellung – Orientierungshilfen, die das Bedürfnis nach einer Quantitätsbestimmung in absoluten Werten gar nicht erst aufkommen lassen. So können Tiere sich – die nächstliegende Möglichkeit – bei der vergleichenden Mengenbestimmung an der Grundfläche orientieren, die von den im Vergleich stehenden Objekten bedeckt wird – man braucht nicht alle Körner zu zählen, um zu dem Befund kommen zu können, dass der Haufen Vogelfutter, der schlicht am größten aussieht, auch die meisten Körner enthält.

Wurde bei der Versuchsplanung nicht penibel genug darauf geachtet, derlei sekundäre Reize restlos auszuschalten, ist anhand des Versuchsergebnisses nicht zu entscheiden, ob das getestete Tier gezählt oder eine relative Quantitätsbestimmung vorgenommen hat. Sind die dargebotenen Objekte von einheitlicher Größe, erscheint auf dem Dia, das die größere Zahl von Objekten zeigt, einfach ein größerer «Batzen» Zeugs. Wurden die Dias vor einem gleichmäßig hellen Hintergrund aufgenommen, ist auf dem Bild mit der größeren Zahl von Objekten ein größerer Teil des Hintergrunds bedeckt und infolgedessen das Bild insgesamt dunkler. Sind die Größe der Objekte und die Abstände zwischen ihnen variabel, sodass unabhängig von der jeweiligen Zahl der abgebildeten Objekte auf beiden gezeigten Dias die bedeckte Hintergrundfläche immer gleich groß ist, nimmt das Problem eine andere Gestalt an – die Zwischenräume zwischen den Objekten werden jetzt zum verräterischen Sekundärreiz. Auf dem Dia mit der geringeren Zahl von Objekten sind die Abstände zwischen den Objekten größer. Solche Hinweisreize vollständig zu eliminieren kann zu einer schweißtreibenden und nervenden Mühsal werden. In gewissem Sinn freilich geht die Unterdrückung aller Hinweisreize am Wesen der Sache vorbei. Wenn Tauben so etwas gelingt, wie sechzehn Punkte von fünfundzwanzig Punkten zu unterscheiden, bedienen sie sich dabei wahrscheinlich *jedes Mal* physikalischer Orientierungshilfen, die ihnen eine relative Quantitätsbestimmung ermöglichen. Sicher ist auf jeden Fall, dass sie weder zählen noch subitisieren: Tauben können zwar augenscheinlich fünfundzwanzig von sechzehn und fünfundzwanzig von sechsunddreißig unterscheiden, aber sie können nicht zwei und drei oder vier und fünf auseinander halten.

KÖNNEN MENSCHENAFFEN ADDIEREN?

Wo für Tiere ein Zahlenverständnis reklamiert wird, stützt sich das in vielen Fällen auf ihre Fähigkeit, mit Ordnungsrelationen umzugehen. Im Rahmen einer der eindrucksvolleren Untersuchungen in dieser Richtung wurde Rhesusaffen beigebracht, auf einem Computerbildschirm dargebotene arabische Ziffern mit wechselnden Futterbelohnungen in Beziehung zu setzen. Der Schirm zeigte zwei Ziffern aus der Reihe 1 bis 9; wenn ein Proband den Cursor auf eine der Ziffern positionierte, erhielt er die der Ziffer entsprechende Zahl von Trockenfutterkugeln. Mit der Zeit lernten die Affen, zuverlässig die größere Zahl zu wählen – auch dann, wenn ihnen zwei Ziffern zur Wahl gestellt wurden, die sie in dieser Paarung noch nie gesehen hatten. Sie prägten sich also nicht einfach für jede der fünfundvierzig möglichen Paarungen die richtige Wahl ein (zum Beispiel: bei 7/6 wähle 7; bei 7/5 wähle 7 usw. usf.), sondern sie wandten auf die Zahlenreihe die Transitivitätsregel an (Beispiel: Wenn 7 besser ist als 6 und 6 besser ist als 5, dann ist 7 besser als 5). Bei einem anderen Test wurden den dressierten Affen auf dem Bildschirm sechs verschiedene Ziffern simultan gezeigt, und die Tiere bewiesen mit zuverlässiger Regelmäßigkeit, dass sie «rückwärts zählen» konnten, indem sie zuerst die höchste Zahl wählten, dann die nächstniedrigere und so weiter bis zur niedrigsten.

Einige interessante methodologische (und logische) Fragen lassen sich in diesem Zusammenhang allerdings nicht von der Hand weisen. Wir sahen bereits, dass Affen und andere Arten geordnete Listen zu erzeugen vermögen. Der Umstand, dass bei dem geschilderten Experiment arabische Ziffern als Kennmarken verwendet wurden, fügt dieser Leistung nichts hinzu. Neun verschiedene Symbole behalten und in eine transitive Folge bringen zu können ist ohne Frage ein Bravourstück. Doch die eigentliche Frage in Sachen numerische Kompetenz, vor die das Experiment führt, ist quintessenziell die, ob ein Affe tatsächlich abzählen muss, um einen Unterschied zwischen neun Trockenfutterkugeln und acht Trockenfutterkugeln machen zu können. Möglicherweise reagiert der Affe nicht auf irgendein Zahlenkonzept, sondern lediglich auf den relativen «Lustwert» der einzelnen Symbole (je mehr Futter desto mehr angenehme Empfindungen). Und auf diese Frage gibt das Experiment keine direkte Antwort. Wieder stehen wir vor der Alternative: abgezählt oder relative Quantitätsbestimmung?

Bei einem weiteren Experiment, das großes Interesse und viele Spekulationen wachrief, stand eine Schimpansin namens Sheba im Mittelpunkt, und das Ergebnis schien die Verwendung eines in mentaler Repräsentation vorliegenden abstrakten Zahlenkonzepts zu beweisen. Sheba wurde zunächst darauf dressiert, ein Tablett mit einem, zwei oder drei Gummibonbons oder auch einer, zwei oder drei Schokolinsen in Beziehung zu setzen mit Schildchen, auf denen die entsprechende Zahl von Metallscheiben angebracht war. Sie bekam das Tablett mit den Süßigkeiten präsentiert, und wenn sie das dazu passende Schildchen wählte, durfte sie die Süßigkeiten essen. Im nächsten Schritt wurden die Schildchen mit den Metallscheiben gegen solche mit den arabischen Ziffern 1, 2 und 3 ausgetauscht. Und zuletzt wurden die Süßigkeiten durch ungenießbare Dinge wie Taschenlampenbatterien und Bandspulen ersetzt; wählte Sheba die der Anzahl der Objekte entsprechende Ziffer, wurde sie mit derselben Anzahl von Süßigkeiten belohnt. Im Verlauf des Ganzen wurde nebenbei ihr Zahlzeichenrepertoire um die Ziffern 0 und 4 erweitert.

Damit war Sheba in der Lage, die Zahl der Objekte auf einem Tablett durch den Verweis auf eine arabische Ziffer anzugeben. So weit lag alles, was sie tat, im Phänomenbereich des Subitisierens. Wie bei anderen derartigen Experimenten verlockt zwar auch hier die Verwendung arabischer Ziffern ein wenig zu falschen Vermutungen, aber keiner der sachrelevanten Aspekte des Versuchs deutet darauf hin, dass die Fähigkeit des Tieres, Mengen von einem, zwei, drei und vier Elementen zu identifizieren und zu unterscheiden, auch nur das Mindeste mit einem echten Verständnis absoluter Zahlen zu tun hätte.

Nach Abschluss der Schulungsphase wurde Sheba mit einer neuen Herausforderung konfrontiert. Jetzt bekam sie nicht mehr ein einzelnes Tablett mit Objekten darauf präsentiert, sondern die Objekte (bei den ersten Versuchen Apfelsinen) wurden an zwei verschiedenen Stellen im Versuchslabor deponiert, die beide von der jeweils anderen aus und auch von dem Podium her, wo die Zahlenschildchen aufbewahrt wurden, nicht einsehbar waren.

Sheba wurde erst zu den versteckten Apfelsinen geführt, dann zum Podium, wo sie das Schildchen mit der Zahl aussuchen sollte, die der Gesamtzahl der zuvor gesehenen Apfelsinen entsprach. Aufs Ganze gesehen lag ihre Erfolgsquote bei 75 Prozent und damit weit über der Zufallsquote. Zu guter Letzt wurden die Apfelsinen durch Schildchen mit Zahlen ersetzt, die Sheba zusammenzählen sollte, und wiederum traf sie mit 75-prozentiger Zuverlässigkeit die richtige Antwort.

Das Addieren von Absolutwerten, zumal wenn sie in Ziffern ausgedrückt sind, lässt sich nicht ohne weiteres aus dem Subitisieren erklären. Sheba, so schien es, verfügte über die Fähigkeit, eine arabische Ziffer in eine absolute zahlenmäßige Repräsentation zu übersetzen, diese mit der absoluten zahlenmäßigen Repräsentation einer anderen arabischen Ziffer zu kombinieren und den – in diesem Stadium nur in ihrem Kopf, nicht in irgendeiner physikalischen Menge vor ihrem körperlichen Auge repräsentierten – resultierenden Zahlenwert in eine arabische Ziffer zurückzuübersetzen.

Indes, die verhältnismäßig kleine Zahl von Summandenkombinationen, mit der Sheba fertig werden musste, um diese beeindruckenden Resultate zu erzielen, sollte eigentlich unseren Argwohn wecken. Bei den ersten Apfelsinen-Additionsaufgaben waren die möglichen Summen auf 1, 2 und 3 beschränkt. Es gibt nur fünf verschiedene Apfelsinenmengen-Paarungen, die diese Gesamtzahlen ergeben (0 + 1, 0 + 2, 0 + 3, 1 + 1, 1 + 2). Für die Bewährung an dieser Aufgabenreihe erhielt Sheba 82 Durchläufe zugestanden, also im Durchschnitt sechzehn für jede Aufgabe.

Wenden wir uns nun einem Parallelversuch zu, mit dessen Durchführung wir eine zwar nicht sonderlich liebenswerte, dafür aber überaus fähige Persönlichkeit betrauen wollen, nämlich den *Advocatus Diaboli*. Unser hypothetischer Proband, ein hypothetischer Schimpanse mit Namen Salomon, wird gleich in den Laborraum mit den versteckten Schildchen verbracht. Die Schildchen tragen jedoch nicht die Ziffern 1 bis 4, sondern unterscheiden sich lediglich in der Farbe: Sie sind rot, orange, gelb und blau.

Salomon wird, wie zu ihrer Zeit Sheba, herumgeführt, bekommt die zwei an verschiedenen Orten versteckten Schildchen gezeigt und wird zum Schluss zu dem Podium geleitet, wo er sich für ein Schildchen von der Farbe Orange, Gelb oder Blau entscheiden muss. Wir konzedieren ihm zweiundachtzig Durchläufe, um die folgenden fünf Regeln zu erlernen und das Erlernte zu bewähren:

Farbe der versteckten Schildchen		*Farbe des auszuwählenden Schildchens*
Rot und Orange	→	Orange
Rot und Gelb	→	Gelb
Rot und Blau	→	Blau
Orange und Orange	→	Gelb
Orange und Gelb	→	Blau

Sollen wir dergleichen nun «zählen» nennen? Tatsache ist, dass die Lösung dieser Aufgaben logisch völlig identisch mit Shebas Leistung ist; wir haben lediglich Rot für 0, Orange für 1, Gelb für 2 und Blau für 3 eingesetzt. Schimpansen sind bekannt dafür, dass sie eine neue Unterscheidung mit einmaligem bekräftigtem Ausprobieren erlernen können. Nehmen wir ruhig einmal an, dass Salomon nicht anders als Sheba ausgiebige Lernerfahrungen mit Unterscheidungen, dem Gleichheit/Ungleichheit-Konzept, der Unterscheidung von Farben, der Verwendung von Farben als Kennzeichen sowie mit Eins-zu-eins-Entsprechungen hinter sich hat. Beachten wir, dass drei der Regeln besonders einfach sind und sich jeweils als eine «Wenn ..., dann ...»-Instruktion der Sorte verstehen lassen, die Schimpansen mühelos kapieren: Wenn eins von den Items rot ist, dann wähle das Schildchen, das dem anderen, dem nichtroten Item entspricht. Bedenken wir auch, dass nur fünf Probleme zu lösen sind und für jedes nur drei mögliche Lösungen angeboten werden, und zwar immer dieselben. Gesetzt den Fall, Salomon verlegt sich auf folgende einfache Strategie: Er beantwortet die einzelnen Fragen zunächst aufs Geratewohl, bis er zufällig eine richtige Antwort trifft und eine kleine Belohnung bekommt – und damit die Regel für das betreffende Problem gelernt hat. Eine relativ unkomplizierte Wahrscheinlichkeitsberechnung führt zu der Erkenntnis, dass er mit 95-prozentiger Wahrscheinlichkeit nach höchstens zwanzig falschen Antworten alle fünf Regeln gefunden hat – was auf 82 Durchläufe hochgerechnet eine Trefferquote von mindestens 75 Prozent bedeutet.

Wie ein kleines Kind, das eine Geschichte beim Zuhören auswendig gelernt hat und jetzt so tut, als ob es sie aus einem Buch vorläse, hat Salomon rein mechanisch die richtigen Lösungen behalten, auf die er durch Herumprobieren gestoßen ist. Er führt ebenso wenig irgendeine mathematische Operation aus, wie jenes kleine Kind tatsächlich liest. Durch schieres Herumraten muss er beinah unfehlbar eine nicht minder eindrucksvolle Trefferquote erzielen, wie Sheba sie produzierte. Vielleicht können wir hieraus auch eine Lehre in Bezug auf Shebas Leistung ziehen. Und wären Shebas Schildchen nicht so suggestiv mit Ziffern beschriftet gewesen, hätten wir ihre Kunststücke vielleicht nicht gar so schnell mit mathematischen Operationen gleichgesetzt.

Was noch wichtiger ist: Die sehr beschränkten rechnerischen Fähigkeiten selbst ausgiebig geschulter höherer Primaten sollten uns Anlass zur Skepsis sein. Sogar Shebas Trainerin Sarah Boysen gibt zu, dass «eine beinah übermenschliche Anstrengung» erforderlich war, um Sheba das an Zahlenverständnis abzuringen, was sie schließlich zu geben in der Lage war. Ein echtes Zahlenkonzept müsste uneingeschränkt fortsetzbar und uneingeschränkt übertragbar sein. Aber bislang existiert keine einzige Studie, die den überzeugenden Beweis erbrächte, dass ein Tier Zahlenverständnis mühelos oder automatisch auch nur aus einer Wahrnehmungsdimension in eine andere übertragen kann. Man kann einem Tier beibringen, eine Taste auf zwei Signaltöne hin zweimal und auf vier Signaltöne hin viermal zu drücken – aber das lernt es auch nicht leichter, als die Taste auf zwei Töne hin viermal und auf vier Töne hin zweimal zu drücken.

Noch genauer trifft den Kern der Sache Hank Davis' Ermahnung, man möge an Tieren doch bitte diejenigen Leistungen studieren, in denen sie von Natur aus brillieren: «Das Hantieren mit absoluten Zahlen ist eine charakteristisch menschliche Erfindung. Kein nichtmenschliches Lebewesen braucht diese Form von Rechenkompetenz, um ein erfolgreiches, völlig normales Leben zu führen ... Wieder einmal haben menschliche Forscher eine typisch menschliche Fähigkeit ins Visier genommen und suchen nun nach Rudimenten davon bei anderen Arten. Bei derlei Tun spielt ohne Frage Arroganz oder Anthropozentrismus mit.»

5 LANDKARTEN, WERKZEUGE UND NESTER

Mein Pferd würde einen hervorragenden Denkmalschützer abgeben, denn es reagiert auf die kleinsten Veränderungen auf dem bebauten Grund in seiner Umwelt mit förmlicher Entrüstung. Hat irgendjemand in unserer Straße auf dem Rasenplatz vor seinem Haus ein neues Gartenmöbel aufgestellt oder den alten, zu kleinen Briefkasten durch einen größeren neuen ersetzt oder einen Baum fällen oder zur Straße hin einen Zaun anbringen lassen, pflegt mein Pferd, sobald es der Veränderung gewahr wird, wie angewurzelt stehen zu bleiben, die Ohren zu spitzen, die Sache starr zu beäugen, zu schnauben und manchmal dann tänzelnd auf die andere Straßenseite auszuweichen. Der problematischste Tag für einen Ausritt die Straße hinunter ist der Mittwoch – der Müllabfuhrtag –, wenn an den Einmündungen der diversen Zufahrtswege die Mülltonnen auftauchen und mein Reittier im Schlingerkurs mal auf die eine Straßenseite, mal auf die andere Straßenseite ausweicht.

Vom Pferdehalterstandpunkt aus gesehen ist ein solches Verhalten seines Tieres nur Anlass zum Ärger. Und für die meisten anderen Menschen dürfte es wahrscheinlich erst recht nicht nach einer Demonstration tierlicher Intelligenz in ihrer glanzvollsten Form aussehen.

Doch überlegen wir einmal, was alles hier mit im Spiel ist: Das Pferd muss ein beachtliches Archiv mentaler Repräsentationen seiner Lebenswelt aufgebaut haben; es muss wissen, welchem Punkt in der Topographie dieser Welt jeder einzelne dieser «Schnappschüsse» entspricht; und es muss die Schnappschüsse vor sein inneres Auge zitieren, sie mit seiner aktuellen Gesichtswahrnehmung vergleichen und alle Verschiedenheiten zwischen dem inneren und dem äußeren «Bild» registrieren können. Tiere tun das tagaus, tagein, und obwohl es zweifellos eine hoch entwickelte kognitive Leistung darstellt, ernten sie dafür kaum ein anerkennendes Nicken von uns.

Noch beachtlichere kognitive Leistungen sind die an solchen archivierten topographischen Erinnerungsbildern vorgenommenen komplexen Berechnungen – Tiere vollbringen unentwegt glanzvolle Kunststücke auf diesem Gebiet. Ein Pferd vermag sich nicht nur mit der gesamten Szenerie entlang einer meilenweiten Straßen- und Wegeroute vertraut zu machen, sondern es lernt auch, welche von den Dutzenden Abzweigungen auf einer gewohnten Route es selber nehmen muss.

Der Kiefernhäher – ein naher Verwandter der Krähen und Häher, der in einer alpinen Gegend im Westen Nordamerikas lebt – vollbringt noch größere Wunder an Ortsgedächtnisleistung. Im Herbst verwendet der Vogel einen großen Teil seiner Zeit darauf, Koniferensamen in Spalten zu verstecken oder im Boden zu vergraben; während des langen und kalten Winters lebt er dann von diesen versteckten Vorräten. Ein einziger Vogel kann in einem guten Jahr bis zu 33 000 Samen verstecken, und es sind buchstäblich Tausende von Plätzen, an denen er seine – in der Regel jeweils zwei bis fünf Samen enthaltenden – Futterdepots anlegt. Nach vorsichtigen Schätzungen muss ein Kiefernhäher in einem durchschnittlich harten Winter mindestens tausend dieser Vorratslager wieder finden, um überleben zu können. Aufgrund von Freilandbeobachtungen und Experimenten scheint es ausgeschlossen, dass der Vogel die Samen versteckt, den Ort vergisst und bei Bedarf einfach aufs Geratewohl zu suchen beginnt und die Verstecke auf diese Weise findet. (Eichhörnchen hingegen scheinen ihre Futterverstecke tatsächlich unter diesen Voraussetzungen anzulegen; aber da so viele dieser Nager so viele Nüsse vergraben, ist es nicht schwierig, im Bedarfsfall ein Versteck einfach mit Hilfe des Geruchssinns oder anhand von Grabespuren auf dem Boden ausfindig zu machen.) Im Rahmen einer Versuchsreihe wurden Kiefernhäher einzeln in drei mal drei Meter großen Laborräumen untergebracht, wo ein in der Mitte des Raums postiertes Futterhäuschen sie mit Koniferensamen versorgte, die sie in dem Sand auf dem Boden vergraben konnten. Nach einmonatiger Abwesenheit in den Raum zurückgebracht, fanden die Vögel bedeutend mehr dieser Futterverstecke wieder, als durch zielloses Suchen zu lokalisieren gewesen wären. In der Zwischenzeit hatten die Experimentatoren ihrerseits Samen vergraben, und von diesen Verstecken fanden die Häher nicht entfernt so viele wie von ihren eigenen. Schlechter lief es mit der Suche der Vögel auch bei den eigenen Depots, als die Experimentatoren «Landmarken» wie Steine und Äste verschiedener Größe aus dem Laborraum entfernten. Im Allgemeinen pflegten die Häher Samen in der Nähe solcher Landmarken zu vergraben; als die Experimentatoren während der einmonatigen Abwesenheit der Vögel die Positionen der Landmarken veränderten, ging anschließend der Sucherfolg zurück, und es war deutlich zu beobachten, wie die Vögel in der Nähe bestimmter Stellen der Äste oder Steine suchten – wiederum ein starkes Indiz dafür, dass sie sich an spezifische Ortsverhältnisse erinnerten.

Ein ähnliches Experiment mit einer anderen Futterverstecke anlegenden Vogelart, der Sumpfmeise, erbrachte weiteres Beweismaterial dafür, dass die Vögel nicht einfach nur lange vergessene Depots aufgrund von deren Geruch oder anderen Hinweisen wieder entdecken, sondern dass sie sich an spezifische Plätze in der Topographie erinnern. In diesem Fall machten sich die Experimentatoren den Umstand zunutze, dass die beiden Hemisphären eines Vogelhirns praktisch keine visuellen Informationen miteinander teilen. Der Input des linken Auges wird in der rechten Hemisphäre verarbeitet und gespeichert und umgekehrt. Blieb bei den Sumpfmeisen ein Auge während der gesamten Dauer des Experiments bedeckt, ging das Verstecken und Wiederfinden von Futter nicht weniger erfolgreich vonstatten, als wenn die Vögel das Geschäft unter Mithilfe beider Augen verrichteten. Ließ man jedoch die Meisen ihre Samenkörner mit bedecktem linkem Auge verstecken und mit bedecktem rechtem Auge suchen, war die Erfolgsquote identisch mit der einer Suche aufs Geratewohl. Mit anderen Worten: Sumpfmeisen nutzen bei der Suche nach ihren Futterverstecken eindeutig visuelle Informationen, die sie bei der Wahl der Orte, wo sie die Verstecke anlegen, im Gehirn verarbeitet und gespeichert haben. Der Wechsel des Sehorgans beim Wechsel von der Versteck- zur Suchphase, machte es den Meisen unmöglich, was sie aktuell sahen, mit dem zu vergleichen, was sie zuvor gesehen hatten.

FALSCHE FÄHRTEN

Wie gewöhnlich ist auch hier Vorsicht geboten. Manchmal entpuppt sich, was eine beeindruckende Glanzleistung innerer Kartographie oder navigatorischer Künste zu sein scheint, als denkbar geistlose Angelegenheit. Über viele Jahre rätselte die Wissenschaft vergeblich an den alljährlichen Wanderzügen der Lachse herum, auf denen die Tiere flussaufwärts unbeirrbar den Plätzen zustreben, wo sie selbst geschlüpft sind, um dort zu laichen und zu sterben. Auf der Wanderung flussabwärts hat der Fisch keine navigatorischen Entscheidungen zu treffen: Er zieht einfach immer in der Strömungsrichtung, auch überall da, wo ein Wasserlauf sich in den anderen ergießt. Auf der Route flussaufwärts indessen ist jeder Zusammenfluss für ihn eine Wegscheide, an der er die richtige Wahl treffen muss. Wie machen die Lachse das? Prägen sie sich auf ihrem Weg hinunter ins Meer jeden Zusammenfluss ins Gedächtnis – und zwar so, dass sie auf dem Rückweg an jedem Verzweigungspunkt «wissen», welchen Wasserlauf sie links und welchen sie rechts liegen lassen müssen?

Schließlich und endlich stellte sich heraus, dass es eine viel einfachere Erklärung für das Phänomen gibt, eine, die ganz ohne Landkarten und Erinnerungen an Zusammenflüsse und sonstige topographische Erinnerungsbilder auskommt: Die Fische folgen einer unendlich feinen, aber in ihrer Spezifität unverwechselbaren Geruchsspur, die ihnen von ihrem geographischen Ursprungsort her zuströmt. An jeder Gabelung ihres Weges wählen sie den Wasserlauf, der nach Zuhause riecht. Statt eine interne Landkarte mit Dutzenden von Verzweigungspunkten erzeugen und behalten zu müssen, können sie sich damit begnügen, eine einzige Duftnote identifizieren zu lernen, und alles Übrige eine Sache geophysikalischer Regularitäten sein lassen: Wasser fließt abwärts und transportiert dabei alle wo auch immer eingeleiteten Geruchsstoffe.

Und so verhält es sich auch mit anderen Glanzleistungen tierlicher Navigationskunst, die uns besonders eindrucks- und vielleicht sogar geheimnisvoll vorkommen: Sie zeugen nicht von außerordentlichen geistigen Fähigkeiten, sondern von außerordentlich effektiven oder von ungewöhnlichen Sinnesfunktionen. Manche Zugvögel haben im Gehirn ein eisenhaltiges Organ, das ihnen als Magnetkompass dient. Sie können unbeirrbar in eine voreingestellte Kompassrichtung fliegen, eine Fähigkeit, die unsere eigene Sinneserfahrung schlicht übersteigt. Doch bei vielen dieser Vögel wird die Kompassfunktion weder von einer inneren Landkarte noch von einem Ortsgedächtnis unterstützt. Werden sie, wodurch auch immer, von ihrem Kurs seitwärts verschoben, passen sie ihre Flugrichtung nicht den Gegebenheiten an, um wieder Kurs auf ihr gewohntes Winterquartier zu nehmen, sondern fliegen gemäß der voreingestellten Magnetkompasspeilung weiter – sodass sie die Reise mit entsprechender Seitwärtsabweichung von ihrem eigentlichen Ziel beenden.

Noch in Fällen, wo Tiere unbezweifelbar topographische Informationen speichern, um bei Bedarf auf sie zurückzugreifen, wird es zu einem Tantalusqualen bereitenden Problem, dahinter kommen zu wollen, was genau sie da eigentlich tun. Der Wert einer gründlichen Erhellung dieser kognitiven Leistungen liegt auf der Hand: Anders als manches abstrakte Vermögen, das in herkömmlichen tierpsychologischen Experimenten auf dem Prüfstand steht, sind Navigation und Ortsgedächtnis unbezweifelbar Fähigkeiten, von denen Tiere in ihrer wirklichen Lebenswelt Gebrauch machen. Es sind evolutionäre Anpassungen, die bei der Bewältigung von praktischen Überlebensproblemen helfen. Sie können uns viel darüber lehren, wie sich bei Tieren im Gang der Evolution kognitive Prozesse herausbildeten und welche Kräfte an der Gestaltung des Gehirns und seiner Funktionen beteiligt waren. Navigation und Ortsgedächtnis sind zudem – und das ist kein Zufall – komplexere und weit schwieriger dingfest zu machende Prozesse.

Sehen wir uns folgendes scheinbar einfache Problem an: Sie folgen einem Pfad, der in gerader Linie in eine Wiese hineinführt, auf zweihundert Meter Länge und stellen am Ende Ihres Weges einen Sechserpack Bier auf dem Boden ab, wo er für Blicke aus der Ferne durch das Gras verdeckt ist. Dann gehen Sie zu Ihrem Ausgangspunkt zurück, wenden sich dort nach rechts und gehen auf senkrecht zu dem Pfad verlaufender Bahn zweihundert Meter weiter – und stopp! Welchen Weg gehen Sie jetzt, um das Bier wiederzufinden? Wenn Sie in der Schule im Trigonometrieunterricht aufgepasst haben, können Sie die Lage des Biers berechnen, indem Sie sich das Gelände hinter sich in nüchterner Landvermessermanier vergegenwärtigen. Sie kennen die Strecke von Ihrem gegenwärtigen Ort zu Ihrem Ausgangspunkt, und Sie kennen sowohl den Winkel, in dem dort der Pfad abzweigt, als auch die Strecke, die Sie auf ihm zurückgelegt haben und an deren Ende sich das Bier befindet. Indem Sie die äußersten Punkte der rechtwinkligen Bahn durch eine Gerade verbinden, beschreiben Sie die kürzeste Strecke zwischen Ihrem gegenwärtigen Aufenthaltsort und dem Bier.

Falls Trigonometrie während Ihrer Schulzeit nicht gerade Ihre Stärke war, könnten Sie auf Nummer Sicher gehen und zurück zu dem Bier einfach denselben Weg in umgekehrter Richtung nehmen, auf dem Sie gekommen sind. Aber selbst wenn Sie in Trigonometrie immer eine Fünf hatten, stehen die Chancen gut für Sie, dass Sie zuletzt doch noch einen Abkürzungsweg nehmen, der in etwa der Geraden zwischen den Endpunkten der beiden Schenkel des rechten Winkels entspricht, dessen Scheitel Ihr ursprünglicher Ausgangspunkt ist.

Wie das? Nun, vielleicht ist Ihnen in der Nähe des Platzes, wo Sie das Bier deponiert haben, eine weithin sichtbare Landmarke, etwa ein hoher Baum, aufgefallen, und jetzt nehmen Sie einfach Kurs auf diesen Baum. Den sehen Sie nun zwar aus anderer, zuvor nicht gekannter Perspektive, aber auch aus der ist er für Sie noch als derselbe Baum zu identifizieren, und schon stiefeln Sie los. Andere Möglichkeit: Aufgrund der Entfernungen, die Sie zurückgelegt haben, und der Richtungen, in die Sie gegangen sind, haben Sie es, nachdem Sie sich jetzt umgedreht haben, einfach im Gefühl, wo die fragliche Stelle zu suchen ist: da vorn, ein Stück weit zur Linken, und zwar ebenso weit vorn wie zur Linken, denn Sie haben ja auf Ihrem Weg von dem Bier hierher auf beiden Schenkeln des rechten Winkels, in dem Sie gegangen sind, etwa die gleiche Strecke zurückgelegt. Wieder andere Möglichkeit: Sie haben ein generelles Bild von Form und Größe jener Wiese und haben registriert, dass Sie das Bier genau auf der Grenze zwischen dem – aus Ihrer jetzigen Sicht – rechten und dem mittleren Drittel ihrer Länge und auf mittlerer Breite abgelegt haben.

Von diesen Verfahrensweisen ist jedoch keine ein echtes «Kartieren» im strengen Wortsinn. Für eine Karte, die diesen Namen wirklich verdient, muss man das Gelände und alle darauf befindlichen Objekte in ihren räumlichen Relationen zueinander erfassen. Eine echte «innere Landkarte» hat gegenüber sämtlichen eben genannten Optionen eindeutig große Vorteile. Eine vollständige Landkarte versetzt einen in die Lage, die kürzesten Wegstrecken zwischen beliebigen Punkten des Geländes zu bestimmen, selbst wenn man selber diese Wege noch nie benutzt hat. Sie informiert über die topographischen Gegebenheiten, sodass man nicht in eigener Person sämtliche möglichen Verbindungswege zwischen wichtigen Orten erkundet haben muss, um über sie Bescheid zu wissen. Sie ermöglicht es einem, auch dann in die richtige Richtung zu gehen, wenn aufgrund der Beschaffenheit des Terrains das Ziel dem Blick verborgen ist. Sie erlaubt es, durch Orientierung an weithin sichtbaren Landmarken den eigenen Standort zu bestimmen.

Mit der Verfertigung der vollständigen Karte eines Areals könnte das Gehirn etwa in der Weise beginnen, dass es von einem geeigneten Aussichtspunkt aus nach lokalspezifischen Auffälligkeiten im Gelände sucht. Die Richtung, in der eine solche Landmarke liegt, berechnet das Gehirn, indem es den Winkel registriert, um den die Augen und/oder der Kopf sich seitwärts drehen müssen, damit das Objekt in der Gesichtsfeldmitte wahrzunehmen ist. Die Peilung zusammen mit einer Entfernungsschätzung erlaubt dem Gehirn, dem Objekt eine ungefähre Lage im Kartennetz zuzuweisen. Um weitere, vom ersten Aussichtspunkt aus nicht wahrnehmbare Landmarken in diesem Netz zu platzieren, müsste das Gehirn in der Lage sein, bei der Fortbewegung seines Besitzers zum nächsten Aussichtspunkt sowohl die Richtungswechsel als auch die zurückgelegten Entfernungen zu registrieren, um an Ort und Stelle dann diese Informationen über den Ortswechsel mit dem zu verrechnen, was die Augen ihm an Auskünften über Richtung und Entfernung neu aufgetauchter Landmarken zuleiten.

Es ist bekannt, dass das Gehirn die Augenbewegungen registriert, während es sich ein Bild von der Umgebung macht, und es ist auch nachgewiesen, dass Tiere schätzen können, wie weit und in welcher Richtung sie sich bewegt haben. Ungewiss ist allerdings, ob Lebewesen, die nicht über eine Symbolsprache verfügen – einschließlich menschlicher Kleinkinder –, tatsächlich mittels Geländeaufnahme und Kartierung wie eben beschrieben navigieren. Und wie wir bei unserer hypothetischen Suche nach dem Bier schon sahen, gibt es eine Reihe von Alternativstrategien, deren sich Tiere bedienen könnten, um sich in der Geographie zurechtzufinden.

DIE ORIENTIERUNG AN LANDMARKEN

Die einfachste dieser Strategien ist es, sich an Landmarken zu halten. Zahlreiche Experimente haben zweifelsfrei belegt, dass Tiere sich Objekte in ihrer Umwelt einprägen und sie wieder erkennen können. Die Reaktion meines Pferdes auf all das, was längs einer vertrauten Route nicht da ist, wo es hingehört, bestätigt indirekt diese Fähigkeit, eine meilenweit ausgedehnte vertraute Landschaftskulisse aus dem Gedächtnis zu reproduzieren. Methodisch strengere Experimente bestätigen, dass Tiere sich als wahre Meister zeigen können, wenn es darum geht, auf vertrautem Terrain bisher nicht vorhandene Dinge zu entdecken und zu untersuchen. Ein vierzehn Köpfe zählender Paviantrupp benötigte weniger als drei Minuten, um Tag für Tag nach dem Einlass in sein fünfhundert Quadratmeter großes Freigehege das neue Objekt zu entdecken, das man während der Abwesenheit der Tiere dort zwischen die gewohnte Einrichtung geschmuggelt hatte. Auf diese neuen Objekte (teils Artefakte, zum Beispiel Trinkbecher, teils Naturdinge, zum Beispiel Kokosnussschalen) reagierten die Paviane eindeutig anders als auf das übrige Inventar; so hatte das neue Ding von heute die bei weitem größten Aussichten, berührt und befingert zu werden, während selbst das neue Ding von gestern rasch in den Fundus des immer gleichen alten Krams wandert, dem nur noch flüchtige Aufmerksamkeit gezollt wird. Ähnliche Experimente mit anderen Arten führten zu dem Befund, dass die Tiere neue geometrische Konstellationen, die man zwischen den ihnen vertrauten Objekten schafft, zum Anlass nehmen, die Dinge wieder neugierig zu untersuchen; andernfalls lassen sie sie unbeachtet.

Praktisch gesehen ist die – auch als «Sichtnavigation» bezeichnete – Kursbestimmung anhand von Landmarken ein simples, aber durchaus wirksames Verfahren. Ein Tier lernt im Prinzip aus der Erfahrung, dass es bei dem Felsen rechts und bei der Baumgruppe links abbiegen muss, um heimzufinden. Auf diese Weise kann es eine umfangreiche Sammlung von Routen zu den verschiedensten Zielen zusammentragen – aber keine Generalkarte der Region. Die einzelnen Teile seiner Sammlung gleichen den Schemabildern von Routen in unseren Autoreiseführern, die uns jeweils eine eindimensionale Darstellung der Wegstrecke geben, eine wie Perlen auf einer Schnur aufgereihte Folge von Abzweigungspunkten ohne die zweite Dimension, die der Ort wäre für die Information über die geometrische Beziehung dieser Route zu anderen Routen in derselben Gegend, die man vielleicht mit gleichem Gewinn fahren könnte, oder zu anderen sehenswerten Lokalitäten.

Die Fähigkeit, eine Landmarke aus verschiedenen Richtungen als ein und dasselbe Objekt zu erkennen, ist vielleicht die Voraussetzung dafür, dass man den Weg zu einem Ziel oder einer Zwischenstation, die einem vertraut sind, auch dann findet, wenn man aus einer ungewohnten Richtung kommt. Das Ortsgedächtnis der Kiefernhäher ist auf jeden Fall ein Indiz für die Existenz einer solchen Fähigkeit. Selbst wenn ein Bezugsobjekt wie zum Beispiel ein Ast oder ein Stein verlagert wurde, wahrten die Vögel bei ihrer Suche eine bestimmte räumliche Beziehung zu dem Objekt.

Untersuchungen an Pavianen lieferten den direkten Beweis für die Fähigkeit der Tiere zum mentalen Drehen von Bildern – für eine Fähigkeit also, die Vorbedingung sowohl des Wiedererkennens eines Objekts aus gänzlich neuer Perspektive ist wie auch dafür, dass bei einem Perspektivenwechsel die Information über die objektiven räumlichen Verhältnisse erhalten bleibt (sodass man beispielsweise den Weg, der hinter dem Felsen nach links abzweigt, als denselben erkennt, der vor dem Felsen rechts abzweigt, wenn man sich von der anderen Seite her nähert). Im Rahmen dieser Untersuchungen wurde mit den Pavianen ein Programm ganz ähnlicher Art durchexerziert wie das zur Messung der mentalen Drehung bei Menschen, das wir in Kapitel 3 kennen gelernt haben. Auf einem Computermonitor wurde den Tieren eine Musterfigur dargeboten – beispielsweise der Großbuchstabe F –, gefolgt von zwei Vergleichsfiguren, einem gedrehten einfachen F und einem gleichermaßen gedrehten gespiegelten F. Aufgabe der Affen war es, mit Hilfe eines Steuerknüppels den Bildschirmcursor auf dem gedrehten einfachen F zu platzieren. Zwei von den sechs Pavianen kapierten zu keinem Zeitpunkt, worauf es ankam, doch die anderen lagen mit einer Erfolgsquote von 72 bis 86 Prozent signifikant über der Zufallsquote. (Drei menschliche Probanden erzielten beim gleichen Test Trefferquoten von 87 bis 90 Prozent.)

Das alles ist natürlich nicht das Gleiche wie die mentale Drehung eines dreidimensionalen Objekts – ein bei weitem komplexeres Unterfangen, bei dem Teile des Objekts verdeckt werden und seine augenscheinliche Gestalt sich verändert. Aber es weist immerhin in diese Richtung, und die Alltagserfahrung spricht nicht gegen den Gedanken, dass Säugetiere und Vögel die Fähigkeit zur mentalen Drehung dreidimensionaler Objekte besitzen. Haustiere erkennen vertraute Gegenstände (beispielsweise einen Futtereimer) und Personen auch unter völlig neuem Blickwinkel problemlos wieder. Frei lebende Vögel können ein Futterhäuschen problemlos aus jeder beliebigen Richtung anfliegen.

«BEES DON'T DO IT»*

Wenn irgendeine dauerhafte Auffälligkeit in der Geländebeschaffenheit – etwa ein einsamer hoher Baum auf offenem Feld – das Terrain kennzeichnet, bedarf es möglicherweise gar nicht solcher Kunststücke mentaler Drehung, damit die Landmarke aus neuer Perspektive erkannt werden kann. Die Ergebnisse von Experimenten mit Honigbienen sprechen dafür, dass die Insekten höchstwahrscheinlich charakteristische Landmarken als Wegweiser benutzen, wann immer es ihnen gelingt, eine ganz neue Abkürzungsroute zu fliegen.

Diese Entdeckung hat auf Bienenfreunde (von denen es erstaunlicherweise eine ganze Menge gibt) zugegebenermaßen ein bisschen enttäuschend gewirkt. Die beachtliche Fähigkeit der Honigbienen, ihren Stockgenossinnen die Lage von Futterquellen mitzuteilen, hatte in diesen Kreisen große Erwartungen in Bezug

* «Bees don't do it» ist die Variation einer Zeile aus dem Schlager *Let's Do It (Let's Fall in Love)*, den Eartha Kitt in den USA so populär gemacht hat, dass der Text insgesamt zu einem einzigen geflügelten Wort geworden ist («Birds do it, / Bees do it, / Even educated fleas do it ...»). Anm. d. Übers.

auf das Bienenhirn geweckt. Entdeckt eine Arbeiterin eine Futterquelle, kehrt sie zum Stock zurück und führt dort einen Tanz auf, bei dem sie mit der Längsachse ihres Körpers die Richtung und mit der Dauer eines schnarrenden, während gewisser Tanzphasen mit den Flügeln erzeugten Geräuschs die Entfernung der Futterstelle meldet. In einem klassischen Experiment wies Karl von Frisch in den sechziger Jahren nach, dass die Tänzerin die Richtung der Futterquelle auch dann auf der echten Kompassrichtung relativ zum Stock anzeigt, wenn sie auf ihrem Heimflug zu einem Umweg um einen hohen Hügel herum gezwungen worden ist. Daraus schloss eine Reihe von Wissenschaftlern, dass die Bienen im Lauf ihrer Routineausflüge sich eine innere Karte des umliegenden Geländes schaffen, auf der sie zu gegebener Zeit eine neu entdeckte Futterquelle eintragen, um dann mittels so etwas wie einer mentalen Stechzirkel- und Winkelmesserfunktion deren Entfernung und Richtung vom Stock zu bestimmen.

Ein späterer Test, bei dem Bienen darauf dressiert wurden, Zuckerwasserschalen als Futterquellen anzufliegen, schien noch stringenter zu beweisen, dass diese Insekten über eine innere Landkarte verfügen. Bienen, die gelernt hatten, die Schale an Platz B aufzusuchen, wurden beim Verlassen des Stocks abgefangen und an den Futterplatz A verbracht. Statt erst zum Stock zurückzukehren, flogen sie direkt von A nach B, also nicht längs der Schenkel des spitzwinkligen Dreiecks A/Stock/B, sondern stattdessen längs der Basis des Dreiecks, und diese Route, die sie zuvor noch nie genommen hatten, stellte eine beträchtliche Abkürzung der Flugstrecke dar.

Indes, die Folgerung, dass die Bienen auf dieser von ihnen bis dato nicht erschlossenen Route mit Hilfe einer inneren Landkarte navigierten, erwies sich als verfrüht. Fred Dyer, Zoologe an der Michigan State University, wiederholte das Experiment, allerdings unter Verwendung einer Versuchsanordnung, die eine Bewertung verschiedener Hypothesen erlaubte. Die Flugwege vom Stock zu Futterplatz A und Futterplatz B strebten in einem Winkel von 60 Grad auseinander. Landmarken, die den Bienen als

Wegweiser vom Stock zu Futterplatz B hätten dienen können (zwei Waldstücke), waren von Platz A aus gut zu sehen, nicht so jedoch umgekehrt: B lag auf dem Grund einer aufgelassenen Kiesgrube, sodass Bienen, die von dort starteten, mindestens 18 Meter über dem Boden hätten fliegen müssen, um irgendwelche Landmarken, die möglicherweise den Weg vom Stock zu Platz A wiesen, sehen zu können:

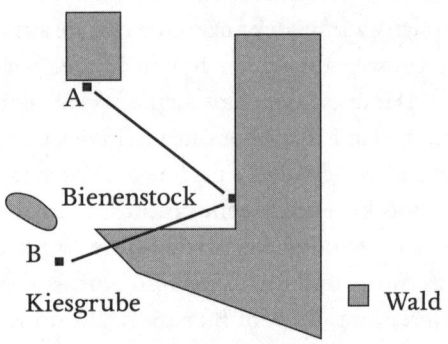

In Pilotexperimenten hatte sich gezeigt, dass die Bienen nie höher als bis auf neun Meter Abstand vom Boden aufstiegen, bevor sie eine Richtung wählten und davonflogen. Demnach stand eindeutig fest, dass an Platz B freigelassene Bienen ihren Kurs nicht nach visuellen Orientierungsmarken festsetzen konnten. Wie Dyer darlegte, musste das Experiment, je nachdem, wie die Bienen navigierten, mit einem von drei möglichen Ergebnissen enden. Erstens konnte es einfach so sein, dass die Insekten vom Stock aus einer erlernten Kompasspeilung folgten und sich weder an einer Karte noch an Landmarken orientierten. Wenn dem so war, musste man damit rechnen, dass die Bienen, die auf dem Flug nach A abgefangen und anschließend nach B verbracht wurden, von B aus einfach ins Blaue hinein losfliegen würden, und zwar in der voreingestellten Kompassrichtung für den Flug vom Stock nach A. Die zweite Möglichkeit war, dass die Insekten über eine echte Karte verfügten; in diesem Fall würde es ihnen nicht schwer fallen, die geometrische Beziehung zwischen B und A zu berechnen, und sie müssten genauso problemlos auf kürzestem Weg von B nach A finden wie von A nach B. Und wenn, drittens und letztens, die Bienen Abkürzungsrouten anhand von visuellen Landmarken flogen, müssten sie die kürzeste Strecke zwischen A und B bedeutend leichter finden, wenn sie von A, als wenn sie von B starteten.

Die Ergebnisse waren höchst bezeichnend: Auf den Futterplatz B dressierte Bienen, die auf dem Anflug abgefangen und an Platz A freigelassen wurden, flogen von dort fast auf dem kürzesten Weg nach B. Auf den Futterplatz A dressierte Bienen jedoch, die an Platz B freigelassen wurden, flogen mehrheitlich in der Stock-zu-A-Kompassrichtung los; eine Minderheit flog heim zum Stock. Diese letztere Gruppe der A-Bienen hatte, wie aus Anschlussexperimenten hervorging, mit an Sicherheit grenzender Wahrscheinlichkeit zu einem früheren Zeitpunkt die Wildflora um Platz B herum als Trachtquelle ausgebeutet und kannte daher den Heimweg zum Stock. Als man das Experiment mit Bienen machte, die erst auf den Futterplatz A dressiert und anschließend auf den Besuch von Futterplatz B umgeschult worden waren, flogen nahezu alle an Platz B freigelassenen Insekten geradewegs heim zum Stock. Um sicherzugehen, dass die Abkürzungsroute selber den Insekten nicht irgendein fundamentales Problem entgegenstellte, dressierte Dyer zuletzt Bienen darauf, von B nach A zu fliegen, und andere darauf, von A nach B zu fliegen; Bienen, die, solchermaßen geschult, die Strecke kannten, hatten in dem Deportationsexperiment keinerlei Probleme.

Die Ergebnisse von Dyers Experimenten stimmen also zusammen mit der Hypothese, dass Bienen, die eine Abkürzungsroute fliegen, visuelle Landmarken als Wegweiser benutzen. Sind die Landmarken für die Bienen von ihrer Position aus nicht zu sehen, kehren die Bienen, wenn sie den Heimweg aus früherer Erfahrung kennen, zum Stock zurück, andernfalls fliegen sie in der – jetzt irreführenden – voreingestellten Kompassrichtung weiter. Mit diesen Befunden ist die Landkarte-Hypothese offenbar erledigt, denn wenn selbst Bienen, die auf beide Futterstellen dressiert wurden, nicht deren geometrische Beziehung zueinander bestimmen und daraufhin die kürzeste Wegverbindung zwischen ihnen ausfindig machen können, dann kann das auch keine andere Biene.

Und damit genug von Abkürzungsrouten. Doch was ist mit den Tänzen der Bienen? Der Bienentanz ist ganz offensichtlich nicht so etwas wie eine Scharade, in der die von der Tänzerin auf dem Weg zur Futterquelle wahrgenommenen Landmarken pantomimisch vergegenwärtigt werden. Mit beeindruckender Zuverlässigkeit meldet die tanzende Biene ihren Stockgenossinnen Richtung und Entfernung einer Futterquelle, und wenn sie diese Größen nicht aus einer mentalen Karte errechnet, wo nimmt sie sie dann her?

Bienenforscher lieben es offenbar, ihren Forschungsobjekten mit diabolischen Tricks auf die Schliche zu kommen, und ich kenne wenige Tricks, die diabolischer wären als der, den Wolfgang Kirchner und Ulrich Braun sich ausgedacht haben. Zuerst klebten sie Honigbienen, die darauf dressiert waren, eine Futterstelle knapp zehn Meter südlich von ihrem Stock zu frequentieren, jeweils einen winzigen (nur sieben Milligramm wiegenden) Magnet auf den Rücken. Dann fingen sie solchermaßen präparierte Bienen beim Anflug auf den Futterplatz mit Magnetstäbchen ab, senkten sie am Ende dieser Stäbchen hängend in einen Windkanal, der im rechten Winkel zu ihrer Flugroute Stock–Futterplatz aufgebaut war, und ließen sie dort 30 bis 90 Sekunden lang einen (simulierten) Flug genau nach Osten erleben. Bei der in dem Kanal herrschenden Luftströmung entsprach diese Aufenthaltsdauer dem Zurücklegen einer Entfernung von etwa 150 bis 450 Metern. Nach dem «Flug» im Windkanal wurden die Bienen an einer zweiten Futterstelle am hinteren Ende des Kanals vorübergehend freigelassen. Für den «Rückflug» wurde das Programm mit umgekehrtem Vorzeichen abgewickelt: Nachdem die Bienen sich ebenso lange wie zuvor bei Gegenwind gleicher Stärke, jetzt aus Westen, im Windkanal aufgehalten hatten, überließ man sie über der ersten Futterstelle wieder sich selbst und der Aufgabe, aus eigener Kraft zu dem genau in nördlicher Richtung liegenden Stock zurückzukehren.

Wenn Bienen die Lage einer neuen Futterquelle in der Weise identifizieren und an die Stockgenossinnen weitermelden, dass sie die Stelle in Bezug auf bereits früher erfasste und in einer wohl gegründeten Karte vermerkte Umgebungsfaktoren situieren, dann durften die Probandinnen sich durch die künstliche Verlängerung ihres Flugs nicht täuschen lassen. Aber nein, sie fielen auf die Täuschung herein: Die Tänze dieser Bienen meldeten eine Futterquelle nicht in südlicher, sondern in fast genau östlicher Richtung und nicht in neun Metern Entfernung, sondern über hundert bis mehrere Hundert Meter weit weg.

Mit anderen Worten: Die Bienen ermittelten Entfernung und Richtung durch Schätzung auf der Basis bestimmter Wahrnehmungen – an und für sich eine beachtliche Leistung. Ihr Gehirn registrierte praktisch die Länge des Fluges und sämtliche Richtungsänderungen. Auch bei anderen Insekten wurde diese Fähigkeit nachgewiesen, die möglicherweise auf irgendeiner Messung des für das Zurücklegen des Wegs erforderlichen Kraft- oder Zeitaufwands beruht oder auf der Auswertung visueller Hinweisreize, die über die zurückgelegte relative Entfernung Auskunft geben können. Eines jedenfalls taten die Bienen ganz sicher nicht: Sie orientierten sich nicht an Landmarken (einschließlich Bäumen und Gebäuden), die ihnen in dem Versuchsfeld überreichlich zur Verfügung standen und ihnen zweifelsohne auch bestens bekannt waren, denn Futterplatz und Windkanal befanden sich ja ganz in der Nähe des Stocks. Zudem erstellten und nutzten die Bienen eindeutig keine kognitive Landkarte.

Kurzum: Was Bienen ihren Stockgenossinnen im Tanz über Richtung und Entfernung neuer Futterquellen mitteilen, ist offenbar eine Schätzung aufgrund von Wahrnehmungen während des vorausgegangenen Ausflugs; wenn sie auf gewohnter Route fliegen oder, wie es gelegentlich vorkommt, eine noch nie geflogene Abkürzung nehmen, orientieren die Insekten sich offenbar an visuellen Landmarken. Der Gebrauch kognitiver Landkarten ist ihnen allem Anschein nach unbekannt.

Die navigatorischen Leistungen von Tieren lassen sich zu einem guten Teil aus Positionsschätzung, Sichtnavigation und Orientierung an visuellen Wegmarken erklären. Eine Kategorie von Experimenten, die unser Interesse verdient – und obendrein für jedermann, der einen Hund oder ein Pferd besitzt, so leicht und vergnüglich auszuführen ist, dass er unbedingt einmal selbst einschlägige Versuche durchführen sollte –, zielt darauf ab, herauszufinden, wie Tiere es denn nun genau anstellen, eine Abkürzung zwischen zwei mit Futterbelohnungen bestückten Plätzen ausfindig zu machen. Das Grundschema des Versuchs sieht so aus, dass man das Tier von einem fixen Ausgangspunkt aus in gerader Linie ein Stück weit weg führt, vor seinen Augen etwas zu fressen auf den Boden legt und es dann auf demselben Weg zum Ausgangspunkt zurückführt. Im nächsten Schritt wird das Ganze in anderer Richtung – im Winkel von, sagen wir, 30 Grad zur ersten – wiederholt. Neuerlich am Ausgangspunkt zurück, lässt man das Tier los und beobachtet, was es jetzt tut. In den veröffentlichten Berichten über derartige Versuche laufen Hunde fast jedes Mal schnurstracks zur Ablegestelle Nummer eins und anschließend auf direktem Weg, ohne erst zum Ausgangspunkt zurückzukehren und von dort der vorher begangenen Route zu folgen, in beinah schnurgerader Linie zur Ablegestelle Nummer zwei. Die beste Erklärung dafür scheint zu sein, dass die Tiere die räumlichen Verhältnisse schätzen, wenngleich das Auswerten visueller Orientierungsmarken nicht immer auszuschließen ist; interessant könnte es vor diesem Hintergrund sein, zu testen, ob die Zielsicherheit des Tieres mit weiteren Entfernungen und größeren Winkeldistanzen abnimmt. Eine andere Abwandlung des Grundschemas besteht darin, an den Ablegestellen unverwechselbare visuelle Markierungen anzubringen und zu beobachten, wie sich das auf die Leistung des Tieres auswirkt. Als ich den Test in seiner Grundform mit meinem Pferd vornahm, schnitt es nicht immer überragend ab; aber *wenn* es gut abschnitt, war es verblüffend, mit welch unfehlbarer

Zielsicherheit es sich zu der zweiten Ablegestelle hin orientierte. Dann hob es, nachdem es das Futter an der ersten Stelle aufgefressen hatte, den Kopf, wandte sich exakt in die Richtung der zweiten Futterstelle und ging schnurgerade auf das Ziel los. Erst in unmittelbarer Nähe des Zielpunkts senkte es den Kopf, weil es offenbar (mit den Augen oder der Nase) nach dem Futter suchen wollte.

Man kann es nicht oft genug wiederholen: Positionsschätzung und Orientierung an visuellen Landmarken sind zwar kein echtes kognitives Kartieren, aber gleichwohl hoch entwickelte kognitive Leistungen, die komplexe mentale Repräsentationen voraussetzen. Weder die eine noch die andere ist denkbar ohne die Fähigkeit, Informationen in einer Manier zu speichern, zu verarbeiten und abzurufen, die das Niveau banaler Durchschnittlichkeit weit übersteigt.

Die eifrige Suche nach Formen der räumlichen Orientierung, die dem echten internen Kartieren und Kartenlesen näher kommen, führt streckenweise über ungewisses Terrain. Eindrucksvollste einschlägige Leistungen haben Schimpansen geliefert. In einem inzwischen berühmt gewordenen Experiment wurde ein Schimpanse von einem der Experimentatoren huckepack durch das viertausend Quadratmeter große Freigehege getragen, das er sich üblicherweise mit mehreren Artgenossen teilte; ein zweiter Experimentator begleitete den Lastträger und versteckte vor den Augen des Tieres an achtzehn planlos ausgewählten Plätzen jeweils eine Futtergabe. Der zuschauende Schimpanse wurde dann zu seinen vorübergehend ausquartierten Kameraden zurückgebracht, und zwei Minuten später wurde die ganze Schar wieder in das Gehege eingelassen. Das Tier, das den Vorgang des Versteckens beobachtet hatte, bewies beim Auffinden der versteckten Futtergaben nicht nur ein ausgezeichnetes Gedächtnis, sondern setzte sogar noch einen drauf: Es suchte die einzelnen Verstecke nicht in der Reihenfolge auf, in der es sie auf seiner Huckepacktour kennen gelernt hatte – und der Weg, den es nahm, zeigte, was die Gesamtlänge der zurückgelegten Strecke betraf, einen höheren Grad an Effizienz, als es bei planlosem Vorgehen hätte der Fall sein dürfen.

Die Aufgabe, für die Besuche einer Anzahl von Orten die effizienteste Reihenfolge (die kürzeste Route) zu bestimmen, ist Mathematikern unter dem Namen «Problem des Handlungsreisenden» (auch «Rundreise-» oder «Rundfahrtproblem») geläufig und verlangt nach einem recht komplexen Lösungsansatz. Die Zahl der Wahlmöglichkeiten («Permutationen») ist gleich der Fakultät der Zahl der zu besuchenden Orte; für die Rundreise durch achtzehn Orte (den Rundgang über achtzehn Futterverstecke) kommen mehr als sechs Trillionen Routen in Frage! In Anbetracht einer Zahl dieser Größenordnung kann es kaum überraschen, dass unser Schimpanse bei der Wahl seines Weges nicht die schlechthin optimale Route traf; trotzdem: Eine verdammt gute Wahl hat er schon getroffen.

Auch hier stellt sich wieder die Frage, ob dies nun als Beweis für das Vorhandensein einer kognitiven Landkarte bei einem Tier zu werten ist. Als ein solcher Beweis wird das Schimpansenexperiment häufig zitiert. Und in der Leistung der jeweils untersuchten Schimpansen bekundete sich ja unbestreitbar ein phänomenales Ortsgedächtnis. Indes gab mindestens ein Kommentator zu bedenken, dass die Schimpansen sich bei den einzelnen Experimenten an Landmarken orientiert haben könnten, die sie in der Huckepackphase wahrgenommen hatten und später wieder erkannten; waren sie, so geführt, erst einmal im engeren Umkreis eines Futterverstecks angelangt, könnten sie dessen genauen Ort anhand anderer, lokaler Landmarken identifiziert haben (ganz ähnlich wie es allem Anschein nach die Kiefernhäher machen). Das Gehege, in dem die Experimente stattfanden, war den Schimpansen bestens vertraut, und alle Landmarken waren von jedem anderen Punkt des Geländes aus unschwer zu erkennen.

Andererseits ist da auch der Umstand, dass die Schimpansen Routen wählten, die effizienter waren als die Verbindungen zwischen einer Zufallsfolge der Verstecke – und dass sie den Weg von Versteck zu Versteck nicht nach der Strategie gestalteten, immer das allernächste Ziel aufzusuchen, sondern dass ihr Rezept vorsah, bevorzugt Ballungszonen von Verstecken anzusteuern, wo auf sehr viel effizientere Weise (weil auf kürzeren Wegen) Beute zu machen war –: Und dieser Umstand spricht nun in der Tat stark dafür, dass die Tiere ein Globalbild von den räumlichen Beziehungen zwischen den achtzehn Verstecken besaßen.

Ähnliche Experimente mit Rhesusaffen und Meerkatzen führten zu dem Befund, dass diese Tiere sich generell nicht mehr als sechs Orte von Futterverstecken merken konnten. Aber auch sie schienen bei der Wahl ihrer Route auf den Faktor Effizienz – mehr Verstecke auf kürzerer Strecke – Rücksicht zu nehmen. Bei dem Meerkatzen-Versuch wurden die Affen einzeln in einem neun mal neun Meter messenden Freigehege herumgetragen und durften dabei beobachten, in welchem halben Dutzend von insgesamt fünfundzwanzig Erdlöchern Weintrauben versteckt wurden. Sind insgesamt nur sechs Orte aufzusuchen, führt die Strategie, von Anfang an immer wieder das nächstgelegene Versteck anzusteuern, in den meisten Fällen zum optimalen Resultat. Indes schien den Affen daran zu liegen, unter Beweis zu stellen, dass sie weiter als lediglich bis zum nächsten Versteck vorausdachten. In einem Durchlauf richteten die Experimentatoren es so ein, dass der Proband zu seiner Tour von einem Punkt aus startete, der von zwei mit Trauben bestückten Erdlöchern gleich weit entfernt war. In der einen Richtung führte der Weg allerdings in eine Zone des Geheges, wo lediglich zwei Futterverstecke nahe beisammenlagen; der Weg in die andere Richtung dagegen führte in eine Zone mit vier unmittelbar benachbarten Verstecken. Mit nie versagender Beharrlichkeit starteten die Affen jedes Mal in die Richtung der dichter bestückten Zone:

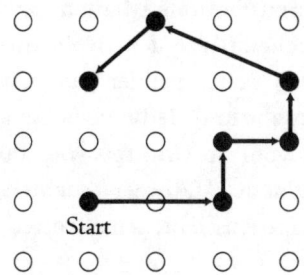

Erwähnt sei schließlich noch eine Studie über wilde Schimpansen im Tai-Nationalpark der westafrikanischen Republik Côte d'Ivoire (Elfenbeinküste), aus der ebenfalls hervorzugehen scheint, dass die Tiere eine Vielzahl von Plätzen im Gedächtnis zu behalten und auch von ganz neuen Aufenthaltsorten aus die kürzeste Entfernung zu ihnen zu berechnen vermögen. Tai-Schimpansen benutzen zum Nüsseknacken gewohnheitsmäßig schwere Steine als natürliche Hämmer. Diese «Hämmer» wiegen ein halbes bis zu vollen achtzehn Kilogramm. Steine sind im Tai-Regenwald ein rarer Artikel, und deshalb schleppen die Tiere ihre Werkzeuge häufig von einem Baum zum andern, je nachdem, wo sie gebraucht werden. Indem sie in einem zwei Quadratmeilen großen Untersuchungsgebiet jeden Stein und jeden Nussbaum kennzeichneten, konnten Primatenforscher die dort stattfindenden Werkzeugtransporte genau verfolgen. Wenn ein Schimpanse beim Weiterziehen auf den nächsten Nussbaum stößt, muss er sich entscheiden, welchen von mehreren in der Nähe lagernden Steinen er herbeiholen soll. In vielen Fällen scheint er sich nicht nur daran erinnern zu können, wo die Steine nach dem letzten Gebrauch zurückgelassen wurden, sondern ist auch in der Lage, gleich den räumlich nächsten Stein auszuwählen, selbst wenn sich alle in Frage kommenden Kandidaten außer Sichtweite befinden. In 48 (also ungefähr 63 Prozent) von insgesamt 76 beobachteten Fällen, in denen die erreichbaren Steine sich sämtlich außer der (in diesem Wald 18 Meter betragenden) Sichtweite des Schimpansen befanden, der soeben unter einem Baum seinen Tisch mit Nüssen gedeckt gefunden hatte – und in denen die Forscher alle verfügbaren Optionen hatten bestimmen können –, schafften die fraglichen Tiere den in nächster Nähe liegenden Stein herbei. Laut den Verfassern der Studie, dem Schweizer Forscherehepaar Christophe und Hedwige Boesch, hatten Schimpansen, die aufs Geratewohl im Umkreis von 300 Metern um einen Futterbaum nach einem «Hammer» suchten, im Durchschnitt nur eine 26-prozentige Aussicht, den nächsten vorhandenen Stein zu finden.

Es bleiben erhebliche Zweifel, was genau die Tai-Schimpansen eigentlich tun. Überlegen wir doch, um nur ein Beispiel zu nennen: Selbst eine planlose Suche müsste, wenn sie erst der unmittelbaren Umgebung gilt, ehe sie weiter ausgreift, immer auf den nächsten zu findenden Stein stoßen.

ORTSZELLEN

Die Indizien dafür, dass neben menschlichen Kleinkindern auch Ratten sich an der globalen geometrischen Form ihrer unmittelbaren räumlichen Umgebung zu orientieren vermögen, sind wahrscheinlich das Stichhaltigste, was wir an Beweisen für die Existenz einer echten kognitiven Karte bei Tieren bisher haben. Mit Hilfe winziger in das Gehirn einer Ratte – und zwar speziell in den Hippocampus genannten Teil – eingeführter Elektroden fand man heraus, dass dort eine eigentümliche automatische Positionsberechnung stattfindet: Je nachdem, an welcher Raumstelle die Ratte sich aufhält, ist eine andere Zelle aktiv. Diese so genannten Ortszellen bilden den gesamten Raum der unmittelbaren Umgebung ab, wobei die von den einzelnen Zellen abgedeckten Felder in der Außenwelt einander leicht überlappen. Die räumliche Anordnung der Ortszellen im Hippocampus steht in keinerlei erkennbarer Korrelation zur räumlichen Verteilung der erfassten Felder in der Außenwelt. Das heißt, wir haben es hier mit einer sehr sonderbaren Karte zu tun; würde man die Verhältnisse auf unsere geographische Kartographie übertragen, müsste man sich eine Karte vorstellen, die in der Weise entstanden ist, dass man aus einer gewöhnlichen Weltkarte alle Länder ausgeschnitten und diese Ausschnitte durcheinander gemischt hat, um sie dann in irregulärer Anordnung neu auf einen gemeinsamen Hintergrund aufzukleben. Doch einerlei, wie die physikalische Anordnung der Ortszellen im Gehirn aussieht, die Verbindung zwischen der einzelnen Zelle und der einzelnen Raumstelle ist eindeutig, ausschließlich und reproduzierbar. Wann immer die Ratte sich in einer bestimmten Ecke eines rechteckigen Verschlags aufhält, ist eine bestimmte Ortszelle aktiv, und jedes Mal, wenn sie sich in der Mitte des Verschlags aufhält, ist eine andere – und jedes Mal dieselbe – Zelle aktiv. Schon wenige Minuten nachdem das Tier in eine neue Umgebung verpflanzt wurde, hat der Hippocampus eine neue Karte der Lokalität fertig gestellt.

Wie stellt das Gehirn diese Berechnungen an? Anders gefragt: Woher «weiß» der Hippocampus der Ratte, wo die Ratte sich gerade aufhält? Bei Anschlussuntersuchungen hat sich gezeigt, dass Ratten eine zuverlässige Ortszellen-Karte sogar in totalem Dunkel erstellen können, und das auch dann noch, wenn Gerüche und Geräusche, die Anhaltspunkte für die Unterscheidung von Raumstellen liefern könnten, mit peinlichster Sorgfalt eliminiert wurden. Das deutet sehr stark darauf hin, dass die Tiere ihre Position mittels permanenter Schätzung der Entfernung von Wänden oder Ecken bestimmen und so auch die mentale Karte im Hippocampus erstellen.

Diabolisch-trickreiche Experimente üblicher Sorte bestätigen dies. Was passiert, wenn man, nachdem die Ratten sich in einem kleinen Raum zurechtzufinden gelernt haben, die Abmessungen des Raums sozusagen hinter dem Rücken der Bewohner verändert, ihn nach allen Seiten «dehnt»? Dann «dehnen» sich praktisch auch die Ortszellen. Nehmen wir an, in dem ursprünglichen Raum korrespondierte eine Ortszelle der Raummitte, die von den Seitenwänden jeweils zehn Trippelschritte entfernt war. In dem gedehnten Verschlag ist dieselbe Ortszelle nun aber für zwei Raumstellen zuständig: Bewegt die Ratte sich von der einen Seitenwand her auf den Mittelpunkt des Raumes zu, beginnt sie nicht erst mit Erreichen dieses Punkts, sondern in zehn Schritten Abstand von der Wand aktiv zu werden. Und steuert die Ratte den Mittelpunkt von der anderen Wand her an, beginnt die Ortszelle auch in diesem Fall zehn Schritte von der Wand entfernt zu feuern.

Diese Kartierungs- und Kartenlesefunktion geht eindeutig automatisch vonstatten; sie verdankt sich in allererster Linie der ingeniösen Art und Weise, wie die Ortszellen im Hippocampus verschaltet sind. Sie spricht außerordentlich empfindlich auf die globale Geometrie der unmittelbaren Umgebung an und ermöglicht es so dem Tier, in praxi seine Position auf vertrautem Grund zu kennen, «ohne davon zu wissen» (wenn man so sagen darf).

Ein klares Indiz dafür, dass diese Kartierungsfunktion im Wesentlichen die geometrischen Verhältnisse, nicht visuelle Landmarken verarbeitet, ergibt sich aus scharfsinnigen Experimenten, die zum einen mit Ratten und zum anderen mit menschlichen Kleinkindern durchgeführt wurden. Im einen wie im anderen Fall wurden die Probanden in einen rechteckigen Raum platziert und durften dort beobachten, wie in einer Ecke ein begehrtes Objekt (für die Ratten etwas zu fressen, für die Dreikäsehochs ein Spielzeug) versteckt wurde. Anschließend wurden sie gezielt desorientiert – die Ratten, indem man sie in einen zweiten Raum verbrachte, der dem ersten aufs Haar glich, die Kleinkinder, indem man sie wie beim Blindekuhspiel mit verbundenen Augen behutsam um ihre eigene Achse drehte. Ein Rechteck hat bekanntlich vier Ecken, und wer nach einem desorientierenden Intermezzo lediglich die Ecken – aber nicht die globale Geometrie – des Raums wieder zu erkennen vermöchte, der würde wahrscheinlich alle Ecken in unsystematischer Reihenfolge nach dem Objekt der Begierde absuchen. Wer jedoch über einige Einsicht in die geometrischen Eigenschaften des Raums verfügt, kann zwei Ecken sofort von der Kandidatenliste streichen, weil nämlich die beiden Paare einander diagonal gegenüberliegender Ecken auch für einen noch so desorientierten Betrachter nicht miteinander zu verwechseln sind. (Zeichnen Sie ein hochkant stehendes Rechteck, und markieren Sie die Ecke links oben und die Ecke rechts unten jeweils mit einem X. Stellen Sie nun Ihre Zeichnung auf den Kopf. Das Rechteck sieht genauso aus wie zuvor. Würden Sie die Zeichnung noch mehrere Male umdrehen, ohne mitzuzählen, könnten Sie bei anschließender Betrachtung nicht sagen, welches X ganz zu Anfang das obere und welches das untere gewesen ist. Doch selbst wenn Sie die entsprechenden Ecken nicht markiert gehabt hätten, könnten Sie sie von den anderen beiden unterscheiden;

die zwei Paare einander diagonal gegenüberliegender Ecken sind geometrisch verschieden. Wäre Ihre Zeichnung die «Karte» eines rechteckigen Zimmers, fänden Sie in diesem Zimmer die «X-Ecken» am rechten Ende – rechts in der Position Gesicht zur Wand – einer jeden der zwei langen Wände.) Desorientierte Ratten und Kleinkinder suchen nach der Belohnung in den Ecken, die geometrisch mit derjenigen übereinstimmen, in der die Belohnung nach ihrer vorausgegangenen Beobachtung versteckt wurde, und betreiben ihre Suche an jeder der beiden Stellen mit gleicher Energie. Sie besitzen demnach eindeutig ein räumliches Empfinden für die Geometrie des Raums im Ganzen. Noch interessanter ist, was geschieht, wenn eine Ecke oder eine Seite des Raums mit einer deutlich wahrnehmbaren visuellen Markierung versehen wird. Erwachsene menschliche Probanden machen sich, nachdem sie desorientiert wurden, den visuellen Hinweis sofort als Wegweiser zu der gesuchten Stelle zunutze, nicht so jedoch Ratten und ebenso wenig Kleinkinder im Alter von acht bis vierundzwanzig Monaten. Deren Neuorientierung stützt sich allein auf die globale geometrische Form ihrer unmittelbaren räumlichen Umgebung.

Mit einer Karte besitzt ein Organismus allerdings nur einen Teil des zum Navigieren erforderlichen Instrumentariums; er benötigt zudem einen Kompass, der es ihm ermöglicht, seine derzeitige Richtung innerhalb des mit der Karte vorgegebenen Bezugssystems zu errechnen. Bei neurophysiologischen Untersuchungen an Ratten hat sich gezeigt, dass die Tiere in einem anderen Teil des Hippocampus Zellen besitzen, die, einerlei wo die Ratte sich gerade befindet, in Abhängigkeit davon aktiv sind, welcher Richtung innerhalb des Umweltkoordinatensystems der Ratte deren aktuale Vorwärtsrichtung entspricht. Werden Ratten in Experimenten wie dem eben beschriebenen desorientiert, sodass im Endeffekt beispielsweise ihre innere Karte um 180 Grad gedreht wird, dreht dieser innere Kartenkompass sich bezeichnenderweise mit.

Wenn es darum geht, ihre Karte und ihren Kompass neu auszurichten, *können* Ratten manchmal sogar einen visuellen Hinweisreiz verwerten. Man setzt beispielsweise Ratten in einen kreisrunden Raum, dessen Wand an einer Stelle dank eines angepinnten Notizzettels einen weißen Fleck aufweist, und lässt sie das Terrain erkunden. Dann wird das Licht gelöscht und der weiße Notizzettel an der Wand um 90 Grad weitergerückt, danach wieder: Licht an. In vielen Fällen werden jetzt die Ratten ihre Ortszellenfelder drehen, bis sie wieder so auf die Orientierungsmarke Notizzettel ausgerichtet sind, wie sie es zuvor waren. In vielen Fällen – aber nicht immer. Visuelle Hinweise bilden anscheinend einen sekundären Orientierungsmechanismus für interne Landkarten.

Es ist allerdings nicht schwer, zu verstehen, wie über die Karte im Hippocampus assoziative Verknüpfungen mit visuellen Landmarken oder Erinnerungen an wichtige Dinge oder Ereignisse entstehen können. Die Ortzelle im Hippocampus feuert automatisch, wann immer das Tier sich an der ihr entsprechenden Raumstelle befindet; fällt dieses Signal mit visuellem Input vonseiten einer charakteristischen Landmarke oder eines wichtigen Erlebnisses zusammen (eines Baums voller Nüsse oder eines glücklich gefundenen Hammer-Steins, falls das Tier ein Schimpanse ist, eines als plötzlicher Schrecken unversehens aus dem Gebüsch aufflatternden Vogels, falls ein Pferd), können neue Objekte Aufnahme in die Karte finden – ähnlich wie auf Karten für Touristen Motels und sehenswerte historische Stätten vermerkt werden können.

Eine Karte und dazu einen Kompass zu besitzen ist die Vorbedingung für echte Navigation, und das Vorhandensein beider Hilfsmittel als fest verdrahtete Systeme im Hippocampus könnte so manche Glanzleistung tierlichen Orientierungsvermögens erklären. Unter allen Tieren sind wahrscheinlich die Tauben diejenigen, die über die faszinierendsten Navigationskünste verfügen, denn sie haben zweifelsfrei bewiesen, dass sie selbst von Orten aus, an denen sie noch nie gewesen waren und an die man sie womöglich in lichtlosen Boxen ohne Ausblick oder unter sonst wie desorientierenden Bedingungen transportiert hatte, einen sicheren

Kurs nach Hause zu steuern vermögen. Über die Funktionsweise ihres Kompasses weiß man einigermaßen Bescheid: Sie bestimmen die Kompassrichtung, indem sie den Sonnenstand mit ihrer inneren Uhr vergleichen. In einem Experiment waren Brieftauben mehrere Tage lang in einem von der Außenwelt abgeschotteten Raum untergebracht, in dem das Licht um sechs Stunden phasenverschoben gegenüber dem natürlichen Sonnenaufgang und -untergang an- und abgeschaltet wurde. Als man diese zeitversetzten Tauben morgens aufsteigen ließ, flogen sie nicht nach Norden, in Richtung Heimat, sondern in fast genau westlicher Richtung los. (Eine nicht auf diese Zeitverschiebung konditionierte Kontrollgruppe schlug den Kurs nach Norden ein.) Es besteht ferner die Möglichkeit, dass Tauben bei bewölktem Himmel das Magnetfeld der Erde als Ersatzkompass nutzen können.

Wie sie zu ihrer Landkarte kommen, ist allerdings nach wie vor ein Rätsel. Eine von vielen Hypothesen lautet dahin, dass sie an ihrem Heimatort die assoziative Verknüpfung spezifischer Gerüche mit der Richtung, aus welcher der Wind sie heranträgt, erlernen. Mit anderen Worten: Tauben kreieren eine Geruchskarte; steigen sie an einem unvertrauten Ort auf, verrät ihnen der an diesem Ort vorherrschende Geruch, in welcher Richtung sie ihr Zuhause zu suchen haben.

STOCHERN, PULEN, ZERTRÜMMERN

Die Fähigkeit zum Werkzeuggebrauch und zur Werkzeugherstellung kann man fast als die Kerndefinition des modernen Menschen bezeichnen («modern» hier im evolutionsgeschichtlichen Sinn verstanden). Die Leistungen, auf die wir uns als Angehörige der Spezies Mensch am meisten zugute halten, sind meist Errungenschaften unseres überragenden technischen Könnens. So ist es für uns nur natürlich, dass wir beeindruckt sind, wenn wir auch andere Spezies Werkzeuge gebrauchen sehen. Werkzeuggebrauch wird oft für ein Signum von Intelligenz angesehen; für Donald

Griffin deutet er entschieden auf eine elementare Form bewusster Gedanken an etwas hin, was das Tier zu vollbringen sucht.

Allein, es besteht offenbar keine sonderlich ausgeprägte Korrelation zwischen Werkzeuggebrauch und anderen Verhaltensformen, die einen avancierten kognitiven Entwicklungsstand voraussetzen. Viele Insekten, aber nur wenige Vögel und Säugetiere benutzen Werkzeuge. Kapuzineraffen benutzen in freier Wildbahn regelmäßig ein ganzes Sortiment von Werkzeugen, unter anderem Holzstäbe zum Auspulen von Essbarem, Steine als Hämmer zum Nüsseknacken und eine Vielfalt von Dingen als Wurfgeschosse zum Vertreiben von Schlangen und anderen potenziellen Fressfeinden. Dagegen machen wild lebende Gorillas und Orang-Utans, Mitglieder der Familie der Großen Menschenaffen, unserer nächsten Verwandten, wenig bis gar keinen Gebrauch von Werkzeugen. Bei Seeottern und Erdhörnchen ist Werkzeuggebrauch zu beobachten, dagegen nicht bei Delphinen, Tümmlern und Walen.

Mitverantwortlich für diese scheinbare Unstimmigkeit in der Verbreitung des Werkzeuggebrauchs sind unsere Begriffsdefinitionen im semantischen Umfeld von «Werkzeug». Wissenschaftsjournale sind voll von haarspalterischen Disputen über die Frage, was genau denn die Kriterien des Werkzeuggebrauchs erfüllt und was nicht (kann man schon von Werkzeuggebrauch sprechen, wenn ein Elefant sich den Rücken kratzt, indem er ihn am Stamm eines Baumes reibt, oder erst dann, wenn er mit dem Rüssel einen Ast oder Zweig packt und den als Kratzer benutzt? Liegt Werkzeuggebrauch vor, wenn ein Aasgeier ein Ei auf einen Stein fallen lässt, oder nur dann, wenn er den Stein auf das Ei fallen lässt?). Indes vermengen diese definitorischen Bemühungen all ihrem Willen zu begrifflicher Klarheit und logischer Stimmigkeit zum Trotz viele grundlegend verschiedene Verhaltensformen, die im Einzelnen wohl sehr unterschiedliche kognitive Entwicklungsniveaus repräsentieren. Diese Verhaltensformen werfen wir gern in einen Topf, weil sie oberflächlich betrachtet etwas gleichen, was wir für Werkzeuggebrauch halten. Die unvermeidliche Folge ist die Überbewertung einzelner Verhaltensformen und das Versäumnis, in Bezug auf das, was Tiere da im Einzelfall eigentlich anstellen, auch nur die elementarsten Differenzierungen vorzunehmen.

Bei Insekten zum Beispiel folgt der «Werkzeuggebrauch» jeweils einem starren Ablaufmuster, das kaum Abwandlungen zulässt – jeder Einzelfall ein Paradebeispiel für die gedankenlose Intelligenz der Evolution. Die Sandwespe hält einen kleinen Kiesel oder ein Stückchen Holz zwischen den Kiefern und klopft damit über und bei dem Eingang zu ihrem Nest, in dem sie soeben ein Ei gelegt hat, die Erde fest. Das dient ganz offenkundig der Tarnung des Nestes und der Erschwerung des Zugangs – eine wichtige Abwehrmaßnahme gegen eine Anzahl von Schmarotzerfliegen- und -wespenarten, die nach Wespennestern suchen, um die geschlüpften Larven mit *ihren* Eiern zu belegen. Wer jedoch als Beobachter seine Aufmerksamkeit ganz auf den «Werkzeuggebrauch» der Sandwespe konzentrieren wollte, würde andere, wichtigere Aspekte ihres Verhaltens übersehen. Denn bemerkenswerter als die Verwendung eines Kiesels als Hilfsmittel ist der Umstand, dass die Wespe überhaupt «weiß», dass es den Eingang zu dem Nest zu verbergen gilt. Und noch bemerkenswerter ist der schaurig-schöne Trick, den sie beim Füttern ihrer sich entwickelnden Larven anwendet: Mit mehreren Stichen ins Bauchmark lähmt sie Schmetterlingsraupen, Grillen oder andere Insekten, schafft die bewegungsunfähige, aber noch lebende Beute zum Nest und zerrt sie in die unterirdische Höhle, wo sie der oder den sich entwickelnden Larve(n) als Nahrung dient. Alle diese Aktionen der Wespe könnte man sehr wohl bei weitem «intelligenter» finden als ihren Werkzeuggebrauch. Aber alle entspringen sie nachweislich einem genetisch festgeschriebenen Verhaltensprogramm, das die Wespe mit einer Borniertheit ohnegleichen abspult. Einige Tage nachdem das Weibchen das Ei gelegt und versorgt hat, kehrt es mit weiterer Beute zum Nest zurück; beim dritten Besuch trägt es vielleicht einen Vorrat von fünf, sechs – wiederum zwecks Frischhaltung tunlicherweise gelähmten, aber nicht getöteten – Raupen ein, um anschließend das Nest ein letztes Mal zu verschließen und sich für immer von ihm zu verabschieden. Schon im neunzehnten Jahrhundert wurden jene heute berühmten Experimente mit Sandwespen durchgeführt, aus denen hervorgeht, dass die Weibchen die Prozedur des Öffnens des Nestes, Eintragens der Beute, Verschließen und Tarnen des Nestes mit der zwanghaft mechanischen Präzision eines Uhrwerks abwickeln. Das Weibchen deponiert zunächst die Beute unmittelbar neben dem oberen Ende des zur Nesthöhle führenden Tunnels, öffnet den Eingang, kriecht hinein und inspiziert die Nesthöhle, kehrt dann in die Oberwelt zurück und zerrt die Beute durch den Tunnel in die Höhle. Der französische Entomologe Henri Fabre entfernte nun, während die Sandwespe ihren Inspektionsgang im Inneren des Nestes machte, die Beute ein Stück weit von dem Tunneleingang und stellte dann fest, dass das Weibchen, nachdem es aus dem Erdloch wieder herausgekrochen war, nicht einfach die Beute packte und nach drinnen zerrte, sondern die ganze Prozedur von vorn begann: Es holte die Beute zurück und deponierte sie direkt neben dem Tunneleingang, kroch hinein, inspizierte von neuem die Nesthöhle und kam wieder hervor, um die Beute abzuholen. Fabre repetierte das Experiment wieder und wieder, und jedes Mal wenn die Wespe bei der Rückkehr an die Erdoberfläche die Beute nicht an Ort und Stelle fand, begann sie die Prozedur wieder ganz von vorn. Auf vierzig und mehr Inspektionsgänge in das Nest ließ sie sich auf diese Weise bringen. Betrachtet man das Glattklopfen des verschlossenen Eingangs und seiner Umgebung mit Hilfe eines Kiesels im Licht dieser Beobachtungen, fällt es schwer, darin auch jetzt noch eine Manifestation kreativer Intelligenz zu sehen.

Nach vorliegenden Berichten verwenden Insekten Werkzeuge auch unter vielerlei anderen Bedingungen, doch immer in gleichermaßen stereotyper Weise. Manche Ameisenarten benutzen Stückchen von Laub oder Bröckchen von weicher Erde als Schwämme; sie tauchen sie in flüssige Nährstoffe, und wenn die «Schwämme» sich voll gesogen haben, eilen sie mit ihnen zurück zum Bau. Der in Mittel- und Südamerika heimische Mordkäfer

(Salyavata variegata) frisst mit besonderer Vorliebe eine bestimmte Termitenart; um Beute zu machen, rüttelt er vor einem Eingangsloch des Termitenbaus das Ektoskelett einer Termite, die er zuvor ausgesaugt hat. Arbeitertermiten fressen gewöhnlich die Leichen von Geschwistern, damit die darin enthaltenen Nährstoffe nicht verloren gehen; die Körperhülse, die da auf einmal vor dem Eingang baumelt, wirkt also als Köder. Die Arbeitertermite, die das Ektoskelett packt, um es ins Nestinnere zu ziehen, wird, an dem Köder hängend, mit einem Ruck aus dem schützenden Bau herausgerissen, ausgesaugt und dient dann, so entleert, dem Raubinsekt als nächster Köder. Was Vögel und Nichtprimaten-Säugetiere mit Werkzeugen machen, ist großenteils nicht weniger ritualisiert. Eine Anzahl von Vogelarten pflegt Stöckchen zu benutzen, um Insekten aus Ritzen und Spalten herauszustochern. Lernen spielt dabei fraglos eine gewisse Rolle, da die Vögel mit zunehmender Erfahrung ihre Sonden immer effizienter einzusetzen verstehen, der elementare Instinkt indessen scheint angeboren und ist im Grunde einfach nur die Fortschreibung des Elementarinstinkts zum Sondieren und Explorieren direkt mit dem Schnabel. Galapagos-Spechtfinken stochern mit Stacheln und Zweigen in Baumrinden nach Insekten; ein eben flügge gewordener Spechtfink, den man aus dem Nest nahm und isoliert aufzog, zeigte schon früh ein ausgeprägtes Interesse am Spiel mit Zweigen. Als man ihm einmal ein Insekt in einem Reagenzglas vorsetzte, ließ er zuerst den Zweig fallen und versuchte, den Happen mit dem Schnabel aus dem Hohlkörper zu fischen, ging aber nach einiger Zeit dazu über, den Zweig zum Herauspulen zu benutzen.

Der Nestbau ist eine weitere hohe Kunstfertigkeit von Vögeln und zugleich ein durch und durch stereotypes angeborenes Verhalten. Selbst so überaus kunstvolle Nester wie die rundherum geschlossenen gewebten oder geflochtenen Gebilde der Webervögel entstehen nach einem vollkommen starren Aktionsschema. Hat der Vogel ein inneres Bild von dem Nest, das er bauen möchte? Das braucht er gar nicht; jede vollendete Etappe im Baufortschritt fungiert offenbar als Auslösereiz für die auf der folgenden

Etappe geforderten Aktionen, und falls das Nest einmal reparaturbedürftig ist, zieht es den Bewohner einfach auf die entsprechende Etappe des angeborenen Bauprogramms zurück, und dann schnurrt das Programm von diesem Punkt an erneut ab. Dass der Nestbau offenbar ein im Gehirn des Vogels fest verdrahtetes Programm ist, zeigt sich unter anderem darin, dass isoliert aufgezogene Webervögel in der Lage sind, ein arttypisches Nest zu bauen, sobald man sie mit den geeigneten Materialien versieht. Selbst in Gefangenschaft lebende Webervögelmännchen, die kein taugliches Baumaterial zur Verfügung haben, stehen unter dem Diktat des Programms und versuchen, aus ihren eigenen Federn Nester zu flechten. Kanarienvögel und Tauben ohne Zugriff auf irgendwelches zum Nestbau geeignete Material pflegen pantomimisch ein imaginäres Nest zu bauen oder irgendein herumliegendes größentaugliches Objekt – einen Bleistift oder Ähnliches – aufzugreifen und es immer wieder wie zum Nestbau zu manipulieren.

Webervögel verbessern ihr bauliches Können mit zunehmender Praxis, doch ist dies zur Hauptsache Ergebnis eines Lernens, das sich auf die Tauglichkeit einzelner Grasarten zum Nestweben und die beste Verfahrensweise beim Zerteilen hoher Grashalme in glattrandige schmale Streifen bezieht. Dieses Lernen unterscheidet sich seiner Art nach nicht von dem, das im Rahmen der individuellen Entwicklung der meisten Vögel und Säugetiere stattfindet, insofern deren angeborene Fertigkeiten wie das Jagen, das Fliegen und das Sicheingliedern in eine Dominanzhierarchie zu ihrer Vervollkommnung der praktischen Betätigung bedürfen.

VORAUSPLANUNG

Bei höheren Primaten ist in der Regel ein weitaus flexiblerer und kreativerer Werkzeuggebrauch zu beobachten. Bei einschlägigen Studien an Schimpansen hat sich gezeigt, dass zwischen einzelnen Gruppen dieser Tiere regionale Unterschiede im Werkzeuggebrauch bestehen, was per se darauf hindeutet, dass die fraglichen Verhaltensformen mehr als lediglich stereotype Instinkthandlungen sind. Und wie es scheint, stehen Schimpansen einzig da mit ihrer normalen Praxis, Werkzeuge im Voraus für den angestrebten Zweck bereitzustellen und herzurichten. Sie verkürzen Stöckchen und Gräser auf die passende Länge, streifen Blätter oder ziehen die Rinde von Zweigen ab und spitzen, wenn es Tai-Schimpansen sind, die Enden von Holzstäben mit den Zähnen an. Die Tai-Schimpansen machen sich Holzstäbe zweierlei Typs zurecht: kürzere und dünnere, mit denen sie Mark aus Knochen und das «Fleisch» von Nüssen aus den zertrümmerten Schalen herauspulen, längere und dickere, mit denen sie Ameisen aus ihren Bauten oder Honig aus Bienennestern fischen. Diese Unterschiedlichkeit ist eindeutig zweckorientiert, denn die Löcher, die zu Ameisen oder Bienenhonig führen, sind ohne Frage größer und tiefer. Nur in 6 Prozent der beobachteten Fälle nahmen Schimpansen an Ort und Stelle Abänderungen an den vorher hergerichteten Werkzeugen vor – was den Schluss nahe legt, dass sie in der Lage sind, das richtige Werkzeug für eine Unternehmung im Voraus herzustellen.

Schimpansen in freier Wildbahn verwenden hölzerne Stöcke auch, um im Eingang eines Bienenstocks nach den Insekten zu stochern, ehe sie den Stock aufbrechen, um die Maden und den Honig zu verspeisen. Die Bienen blockieren auf diese Ruhestörung hin die Eingangsöffnung mit ihren Hinterleibern; dann benutzt der Schimpanse seinen Stock dazu, die Insekten unschädlich zu machen. In Laborexperimenten ist es ein ziemlich konstanter Befund, dass die Großen Menschenaffen bei Problemlösungsaufgaben, die Werkzeuggebrauch involvieren, besser als Affen abschneiden. Obwohl Orang-Utans in freier Wildbahn selten Werkzeuge benutzen, Kapuzineraffen hingegen in ihrer natürlichen Umgebung fleißige Werkzeugbenutzer sind, zeigten sich Erstere (genau wie die Schimpansen, ihre Vettern in der Menschenaffenfamilie) wesentlich geschickter bei der Lösung eines Problems, bei dem es darum ging, ein Futterbröckchen mit Hilfe von Stäbchen aus einem Reagenzglas herauszufischen. Als die Experimentatoren die Stäbchen mittels Gummizwillen bündelten und die den Probanden überlassenen Bündel so dick waren, dass sie nicht in das Reagenzglas passten, schnürten die Probanden aus der Menschenaffenfamilie ihr Bündel sofort auf und zogen ein einzelnes Stäbchen heraus. Die Affen versuchten, mit dem ganzen Bündel in den Hohlkörper hineinzufahren. Überließ man den Menschenaffen ein verbogenes Stäbchen, versuchten die Menschenaffen zunächst einmal, es gerade zu biegen, ehe sie es benutzten; die Affen machten nicht einen einzigen derartigen Versuch.

Die meisten Menschen würden aus diesen Befunden, ohne zu zögern, den Schluss ziehen, dass Menschenaffen intelligenter als Affen sind. Doch das ist womöglich eine voreilige Folgerung. Selbst in dem Werkzeuggebrauch, den wir bei Schimpansen beobachten können, haben wir es großenteils mit einer Fortschreibung angeborener manipulatorischer Fähigkeiten zu tun. Im Ganzen gesehen ist Werkzeuggebrauch als solcher vielleicht mehr eine natürliche Folge der Fähigkeit eines Tieres, Gegenstände festzuhalten und zu manipulieren – und ein Reflex ökologischer Zwänge –, denn eine Bekundung von Verstandeskraft als solcher. Die Kapuzineraffen sind hierfür ein treffendes Beispiel. Sie benutzen Werkzeuge ohne viel Federlesens und lösen im Labor zuverlässig komplexe Probleme, deren Bewältigung mit Werkzeuggebrauch verbunden ist – wenn sich auch in den exorbitanten Fehlern, die sie dabei machen, ein totaler Mangel an Einsicht in die räumlichen Beziehungen verrät, die hier im Spiel sind. Wir haben Berichte über wild lebende Kapuzineraffen, wonach diese Tiere ganz ähnlich wie Schimpansen Stöcke zum Töten von Schlangen, als Waffe gegen andere Affen und als Sonde bei der Futtersuche benutzen. Aber die Fehler, die sie in Labortests machten, waren zum Teil schon sehr komisch. Als man ihnen ein Plexiglasröhrchen, in dem eine Erdnuss steckte, und dazu nacheinander verschiedenerlei Sortimente von Stäbchen überließ, zeigten sie sich ziemlich unfähig, dem Problem intelligent zu

Leibe zu rücken. In der Versuchsphase, in der die Affen über mehrere kurze Stäbchen verfügten, mit deren Hilfe die Erdnuss ausgetrieben werden konnte, wenn die Stäbchen nacheinander von einem Ende her in das Röhrchen hineingeschoben wurden, schob ein Proband ein Stäbchen in das eine Ende und ein zweites in das andere Ende hinein. Nachdem die Affen ein von einem Gummiband zusammengehaltenes Bündel Stäbchen erhalten hatten, versuchte einer von ihnen, das Gummiband in das Plexiglasröhrchen zu schieben, obwohl man vorher mit anderen Strategien schon zu Erfolg gekommen war. «Die Affen hatten keine Ahnung, warum eine erfolgreiche Technik besser angebracht war als vergebliches Herumprobieren», merkte die Experimentatorin Elisabetta Visalberghi dazu an.

Wer untersucht, *wie* ein Tier Werkzeuge gebraucht, erfährt ohne Zweifel sehr viel mehr über die kognitiven Fähigkeiten seines Untersuchungsobjekts als derjenige, den nur die Frage interessiert, *ob* es Werkzeuge gebraucht oder nicht. Letzteres mag unter Umständen weitgehend Sache der ökologischen Nische und der anatomischen Ausstattung eines Tieres sein. Kapuzineraffen bilden natürlicherweise eine Verhaltenseigenheit aus, die man als «destruktive Futtersuche» bezeichnet hat. Das heißt: In ihrem natürlichen Lebensraum «begrapschen, zerbrechen und zerschmeißen sie alles, was ihnen in die Finger fällt», wie Visalberghi schreibt. Auf diese Weise kommen sie an Nahrung heran, die anderen Arten unzugänglich bleibt.

Ebenso scheint auch bei anderen Tieren (mit Ausnahme der Großen Menschenaffen) der Werkzeuggebrauch eng mit angeborenen Manipulationsgewohnheiten und evolutionären Anpassungen an die jeweilige ökologische Nische verknüpft zu sein. Elefanten benutzen beim Fressen ständig ihren stupend kräftigen und beweglichen Rüssel zum Manipulieren von Objekten – von Buschwerk, Ästen, Gras, ja ganzen Bäumen. Die große Mehrzahl der bei wilden wie bei in Gefangenschaft lebenden Elefanten beobachteten Fälle von Werkzeuggebrauch sieht so aus, dass irgendwelches mit dem Rüssel ergriffene pflanzliche Material zum Verscheuchen von Fliegen oder Sichkratzen benutzt wird. Auch ein Vogelschnabel ist ein bemerkenswertes und vielseitiges Utensil, verwendbar zum Sondieren, Graben, Putzen des Federkleids und beim Nestbau; Werkzeuggebrauch bei Vögeln besteht denn auch allemal darin, dass ein Hölzchen oder dergleichen im Schnabel gehalten wird und hier als Verlängerung dient. Und die Vielseitigkeit des Werkzeuggebrauchs, die Schimpansen im Vergleich mit anderen Säugetieren beweisen, ist zumindest in Teilen ein direkter Reflex der Anatomie der Schimpansenhand. Die kann wie die Menschenhand sowohl zum «Grobgriff» – dem festen Umfassen eines Gegenstands mit allen Fingern – als auch, dank vorhandener Opponensfunktion, zu dem eine sehr viel feinfühligere Handhabung des Objekts ermöglichenden «Spitzgriff» mit Daumen und zweitem Finger benutzt werden. Kurzum: Tiere benutzen Werkzeuge, weil sie es können. Ebendas meint Euan Macphail, wenn er sagt: «Wir haben nicht den geringsten Grund zu der Annahme, dass Hunde, wenn sie denn Hände hätten, diese nicht gebrauchen würden.»

Interessanterweise spricht manches dafür, dass nicht Intelligenz der Ursprung des Werkzeuggebrauchs ist, sondern umgekehrt Werkzeuggebrauch die Wurzel der Intelligenz – die dann für andere Zwecke eingesetzt werden kann. Tatsächlich könnte es sein, dass viele kognitive Fähigkeiten unablösbar an motorische Fertigkeiten und die zu deren Ausübung erforderlichen mentalen Schaltkreise gekoppelt sind. (Ein Beispiel hierfür ist der enge Zusammenhang zwischen Ortsgedächtnis und Lokomotion; das bloße Sichfort- und -umherbewegenkönnen hat allem Anschein nach eine wichtige Bedeutung für die Fähigkeit zur Berechnung von Raumstellen.)

Das Bedürfnis nach Schaltkreisen, die in der Lage sind, die Feingriffe und subtileren Manipulationen der menschlichen Hand zu steuern, könnte auf ganz eigenartige Weise sogar die Voraussetzungen für die Entstehung der Sprache geschaffen haben. Der Mensch besitzt eine beispiellose manipulatorische Fähigkeit, Gegenstände treffsicher zu werfen. Schimpansen werfen zwar mit Gegenständen, um Störenfriede zu vertreiben, aber was wir an Augenzeugenberichten über Zielwurfaktionen von Schimpansen haben, erschöpft sich, wie der Neurophysiologe William Calvin hervorgehoben hat, in Anekdoten über ihre vereinzelten – sehr wahrscheinlich jedesmal einem glücklichen Zufall verdankten – Treffer. Niemand hat sich die Mühe gemacht, zu protokollieren, wie oft sie danebentreffen. («Wären Schimpansen so treffsichere Werfer, dass sie einigermaßen regelmäßig Beute zur Strecke brächten, dann wäre diese Nachricht bis zu uns durchgedrungen, davon können wir meines Erachtens ausgehen», meint Calvin.) Alle Gliederbewegungen, die nicht länger als etwa eine Achtelsekunde dauern, können während des Ablaufs nicht mehr korrigiert werden: Nervenimpulse wandern einfach nicht schnell genug, um eine auf Informationsrückmeldung beruhende Nachlaufregelung zu ermöglichen. Das bedeutet, dass für einen Akt wie das Zuschlagen mit dem Hammer oder das Werfen des Balls beim Baseballspiel vom Gehirn Dutzende von Muskelaktionen präzise vorausgeplant werden müssen, ein Prozess, den Calvin mit dem Lochen des Papierstreifens vergleicht, der dann, wenn die Musik spielen soll, über die Walzen des mechanischen Klaviers gezogen wird. Das Problem, einen Baseball richtig zu werfen, wird noch dadurch verschärft, dass der Ball beim Vorwärtsschwingen des Arms mit unglaublich präzisem Timing auf die Reise geschickt werden muss. Wer aus etwa dreieinhalb Meter Entfernung ein etwa hasengroßes Ziel treffen will, dem steht ein «Abschuss-Zeitfenster» offen, das gerade mal eine Hundertstelsekunde breit ist. Lässt er den Ball außerhalb des Zeitfensters los, trifft er daneben. Will er dasselbe Ziel aus doppelt so großer Entfernung treffen, schrumpft das Zeitfenster auf eine Tausendstelsekunde. Und gemäß elementarer Korrelationsrechnung würde jede Verdopplung der Wurfdistanz das Vierundsechzigfache an Nervenzellen zur Bewältigung der anfallenden Rechenoperationen erfordern.

Was hat das alles mit der Sprache zu tun? Genau wie mit dem Werfen eines Baseballs ist mit der Verwendung von Sprache ein komplexes Serialisieren neuronaler Ereignisse verbunden. Sowohl die Muskeltätigkeit beim Sprechen als auch das Formulieren und Verstehen der sprachlichen Äußerungen verlangen das schnelle Aufbauen und Entschlüsseln serieller Strukturen. Und ebenso tun dies so einzigartig menschliche (und in sonstiger Hinsicht evolutionsgeschichtlich unerklärliche) Errungenschaften wie Musik und Tanz. Es ist interessant, dass zwei sehr unterschiedliche Hirnwerkzeugstörungen beide mit Schädigungen einer Region der dominanten (bei Rechtshändern also der linken) Großhirnhemisphäre zusammenhängen, die bei den durch die mimische Muskulatur geformten Gesichtsbewegungen wie auch beim Hören von sprachlichen Äußerungen aktiviert ist. An Aphasie («Sprachverlust») Leidende ermangeln der Fähigkeit, sprachliche Symbole zu verstehen und zu formen. Sie haben Probleme, das richtige Wort zu finden; unter Umständen vertauschen sie Laute miteinander; sie haben Probleme mit dem Lesen, Schreiben, Sprechen und Verstehen von sprachlichen Symbolen. An Apraxie («Handlungsunfähigkeit») Leidende ermangeln der Fähigkeit, mit den Händen und Armen erlernte zweckmäßige Bewegungen oder Handlungen auszuführen. Die Duplizität könnte ein bloßer anatomischer Zufall sein; vielleicht sind zwei voneinander unabhängige Systemkomponenten – eine, die an der Kontrolle der Sprache, und eine andere, die an der Kontrolle der Armbewegungen teilhat – rein zufällig benachbart.

Es könnte aber auch alles andere als ein Zufall sein. Die Verschaltung, die sich zunächst entwickelte, um die Serialisierung komplexer Armbewegungen zu ermöglichen, könnte uns mehr oder weniger beiläufig die wunderbaren Gaben des Tanzes, der Musik und der Sprache geschenkt haben.

6 SPRICH!

Das im Westen Nordamerikas heimische Belding-Erdhörnchen ist ein gesellig lebendes Geschöpf, tagaktiver Bewohner offener Landflächen mit wenig Walddecke. Es legt unterirdische Höhlen und Gänge an, verbringt aber einen großen Teil des Tages oberirdisch, auf Steinen und Baumstämmen, und ist daher ziemlich gefährdet durch Anschläge sowohl aus der Luft wie zu Lande, Erstere von Habichten und anderen Greifvögeln, Letztere von räuberischen Säugetieren wie beispielsweise dem Dachs ausgeführt. Die zwei Typen von Fressfeinden bedienen sich sehr unterschiedlicher Überrumpelungsstrategien. Flugfeinde setzen auf Schnelligkeit, Bodenfeinde auf das Anschleichen. Und die Erdhörnchen setzen demgegenüber naturgemäß auf zwei sehr unterschiedliche Selbstschutzstrategien. Ein Hörnchen, das einen Dachs ausgemacht hat, zieht sich an den Eingang zum Bau zurück, erhebt sich dort auf die Hinterbeine und verharrt in dieser Wächterhaltung, um aufmerksam die weitere Entwicklung der Situation zu verfolgen. Dies ist eine unter Beutetieren sehr verbreitete Strategie. Sie übermittelt praktisch dem Räuber die Botschaft, dass sein Versuch, sich hinterrücks anzuschleichen, fehlgeschlagen ist und dass er jetzt besser daran tut, sein Vorhaben aufzugeben und sich nach Hause zu trollen. Was das Hörnchen sagt, lautet (in der zwangsläufig anthropomorphisierenden Sprache der evolutionären Selektion): «Sieh mal, wir beide könnten jetzt viel Zeit damit vertun, dass du mich hetzt und ich davonlaufe oder mich in meinen Bau flüchte, aber mach dir nichts vor – jetzt, wo ich dir auf die Schliche gekommen bin, kannst du den Wettlauf nicht mehr gewinnen. Die Tatsache, dass ich hier in aller Seelenruhe wie auf dem Präsentierteller stehe und dir direkt in die Glotzaugen schaue, müsste sogar einem wandelnden Fußsack wie dir klarmachen, dass dein billiger kleiner Trick aufgeflogen ist.»

Nimmt ein Erdhörnchen einen Habicht oder einen Rotschwanzbussard *(Buteo jamaicensis)* – einen Räuber mit unglaublich schnellem Stoßflug – wahr, bleibt ihm keine Zeit für ein längeres Schwätzchen; es sucht Hals über Kopf unter dem nächstbesten Strauchwerk Deckung und hofft, das alles gut geht.

Zoologen haben festgestellt, dass Erdhörnchen auch zwei sehr verschiedene Laute von sich geben, je nachdem, welchen Typ Räuber sie bemerkt haben. Der «Flugfeind»-Alarmruf ist ein hoher, natürlich-reiner Pfeifton, der «Bodenfeind»-Alarmruf ein raues Schnattern.

Das scheint ein starkes Indiz zugunsten der schon seit langem sowohl in volkstümlichen wie in wissenschaftlichen Darstellungen mitschwingenden Ansicht zu sein, der zufolge die innerartliche Kommunikation unter Tieren semantische Werte transportiert. Dass von Tieren erzeugte Laute auf Kommunikation hinauslaufen, erscheint so selbstverständlich, dass dieser Gedanke lange Zeit nicht hinterfragt wurde. Menschliche Kommunikation ist evidentermaßen ein Austausch von Information zwischen wechselsweise als Sender und Empfänger agierenden Instanzen, die einen gemeinsamen Code verwenden. In Analogie dazu konstatierte man bei Tieren lange Zeit «Futterrufe» oder «Paarungsrufe» oder «Warnrufe» mit klarem semantischen Inhalt. Das tierliche Vokabular mag streng begrenzt sein, aber wenn Tarzan «Kagoda!» sagt (was, wie wir aus zuverlässiger Quelle hören, in der Affensprache so viel wie «Ergibst du dich?» heißt) oder wenn ein Erdhörnchen «diiit» («Raubvogel im Anflug!») sagt, dann benutzen sie sprachliche Zeichen genau wie wir. Und die anderen Erdhörnchen reagieren exakt so, als ob sie die Semantik dieses Zeichengebrauchs verstünden. Hören sie einen «Flugfeind»-Ruf, laufen sie, so schnell sie können, in schützende Deckung; hören sie «ein Dachs», laufen sie zu ihrem Höhleneingang, um dort aufrecht stehen zu bleiben und die Dachsbeobachtertruppe zu verstärken.

Aber in dieser Erklärung des Sachverhalts fehlt etwas – nämlich eine Erklärung. Was das Hörnchen angesichts des Fressfeindes *tut*, zeigt, dass sein ganzes Sinnen und Trachten darauf gerichtet ist, die eigene Haut zu retten. Sich selbst aufopfernde Helden trifft man in der Tierwelt selten, aus dem einfachen Grund, weil sie nicht lange genug im Spiel bleiben, um ihre edlen Eigenschaften an kommende Generationen vererben zu können. Tiere, die eine verhältnismäßig geringe Zahl von Nachkommen produzieren, sind naturgemäß dazu disponiert, ein Risiko einzugehen, um ihre Jungen zu schützen, aber das ist etwas anderes – sie haben ihre Gene bereits an diese Jungen weitergegeben, die somit eine Investition darstellen. Um es in weniger anthropomorphisierender und teleologischer Sprache auszudrücken: Welche Chromosomen haben mehr Aussicht, auf die Dauer in einer Population zu überleben? Solche, die die genetische Information für einen elterlichen Fürsorgeinstinkt enthalten, oder solche, bei denen das nicht der Fall ist? Dass wir einen so starken Instinkt dieser Art besitzen, liegt daran, dass wir ihn von unseren Eltern geerbt haben, die, weil sie selbst im Besitz dieses Merkmals waren, dafür sorgten, dass wir lange genug am Leben blieben, um unsererseits wieder Eltern werden zu können.

Aber wie, so müssen wir gleichfalls fragen, kann ein «Raubvogel!»- oder «Dachs!»-Rufen einem Erdhörnchen helfen, seine Haut zu retten? Etwa indem es zum Überleben der ganzen Gruppe oder Spezies beiträgt? Das ist ein schöner Gedanke, der sich jedoch vor dem Hintergrund der Gesetze der natürlichen Selektion meistenteils als mathematisch unhaltbar entpuppt. Tatsache ist, dass es der natürlichen Selektion einerlei ist, ob eine Spezies überlebt oder nicht. Träger der Gene sind die Individuen, und in aller Regel hat ein Gen, das ein Individuum veranlasst, sich wie ein Pfadfinder zu benehmen, im Evolutionsgeschehen keinen guten Stand. An sich müsste die Selektion Hörnchen begünstigen, die in einer Sozietät, in der alle sich bei passender Gelegenheit als selbstlose Helfer betätigen, ihrerseits angesichts drohender Gefahr keinen Ton verlauten lassen. Trompete es in die Welt hinaus, und alle Welt ist genauso gewarnt wie du, und dein Sicherheitsvorsprung ist dahin. Außerdem wäre es ja auch denkbar, dass ein lauter Ruf das Interesse des Angreifers und damit den Angriff auf den Rufer lenkt. Stiehl du dich heimlich, still und leise davon und lass kaltblütig irgendeinen von den unachtsamen Trotteln vom Habicht gefressen werden, dann bist du in jeder Hinsicht fein raus. Es scheint also die ideale Selbsterhaltungsstrategie zu sein, in einer Gemeinschaft von Rufern der einzige Nichtrufer zu sein. Doch wenn dem so ist, wie konnte dann der Instinkt, einen lauten Ruf auszustoßen, sich überhaupt im Genpool durchsetzen? Sobald in der Population Rufer auftauchten, waren sie doch gegenüber den Nichtrufern heillos im Hintertreffen. Die Überlebenden – diejenigen, die lange genug überlebten, um ihre Gene an die nächste Generation weitergeben zu können – mussten doch allemal die Leisetreter und Beiseiteschleicher sein, die keinen Mucks machten.

Eine stimmige Lösung des Problems werden wir nur finden, wenn wir uns von der Idee verabschieden, dass die Hörnchenrufe semantische Äußerungen, Wörter oder Einwortsätze irgendeiner «Sprache», seien. Den ersten interessanten Fingerzeig zur Lösung geben uns die akustischen Eigenschaften der Hörnchenrufe. Die Quelle eines hohen, reinen Tons ist für Vögel wie Säugetiere schwer zu orten. Da hätten wir also erstens schon einmal die Tatsache, dass ein «Flugfeind!» rufendes Hörnchen seinen Standort nicht verrät. Experimente führten zu dem Befund, dass derlei hohe, reine Töne nicht nur schwer zu lokalisieren, sondern sogar ausgesprochen verwirrend sind. Greifvögel, denen man alle möglichen Töne in allen möglichen Tonhöhen vom Band vorspielte, drehten den Kopf in aller Regel haargenau der verborgenen Schallquelle zu. Spielte man ihnen jedoch das hohe, tonreine «diiit» der amerikanischen Wanderdrossel *(Turdus migratorius)* vor – der Vogel stößt beim Gewahrwerden eines Greifvogels den gleichen Pfiff aus wie das Grundhörnchen –, drehten die Probanden den Kopf um 90 Grad in die falsche Richtung.

Ein zweiter, noch wichtigerer Punkt ist der manipulative Einfluss, den ein Hörnchen mit seinem «diiit» auf das Verhalten der anderen Mitglieder der Siedlungsgemeinschaft ausübt. Es ist schon ganz gut, wenn deine Trottel von Nachbarn draußen im Freien bleiben, während du selbst dich in Sicherheit bringst, aber noch besser ist es, einen Mordstrubel zu entfachen, in dem alles Schutz suchend hierhin und dorthin läuft. Als Einziger davonzulaufen, ist der sicherste Weg, dich dem anfliegenden Räuber als augenfälliges Ziel zu präsentieren. Ein Erdhörnchen, das auf die Wahrnehmung eines Greifvogels mit einem Ruf reagiert, verschafft sich also einen massiven Selektionsvorteil – denn es verringert damit die Wahrscheinlichkeit, selbst in die Klauen des Räubers zu geraten. Ebenso stellt der «Empfänger», der auf das Signal hin Deckung sucht, sich besser gegenüber demjenigen, der es überhört oder vernachlässigt.

Man beachte, dass der Motor des Geschehens die gegenseitige Ausnutzung zweier jeweils ganz eigennützig agierender Parteien ist. Jede handelt im eigenen Interesse in einer Weise, die das Verhalten der anderen bestärkt – die Sendebereitschaft des Senders und die Empfangsbereitschaft des Empfängers. Der Sender «manipuliert» das Tun anderer; der Empfänger «wertet aus», was ein anderer tut, und reagiert darauf. Das Reinergebnis ist ein «informatives» Signal. Dieses Phänomen hat sich jedoch nicht deswegen evolutionär herausgebildet, weil Kommunikation und Informationsaustausch etwas Gutes und Erstrebenswertes ist. Es hat sich entwickelt, weil Erdhörnchen, die beim Anblick eines Greifvogels diesen schrillen Pfiff ausstoßen, vermehrt überleben und dieses Merkmal weitergeben, und weil auch Erdhörnchen, die beim Hören des schrillen Pfiffs eines Artgenossen in Deckung laufen, vermehrt überleben und dieses Merkmal weitergeben. Der Sender wie der Empfänger müssen noch nicht einmal der Existenz des anderen gewahr sein, damit eine solche Evolution stattfinden kann.

Urheber dieses «Manipulation-/Auswertung»-Modells tierlicher Signale sind Donald Owings, Psychologe an der University of California at Davis, und Eugene Morton, Ornithologe beim Nationalen Zoologischen Garten der Smithsonian Institution. Ihr Ansatz unterscheidet sich in vieler Hinsicht klar und deutlich von der traditionellen «informationalen» Sicht, am entschiedensten jedoch insofern, als er die akustischen Merkmale der von Tieren verwendeten Signale ins Zentrum der Betrachtung rückt. Die menschlichen Sprachlaute sind bekanntlich «arbiträr». Es «bedeutet» nichts, dass das Wort «Elefantiasis» relativ lang ist und mit einem Reibelaut endet. Die von Tieren erzeugten Laute dagegen sind nicht arbiträr, und allein schon in der Tatsache, dass bestimmte Laute quer durch viele Spezies dieselbe Funktion erfüllen, gibt sich eine evolutionäre Zweckhaftigkeit zu erkennen, die jedem verborgen bleibt, der darauf besteht, Tierlaute durch das Prisma der menschlichen Bedeutungserfahrung beim Informationsfluss zu betrachten.

Zum Beispiel haben die Wanderdrossel und die Weidenmeise einen Warnruf, der dem des Erdhörnchens sehr ähnlich ist. Die Drossel pfeift «diiit», die Meise «diii», sobald sie eines Greifvogels gewahr wird. Und offenbar benutzen alle drei Tiere den Pfiff aus demselben Grund – weil er, ohne den Standort seiner Quelle zu verraten, Artgenossen veranlasst, in einem Sinn aktiv zu werden, der die Überlebenschancen des Pfeifers verbessert.

Die Meise lässt außerdem ein tieferes, ein wenig raues «zizidiii» – das ihr in Nordamerika den Namen *chickadee* eingetragen hat – als Warnruf hören, wenn sie etwa eine Katze wahrnimmt, ganz ähnlich wie das Erdhörnchen mit Geschnatter vor einem Dachs warnt. In diesem Fall zielt die manipulative Beeinflussung darauf ab, die allgemeine Aufmerksamkeit der Artgenossen auf den Störenfried zu lenken; je mehr Hörnchen oder Vögel auf dem Posten sind und den Räuber ostentativ beobachten, desto sicherer ist der Rufer. Eine Extremform dieses Verhaltens ist das *mobbing,* bei dem Vögel sich zusammenrotten und einem Räuber mit lautem Geschrei und sogar Scheinangriffen zusetzen. Blauhäher, die im Sturzflug eine Katze bedrängen, oder eine Schar Spatzen, die in der Luft einen Greifvogel verfolgt, sind durchaus kein ungewöhnlicher Anblick. Wiederum ist das Ziel jedes Mal das gleiche: durch Aufdecken seiner heimlichen Pirsch dem Räuber den Vorteil des Überraschungsmoments zu nehmen, damit er aufgibt und das Feld räumt.

Es ist kein Zufall, dass der dunklere, harsche Schnatterlaut sehr leicht zu orten ist – auch in diesem Fall ist die akustische Gestalt des Rufs eine überaus zweckmäßige. Jeder Empfänger weiß sofort Bescheid, «wo die Musik spielt», und kann um so prompter mithelfen, das Vordringen des Störenfrieds zu stoppen. Wiederum hat das Geschehen keine semantische Komponente. Den Ruf als «Warnung vor einem feindlichen Säugetier» zu bezeichnen oder als ein «Wort» mit der *Bedeutung* «räuberisches Säugetier», heißt den ganzen evolutionsgeschichtlichen Hintergrund des Phänomens zu verkennen.

TIERESPERANTO

Zu den wohl begründeten Vorhersagen, die sich aus dem Manipulation-/Auswertung-Modell ableiten lassen, gehört zuvörderst die, dass manche Charakteristika tierlicher Kommunikation ein breites Artenspektrum übergreifen. Mit anderen Worten: Statt nach der Bedeutung von «Wörtern» des Altniederlöwischen oder Basisblauhäherischen zu forschen, sollten wir auf die gemeinsamen physikalischen Merkmale der von den vielerlei verschiedenen Arten erzeugten Laut- und Klangbilder achten. Im Verfolg des traditionellen semantischen beziehungsweise informationalen Ansatzes widmen sich Untersuchungen zur tierlichen Kommunikation gemeinhin der Aufgabe, alle Laute, die ein Tier erzeugt, zu katalogisieren und zugleich zu vermerken, in welcher Weise das Tier bei der Erzeugung der einzelnen Laute aktiv war. Daraus wird dann eine Klassifikation der verschiedenen Laute als Futterrufe, Paarungsrufe und so weiter abgeleitet. Dieser Ansatz setzt natürlich schon als selbstverständlich voraus, dass Kommunikation der Zweck tierlicher Signale ist; dass die Tiere eine

Funktion nutzen, die sich einzig zum Zweck der Übertragung von Nachrichten entwickelte, eine Art universellen Fernmeldesystems, das Informationen unabhängig von ihrem konkreten Inhalt weiterleiten kann; und dass unsere Hauptaufgabe folglich darin besteht, für jede Spezies den semantischen Inhalt der innerartlich übermittelten Nachrichten zu entschlüsseln.

Für alle Bemühungen in dieser Richtung ist ein nicht abzuschüttelnder Klotz am Bein das Problem, dass ein und dasselbe «Wort» unter ganz verschiedenartigen Umständen gebraucht wird. Gleicherweise werden unterschiedliche Signale und selbst regional unterschiedliche «Dialekte» häufig in identischen Situationen und – nach den methodologischen Voraussetzungen dieses Ansatzes – in identischer «Bedeutung» verwendet.

Vielleicht ist das universalste Charakteristikum tierlicher Signale die Rigidität, mit der sie eine Grundregel in puncto Tonhöhe einhalten. Hohe Töne (man denke an das Winseln eines Hundes) drücken Nachgiebigkeit, Furcht, überhaupt eine unaggressive Disposition aus. Tiefe, raue Töne (das Knurren des Hundes) drücken Feindseligkeit, Drohung, Angriffsbereitschaft aus. Bei der Analyse der Laute von sechsundfünfzig Vogel- und Säugetierarten fand Morton diese Regel durchgehend bestätigt. Hunde knurren, aber das Gleiche tun auch Opossums, Ratten, afrikanische Elefanten, Pelikane, Ringeltauben und Carolina-Meisen; Hunde winseln, aber das Gleiche tun auch Meerschweinchen, Wombats, Nashörner, Virginiawachteln, Rauchschwalben und Stockenten. Ja, die Regel gilt sogar für Menschen. Achten Sie einmal darauf: Wenn Sie mit einem Säugling sprechen, tun Sie das automatisch in weichen, hohen, melodischen Tönen; wenn Sie Ihrem Hund (oder einem Autofahrer, der Ihnen die Durchfahrt blockiert) nahe legen, er möge sich aus dem Weg scheren, tun Sie das ebenso instinktiv in tiefem, grobem – vielleicht sogar knurrendem – Ton. In Mortons Terminologie heißt dieser gesetzmäßige Zusammenhang zwischen der Motivation eines Tieres und der akustischen Struktur der Laute, die es gebraucht, «motivational-strukturale Regel».

Aber wieso halten Sie – oder ein Nashorn oder eine Schnepfe – sich an diese Regel? Die Antwort ist ein Lehrbuchbeispiel dafür, wie Sender und Empfänger sich gegenseitig dazu benutzen, Signale zu entwickeln, ohne die geringste Ahnung davon zu haben. Große Dinge geben tiefe Töne von sich. Eine längere Saite und eine längere Luftröhre erzeugen einen tieferen Ton als ihre kürzeren Gegenstücke. Es ist demnach ein physikalisches Faktum, dass große Tiere tiefere Töne von sich geben als kleine. Nun liefen große Tiere natürlich nicht durch die Welt und erzeugten tiefe Töne, *um* bekannt zu geben, dass sie groß sind. Nichtsdestoweniger taten Tiere, die lernten, Distanz zu tiefen Tönen zu halten, viel für die Verlängerung ihrer Lebensspanne; Tiere, die lernten, dass sie nicht vor jedem Piepsen und Quieken das Hasenpanier zu ergreifen brauchten, sparten viel Zeit und Energie, die sie sonst dafür vertan hätten, vor nichtexistenten Gefahren davonzulaufen.

Zurück zu den Sendern: Nachdem Tiere erst einmal damit begonnen hatten, Signale nach ihrer Tonhöhe auszuwerten, konnten die Sender dieses Faktum für manipulative Zwecke ausnutzen. Ein Tier, das ein anderes gern aus den Augen gehabt hätte, konnte sein Ziel mit einem tiefen Ton erreichen. Ein Tier, das ein anderes gern in seiner Nähe gehabt hätte, konnte sein Ziel mit einem hohen Ton erreichen. Zurück zu den Empfängern: Hätte in der Auswertung solcherlei manipulativen Gebrauchs von Signalen – Signalen, die ehedem auf der wahrheitsgetreuen Widerspiegelung der physikalischen Realität basierten – kein sozialer Vorteil gelegen, wäre die ganze Geschichte wohl an dieser Stelle zu Ende gewesen. Die Empfänger wären vielleicht mit der Zeit dazu übergegangen, solche Signale ganz zu ignorieren. Aber es gab einen Vorteil: Es zahlt sich tatsächlich aus, einem Tier, das knurrende Töne von sich gibt, aus dem Weg zu gehen – einerlei, ob das Tier nun groß ist oder einfach nur gereizt und angriffslustig. Zu einem winselnden Tier Distanz zu halten ist nicht nötig – einerlei ob deswegen, weil es klein ist oder weil es «freundliche» Gefühle hat. Anders gesagt: Diese Signale sind jetzt «ritualisiert». An das physikalische Faktum hat sich eine soziale Funktion angelagert. Ritualisierte Signale erfüllen auch insofern einen nützlichen Zweck, als sie eine Menge unnötiger Gewalt zwischen in Gruppen lebenden Tieren unterbinden. Wo ein dumpfes Grollen die tatsächliche Motivationslage eines dominanten Tieres kundtut, kann ein in der Hierarchie weiter unten rangierendes Individuum sich viel Ärger ersparen, indem es die Platte putzt, bevor es zum ersten Gewaltausbruch kommt.

Diese evolutionäre Perspektive gibt der wichtigen Tatsache Relief, dass Signale sich nicht entwickeln, weil sie etwas «bedeuten», sondern, weil sie funktionieren. Andererseits schafft das unwissentliche Feedback zwischen Sender und Empfänger Signale, die informativ sind, ohne dass dies jemals in irgendeiner Form bewusst intendiert worden wäre. Sender und Empfänger nutzen sich unentwegt gegenseitig aus; ist die Ausnutzung eine sich wechselseitig bestärkende, bildet sich eine stabile und informationshaltige Form des Signalgebrauchs heraus.

Die Schlüsselfrage, die man sich in diesem Forschungsbereich zu stellen hat, ist Morton zufolge nicht, was ein Tier sagen will, sondern, was es bewerkstelligen will. Die natürliche Selektion begünstigt auf längere Sicht Sender- beziehungsweise manipulatives und Empfänger- beziehungsweise auswertendes Handeln, das effektiv ist. Die Synergie zwischen beiderlei Handeln ergibt sich, weil die Effektivität, mit der das gesendete Signal das Bestreben des Senders ins Ziel bringt, von der Reaktion des Empfängers abhängt. Die Effektivität der Empfängerreaktion hängt davon ab, in welcher Beziehung das Signal zu etwas steht, was für den Empfänger von Wichtigkeit ist. Zusammen bewirken diese beiden Zwänge, dass die Signale relativ «aufrichtig» bleiben. Ein Sender, dessen Signale in keiner rechten Beziehung zu den Interessen des Empfängers stehen, wird mit diesen schon bald keinen Widerhall mehr finden – der Empfänger lernt, sie schlicht und einfach zu ignorieren.

Von diesem evolutionären Standpunkt aus gesehen ist es ziemlich unsinnig, ein Signal als «täuschend» zu bezeichnen. Der ganze Sinn und Zweck tierlicher Signale ist die Manipulation. Die Selektion begünstigt meist Signale, die bei Bewertung ausschließlich ihres Informationsgehalts aus neutraler Sicht «aufrichtig» genannt werden können. Aber der einzige Grund, warum Tiere überhaupt Signale aussenden, ist der, dass ihnen das einen Selektionsvorteil einbringt. Die Selektion selektiert für das, was funktioniert. Es ist eine unverbürgte, empiriefreie Annahme unsererseits, zu meinen, dass Signale semantisch, informationshaltig und aufrichig zu sein hätten und dass jedes Mal, wenn dies nicht der Fall ist, Täuschung (wenn nicht sogar kühl kalkuliertes machiavellistisches Lügen) im Spiel ist. Gelegentliche Signale, die den Empfänger zu ihm selbst nachteiliger Reaktion verleiten, können Element einer haltbaren Strategie sein, solange sie nicht in einem Grad überhand nehmen, der zur Selektion gegen die Beachtung des Signals durch den Empfänger führt.

In seiner Polemik gegen die Behauptung, dass tierliche Signale keinerlei semantischen Gehalt haben, karikierte Donald Griffin die gegnerische Meinung als die «SGS»-Position, der zufolge Tierlaute lediglich «Schmerzgestöhn» seien – keiner Kontrolle unterliegende Äußerungen, die Reflexe auf interne physiologische Vorgänge sind. Aus Mortons Beweisführung lässt sich jedoch nichts dergleichen herauslesen. Hoch entwickelter Signalgebrauch kann vielschichtig und wirkungsvoll, ja sogar «hinterlistig» und «machiavellistisch» sein – ohne eine bewusste oder eine semantische Dimension zu besitzen. Und wie bei anderen kognitiver Kontrolle unterstehenden Verhaltensformen kann es auch im Fall des Aussendens von Signalen und ihrer Auswertung als Handlungsanstoß kaum einem Zweifel unterliegen, dass Tiere hierbei häufig in komplexer Manier auf Umgebungsbedingungen reagieren. Diese Art unbewusster Entscheidungsfindung unterscheidet sich in nichts von vielerlei anderen Verhaltensformen, in denen ererbte Disposition und Lernerfahrung miteinander verschmolzen sind. Griffin ist der Meinung, dass die tierliche Kommunikation ein Fenster zur Tierseele ist – dass «die Wahrscheinlichkeit dafür spricht, dass Tiere vielfach etwas der Botschaft, die sie übermitteln, ganz Ähnliches erleben». Wenn aber die Botschaften gar keine Botschaften, sondern in Wirklichkeit unwissentliche Hervorbringungen der natürlichen Selektion sind, setzt das Griffins Argumentation in ein ganz anderes Licht.

REGIONALE DIALEKTVARIANTEN

Die Komplexität des Vogelgesangs erfreut sich eines besonderen Interesses bei allen, die glauben, in der tierlichen Kommunikation ein Anzeichen von Bewusstsein erkennen zu dürfen – oder sogar eines «Kollektivbewusstseins», da die Gesänge mancher Vogelarten regionale Varianten und lokale Dialekte aufweisen. Ohne Frage sind bei den Vogelarten, die ihren Gesang erlernen, bei diesem Geschäft bemerkenswerte kognitive Prozesse im Spiel. Spottdrosseln hören ihr ganzes Leben lang nicht auf, ihrem Repertoire neue Gesänge hinzuzufügen; die Vertreter der Spezies *Toxostoma rufum*, die Gesangsvirtuosen der Vogelwelt, beherrschen bis zu 1200 verschiedene Lieder. Singvögel kommen zwar mit einem angeborenen Schema auf die Welt, das in großen Zügen Qualitäten und Formen dessen festlegt, was für sie als eigener Gesang akzeptabel ist, müssen aber sich selbst und singende Artgenossen hören können, um den arteigenen Gesang zu entwickeln. Schallisoliert aufgezogene junge Singvögel entwickeln lediglich einen sehr rudimentären «Beinah-Gesang». (Man muss hier allerdings dazusagen, dass dieses Prinzip nicht für alle Arten gilt, die Gesänge produzieren. Das stimmliche Repertoire zahlreicher Vogel- und nahezu sämtlicher Säugetierarten ist im Erbgut fest verdrahtet. Von Geburt an des Gehörsinnes beraubte Tauben und Hühner entwickeln dennoch die arttypischen Rufe. Ein von artfremden Stiefeltern aufgezogener Truthahn produziert trotzdem vollkommen normale Truthahnlaute.)

Ein Blick auf die Verwendungsweise der Vogelgesänge klärt jedoch rasch darüber auf, dass melodische Komplexität und regionale Varianten keineswegs Reflexe einer entsprechenden semantischen Komplexität sind. Zahlreiche einschlägige Studien bestätigen, dass Vogelgesänge samt und sonders einem einzigen fundamentalen Zweck dienen: ein eigenes Revier abzugrenzen und einen Paarungspartner anzulocken. Entfernt man ein Singvogelmännchen aus seinem Revier im Wald und ersetzt es durch einen Lautsprecher, der den artspezifischen Gesang des früheren Bewohners erschallen lässt, meiden die benachbarten männlichen Artgenossen das Revier nach wie vor; fängt man das Männchen einfach nur weg, sodass an diesem Ort jetzt Schweigen im Walde herrscht, wird das herrenlose Revier schnellstens neu besetzt. Für Spottdrosselweibchen konnte nachgewiesen werden, dass sie durchweg das Männchen mit dem kunstvollsten Gesang bevorzugen.

Nicht ein Fenster zur Tierseele sind offenbar die Vogelgesänge, sondern eher schon Zeugnis eines evolutionären Wettrüstens. Wie wir sahen, haben Sender und Empfänger gemeinhin gegenläufige Interessen. In manchen Fällen bedingt der Synergieeffekt dieser Gegenläufigkeit «aufrichtige» Signale. In anderen Fällen jedoch lenkt der Selektionsdruck die Dinge in eine andere Richtung und führt zu einer fortgesetzten Eskalation des taktischen Raffinements auf beiden Seiten.

Das zentrale Moment am Vogelgesang ist, dass er zur Kommunikation mit Artgenossen über große Entfernungen dient. Es ist eine Tatsache der Akustik, dass selbst weithin tragende Töne auf ihrem Weg durch den Raum verzerrt und korrumpiert werden. Ihre Amplitude flacht ab – das heißt, sie werden schwächer –, und, wichtiger noch, das Lautstärkeverhältnis zwischen Tönen unterschiedlicher Höhe ändert sich. Langwellige Schallschwingungen (tiefe Töne) können per Krümmung oder Brechung an Hindernissen vorbeikommen und ihren Weg fortsetzen. Kurzwellige Schwingungen prallen eher gegen Hindernisse und werden absorbiert. Als Grundregel gilt, dass es Schallwellen Probleme macht, ein Hindernis zu überwinden, dessen Abmessungen etwa ihrer Wellenlänge entsprechen oder darüber hinausgehen. Versuche mit Carolina-Zaunkönigen brachten zutage, dass diese Veränderungen am Klanggefüge des Signals dem Empfänger einen zuverlässigen Hinweis darauf geben, über welche Entfernung das Signal zu ihm gelangt ist. Wenn Sie in den Wald gehen, so lange suchen, bis Sie auf ein Carolina-Zaunkönig-Männchen stoßen, und dem Vogel dann auf einem mitgebrachten Tonbandgerät den Gesang eines Art- und Geschlechtsgenossen vorspielen, der aus großer Distanz aufgenommen wurde, werden Sie feststellen, dass der echte Vogel zwar antwortet, aber sobald Sie das Gerät abschalten, sofort wieder das Geschäft der Futtersuche aufnimmt. Spielen Sie im jedoch ein Band vor, das in der unmittelbaren Umgebung des Sängers bespielt wurde, wird der echte Zaunkönig sein laufendes Geschäft auf der Stelle unterbrechen, um eine wütende Attacke gegen den Lautsprecher ihres Geräts zu fliegen.

Zusätzliche Versuche erbrachten die Bestätigung, dass es nicht die globale Lautstärke ist, aus welcher der Empfänger des Signals den Hinweis auf die Entfernung der Quelle schöpft. Die Reaktion der gefiederten Zuhörer bezog sich zweifelsfrei auf die Verzerrung und den Qualitätsverfall (beziehungsweise die Nichtverzerrtheit, Nichtverderbtheit) des Signals im Vergleich zur originalen Form und Tonqualität des arteigenen Gesangs. Außerdem zeigte sich, dass ein Vogel nur dann in der Lage ist, anhand des Gesangs eines Artgenossen die genaue Entfernung der Quelle zu schätzen, wenn der Empfänger den gehörten Gesang auch selbst im Repertoire hat. Dieser Punkt ist besonders interessant, ist er doch ein weiteres Anzeichen für das Vorhandensein einer mentalen Repräsentation – die der Vogel nicht nur für seinen Gesang benutzt, sondern auch für die Beurteilung von Entfernungen. Er bedeutet ferner eindeutig, dass eine hochdifferenzierte Berechnung stattfindet – nicht nur ein Paaren oder Klassifizieren oder In-die-richtige-Reihenfolge-Bringen, auch nicht nur eine Beurteilung, ob eine Sache einer anderen ähnlich ist, sondern *wie* ähnlich sie ihr ist.

Kleine Vögel wie Zaunkönige und Meisen müssen fast die ganze Zeit ihres Wachlebens mit der Nahrungssuche verbringen; obendrein müssen sie ihr Revier gegen Eindringlinge verteidigen.

Würden sie Zeit und Energie auf die Wachsamkeit und Kampfbereitschaft gegen Konkurrenten verschwenden, die viel zu weit weg sind, als dass sie eine ernsthafte Bedrohung des eigenen Territorialanspruchs darstellen könnten, wären sie bald am Verhungern. Würden sie es unterlassen, die Grenzen ihres Reviers zu überwachen und gegen Übergriffe zu sichern, wären sie bald nicht mehr Herr ihres Reviers. Ein Vogel, der zwischen einlaufenden Signalen je nach ihrem Degenerationsgrad zu differenzieren vermag, hat die besten Voraussetzungen dafür, auf den Realitätsgrad der signalisierten Bedrohung optimal zu reagieren.

Als eine Sache von eminenter Bedeutung behandelt die einschlägige populärwissenschaftliche Literatur die Entdeckung, dass eine Anzahl von Arten (namentlich die Wale, aber auch manche Vögel) «Dialekte» haben. Missverstanden wird dabei, dass dies etwas sei, was sogar über ein Sprachvermögen des Einzeltiers hinausgeht; das Phänomen sei im Bereich einer tierlichen «Kultur» angesiedelt, ja in den Augen von New-Age-Adepten und anderen, die nach jedem Fetzen vermeintlichen wissenschaftlichen Beweismaterials für ihre unwissenschaftliche Mystik haschen, sogar in der Dimension eines höheren Kollektivbewusstseins. Untersuchungen an Carolina-Zaunkönigen legen allerdings eine völlig nüchterne, jeglicher Mystik bare evolutionäre Erklärung für das Aufkommen von Dialekten nahe. Liegen die Interessen des Senders und des Empfängers auf einer Linie, kann die Entwicklung der Stimmsignale in eine stabile, informative Form münden – so geschehen im Fall der Erdhörnchen und ihrer «Bussard»- und «Dachs»-Signale. Bei den Zaunkönigen lässt der Sender seinen Gesang hören, um unerwünschte Eindringlinge von seinem Revier fern zu halten; der Empfänger bildet sich anhand der Tonqualitäten des Signals ein Urteil, ob er unbekümmert seine Futtersuche fortsetzen kann oder ob er diese Tätigkeit sofort unterbrechen muss, um dem Sender entgegenzueilen und ihm mit Schnabelhieben klar zu machen, dass sein Revieranspruch zu weit geht. Der Sender hat meist kein besonderes Interesse daran, dem Empfänger die Information über die Entfernung, die sie voneinander trennt, in seinem Gesang mitzuliefern. Tatsächlich müsste ein Zaunkönig, der es verstünde, den Qualitätszustand seines Signals für den Empfänger zu verschleiern, anderen gegenüber im Vorteil sein. Seine Nachbarn könnten sich nie sicher sein, ob er sich in ihrer Nähe oder weit weg von ihnen aufhält, und müssten jedes Mal, wenn sie ihn hören, ihre Futtersuche sofort unterbrechen und sich auf eine Inspektionstour machen, um, wenn sie Pech haben, bei diesem überflüssigen Umherflattern auf die Dauer womöglich zu verhungern.

Da Vögel die Entfernung eines Sängers nur dann exakt bestimmen können, wenn der fragliche Gesang Bestandteil auch ihres eigenen Repertoires ist, haben die Carolina-Zaunkönige eine nahe liegende Strategie entwickelt: Leg dir ein möglichst umfangreiches Repertoire unterschiedlichster Gesänge zu, und wechsle immer mal wieder dein Vortragsprogramm in der Hoffnung, dass du ein paar Nummern im Repertoire hast, die dein Nachbar nicht kennt. Dies ist ein typischer Fall von evolutionärem «Wettrüsten», eine ihrer Natur nach instabile, antagonistische Situation. Das Sonderbare und Faszinierende an ihr ist, dass dieses Wettrüsten zwischen Artgenossen stattfindet – genau genommen sogar zwischen verschiedenen Rollen des einzelnen Individuums. Als Signalempfänger ist jedes Zaunkönigmännchen darauf aus, die Entfernung zum nächsten Konkurrenten genau zu bestimmen. Als Sender liegt ihm daran, die genaue Entfernungsbestimmung zu vereiteln. Das Repertoire der Carolina-Zaunkönige umfasst in der Regel dreißig Gesänge. Interessanterweise gibt es mindestens einen Fall, in dem ein Männchen ein starkes Motiv hat, ein für die genaue Entfernungsbestimmung taugliches Signal zu senden. Er tritt mit der Situation ein, die Morton als offenen Grenzkrieg bezeichnet. Die meiste Zeit zahlt es sich aus, den Nachbarn irrezuführen, etwa indem man ihm von fern einen Ruf zuschickt, der Nähe (oder eine unklare und nur durch zeitraubende Inspektionstouren zu klärende Entfernung) vorspiegelt. Sobald jedoch zwei Nachbarn im Grenzgebiet ihrer Reviere aufeinander treffen, ist ein anderes Spiel angesagt. In einem solchen Fall möchte jeder der beiden die Drohung des anderen übertrumpfen. Und genauso wie brünftige Rothirsche – weil ihnen gerade das eine Menge unnötigen Kräfteverschleißes und womöglich sogar Blutvergießens ersparen hilft – ein aufwendiges Programm von vokalen Drohungen und anderen Gefährlichkeit und Kampfbereitschaft ausdrückenden Ritualen vorführen, *wollen* Carolina-Zaunkönige in vergleichbarer Situation ihre Nähe laut und deutlich bekannt machen. Zwei Zaunkönige, die auf kurze Distanz einen Grenzstreit austragen, treten in einen «abgestimmten Sängerkrieg» ein: Einer stimmt in den Gesang des anderen ein. So ist sichergestellt, dass der Gesang allen beiden eine exakte Entfernungsbestimmung erlaubt.

Damit wäre denn das Aufkommen von immer differenzierteren Gesangsrepertoires erklärt. Aber was ist mit den Dialekten? Dialekte sind stabile, aber nur regional verbreitete Gesänge. Gemäß Mortons Entfernungsmessung-Erklärung müsste Vögeln, die den arteigenen Gesang in einer dialektalen Variante hören lassen, das Bedürfnis fremd sein, die genaue Entfernung ihres Aufenthaltsorts vor anderen zu verschleiern. Sie wechseln nicht ihren Gesang und wenden auch keine anderen Tricks an; alle singen immer vom selben Notenblatt. Jene Erklärung scheint ausgezeichnet zu dem empirischen Befund zu passen. Singvögel, die in einer warmen Gegend mit reichhaltigem Nahrungsangebot heimisch sind, wo sie in stabilen Verhältnissen leben und wohin üblicherweise alle Jahre wieder dieselben Individuen in dieselben Reviere zurückkehren, haben wenig Anlass, einander ins Gehege zu kommen oder sich als Landräuber zu betätigen. Sie sind der Typ, der nach der Devise «Gute Zäune machen gute Nachbarn» lebt; alles, was sie für die Aufrechterhaltung von Ordnung und Frieden benötigen, sind eindeutig als solche identifizierbare Reviergrenzen. Die Singvogelspezies mit dem umfangreichen Repertoire leben tatsächlich alle überwiegend in einer kälteren, nördlicheren, futterärmeren Umgebung mit hoher Sterbeziffer und scharfer Konkurrenz um das Nahrungsangebot. Den interessantesten Fall stellen die Sumpfhordenvögel dar, die je nach Aufenthaltsgebiet die eine wie die andere Tendenz erkennen lassen. Im sonnigen Kalifornien hat die ganze Population einen einzigen, gemeinsamen Dialekt, im kalten Wisconsin verfügt jedes Individuum über ein Repertoire von nicht weniger als neun Gesängen.

Dass überhaupt regionale Dialektvarianten auftreten, ist wahrscheinlich ganz einfach zu erklären. Zum einen eignen sich akustisch verschiedene Gesänge besser für unterschiedliche akustische Umgebungsbedingungen. Im Übrigen dokumentieren die regionalen Varianten möglicherweise einfach nur zufällige Schnitzer oder «Mutationen» – so wie sich das amerikanische Englisch einfach infolge der Sonderung der beiden Sprachsphären in vieler Hinsicht vom britischen Englisch wegentwickelte. Auch viele der komplexeren regionalen Varianten, die man bei Vögeln mit breitem Repertoire antrifft, lassen sich aus zufallsbedingtem Wandel erklären. Ein simples mathematisches Modell demonstriert, dass Vögel in unterschiedlichen Regionen ihre einander überschneidenden Repertoires in einem Prozess weiterentwickeln können, der so aussieht, dass Individuen die Gesänge von Artgenossen mit einer niedrigen, aber konstanten Fehlerquote nachahmen. Ein auf den ersten Blick gewichtiges und scheinbar rätselhaftes oder sogar unerklärliches «kulturelles» Phänomen ist in Wirklichkeit nichts als ein Zufallsprodukt. Variantenreichtum, das sollte man nicht vergessen, ist das, was die Repertoire-Sänger wirklich brauchen, und den verschaffen sie sich, wie immer sie können.

DER FALL DER SEMANTISCH KOMMUNIZIERENDEN AFFEN

Meerkatzen machen es wie die Erdhörnchen, aber einhundertfünfzigprozentig: Sie verwenden nicht zwei, sondern drei «Feind im Anzug!»-Rufe. Eine Meerkatze, die einen Leoparden oder ein anderes großes Raubtier wahrnimmt, stößt einen lauten, bellenden Ruf aus. Entdeckt sie einen Kampfadler, lässt sie ein keckerndes Bellen hören. Der Anblick einer großen Schlange ruft ein hohes Schnattern hervor. Wie bei den Erdhörnchen veranlassen die unterschiedlichen Rufe die Artgenossen zu unterschiedlichen Selbstschutztaktiken. Bei der Warnung vor einem Leoparden oder anderen großen Raubtier fliehen die Affen auf die Bäume, und da Leoparden selbst ausgezeichnete Kletterer sind, müssen die Meerkatzen, um vor ihnen sicher zu sein, auf die kleinsten und höchsten Zweige hinaus, die zu schwach sind, einen Leoparden zu tragen. Die Kampfadlerwarnung veranlasst die Gruppe, nach einem kurzen Blick nach oben in dichter Vegetation am Fuß eines Baums oder sonst wo am Boden Schutz zu suchen. Man sieht: Die Taktik, die gegen den Leoparden hilft, würde extrem verwundbar durch den Adler machen, und umgekehrt. Der Schlangenalarm veranlasst die Affen, sich auf die Hinterbeine zu erheben und sich in dieser Stellung nach der Schlange umzusehen und ihren Weg zu beobachten; hat man sie geortet und ihre Richtung identifiziert, läuft man einfach vor ihr weg, sei's auf dem Boden oder auf einem Baum.

Sorgfältig überwachte Tonwiedergabe-Experimente, bei denen frei lebenden Meerkatzen in Ostafrika aus versteckten Lautsprechern Bandaufnahmen der Alarmrufe vorgespielt wurden, erbrachten den definitiven Beweis, dass es der Warnruf und nicht etwa der Anblick des Feindes war, was in den verschiedenartigen Fällen die Gruppe zur Wahl der speziellen Ausweichtaktik veranlasste. In Laborversuchen konnte dargetan werden, dass die Vokalisationen der Primaten nicht einfach durch einen Signalreiz initiierte ununterdrückbare Instinkthandlungen sind, sondern bis zu einem gewissen Grad der Kontrolle des Willens unterliegen. Affen können beispielsweise dazu abgerichtet werden, bestimmte Reize mit bestimmten Rufen zu beantworten.

Vielleicht weil wir Menschen das Handeln und Vollbringen von Affen spontan beeindruckender finden als das von Erdhörnchen, werden die Meerkatzen häufig als ein erwiesener Fall von semantischer Kommunikation zwischen Tieren unter natürlichen Lebensbedingungen zitiert. Dorothy Cheney und Robert

Seyfarth, die den größten Teil der Freilandversuche durchführten, kamen zu dem Ergebnis, dass Alarmrufe «als repräsentationale oder semantische Signale funktionieren». Und weil ein Affe, der diese Signale hört, genauso reagiert wie einer, der den Fressfeind mit eigenen Augen sieht, «ist man anzunehmen versucht, dass der Ruf in der Psyche des Affen [den Fressfeind] ‹vertritt› oder ‹eine Idee von [ihm] vor das innere Auge ruft›».

Cheney und Seyfarth wie auch andere Forscher werteten die Tatsache als bedeutsam aus, dass Meerkatzenjunge beim Gebrauch der Signale eine Menge Fehler machen, sich jedoch im Lauf der Zeit – allem Anschein nach durch Beobachtung der Reaktion ihrer Mutter und anderer Affen – verbessern. So gibt beispielsweise ein Meerkatzenjunges vielleicht beim Anblick eines fallenden Blatts Kampfadleralarm, beim Anblick einer baumelnden Liane Schlangenalarm oder beim Anblick eines Warzenschweins Leopardenalarm. Außerdem sehen Meerkatzenjunge in der Regel erst zu ihrer Mutter hin, ehe sie auf einen Alarmruf reagieren. So hat es den Anschein, als ob sie durch Erfahrung lernten, was genau die einzelnen Alarmrufe bedeuten.

Wie wir jedoch am Beispiel der Erdhörnchen sahen, kann man die Sache auch anders sehen. Zunächst einmal ist es nichts Besonderes und schon gar nicht etwas, das zwangsläufig in die linguistische oder semantische Dimension ausgriffe, wenn ein Tier eine Assoziation erlernt, die bewirkt, dass es auf einen einzelnen Begleitumstand eines Geschehens so reagiert, als erlebte es das Geschehen in voller Realität. Ein Hund läuft zu seinem Futternapf, wenn er hört, dass der Beutel mit dem Hundefutter aufgemacht wird; ein Carolina-Zaunkönig attackiert den Lautsprecher, aus dem nichtdegenerierter Zaunköniggesang dringt. Sogar einem Wurm kann man beibringen, welche Abzweigung er in einem T-Labyrinth nehmen muss, um eine Belohnung zu erhalten oder eine Bestrafung zu vermeiden. Ist das ein ausreichender Grund zu sagen, dass der linke Schenkel des T in dem Wurm «eine Idee [von dem Elektroschock] vor das innere Auge ruft»?

Falls Meerkatzen wirklich imstande sind, sich das Konzept eines Leoparden oder einer Schlange «vor das innere Auge zu rufen», handelt es sich unübersehbar um arg verkürzte Versionen der entsprechenden Konzepte. Die Affen lehren ihre Jungen erstaunlich wenig über Fressfeinde. Offenbar betrachten sie die Spuren, die ihre Feinde in der Umwelt hinterlassen, mit totalem Unverständnis, so etwa die von Leoparden in Bäumen zurückgelassenen Gerippe oder die Schlangenfährten auf dem Boden.

Die Beweisführung für die These, der zufolge Meerkatzenrufe echte semantische Kommunikation sind, stützt sich weitgehend auf Cheneys und Seyfarths Darstellung der Art und Weise, wie die Affenjungen lernen, die Rufe in zunehmend präziserem Sinn zu gebrauchen. Dazu meint jedoch Donald Owens, dass eine ziemlich simple Asymmetrie in der Beobachtungspraxis zu einer Überschätzung der Zahl der «Fehlleistungen» geführt haben könnte, die Meerkatzenjunge sich beim Gebrauch der verschiedenen Rufe erlauben. Selbst wenn sie sehr wenige Fehler machen, müssen die Jüngsten der Gruppe den Beobachtern auffallen wie die sprichwörtlichen bunten Hunde. Die Jungen können die Gefahrenlage unzählige Male richtig beurteilen, ohne dass die Umstände es ihrer Beurteilung erlauben, in Erscheinung zu treten: Nähert sich der Gruppe tatsächlich ein Fressfeind, dann spricht schlicht und einfach die statistische Wahrscheinlichkeit dafür, dass es ein erwachsenes Tier ist, das als Erstes den entsprechenden Ruf hören lässt, da alle Erwachsenen sich mit derlei Situationen und den Reaktionen, die sie erfordern, bestens auskennen. In diesen Fällen haben die Jungen gar keine Chance, zu beweisen, dass sie auf die Wahrnehmung der Situation mit dem richtigen Ruf geantwortet hätten, hätte man ihre Antwort nur abgewartet. Wenn jedoch falscher Alarm gegeben wird, dann ist fast immer das Junge der einzige Rufer auf weiter Flur. Ein Junges mag neunundneunzigmal den richtigen Ruf wählen, bevor es sich einmal vertut – es ist dieser eine Irrtum, den der Beobachter registriert.

Kurzum, die Rufe dürften stärker als gemeinhin angenommen ein angeborenes Instinkthandeln sein, weniger ein Fall von semantischer Kommunikation als von schlichtem evolutionärem

Eigennutz – Rufe, die eher etwas *bewirken* als etwas *bedeuten*. Auf jeden der drei Feindtypen richtig zu reagieren erfordert drei verschiedene physische Aktionen. Einer Schlange begegnet man wirksam mit *mobbing* der Art, wie Erdhörnchen es gegen Dachse anwenden; dem Kampfadler begegnet man wirksam mit haargenau demselben Programm, mit dem Erdhörnchen auf Habichte reagieren und das da lautet: Jeder rettet seine eigene Haut und flüchtet sich, was haste, was kannste, in die Büsche. Fast das gleiche Rezept gilt für den Leoparden, nur heißt es jetzt, sich auf die Bäume zu flüchten. Der Eigennutz des Rufers liegt in den Effekten, die wir schon bei den Erdhörnchen beobachten konnten – er gewinnt entweder Bundesgenossen, die den Störenfried (Schlange, Dachs) vertreiben helfen, oder er schafft im Blickfeld des Feindes einen verwirrenden Wirbel von hierhin und dorthin flitzenden möglichen Zielobjekten, der die Aufmerksamkeit des Räubers von ihm selbst ablenkt.

Von dem uneingeschränkten Enthusiasmus, mit dem Cheney und Seyfarth sich früher von den kognitiven Fähigkeiten ihrer Affen überzeugt gaben, ist inzwischen ein Stück abgebröckelt; das Forscherduo räumt jetzt ein, dass Affen allem Anschein nach die Fähigkeit abgeht, die Existenz mentaler Zustände außer den eigenen wahrzuhaben. Von daher gesehen sind kommunikative Äußerungen von ihnen kein «Vorhaben, den mentalen Zustand anderer zu beeinflussen». Aber vielleicht dürfen wir sie mit Recht als ein Vorhaben betrachten, das *Handeln* anderer zu beeinflussen. Bei Tieren, die in Sozialverbänden leben, bringt die Evolution laufend solche Verhaltensweisen hervor.

DAS PROBLEM DES BELLENS

Wie die meisten Hunde bellt auch meine Hündin gern und oft. Sie bellt, wenn sie vor der Tür steht und hereinwill, sie bellt, wenn es ihr zu lange dauert, bis sie ihr Fressen bekommt, sie bellt, wenn der Lieferwagen des Paketboten die Zufahrt heraufkommt, sie bellt, wenn man sie versehentlich draußen auf dem Feld ausgesperrt hat und sie jetzt ins Haus möchte, aber vor einem verschlossenen Hoftor steht, sie bellt, wenn der Border-Collie die Schafe hütet und sie draußen vorm Tor bleiben muss, sie bellt, wenn sie mich zum Tauziehen an einem alten Lappen auffordern will.

Wenn winselnde Laute – im Lauf äonenlanger Koevolution zwischen Sender und Empfänger – die «Bedeutung» Furcht oder Nachgiebigkeit angenommen haben und Knurrlaute die «Bedeutung» Angriffsbereitschaft und Drohung, was «bedeutet» dann das Bellen? In akustischer Hinsicht weist es eine interessante Eigenschaft auf: Es ist fast genau in der Mitte zwischen Knurren und Winseln angesiedelt. Der Tonhöhenverlauf des einzelnen Bell-Lautes ist eine erst steil ansteigende, dann ebenso steil abfallende Kurve, die auf der Ebene der Tonqualität das raue Geräusch des Knurrens und den reinen Ton des Winselns miteinander verkoppelt. Auch in puncto Tonlage hält das Bellen die Mitte zwischen tiefem Knurren und hohem Winseln.

Im Zuge seiner Bemühungen, das Lautspektrum des Tierreichs zu erfassen (eine Arbeit, die ihm dadurch erleichtert wurde, dass er den amerikanischen Nationalen Zoologischen Garten zur bequemen Verfügung hatte), stellte Eugene Morton fest, dass zahlreiche Arten bellen, so wie auch viele winseln und knurren. Das Zwitschern vieler Vogelspezies ist akustisch ein nahezu perfektes Bellen – ein kurzes, rasantes Auf und Ab der Tonhöhe. Nimmt man das Tschilp oder Tschirp oder Piep oder Ziiit von Vögeln auf Tonband auf und spielt es verlangsamt ab, klingt es Hundegebell erstaunlich ähnlich.

Die Art und Weise, wie diese Laute unter natürlichen Bedingungen verwendet werden, legt den Schluss nahe, dass sie für ihre jeweilige Aufgabe eben aufgrund des Umstandes selektiert wurden, dass sie nach der Morton'schen motivational-strukturalen Regel inhaltsneutral sind. Vielfach gebrauchen Vögel und Säugetiere diese Laute, wenn sie in der Umgebung etwas Interessantes wahrgenommen haben. Der Bell- beziehungsweise Tschilp-Laut fungiert in dieser Situation als ein Manöver zum Zeitgewinn – als ein Mittel, seine Anwesenheit in einer Weise bekannt zu geben, die es einem erlaubt, der Dinge zu harren, die da kommen werden, ohne dass man sich von vornherein auf eine bestimmte Handlungsweise festlegen müsste. (Ein hilfreicher, wenn auch anthropomorphisierender Vergleich: Ein Soldat auf Wache vor dem Biwak, der auf jedes Knacken im Unterholz entweder mit «Ich ergebe mich!» oder mit «Attacke! Alarm!» reagieren wollte, wäre seines Postens bald ledig. «Halt! Wer da?» ist das richtige Mittel, Zeit und weitere Informationen zu gewinnen.) In dieser Weise gebraucht ein Hund das Bellen, wenn, sagen wir, ein Auto sich nähert. Das Bellen kann zum Winseln werden, wenn sein Herrchen dem Wagen entsteigt, und wird vielleicht zum Knurren, wenn der Ankömmling jemand Fremdes ist. In einer Situation, die das Potential zu einem scharfen Revierkampf mit einem Artgenossen enthält, ist das Bellen praktisch ein plakatives «Ich bin hier, was meinst'n du dazu?». Es ist keine sonderlich gute Vorgehensweise, sein Gegenüber anzuknurren, bevor man überhaupt weiß, wen man vor sich hat.

Eben weil das Bellen nicht schon von Hause aus etwas bedeutet, wie das Winseln und das Knurren es tun, kann es für eine Vielfalt von Aufgaben, die bei den einzelnen Spezies eine wichtige Rolle spielen, in Dienst genommen werden. Weidenmeisen «piepen», wenn sie das Terrain der Futtersuche wechseln. Die Artgenossen in Hörweite reagieren darauf gewöhnlich in der Weise, dass sie mit der Ruferin weiterziehen. Jemand, der uneingeschränkt von der innerartlichen semantischen Kommunikation überzeugt ist, würde nicht zögern, hier von einem «Futterruf» oder «Kontaktruf» zu sprechen. Ein stärker evolutionstheoretisch orientierter Beobachter würde fragen, was es dem Sender und dem Empfänger bringt, einen solchen Ruf auszusenden beziehungsweise auf ihn zu reagieren. Die Antwort ist ziemlich eindeutig: Eine Meise, die den Standort wechselt, profitiert von der Schutzfunktion, die die Mitglieder eines Schwarms füreinander erfüllen und die ihr erhalten bleibt, wenn die anderen mit ihr ziehen. Eine Meise, die den Ruf der Weiterziehenden hört und sich dieser anschließt, profitiert davon, dass am neuen Ort das Futter wieder reichlicher vorhanden ist. So kann ein ursprünglich an keine spezielle Motivationslage gebundener, vielfältig einsetzbarer Ruf im Rahmen artspezifischer Selektion mit einer relativ präzisen Funktion verknüpft werden.

Die «Alarmrufe» der Meerkatzen könnten durchaus auf diese Weise zu ihrer heutigen Funktionsweise gekommen sein. Im Fall der Erdhörnchen hatte jeder Ruf seine spezifische akustische Qualität – sie machte seine Quelle für den Empfänger lokalisierbar oder nicht lokalisierbar –, die seine Selektion für seinen heutigen evolutionär ausdifferenzierten Zweck begünstigte. Es ist nicht ganz eindeutig, ob es sich bei den Meerkatzenrufen ebenso verhält. Nicht von der Hand zu weisen ist allerdings die simple Möglichkeit, dass die akustische Gestalt der Rufe sich ursprünglich dem Umstand verdankte, dass sie (in Übereinstimmung mit der motivational-strukturalen Regel) jeweils exakt den bei den Affen vorherrschenden Grad von Furcht und Beunruhigung reflektierten (wobei höhere Töne einen höheren Ängstigungsgrad signalisierten). Das bedeutet jedoch nicht, dass die Rufe in ihrer evolutionär ausdifferenzierten Form lediglich «Schmerzgestöhn» (oder meinetwegen «Angstgequieke») wären. Doch würde dieser ursprüngliche Zusammenhang erklären, wieso sie heute diese ihre spezifischen akustischen Eigenschaften haben.

Die Akustik des Bellens freilich ist vollkommen bar jeglicher natürlichen «Bedeutung». Und darin liegt vielleicht die Erklärung dafür, dass zumindest Haushunde so großzügigen und vielseitigen Gebrauch von dieser Vokalisationsform machen. Gerade weil Bellen an sich nichts bedeutet, kann es in praktischer Verwendung alles Mögliche bedeuten – so Mark Feinstein, Sprachwissenschaftler am Hampshire College in Amherst, Massachusetts. Neue Spezialfunktionen von Hundegebell sind demnach nicht Produkte evolutionärer Differenzierung, sondern Lerneffekte. Bellt unser Hund draußen vor der Tür, lassen wir ihn gewöhnlich ein. Bellt er im Hof ein fremdes Auto an, gehen wir hinaus und sehen nach, wer gekommen ist. Bellt er vor der Tür des Schranks, in dem wir das Hundefutter aufbewahren, füttern wir ihn.

Ein Bell-Laut ist nicht Träger einer semantischen Bedeutung, ist kein «Wort», und der Alarmruf einer Meerkatze ist es ebenso wenig. Man könnte allerdings die Ansicht vertreten, dass beide jeweils ein erster Schritt in die Richtung zum «Proto»wort sind. Die Entkoppelung von Lautung und naturgegebener «Bedeutung» ist unstreitig eine allererste Voraussetzung menschlicher Sprache. In allen Menschensprachen sind die Wörter frei von inhärenten Bedeutungen; es ist vielleicht kein Zufall, dass die Wörter aller Menschensprachen gut gemischte Kombinationen von Vokalen (klingenden Lauten von gleicher akustischer Qualität wie das Winseln) und Konsonanten (rauen, klanglosen Geräuschlauten mit den gleichen akustischen Grundeigenschaften wie das Knurren) sind. Wie das Bellen bedeuten sie an sich gar nichts und können deshalb problemlos mit allen möglichen Bedeutungen gekoppelt werden.

In diesen Bereich gehört auch eine Frage, die Hundebesitzer sich häufig stellen, nämlich die, wie viel unsere vierbeinigen Freunde von unseren Bemühungen, mit ihnen zu kommunizieren, eigentlich verstehen. Die meisten Gehorsamleistungen, die wir einem Hund beibringen, lassen sich ohne weiteres als einfache erlernte Assoziationen erklären – wenn es auch vielleicht nicht ganz gerecht ist, das Attribut «einfach» allzu sehr zu betonen. Hunde werten für die richtige Reaktion auf eine Situation jeweils eine Vielzahl von Umgebungsreizen aus, und häufig ist das, was wir sagen, der unbedeutendste darunter. Versuchen Sie einmal, Ihrem Hund einen gut eingeübten Befehl über eine Sprechanlage zu geben, und Sie werden feststellen, dass er im Normalfall ziemlich unbefriedigend reagiert. Und wenn Sie zu ihm «Schatz!» im selben Ton sagen, in dem sie sonst das Kommando «Platz!» geben, wird das für ihn höchstwahrscheinlich keinen Unterschied machen. Mehr noch: Rufen Sie Ihrem Hund zu, was immer Sie wollen, und in aller Regel wird er zu Ihnen kommen (vorausgesetzt natürlich, Sie haben ihm irgendwann einmal beigebracht, zu kommen, wenn er gerufen wird). Ob Sie «Hierher!» rufen oder «Komm!» oder «Schnucki! Schnucki! Schnucki!» oder «Afghanistan Bananistan!» – es ist alles eins. Der Hund merkt auf Ihren Tonfall, Ihre Körpersprache und Gestik und auf die allgemeinen Nebenumstände. Interessant ist in diesem Zusammenhang, wie gute Hundetrainer beim Abrichten und Kommandogeben von stimmlichen Mitteln Gebrauch machen – und dabei die Intonation genau in der Weise verwenden, die nach Mortons motivational-strukturaler Regel die wirkungsvollste ist. Wenn Sie möchten, dass Ihr Hund kommt, rufen Sie ihn am besten mit hohen, klangvollen Lauten. Wenn er sich ablegen soll, tut ein grober, «knurriger» Ton die beste Wirkung. Welche Vokale und Konsonanten dabei konkret gebraucht werden, spielt eine weit weniger wichtige Rolle. Und da wir im Normalfall immer wieder identische Kommandos in identischen Situationen zu geben pflegen, ist der situative Kontext unserer Kommandos für den Hund eine reichhaltige Quelle von Hinweisreizen. Sage ich zu meinem Border-Collie «Moment mal», wenn er mir den Weg zu der Tür versperrt, die ich für ihn aufmachen will, damit er hinauskann, dann flitzt er mit Raketengeschwindigkeit zur Seite. Sage ich «Moment mal» zu ihm in einer ganz anderen Situation, sieht er mich im Allgemeinen bloß verständnislos an.

Ebenso «kennt» ein Hund seinen Namen nur in dem Sinn, dass er schlicht und einfach eine Assoziation hergestellt hat zwischen diesem Laut (oder irgendeinem ungefähren Äquivalent davon, siehe oben) und dem Äquivalent des Kommandos «Hierher!» (wir rufen seinen Namen, er kommt zu uns, wir belohnen ihn). Oder was vielleicht noch häufiger der Fall ist: Wir benutzen seinen Namen einfach nur als ein Lautsignal, das bedeutet «Pass auf» (auf das, was jetzt kommt). (In dieser Verwendung des «Namens» geht seine Funktion nahezu vollständig in der eines gebellten «Wau»-Lautes auf – eines Lautes, der Interesse zum Ausdruck bringt und Aufmerksamkeit erweckt. Also: Wir rufen den Namen, *irgendetwas Wichtiges* – eine Belohnung, ein neues Kommando – schließt sich an.) Der Karikaturist Gary Larson hat den Sachverhalt prägnant in einer Zeichnung dargestellt; sie zeigt einen Mann, der seinen Hund anschreit, und wird in der Bildunterschrift folgendermaßen erläutert:

WAS WIR ZU UNSEREM HUND SAGEN: «Pass mal auf, Murkel. Jetzt hab ich's aber endgültig dick. Du bleibst von dem Dreck da weg! Hast du mich verstanden, Murkel? Du bleibst da weg, oder du wirst dein blaues Wunder erleben.»
WAS UNSER HUND HÖRT: «Blablabla MURKEL blablablablablablablablablablablablablablablablablablablablablablablabla MURKEL blablablablabla ...»

SPRECHENDE MENSCHENAFFEN

Eine Enttäuschung ist dies alles ohne Zweifel für Tierhalter, die überzeugt sind, dass sie mit ihren Lieblingen immer wieder rege Zwiegespräche führen. Aber vielleicht geht uns gar nicht so viel dadurch verloren, dass wir nicht wirklich mit Tieren sprechen können: Denken wir nur an das Schimpansenmännchen Nim, das in jahrelangem Intensivtraining (unter enormem Verbrauch von Bananen und Süßigkeiten als Futterbelohnungen) zur Verwendung einer simplen Form von Zeichensprache abgerichtet worden war. Was Nim an einem typischen Tag zu sagen hatte, war Folgendes: «Nim essen. Nim essen. Trinken essen mir Nim. Nim Kaustange mir Kaustange. Du mir Banane mir Banane du.»

Trotzdem, sogar ein sprechender Schimpanse, der ziemlich langweiliges Zeug daherredet, weckt unsere Aufmerksamkeit; er gehört mindestens in die gleiche Liga wie ein Rad fahrender Hund, an dem uns ja nicht so sehr beeindruckt, wie gut oder schlecht er es kann, sondern dass er es überhaupt kann. Es wäre ja einigermaßen lieblos und verstockt von uns, wollten wir darüber meckern, dass der Hund noch nie die Tour de France gewonnen hat.

Bei dieser Überlegung setzen wir selbstverständlich voraus,

dass der Hund, technisch gesehen, tatsächlich Rad fährt. Sollte sich herausstellen, dass seine Trainer lediglich seine Füße an den Pedalen festgebunden und im Übrigen das Gefährt mit Stützrädern und einem Motor frisiert haben – um sich dann auf den Standpunkt zu stellen, der Hund demonstriere alle wesentlichen Elemente des Radfahrens, da er ja die Beine auf und ab bewege und das Rad sich gleichzeitig bewege –, hätte die ganze Sache für uns wohl doch ein anderes Ansehen. Nims Geschichte ist zu einem klassischen Fall in der Geschichte der Forschungsprojekte zur sprachlichen Kommunikationsfähigkeit von Tieren geworden. Sie markierte seinerzeit einen Wendepunkt in der wissenschaftlichen Beurteilung von Methodik, Sinn und Bedeutung solcher Projekte. Nims Lehrer Herbert Terrace (Columbia University) begann 1973 mit einer Nachfolgeuntersuchung zu einer Reihe von Ende der sechziger/Anfang der siebziger Jahre durchgeführten Forschungsprojekten zur sprachlichen Kommunikationsfähigkeit der Großen Menschenaffen. Ein bereits geraume Zeit zurückliegender Versuch, einer Schimpansin richtiggehendes Sprechen beizubringen, war mit Glanz und Gloria gescheitert. In den vierziger Jahren zog das Psychologenehepaar Keith und Catherine Hayes ein Schimpansenbaby bei sich als Kind im Hause auf und bemühte sich, der kleinen Vicki alle Erfahrungen zu ermöglichen, die ein menschliches Baby macht. Bei Menschenbabys ist der Spracherwerb etwas Spontanes, und man hoffte, auch bei Vicki werde es so sein. Menschenbabys müssen allerdings keine anstrengenden Unterrichtssitzungen durchstehen, in denen ihr Mund von den Eltern per Hand gewaltsam in verschiedene Stellungen auseinander gezogen wird, damit sie lernen, bestimmte Laute zu formen. Trotz dieser harten Schule lernte Vicki nicht mehr als vier Wörter so zu artikulieren, dass man sie unter Aufbietung eines Höchstmaßes an gutem Willen und Nachsicht eben noch als Verlautbarungen in englischer Sprache durchgehen lassen konnte. Außer der Möglichkeit, «mama»., «papa», «up» und «cup» zu artikulieren (manchmal zog Vicki ihren Mund mit den eigenen Händen zur dafür vorteilhaftesten Stellung auseinander), umfasste Vickis Können die Ausführung einfacher Befehle zum Herbeiholen von Gegenständen.

Forschern, die sich mit der Spracherwerbsfähigkeit von Menschenaffen beschäftigten, ging bei Nachfolgeuntersuchungen zu diesem Fehlschlag auf, dass Schimpansen einfach nicht über den Stimmapparat verfügen, der ihnen erlauben würde, die Laute zu artikulieren, aus denen die Wörter der menschlichen Sprache sich zusammensetzen, und unterrichteten die Tiere in einer Kommunikationsform, von der sie hofften, dass sie ihrer Natur angemessener sei, nämlich in der Taubstummensprache ASL (American Sign Language). Diese Projekte stießen auf breite Beachtung in der Öffentlichkeit, deren Interesse zu einem nicht geringen Teil von den Forschungsteams selbst durch Fernsehauftritte in der *Tonight Show* sowie in einem Spezialfeature der National Geographic Society angeheizt worden war. Nach dreijähriger Schulung beherrschte die Schimpansin Washoe – so war in den veröffentlichten Berichten über das Projekt zu lesen – achtundsechzig Zeichen der ASL und konnte eine Anzahl von 2-Wort- und sogar 3-Wort-Kombinationen (zum Beispiel «you/me/go out») in einer Weise zusammensetzen, die den ersten Satzbildungsversuchen eines menschlichen Kindes ähnelte. «Es war etwa so, als hätte ein auf dem Mond zurückgelassener Erdbebenmesser angefangen, SOS zu tickern», kommentierte der Sprachwissenschaftler Roger Brown aufgeregt. – «Die Sprache ist nicht mehr ausschließliche Domäne des Menschen», verkündete Ron Cohen, der Lehrer Kokos, eines Gorillamädchens, das ähnliche Bravourleistungen vollbrachte wie die Schimpansin Washoe.

Terrace versuchte, seinerseits diese Experimente zu repetieren. Das Schimpansenmännchen Nim (der Name ist die Kurzform von Nim Chimpsky, einem Namen, der seinerseits ein humoristischer Seitenhieb auf den Sprachwissenschaftler Noam Chomsky ist, einen entschiedenen Verfechter der These, dass Sprache ein rein menschliches Phänomen ist) wurde von klein auf im Kreise einer Anzahl freiwilliger menschlicher Helfer sozialisiert wie ein menschliches Kleinkind, wozu unter anderem gehörte, dass man ihn ermunterte, bei der Hausarbeit, beispielsweise dem Geschirr-spülen, mitzuhelfen, und ihm auch eine Reihe von ASL-Zeichen beibrachte. Terrace ließ Nims Umgang mit den ASL-Zeichen aus-giebig auf Videobändern dokumentieren und hatte nach Auswer-tung seines Materials bereits die ersten zehn Kapitel eines Buches fertig gestellt, in dem er über Nims Erfolge beim Spracherwerb zu berichten wusste, als er bei einem «Routinecheck» seiner Fakten-basis eine «unerwartete und bestürzende Entdeckung» machte. Die «penible Bild-für-Bild-Analyse der Videoaufnahmen», so Terra-ce, «brachte zutage, dass Nims Zeichenproduktion in den meisten Fällen von seinen Lehrern angestoßen worden war und, schlim-mer noch, dass sie weitgehend in der Nachahmung von Zeichen bestand, die ihm seine Lehrer gerade vorgemacht hatten. Im Ge-gensatz zu dem weitgehend spontanen und kreativen Sprachver-halten menschlicher Kleinkinder (gehörloser wie normal hören-der) entpuppte sich Nims Zeichengebrauch als Mittel zu dem Zweck, von seinem jeweiligen Lehrer irgendeine Belohnung zu erlangen. Die Videoaufnahmen dokumentierten auch, dass Zei-chengebrauch für Nim lediglich das Mittel letzter Wahl war. Im Normalfall versuchte er, seine Belohung auf direktem physi-schem Wege zu erlangen. Nur wenn diese Bemühungen zu nichts führten, reagierte Nim auf das Drängen seines Lehrers zum Zei-chengebrauch. [...] Just das Band, mit dem ich Nims Können im Zeichengebrauch zu dokumentieren gedachte, lieferte den schla-genden Beweis, dass ich seine Sprachkompetenz weit überschätzt hatte.»

Wenn Nim beispielsweise nach seiner Stoffkatze griff, versuch-te sein Lehrer ihn in eine «Unterhaltung» über die Katze zu ver-wickeln, indem er ihm in ASL die Frage stellte:

«Wo Katze?» Wenn Nim reagierte, dann mit einem Zeichen, das der Lehrer gerade benutzt hatte. Die Videoaufzeichnung des Vor-gangs ließ erkennen, dass Nims Reaktionen zum größten Teil in der Wiederholung der vom Lehrer soeben benutzten Zeichen be-standen, zu denen sich dann noch etliche «universal anwendbare Zeichen» wie «ich», «mehr», «Nim», «schmusen» gesellten, die das

Ganze zu einem «Satz» ergänzten. Für sich betrachtet schien Nim situationsadäquate neue Zeichenketten zu bilden, die sich als grammatisch korrekte Sätze interpretieren ließen, insofern er Agens und Objekt («ich Kaustange»), Agens und Actio («ich essen») sowie Actio und Objekt («streichle mich») und so weiter miteinander kombinierte. Tatsächlich, so Terrace, war die «unspontane und imitative» Art und Weise von Nims Zeichenproduktion in actu nicht zu erkennen und zeigte sich noch nicht einmal bei der Hunderte von Stunden in Anspruch nehmenden Transkription der Videobänder. Erst die erwähnte «penible Bild-für-Bild-Analyse der Videoaufnahmen» brachte den wahren Sachverhalt zum Vorschein.

Einer gleichen Analyse unterzog nun Terrace' Forschungsteam auch die öffentlich zugänglichen Videoaufzeichnungen der Arbeit mit Washoe und mit Koko, und dabei zeigte sich das gleiche Phänomen – auch diese Menschenaffen imitierten weitgehend die Zeichen, die ihre Lehrer soeben benutzt hatten. Noch schlimmer war das Ausmaß des Wunschdenkens, das sich bei der Durchführung einschlägiger Forschungsprojekte bekundete. Kokos zahlreiche Fehler wurden von ihrem Lehrer wegerklärt als bildliche Ausdrucksweise oder spitzbübische Lügen; das Mitarbeiterteam des Washoe-Projekts verfuhr – nach einer späteren dekuvrierenden Erklärung des einzigen Teammitglieds, für das (als Gehörlosen) ASL originäres Verständigungsmittel war – extrem großzügig bei der Interpretation der Zeichen der Schimpansin. «Immer, wenn der Schimpanse ein Zeichen machte, sollten wir das in unserem Journal protokollieren», erinnerte sich der Gewährsmann. «Ich bekam dauernd Klagen vorgetragen, weil in meinem Journal zu wenig Zeichen protokolliert waren. [...] Ich hab aber einfach keine Zeichen gesehen. Die Leute mit normalem Gehör protokollierten jede Bewegung, die der Schimpanse machte, als Zeichen. Jedes Mal, wenn das Tier einen Finger in den Mund steckte, sagten sie: ‹Oha, jetzt hat sie gerade das Zeichen für ‚Getränk‘ gemacht›, und gaben ihm Milch zu trinken.» Wenn Washoe die Hand nach etwas ausstreckte, sagten die normal hörenden

Teammitglieder: ««Mensch, toll, sieh dir das an, das ist genau wie das ASL-Zeichen für ,Gib her!'› War es aber nicht.»

Noch heute bekommt Terrace von Tierpsychologen, die zutiefst von den sprachlichen Fähigkeiten der Großen Menschenaffen überzeugt sind, den Vorwurf zu hören, er sei ein verkappter Skinnerianer, dem es nur darum gehe, die gesamte Forschungsrichtung, die sich mit der Bestimmung der tierlichen Spracherwerbsfähigkeit beschäftige, zu diskreditieren. Wenn dem so wäre, müsste Terrace eine besonders durchtriebene Verschwörernatur sein und jahrelang der Öffentlichkeit die eigene Überzeugung von der tierlichen Spracherwerbsfähigkeit nur vorgegaukelt haben, um seinen Übertritt zur entgegengesetzten Position um so effektvoller inszenieren zu können. Eine einfachere Erklärung ist denn doch die, dass er bereit war, einen Irrtum zuzugeben. «Ich kenne das aus eigener Erfahrung», sagte er in einem Interview, das die *New York Times* 1995 mit ihm führte. «Das war einmal für mich selber eine regelrechte fixe Idee. Ich wollte ernstlich mit einem Schimpansen kommunizieren und herausfinden, wie die Welt aus der Schimpansenperspektive aussieht.»

Die Rolle des Spielverderbers ist nicht besonders erfreulich und macht nicht besonders beliebt; der Enthusiasmus, der da hofft und glaubt, dass man den Großen Menschenaffen tatsächlich eine kommunikative, quasimenschliche Sprache beibringen könne, erfreut sich in der breiten Öffentlichkeit nach wie vor grenzenloser Popularität, wenngleich er bei den meisten Kognitionswissenschaftlern heute im Ganzen gesehen schlecht angeschrieben ist. Einer der freiwilligen Helfer in Terrace' Forschungsteam hat ein populäres Jugendbuch über das Nim-Projekt veröffentlicht, das kein Haarbreit von dem erfreulichen und dem Leser willkommenen Handlungsfaden abweicht, dass ein Menschenaffe tatsächlich kommunizieren lernt. «Wenn er eines Tages genügend Zeichensprache erlernt hat, kann ein Schimpanse uns vielleicht eine Menge erzählen – über seine Vergangenheit und seine Zukunft, seine Gefühle und seine Träume. Wer weiß, was ein Schimpanse uns alles zu sagen hat, wenn er die Wörter dafür zu beherrschen lernt.»

So der schwärmerische Schluss des Buches. Offenbar brachte selbst Terrace es nicht übers Herz, diesen Ton kindlicher Verwunderung zu desavouieren. In dem Vorwort, das er zu dem Buch beisteuerte, flüchtete er sich in einen Stil, der viel Ähnlichkeit mit advokatorischem Finassieren und Lavieren hat: «Für uns alle, die wir mit Nim arbeiteten und kommunizierten, schien kein Zweifel daran möglich, dass er von sich aus Sätze bildete, wie man es in ganz ähnlicher Manier von einem menschlichen Kleinkind erwartet hätte.» *Schien kein Zweifel daran möglich* – so war es ja auch, bis Terrace das Ergebnis seiner peniblen Neuanalyse der Videobänder vorlegte, und eben weil es so war, hatte er ja publik gemacht, welche Folgerungen wirklich aus den Videoaufzeichnungen zu ziehen waren. In dem Kinderbuch ging er nicht über die Aussage hinaus: «Aber ich hatte immer noch nicht den schlüssigen wissenschaftlichen Beweis, dass Nims Zeichenreihen echte Sätze waren.»

DER KLUGE KANZI

Es ist mehr als nur eine marginale Ähnlichkeit, was diese Forschungsprojekte mit der Geschichte des Klugen Hans verbindet. Die Lehrer der Menschenaffen lieferten unwissentlich die Initialzündung für die Reaktionen ihrer Schüler. Aber noch etwas anderes spielte hier mit, nämlich das Versäumnis, eine begriffliche Unterscheidung zu treffen zwischen dem Akt des *Gebrauchs* eines Symbols und der Fähigkeit, dessen symbolischen oder referenziellen Charakter *zu verstehen*. Der neueste Star unter den Symbole benutzenden Menschenaffen ist der Bonobo Kanzi, Schüler und Forschungsobjekt der Primatologin Sue Savage-Rumbaugh. (Bonobos *[Pan paniscus]*, gelegentlich auch Zwergschimpansen genannt, gelten manchen als eine Varietät der «normalen» Schimpansen *[Pan troglodytes]*, anderen als eine – wenn auch eng mit Letzteren verwandte – eigenständige Art.) Kanzi benutzt nicht die Zeichen der Taubstummensprache, sondern «Lexigramme», abstrakte geometrische Symbole, die ihm sowohl auf Kunststofftäfelchen als auch auf einer Art Computertastatur zur Verfügung stehen. In früheren Spracherwerbsexperimenten mit Tieren brachten Savage-Rumbaugh und ihre Mitarbeiter drei Schimpansen namens Lana, Sherman und Austin bei, durch die Aneinanderreihung von Lexikogrammen in vorgeschriebener Ordnung «Sätze» zu bilden und sich so eine Belohnung zu verdienen. Zum Beispiel brachte das Drücken der Tasten für «bitte»/«Apparat»/«gib»/«Banane» eine Banane ein.

Im Rahmen einer Versuchsreihe bekamen Sherman und Austin auf einem Tisch ein Sortiment von fünf bis sieben verschiedenen Futtergaben präsentiert, anschließend mussten sie sich in einen anderen Raum begeben, dort ein Lexigramm aussuchen, zu dem Tisch zurückkehren, eine Futtergabe aussuchen und sie dem Versuchsleiter zeigen. Die Futtergabe seiner Wahl durfte der Schimpanse nur dann verzehren, wenn sie mit dem zuvor ausgesuchten Lexigramm übereinstimmte. Zusammen brachten Sherman und Austin es bei der Futterwahl auf eine 80-prozentige Erfolgsquote.

Kanzis weitaus eindrucksvollere Glanzleistung bestand darin, dass er sich den Gebrauch solcher Symbole ohne jegliche Schulung aneignete. Während seiner ersten zweieinhalb Lebensjahre war er die meiste Zeit zusammen mit seiner Adoptivmutter Matata in einem Raum untergebracht, wo man sich (erfolglos) bemühte, Matata den Gebrauch von Lexigrammen anzudressieren. Als man Matata in die Zuchtkolonie zurückbrachte und Kanzi allein in dem Raum zurückblieb, begann er sofort, Lexigramme zu benutzen, um seinen Betreuern seine Wünsche nach Futter, Spielsachen und unterhaltsamen Aktivitäten wie Kraulen oder Fangen nahe zu bringen.

Alle diese Leistungen bezeugen die eindrucksvollen kognitiven Fähigkeiten der Schimpansen. Sherman, Austin und Lana hatten alle gelernt, mit vielerlei Symbolen umzugehen. Kanzis Lernen aus dem Zuschauen, wie Matata Lexigrammtasten drückte und Belohnungen dafür erhielt, ist einer der wenigen gut dokumentierten Fälle von Beobachtungslernen bei Tieren. Es ist jedoch mehr als zweifelhaft, ob irgendetwas an dieserart Symbol*gebrauch* einem Symbol*verständnis* nahe kommt. Terrace lenkte ein Schlaglicht auf dieses Problem, indem er Tauben abrichtete, zur Erlangung einer Belohnung aus einer Menge verschiedenfarbiger Lichtpunkte vier bestimmte durch Anpicken in geordneter Folge auszuwählen. Worin, so fragte er, unterscheidet sich dieses Können auch nur im Geringsten von Lanas Fähigkeit zur Auswahl und Aneinanderreihung von Lexigrammen, die *gemäß einer Entscheidung* der Experimentatoren für «bitte, Apparat, gib Banane» stehen? Schon dass einem dieser Lexigramme die Bedeutung «bitte» zugeschrieben wird, ist ein Taschenspielertrick auf semantischer Ebene. Was heißt hier «bitte»? Die Taste mit diesem Lexigramm initialisiert den Computer, das ist ihr ganzer Sinn und Zweck. Versteht der tierliche Proband den semantischen Gehalt von «bitte»? Er versteht ihn nicht besser, als eine Taube verstehen würde, dass auf die blaue Taste zu picken «bitte» bedeuten soll – so die Position von Herbert Terrace. Lana musste die vier Lexigramme in die grammatisch richtige Ordnung bringen. Heißt das, dass sie die Regeln der Grammatik versteht? Wiederum gilt: Nicht besser als die Tauben. Die bloße Tatsache, dass die Experimentatoren sich dafür entschieden, die Lexigramme als Wörter mit präzisem semantischem Inhalt und präziser grammatischer Funktion zu behandeln, schiebt die Interpretation dessen, was die Tiere da eigentlich tun, in eine ganz bestimmte Richtung.

Delphintrainer behaupten gern, dass ihre Schützlinge einen Begriff von Grammatik hätten; Beweis: die Tiere können lernen, zwischen (in Zeichensprache oder mit Lautsymbolen übermittelten) Kommandos wie «Bring das Frisbee zum Surfbrett» und «Bring das Surfbrett zum Frisbee» zu unterscheiden. «Wer akzeptiert, dass Semantik und Syntax zentrale Merkmale der menschlichen Sprache sind, dem haben wir jetzt bewiesen, dass innerhalb der Grenzen dieser Sprache auch die Delphine auf diese beiden Merkmale reagieren», meint Louis Hermann, der Leiter des Delphin-Sprachforschungsprojekts in Hawaii.

Aber ist das Grammatikverständnis, oder ist es wieder einmal nur mechanisches Lernen? Wir sahen anhand zahlreicher Beispiele, dass Menschenaffen, Affen und sogar Tauben sich in gewissen Grenzen geordnete Listen einprägen und auch mit den transitiven Beziehungen zwischen den Gliedern von Listen umgehen können. Und bei der Interpretation selbst komplexer syntaktischer Reihungen von Lexigrammen oder Handzeichen oder Lautsignalen tun sich für ein Tier viele Abkürzungswege auf, auf denen es ans richtige Ziel gelangen kann, ohne etwas von den Grammatikregeln verstehen zu müssen, die den Zeichenketten zugrunde liegen. Die Schimpansin Sarah wurde im Gebrauch von Lexigrammen unterrichtet und konnte, wie in der Literatur berichtet wird, die folgenden beiden Sätze unterscheiden:

(1) «Wenn/Sarah/nehmen/Apfel/dann/Mary/geben/Sarah/ Schokolade»

(2) «Wenn/Sarah/nehmen/Banane/dann/Mary/nix/geben/ Sarah/Schokolade»

Aber Sarah brauchte im Grunde nicht sonderlich viel von den zwei Lexigrammketten wahrzunehmen, um zu wissen, was sie zu tun hatte – vom ersten Satz gerade mal «Apfel» und vom zweiten auch nicht mehr als «Banane ... nix». Da jede Aufgabe, die man ihr stellt, zu guter Letzt zu einer Belohnung führt, kann sie das bedingungssetzende «Wenn» und das «dann Mary geben Sarah Schokolade»-Segment in beiden Sätzen völlig ignorieren. Noch nicht einmal auf das «nehmen»-Lexigramm braucht Sarah zu achten, denn schon beim allerersten Herumprobieren dürfte ihr aufgehen, dass sich die ganze Chose ums Nehmen (eine für Schimpansen nicht gerade unnatürliche Tätigkeit) dreht. Mit Sicherheit könnte man auch einem Hund beibringen, in vergleichbarer Weise zwischen Kommandos zu unterscheiden («Bring den Ball» contra «Bring das Frisbee» contra «Frisbee nein»). Und ein Delphin bekundet nicht unbedingt irgendeine tiefere Einsicht in grammatische Zusammenhänge, wenn er durch Erfahrung lernt, dass er den Gegenstand herbeiholen muss, dessen Name zuerst fällt. Vielmehr bekundet er die Fähigkeit zur Ausbildung einer Lernhaltung und zu deren Übertragung auf neue Zusammenhänge – indes gilt auch hier wieder: Kognition ist nicht gleich Sprache.

Es ist immer wieder dekuvrierend, sich vorzustellen, wie wir wohl das Bestreben, für Tiere Spracherwerbsfähigkeit zu reklamieren, beurteilen würden, wären bei den Experimenten, auf die solche Ansprüche sich gründen, die Symbole, in deren Gebrauch die Probanden unterrichtet wurden, nicht als «Wörter» gehandelt worden. Niemand käme je auf die Idee, einen Kategorisierungs- oder MTS-Test als Maß von «Sprachvermögen» zu betrachten. Man hat Tauben dressiert, auf diese oder jene von vier Tasten zu picken, je nachdem, ob auf dem gezeigten Bild eine Katze, ein Auto, eine Blume oder ein Stuhl zu sehen war. Ein Orang-Utan im Nationalen Zoologischen Garten in Washington, D. C., hat im Rahmen des «Orang-Utan-Sprachprojekts» gelernt, sich für eine bestimmte Taste von sechs zu entscheiden, je nachdem, ob man ihm (in Abbildung oder in natura) eine Banane, eine Hand voll Weintrauben, einen Apfel, eine Hand voll Affenfuttermischung, eine Tasse oder eine Einkaufstüte zeigt. Nicht von ungefähr bekommt der Orang-Utan eine Banane oder Trauben oder einen Apfel oder Futtermischung zu fressen, wenn er bei den Esswaren die richtige Taste gedrückt hat. Kein Zufall ist es vielleicht auch, dass er auf die Tasse und die Einkaufstüte mit sichtlich geringerem Interesse reagiert und in diesen Fällen signifikant mehr Zeit für die Antwort benötigt. Der einzige Unterschied zwischen dem, was die Tauben tun, und dem, was der Orang-Utan tut, besteht darin, dass die Sache im einen Fall Kategorisierungstest, im anderen «Sprachprojekt» heißt.

Sue Savage-Rumbaugh hat zwar peinlich genau darauf geachtet, einen der Hauptfehler des Projekts Nim Chimpsky – das ungewollte Zuspielen von Stichwörtern an die Probanden, welche die Tiere in ihrer Reaktion dann nur noch zu kopieren brauchen – zu vermeiden, das ändert jedoch nichts an der Tatsache, dass die Lexigramme benutzenden Schimpansen ihre «Sätze» so gut wie immer nur zu dem Zweck bilden, irgendwelche Begehrlichkeiten kundzutun. Laut Savage-Rumbaugh sind 96 Prozent von Kanzis mittels Lexigrammen getätigten Äußerungen Forderungen nach Esswaren, Spielzeug, Streicheleinheiten oder sonstigen Vergnügungen. Wie wir noch genauer sehen werden, deutet allein schon diese Tatsache auf einen fundamentalen Unterschied hin zwischen dem, was Kanzi, und dem, was ein menschliches Kind versteht.

DER NAME

Ein Symbol gebrauchen und ein Symbol verstehen sind zwei Paar Stiefel. Ich könnte ein sehr einfaches Computerprogramm schreiben, das in der Lage wäre, sämtliche Entscheidungen zu simulieren, die Kanzi oder Sarah treffen, während sie Lexigramme verketten oder darauf reagieren. Der sprechende Elch kann Symbole manipulieren und sie sogar in Stimmlaute transponieren, ohne irgendeinen Begriff von ihnen zu haben. Eine Taube kann in geordneter Folge auf verschiedenfarbige Lichter picken, ohne ein linguistisches Konzept davon zu besitzen, dass jedes Licht ein Zeichen für etwas ist.

Ein Menschenaffe, dem man beigebracht hat, Symbole zu benutzen, gebraucht diese Kunst allemal als Mittel zum sehr handfesten Zweck — er bettelt damit um eine begehrenswerte Sache oder einen angenehmen Zeitvertreib. Menschenkinder dagegen benutzen die Symbole der Sprache vom zartesten Alter an in grundlegend anderer Weise. Das Bemerkenswerteste daran: Von allem Anfang ihrer kommunikativen Bemühungen an verwenden Kinder die Wörter als *Namen* und nicht als Bitten oder Forderungen. Kaum haben die Kleinen angefangen, Wörter zu erlernen, gebrauchen sie diese nicht etwa nur als «Proto»-Imperative, sondern als «Proto»-Deklarative, einzig und allein um ihr Sinnverständnis des Namens zu demonstrieren und die Aufmerksamkeit eines Elternteils oder einer anderen Person auf eine interessante Sache zu lenken. Kinder rufen «rot» oder «Auto» oder «Wauwau» in Situationen, in denen ihnen jegliches Interesse am Besitz der solchermaßen bezeichneten Sache fremd ist. Den Namen der Sache auszusprechen ist für sie Selbstzweck. Dieses Verhalten tritt spontan in der Zeit ungefähr vom neunten bis zum dreizehnten Lebensmonat auf. Und von da an fügen Kinder ihrem Wortschatz zügig neue Dingbezeichnungen hinzu, ohne dass es dazu mehr als einer minimalen Zahl von Begegnungen mit der Lautgestalt des betreffenden Namens oder der Sache, für die er steht, bedürfte.

Die gewaltige Diskrepanz zwischen den nackten Zahlen der Symbole, die einerseits die Menschen in ihrer Sprache gebrauchen und die sich andererseits Menschenaffen durch Schulung aneignen können – zu schweigen von der Spontaneität und Leichtigkeit des menschlichen Spracherwerbs im Gegensatz zu dem aufwendigen Unterricht mit ständigem Einsatz massiver Anreize, der Vorbedingung noch des kleinsten Lernerfolgs bei Menschenaffen ist –, deutet darauf hin, dass der Unterschied zwischen Mensch und Tier in diesem Punkt kein gradueller (etwa in der Gedächtniskapazität liegender), sondern einer zwischen fundamentalen geistigen Strukturen und Prozessen ist. Zu den faszinierenden Entdeckungen, die man bei der Erforschung des kindlichen Spracherwerbs gemacht hat, gehört auch die Erkenntnis, dass die Fähigkeit, Wörter als Namen (das heißt als Symbole, die nicht einfach nur Ausdrucksmedium einer Forderung nach Wunscherfüllung sind, sondern ein Konzept bezeichnen) zu gebrauchen, eng gekoppelt ist mit der – in der Psychologie als «Theorie des Geistes» (oder «kognitive Empathie») bezeichneten – Fähigkeit, sich in die Sichtweise anderer und deren Vorstellung von der Welt hineinzuversetzen. Der Wille, die Aufmerksamkeit auf einen Gegenstand mit jemand anders zu teilen, legt das Fundament für den Gebrauch der Wörter als Namen. Noch bevor das Kleinkind anfängt, Wörter zu benutzen, partizipiert es eifrig an Interaktionen mit der Mutter, die die Herstellung einer gemeinsamen Aufmerksamkeitsrichtung einschließen. Schon mit vier Monaten folgt das Kind mit den Augen dem Blick der Mutter.

Später, gewöhnlich mit acht bis zwölf Monaten, lernen Kinder, auf Dinge zu deuten, um die Aufmerksamkeit ihrer Eltern auf sie zu lenken: Sie haben inzwischen gelernt, dass es möglich ist, *anderen* etwas *über* Dinge in der Welt mitzuteilen. Der Psychologe Simon Baron-Cohen betont, dass dieses Bestreben, die Aufmerksamkeit einer anderen Person zu beeinflussen, für Kleinkinder reiner Selbstzweck ist. Sie wollen «auf *Geist und Seele* des anderen einwirken». Der Drang zum Kommunizieren und die Entdeckung, dass die Dinge der Welt Namen haben, erscheinen simultan innerhalb dieses außerordentlich schmalen und frühen Zeitfensters in der Entwicklung des menschlichen Individuums.

Viele Spiele, die Eltern und Kinder aus instinktiven Gefühlen heraus miteinander spielen, untermauern im Endeffekt diesen Begriff von Kommunikation und Benennung, wonach es deren tiefster Sinn und Zweck ist, *eine andere Person* über Interessantes in der Welt ins Bild zu setzen. Mütter nehmen Dinge in die Hand und zeigen sie ihrem Baby, oder sie deuten mit dem Finger auf etwas und sprechen den Namen des Dinges aus. Auch Guck-Guck-Spiele festigen dieses Konzept von der gemeinsamen Aufmerksamkeit auf einen Gegenstand als Selbstzweck. Menschenaffenkinder hingegen nähern sich einem neuen Ding stets nur unter dem Aspekt der Besitzergreifung, indem sie es in die Hände nehmen und mit dem Mund und den Fingern untersuchen. Ganz anders beim Guck-Guck-Spiel: Beim spielerischen Verschwinden und Wiederauftauchen des Gegenstandes werden der Gegenstand selbst und die auf ihn gerichtete gemeinsame Aufmerksamkeit von Elternteil und Kind zum Zentrum und Wesenskern des Geschehens. Wie Terrace dazu anmerkt, lernen Kleinkinder durch solche Spiele nicht nur, der Aufmerksamkeitsrichtung des mitspielenden Elternteils zu folgen, sondern machen dabei auch die Erfahrung, dass ihre Reaktionen – wie Deuten mit dem Finger oder Gebrabbel oder Lachen und schließlich auch das Nachsprechen des Namens – von dem Elternteil als ein Zeichen dafür, dass sie den Gegenstand wahrgenommen haben, identifiziert werden. «Kurz, das Kleinkind lernt, dass seine Reaktion auf einen Gegenstand in vielem mit der Reaktion des Elternteils auf denselben Gegenstand übereinstimmt», meint Terrace. Blinde Kinder ermangeln naturgemäß der Fähigkeit zur Teilnahme an spielerischer Einübung gemeinsamer visueller Aufmerksamkeit, sie üben aber mit ihren Eltern die gemeinsame Ausrichtung der Aufmerksamkeit auf für sie wahrnehmbare Eigenschaften der Umgebung ein. Und interessant ist, dass selbst blinde Kinder rasch und ganz spontan lernen, die Absicht, jemandes Aufmerksamkeit auf etwas für beide Teile Interessantes zu lenken, mit der Wendung «Sieh mal» auszudrücken.

Im Gegensatz dazu manipulieren Menschenaffen höchst selten Gegenstände zu dem Zweck, die Aufmerksamkeit ihres Nachwuchses auf sie zu lenken, und ebenso wenig verfolgen Menschenaffenkinder, wie ihre Eltern Gegenstände manipulieren. Und von ganz seltenen Ausnahmen abgesehen zeigen Menschenaffen in ihrer natürlichen Umgebung auch nicht auf Gegenstände.

Ein bestimmtes Experiment schien zu beweisen, dass ein Schimpanse einem Ding dessen Namen auch dann zuzuordnen vermag, wenn keine sofortige Belohnung winkt. In einer Variante des Bezeichne-die-Futtergabe-die-du-auswählen-wirst-Tests bekamen Sherman und Austin einen Tisch mit fünf planlos ausgesuchten ungenießbaren Items (Werkzeug, Fotos von Werkzeug und Fotos von Esswaren) präsentiert. Anschließend mussten sie sich ins Nebenzimmer verfügen, dort ein Lexigramm auswählen, das einem der gezeigten Items entsprach, zu dem Tisch zurückkehren, den Gegenstand, den sie bezeichnet hatten, auswählen und dem Experimentator präsentieren. Sie erledigten die Aufgabe mit 90-prozentiger Erfolgsquote, obwohl sie für eine richtige Auswahl mit nichts als Lob belohnt wurden. Man könnte dies als den einzigartigen Fall ansehen, dass ein nichtmenschliches Lebewesen ein Objekt bezeichnet und seine Aufmerksamkeit darauf konzentriert ohne eine antreibende Erfolgsprämie vor Augen. Aber natürlich hatten die Schimpansen bereits ein nahezu identisches Experiment hinter sich, bei dem die sofortige Futtergabe als Erfolgsprämie *garantiert* war. (Als ich meinem Hund beibrachte, auf Kommando zu bellen, belohnte ich die erwünschte Reaktion jedes Mal mit einem Stück Hundekuchen, aber heute reagiert er auch ohne Belohnung fast jedes Mal wunschgemäß auf das Kommando.) Tatsächlich reicherten die Schimpansen in der Experimentvariante mit den nicht essbaren Dingen ihr Verhalten mit einem höchst aufschlussreichen Schlenker an: Nachdem sie symbolisch kundgetan hatten, welchen Gegenstand sie ihrem Lehrer präsentieren wollten, «wiesen sie abermals jetzt mit entschiedenerer und nachdrücklicherer Geste auf den eben bezeichneten Gegenstand hin [...] Dafür, dass sie einem Ding einen Namen zugeordnet und es anschließend gestisch bezeichnet hatten, erwarteten sie ganz unverkennbar eine Belohnung irgendwelcher Art (sei's eine Futtergabe oder Kraulen oder Lob).»

Der bisher unentschiedene Begriffsstreit um die Frage, ob sprachgeschulte Tiere irgendeinen Grad von Sprachvermögen erkennen lassen, erschöpft sich großenteils in einem definitorischen Hickhack um die Essenzialien von Semantik und Syntax. Dabei gerät häufig der übergreifende Gesichtspunkt in Vergessenheit, dass keines dieser Tiere in freier Wildbahn irgendwelche Fähigkeiten dieser Art bekundet. Selbst wenn wir als erwiesen annehmen, dass Sprachschulungsexperimente uns etwas über naturgegebene linguistische Fähigkeiten von Tieren offenbaren, geht dieser Streit um Begriffe am Kern der Sache vorbei. Es kommt nicht darauf an, was ein Tier in etlichen banalen konstruierten Situationen tut; es kommt darauf an, *wie* es das tut. Es ist der grundlegende Unterschied zwischen Symbol*gebrauch* und Symbol*verständnis*, der die Diskontinuität zwischen Mensch und Tier ausmacht und der sich auch in der unübersehbaren gewaltigen Kluft zwischen den mechanischen Bitten und Forderungen sprachgeschulter Menschenaffen und den begrifflichen Höhenflügen menschlicher Sprachbenutzer manifestiert. Laut Sue Savage-Rumbaugh kommt Kanzis «Wortschatz» und seine Fähigkeit, aus diesen «Wörtern» Sätze zusammenzustellen, in quantitativer Hinsicht den Fähigkeiten eines zweieinhalbjährigen Menschenkindes gleich. Allein, der qualitative Unterschied zwischen Kanzis Art und Weise, Wörter zu gebrauchen, und derjenigen selbst eines einjährigen Menschenkindes ist gigantisch, und es ist dieser Unterschied, der die Fähigkeit des Kindes begründet, sein Verständnis der Sprache und seinen Umgang mit ihr immer weiter auszubauen und zu vertiefen. «Würde ein Kind exakt das leisten, was ein Schimpanse leistet, müsste man dieses Kind für gestört halten», meint Herbert Terrace.

7 TIERLICHES BEWUSSTSEIN

Einen Schimpansen in eine Windelhose zu stecken, ihn in eine gute Schule zu schicken und sich mit Fudern von Bananen und Schokolinsen seine Mitarbeit zu erkaufen, das alles macht aus ihm noch keinen Schimpansen, der Sprache in gleicher Weise wie wir zu gebrauchen weiß. Wie wir im vorigen Kapitel sahen, deuten die aus Studien zur Sprachentwicklung des menschlichen Individuums gewonnenen Indizien darauf hin, dass hier ein grundlegender Unterschied besteht, der mit der Einzigartigkeit des menschlichen Selbstbewusstseins und Bewusstseins von anderen zusammenhängt. Tiere bedienen sich der Kommunikation als eines Mittels, das Verhalten anderer, nicht jedoch ihr Denken und Wissen zu beeinflussen. Dagegen bekunden Menschen von frühester Kindheit an die Einsicht, dass andere Menschen eine Psyche haben, die annähernd wie die ihre arbeitet und deren Kenntnisstand man mit Worten und Taten verändern kann.

Die Zahl der Untersuchungen mehrt sich, die gezielt der Frage nachgehen, ob es nichtmenschliche Lebewesen gibt, die eine «Theorie des Geistes» («kognitive Empathie») besitzen – ein Seiner-selbst-Innesein, das sie befähigt, auf mentale Zustände anderer zu schließen, die sich unter Umständen von den eigenen unterscheiden. Wir haben schon an vielen Beispielen gesehen, was Tiere Außerordentliches zu leisten vermögen, ohne auf bewusstes Denken, Meinen und Wollen, wie wir es kennen, zurückzugreifen. Durch Evolution und Lernen wie auch schon durch die Verschaltung ihres Gehirns und ihrer Sinnesorgane sind Tiere an die kognitiven Erfordernisse ihrer physikalischen und sozialen Umwelt in jeder Beziehung so gut angepasst, dass sie uns mitsamt den Leistungen des Bewusstseins, der Sprache und des schlussfolgernden Denkens, auf die wir nicht verzichten können, zuweilen weit in den Schatten stellen. Wir können Bücher über Nachtfalter studieren, lange Listen von Unterscheidungsmerkmalen dieser Insekten daraus exzerpieren und sie uns mit konzentrierter Anstrengung einprägen, bis wir früher oder später so weit sind, dass wir es im Kategorisieren von Nachtfaltern mit jedem Blauhäher aufnehmen können. Mit einiger mnemotechnischer Schulung könnten wir vielleicht sogar die Gedächtnisleistung des Kiefernhähers beim Wiederfinden von Futterverstecken reproduzieren. Aber wir werden niemals mit der gleichen Zuverlässigkeit wie ein Hund eine Fährte verfolgen können, niemals mit der gleichen Zuverlässigkeit wie ein Truthahngeier ein Aas aufspüren können, niemals mit der gleichen Zuverlässigkeit wie eine Taube von unbekanntem Ort nach Hause finden können, niemals mit der gleichen Zuverlässigkeit wie eine Fledermaus ein winziges bewegliches Ziel anpeilen können und niemals aus den Defekten im Klangbild seines Gesanges die Entfernung eines Carolina-Zaunkönigs mit der gleichen Sicherheit berechnen können, wie ein Artgenosse des Sängers dies kann. Wir verspüren allerdings auch kein sonderlich großes Bedürfnis (und in manchen einschlägigen Fällen nicht einmal den geringsten Wunsch), dergleichen zu können. Also könnte man sich wohl auch mit guten Gründen auf den Standpunkt stellen, dass Tiere keinerlei Bedarf für die speziellen kognitiven Fähigkeiten haben, die wir Menschen besitzen, sind sie doch die ganze Zeit recht gut ohne sie ausgekommen.

All das heißt mit anderen Worten, dass schon die bloße Suche nach einem Seiner-selbst-Innesein bei anderen Lebewesen eine gewisse anthropozentrische Schlagseite hat, insofern in ihr die Überzeugung mitschwingt, dass Seiner-selbst-Innesein das Beste sei, was die Evolution im Programm hat – und dass es unser gutes Recht ist, nun doch mal in Erfahrung bringen zu wollen, wie die Tiere vor dieser Norm höchster Vollkommenheit bestehen. Dennoch würde man die Tiere nicht beleidigen mit der Feststellung, dass sie alles, was sie tun, ohne Seiner-selbst-Innesein tun, so wenig es ein Kompliment wäre, würde man ihnen bescheinigen, dass sie unseren kognitiven Fähigkeiten doch recht nahe kommen.

DAS DENKEN DENKEN

Und dennoch: Unsere angeborene Begierde, zu wissen, was da drinnen vorgeht, lässt sich einfach nicht verleugnen. Des eigenen Denkens inne zu sein und wissen zu wollen, was die anderen denken, zählt beides zu den fundamentalsten Merkmalen des Menschlichen überhaupt. Ein Konzept zu besitzen vom eigenen Ich als einem bewussten moralischen Wesen und von anderen als Wesen mit einem Binnenkosmos geistig-seelischer Zustände, mit dem wir Kontakt suchen, ist der innerste Kern unseres Liebens, Lebens und Existierens. Und deshalb ist uns naturgemäß nicht wohl bei dem Gedanken, dass wir uns, was unsere Haustiere angeht, damit abfinden sollen, dass sie uns praktisch nur eine Art Gauklervorstellung bieten. Drückt sich denn in dem Verhalten unseres Hundes nicht unverkennbar Liebe zu uns und Interesse für uns und Freude am Zusammensein mit uns aus? Falls dieses Verhalten nicht einem Innesein seiner selbst und unserer Person als eines bewussten Subjekts entspringt, sind die Liebesbezeigungen des Hundes gefährlich nahe daran, jegliche Bedeutung zu verlieren.

Wir bewegen uns hier auf schwierigem philosophischem Terrain. Was Seiner-selbst-Innesein ist, lässt sich nicht so leicht definieren. Der Versuch würde bedenklich nahe an die Frage heranführen, was das Bewusstsein ist, und die überlassen alle Autoren, die das Thema mit gesundem Menschenverstand angehen, gern den Philosophen, die sich schon seit zweitausend Jahren über dieses Problem streiten und noch immer keine Neigung zeigen, ihre Kontroverse zu beenden.

Eine einfache Lösung könnte darin bestehen, das Seiner-selbst-Innesein mit der Fähigkeit zu identifizieren, eine mentale Repräsentation der eigenen physikalischen Ausdehnung und inneren physiologischen Zustände zu bilden und auf aktuellem Stand zu halten. Doch schon damit verwickelt man sich in philosophische Probleme: Ist ein hungriges Tier auf Futtersuche seines Hungers «inne»? Kann es seinen Zustand in irgendeiner von seinen unmittelbaren Reaktionen auf ihn unabhängigen Form als Zustand des Hungers bezeichnen?

Sachgemäßer wäre das Seiner-selbst-Innesein vielleicht zu charakterisieren als die Fähigkeit, sich ein Konzept des eigenen Selbst und des eigenen Denkens zu Eigen zu machen und es zu reflektieren – ganz ähnlich wie Menschen sich ein Konzept von Wortsymbolen als Namen und von Zahlzeichen als Zahlen zu Eigen machen, etwas, was Tiere augenscheinlich auch dann nicht tun, wenn sie die Fähigkeit besitzen, diese Symbole und Zeichen zu *gebrauchen*. Hat es sich bereits als ausgesprochen schwierige Aufgabe erwiesen, zu bestimmen, ob ein Tier über das Konzept des Wortes oder der Zahl oder der Kategorie verfügt, so führt der Versuch, zu bestimmen, ob es ein Selbstkonzept und ein Konzept von anderen als mentalen Entitäten besitzt, geradewegs an die Grenze des philosophisch Erkennbaren.

Trotzdem sind wir vielleicht in der Lage, zu erkunden, bis zu welchem Grad Tiere mit ihrem Verhalten eine Fähigkeit zur mentalen Repräsentation ihrer mentalen Zustände sowie zur Entscheidungsfindung anhand dieser Repräsentationen dokumentieren. Zumindest ist dies eine etwas leichter zu behandelnde Frage; ihr Kernpunkt ist, ob die mentalen Zustände eines Tieres dem Tier selbst *zugänglich* sind, und möglicherweise berührt sich diese Frage überhaupt nicht mit der anderen, ob ein Tier Bewusstsein hat oder nicht. Man kann sie auch so formulieren: Welches Maß an Kenntnis seiner eigenen kognitiven Prozesse gibt ein Tier uns zu erkennen? Man beachte, dass ein solches Seiner-selbst-Innesein nicht unbedingt Bewusstsein, wie wir es kennen, einschließt; vielmehr kann unbewusstes Denken auch unbewusstes Denken über das eigene unbewusste Denken einschließen.

Die Fähigkeit, Gedanken über Gedanken – «sekundäre Repräsentationen» oder «Metarepräsentationen» – zu entwickeln, markiert allerdings eine hoch bedeutsame Schwelle. Sie ermöglicht es dem Organismus, die wahrgenommene Wirklichkeit zu überschreiten und in die Sphäre des Hypothetischen einzutreten. Repräsentationen von Repräsentationen machen Einsicht überhaupt erst möglich; sie erlauben es dem Organismus, mögliche Lösungen eines Problems im Geist durchzuspielen; sie schaffen die Möglichkeit, vergangene mentale Zustände mit der aktuellen, neuartigen Situation zu vergleichen. Solch ein Seiner-selbst-Innesein ist möglicherweise auch eine essenzielle Vorbedingung dafür, anderer innewerden zu können. Die Fähigkeit, Gedanken als eigenständige Entitäten zu behandeln – Entitäten, die unabhängig von den in ihnen repräsentierten Realien kognitiv gespeichert und manipuliert werden können –, ist die Grundlage der Erkenntnis, dass andere Vorstellungen und Ansichten von der Welt haben können, die sich von meinen eigenen unterscheiden. Der Psychologe Nicholas Humphrey äußerte vor Jahren den Gedanken, dass die Evolution des Selbstbewusstseins beim Menschen möglicherweise eben darum eine adaptive Strategie war, weil Selbstbewusstsein sich als Medium für Spekulationen über die Gedanken (und damit auch die Motive) anderer anbot. Im alltäglichen Umgang mit anderen Menschen greifen wir unausgesetzt auf diese Möglichkeit zurück. Können wir unser Wissen in Repräsentationen fassen und diese nach Belieben abrufen, so können wir auch ermessen, welche Auswirkungen und Folgen es für andere hat, wenn wir ihnen Informationen vorenthalten. Wir können uns die Möglichkeit vorstellen, dass ein anderer uns vorsätzlich täuscht. Wir können uns immer hakenreichere Winkelzüge zur Manipulation des Verhaltens anderer durch Manipulation ihrer Gedanken und Meinungen ausdenken. Die Geschichte des englischen Königtums und die alltäglichen Intrigen in jedem größeren Bürobetrieb liefern eine Fülle anschaulicher Beispiele für den Einsatz von derlei machiavellistischer Intelligenz im menschlichen Sozialverkehr. Jedes Mal, wenn wir uns die Frage «Was würde ich an seiner/ihrer Stelle tun?» zutreffend beantworten können, können wir die Schachzüge unserer Gegenspieler besser vorhersehen und ergo uns besser gegen sie wappnen.

(Wie Menschen die Gedanken und Motive anderer einschätzen, belegt in aller wünschenswerten Deutlichkeit, dass wir die Modelle unserer diesbezüglichen Hypothesen im Wesentlichen aus der Innenschau schöpfen. Jeder von uns kennt den Menschentyp mit Verschwörermentalität, der hinter allem, was andere sagen, eine Verschwörung wittert, und den eingefleischten Manipulator, für den der Wille, andere zu manipulieren, der Universalschlüssel zum menschlichen Verhalten ist – die Aufzählung ließe sich fortsetzen bis zu dem Gierschlund und Raffke, für den feststeht, dass Geldgier und Eigennutz die mächtigsten Triebkräfte des Menschen sind.)

Dass viele Tiere sich in ihrem Verhalten nach dem beobachteten Verhalten anderer richten und ebenso ihrerseits mit bestimmten Verhaltensformen das Verhalten anderer zu beeinflussen suchen, bedarf wohl keines Beweises mehr. Schwer zu erlangen sind jedoch Beweise dafür, dass Tiere sich in das Denken und die Weltsicht anderer Tiere hineinversetzen und diese fremden Innenwelten zu beeinflussen suchen. Wie wir noch sehen werden, spricht im Fall der Affen die Beweislage im Großen und Ganzen gegen die Existenz einer solchen «Theorie des Geistes»; im Fall der Menschenaffen haben wir es mit einer offenen Beweislage zu tun. Aber wir sind im Begriff, dem natürlichen Gang der Dinge vorauszueilen – denn die erste Frage, der wir uns zuwenden müssen, ist die, wieweit Tiere ihrer selbst, ihres Denkens und Wissens inne sind.

WAS WISSEN TIERE VON SICH SELBST?

Tiere stoßen in aller Regel nirgendwo an, wenn sie sich bewegen. Mir ist aufgefallen, dass mein Pferd ein wahrer Meister in der exakten Berechnung enger Zwischenräume ist; zwischen dicht beieinander stehenden Bäumen hindurch oder um Hindernisse herum laviert es mit einer Sicherheit, die eine genaue Kenntnis der Erstreckung seines Körpers im dreidimensionalen Raum verrät. Für einen Hund ist es kein Problem, zu bestimmen, wo er sich kratzen muss, um einen Floh zu erwischen. Körperliche Selbst-Bewusstheit ist im Tierreich so ziemlich universal verbreitet. Das mag großenteils auf simplen erlernten Assoziationen zwischen visuellen oder taktilen Empfindungen und den anschließenden Folgen beruhen. Hundewelpen zum Beispiel stoßen beim Herumtollen immer wieder gegen irgendwelche Gegenstände, und man kann sich unschwer vorstellen, dass sie schlicht und einfach mit zunehmender Erfahrung lernen, solcherlei Kollisionen zu vermeiden – so wie wir mit Hilfe von visuellem und taktilem Feedback einen Baseball fangen lernen, bis der ganze Vorgang schließlich automatisiert ist. Dieserart in «Selbst-Wahrnehmung» gründendes Verhalten verrät uns wahrscheinlich wenig darüber, ob Tiere über Repräsentationen ihrer Repräsentationen verfügen.

Aufschlussreicher sind da schon Experimente, in denen Ratten abgerichtet wurden, über ihr Verhalten selbst «Rapport zu erstatten». Die Tiere lernten, nach Maßgabe dessen, was sie zum Zeitpunkt eines Summersignals gerade taten – laufen, auf allen vieren still dastehen, auf den Hinterbeinen stehen, sich das Gesicht waschen –, jeweils einen bestimmten Hebel von insgesamt vier zu drücken. (Richtiges Antworten brachte eine kleine Futterbelohnung ein.) Alle diese Verhaltenformen sind Ratten angeboren, und der Summer ertönte nur dann, wenn sie in der einen oder anderen Weise beschäftigt waren: In dem Experiment lernten die Ratten also nicht, etwas *zu tun*, sondern vielmehr das, was sie schon längst taten, zu melden.

Ein anderes experimentelles Verfahren zur Bewertung der Kenntnis, die Tiere von ihrem eigenen mentalen Zustand haben, besteht darin, festzustellen, ob es Tieren gegebenenfalls gewärtig ist, dass sie die Antwort auf ein gestelltes Problem nicht kennen. Der Psychologe J. David Smith und seine Mitarbeiter entwickelten folgende Versuchsanordnung. Rhesusaffen, die bereits gelernt hatten, einen Cursor mittels Joystick über einen Computerbildschirm zu bewegen, erhielten einen Bildschirm dargeboten, auf dem ein «Kasten» (eine umrandete rechteckige helle Fläche) und ein S-förmiges Zeichen zu sehen waren. Die Helligkeit des Kastens konnte vom Versuchsleiter durch Vermehrung oder Verminderung der Anzahl leuchtender Bildpixel innerhalb der Umrandung variiert werden. Wann immer der Kasten in maximaler

Helligkeit leuchtete, bestand die korrekte Reaktion des jeweiligen Probanden darin, den Cursor in den Kasten zu bewegen. Lag der Helligkeitsgrad auch nur wenig unter Maximalstärke, war der Cursor auf das S zu bewegen. Die richtige Antwort erbrachte eine sofortige Belohnung; die falsche Antwort verzögerte den Beginn des nächsten Testlaufs (und damit die nächste Gewinnchance).

Anfangs wurden die Affen mit einer sehr einfachen Problemstellung konfrontiert, bei der die Helligkeit der gezeigten schwächeren oder «ausgedünnten» Bilder weit unter dem maximalen Helligkeitsgrad lag. Nach etwa vierstündiger Einübung beherrschten die Tiere die Aufgabe. Daraufhin gingen die Experimentatoren dazu über, den Schwierigkeitsgrad des Problems langsam zu steigern – die schwächeren Bilder wurden allmählich heller, sodass es zunehmend schwieriger wurde, sich zwischen den beiden möglichen Antworten richtig zu entscheiden. In diesem Stadium führten die Experimentatoren eine dritte Wahlmöglichkeit ein. Neben dem Kasten und dem S erschien jetzt ein Stern-Symbol auf dem Bildschirm. Entschied der Proband sich für den Stern, wurde ihm auf der Stelle ein Problem «mit Lösungsgarantie» präsentiert – ein Bildschirm, der entweder nur einen Kasten oder nur ein S zeigte (vergleichbar etwa den Trostpreisfragen, die einst Groucho Marx in seinem Quiz *You bet your life* den Verlierern stellte, Fragen des Kalibers «Wie lange dauerte der Dreißigjährige Krieg?» oder «Wer ist im Lenin-Mausoleum im Glassarg aufgebahrt?»). Wiederholter Zugriff auf die Stern-Option bedingte allerdings zunehmend länger werdende Pausen bis zum Beginn des nächsten Testlaufs, sodass es sich für die Affen auszahlte, diesen Notausstieg nur dann zu wählen, wenn die Zuverlässigkeit, mit der sie auch so die richtige Antwort trafen, sich der 50:50-Marke näherte.

Und genau das taten die Affen auch. Die Häufigkeitskurve der Entscheidung für die Stern-Option erreichte ihren Höhepunkt ziemlich genau in dem Experimentstadium, in dem die Probanden bei der Wahl zwischen Kasten und S ebenso sehr der einen wie der anderen Möglichkeit zuneigten.

Bei der Wiederholung des Experiments mit menschlichen Probanden war das Ergebnis nahezu identisch. Die Versuchspersonen bekamen für richtige Antworten beziehungsweise für die Notausstieg-Option (in Bargeld einlösbare) Punkte gutgeschrieben; genau wie bei den Affen erzwang jedoch die Notausstieg-Option eine von Mal zu Mal länger werdende Pause bis zum Beginn des nächsten Testlaufs (und verminderte so die Zahl der Gewinnchancen). In den Häufigkeitskurven der je nach Schwierigkeitsgrad des Problems tatsächlich getroffenen Entscheidungen – für Kasten, S oder Stern – zeigten sich praktisch keine Unterschiede zwischen Affen und Menschen.

Zum gleichen Ergebnis führte ein ähnlicher Test, bei dem zum einen menschliche Probanden, zum anderen ein Delphin anzugeben hatten, ob ein dargebotener Ton höher oder tiefer war als ein zu Beginn des Tests erklungener Referenzton. Der Delphin hatte drei Paddelblätter zur Verfügung, die er drücken konnte – «Höher», «Tiefer», «Weiß nicht» –, und je näher der zu beurteilende Ton dem Referenzton kam, desto öfter entschied sich das Tier für die Notausstieg-Option. Zudem ließ der Delphin bei den schwierigeren Durchgängen eindeutige Anzeichen von Unschlüssigkeit erkennen: Er näherte sich den Paddelblättern zögerlicher als sonst und schwenkte den Kopf hin und her, ehe er eine Entscheidung traf.

Interviews, die im Anschluss an den Test mit den Teilnehmern geführt wurden, erbrachten die Bestätigung, dass die Versuchspersonen ihren subjektiven Zustand beobachteten und sich mit ihrer Reaktion danach richteten. Hatten sie den Kasten oder das S gewählt, begründeten sie ihre Wahl mit den objektiven, physikalischen Eigenschaften des auf dem Bildschirm gezeigten Kastens. Hatten sie sich jedoch für die Notausstieg-Option entschieden, so begründeten sie dies nach Wahrnehmung der Experimentatoren immer mit ihrer subjektiven Gemütsverfassung – «Ich war mir einfach nicht sicher.» (Sie sagten nicht: «Der Helligkeitsgrad des gezeigten Kastens lag zu dicht bei dem des Referenzkastens» oder: «Mir war aufgefallen, dass die Zahl meiner falschen Antworten zunahm.») Gleicherweise dürften auch die Notausstieg-Reaktionen der Affen und des Delphins «metakognitiven Reaktionen auf subjektive Ungewissheit» Rechnung tragen, folgerten die Experimentatoren: «Das heißt, Affen betätigen den Schleudersitz, wenn sie erkennen, dass sie die Lösung des Testlaufs nicht kennen.»

So klug erdacht diese Experimente auch sind und so beeindruckend ihre Ergebnisse, die Schlussfolgerung, dass sie Selbst-Bewusstheit bei Affen demonstrieren, ist wie immer höchst anfechtbar. So könnte man beispielsweise mit guten Gründen auch den Schluss ziehen, dass die Affen aussteigen, wenn sie eine Zunahme falscher (erfolgloser) Antworten registrieren; es könnte gut sein, dass sie eine Schlussfolgerung nicht aus ihrer subjektiven Verfassung, sondern aus der beobachteten objektiven Entwicklung ziehen. Mit anderen Worten, von einem bestimmten Punkt im Testablauf an bringt die Notausstieg-Reaktion einfach die befriedigenderen Ergebnisse. Bekannt ist, dass Affen die Fähigkeit besitzen, schon aufgrund sehr weniger bekräftigter Versuche neue Unterscheidungen zu erlernen – und ebendie könnte auch die Erklärung selbst für einen sehr rapiden Strategiewechsel als Reaktion auf eine Veränderung im Belohnungsmuster sein.

WER IST DER AFFE DA IM DEM SPIEGEL?

Zum Beweis dafür, dass Tiere bewusste Selbstwahrnehmung und ein Selbstkonzept besitzen – ja sogar sich ihres Daseins bewusst sind und (einer veröffentlichten These zufolge) ihrer Sterblichkeit innezuwerden vermögen –, wird am häufigsten auf jene Experimente verwiesen, in denen Menschenaffen sich selbst im Spiegel zu erkennen scheinen. Über dieses Phänomen berichtete ausführlich erstmals der Psychologe George Gallup im Jahr 1970. Er stellte fest, dass Schimpansen, die er mit einem mannshohen Spiegel konfrontierte, sich anfangs benahmen, als sähen sie einen fremden Artgenossen, also entsprechende Drohlaute ausstießen und Drohgebärden machten. Genauso verhalten sich auch Affen, Hunde und viele andere Tiere; ein Großteil versucht zunächst, hinter den Spiegel zu schauen oder zu greifen. Mit der Zeit büßt jedoch das Spiegelbild seinen Reiz für sie ein und sie beachten es einfach nicht mehr.

Anders die Schimpansen: Sie schienen das Spiegelbild nach einigen Tagen nicht mehr als fremden Artgenossen zu betrachten, sondern in ihm sich selbst zu erkennen. Sie stellten sich vor dem Spiegel auf, schnitten Grimassen, bohrten in der Nase und streckten die Zunge heraus oder benutzten den Spiegel, um Körperbereiche zu inspizieren und daran zu hantieren, die sie normalerweise nicht sehen konnten, so etwa die Mundhöhle (wobei sie Essensreste aus den Zahnzwischenräumen polkten) oder die Anal-Genital-Region.

Die Fähigkeit von Schimpansen, sich selbst im Spiegel zu erkennen, untersuchte Gallup dann auf systematischere Weise mit Hilfe des späterhin so genannten Farbfleckentests. Einige Tiere wurden über einen Zeitraum von zehn Tagen an Spiegel gewöhnt. Am elften Tag narkotisierte Gallup die Schimpansen einzeln und bemalte ihnen einen Augenwulst sowie die Spitze des gegenüberliegenden Ohres mit roter Farbe. Was würden die Probanden nach dem Aufwachen tun? Lückenlose Beobachtung sollte die lückenlose Antwort erbringen. Die Tiere wurden in ihren Käfig verbracht, wo sich zunächst kein Spiegel befand. Hier berührten sie die markierten Körperstellen im Zeitraum von einer halben Stunde durchschnittlich ein Mal. Nachdem der Spiegel aufgestellt worden war, berührten die Tiere die markierten Stellen im Zeitraum von einer halben Stunde durchschnittlich sieben Mal. Von einigen Schimpansen wurde berichtet, dass sie die Farbflecke mit den Fingern berührten, während sie ihr Bild im Spiegel betrachteten, und manche von diesen wiederum betrachteten anschließend sogar ihre Hand und rochen an den Fingerspitzen.

Gallup bewertete die Bedeutung dieser Befunde in der Folgezeit immer höher, und zwar mit der Begründung, dass Selbsterkennen den Besitz eines mentalen Selbstkonzepts voraussetze. Mit seinem Forschungsansatz wurde er zum Initiator einer regelrechten Kleinindustrie von Spiegeltests an Tieren, die in den seither vergangenen Jahrzehnten auf den Plan getreten ist. Mit Gallups Farbfleckenmethode wurden viele andere Tierarten daraufhin getestet, ob sie sich selbst erkennen können, und die Resultate schienen zumindest anfangs im Einklang zu stehen mit der Vorstellung, dass Selbsterkennen eine höhere kognitive Fähigkeit darstellt, die ausschließlich dem Menschen und den Großen Menschenaffen vorbehalten ist. Orang-Utans – auch sie Mitglieder der Familie der Großen Menschenaffen – bestanden den Test, dagegen versagten ohne Ausnahme die Gibbons sowie die zahlreichen getesteten Affenarten.

Weitere Tests an Schimpansen erbrachten jedoch Resultate, die weniger schlüssig waren als die ursprünglich berichteten. Bei einer Untersuchung an elf Schimpansen wurde nur ein Tier registriert, das im Lauf des Tests einen Farbfleck mit den Fingern berührte. Von den Schimpansen, die keine ihrer Farbmarkierungen berührten, zeigten allerdings drei jenes «selbstbezogene» Verhalten, über das Gallup im frühesten Stadium seiner Forschungen berichtet hatte, etwa indem sie mit Hilfe des Spiegels Zonen des eigenen Körpers inspizierten, die sie sonst nicht sehen konnten.

Auf der Deutung all dieser Versuchsergebnisse lastet ein ganz elementares Problem: Exakt diese selbstbezogenen Verhaltensweisen praktizieren Schimpansen schon rein gewohnheitsmäßig, einerlei ob ein Spiegel in der Nähe ist oder nicht. Die Tiere berühren ihren Kopf und ihr Gesicht sehr häufig mit den Fingern; tatsächlich sabotierte bei dem Experiment mit den elf Schimpansen ein Proband das Testprogramm, indem er während des Aufwachens aus der Narkose seinem Hang, sich heftig die Augenwülste zu reiben, nachgab – und dabei den Farbfleck wegrieb, bevor er überhaupt eine Chance gehabt hatte, ihn im Spiegel wahrzunehmen.

Ein weiteres elementares Problem ergibt sich daraus, dass die als «selbstbezogen» klassifizierten Verhaltensweisen auch soziale

Reaktionen sind, die Schimpansen in Gegenwart von Artgenossen an den Tag legen. Sich selbst «groomen» (Fellpflege/Hautpflege betreiben, «Lausen») gehört bei vielen Primaten zum Sozialverhalten. Bei einem Stummelschwanzmakaken, der in einem Käfig mit einer Spiegelwand gehalten wird, ist eine deutliche Zunahme des Selbst-Groomens zu beobachten.

Das Gleiche gilt jedoch auch für einen Stummelschwanzmakaken, der durch eine durchsichtige Trennwand einen Artgenossen im Nachbarkäfig sehen kann. Dem Verhalten eines Tieres vor dem Spiegel lässt sich also nicht immer ohne weiteres entnehmen, ob es eine «selbstbezogene» Reaktion auf das als eigenes Abbild wahrgenommene Spiegelbild ist oder eine «soziale» Reaktion, weil das Bild im Spiegel als fremder Artgenosse wahrgenommen wird.

Manche (nicht alle) der als Beweise für Selbsterkennen im Spiegel angeführten Testergebnisse sind womöglich nichts weiter als in den Versuchsbedingungen angelegte Artefakte. Zu den ersten von Gallup berichteten Beobachtungen zählte der Umstand, dass die Schimpansen unmittelbar nach dem Erwachen aus der Narkose viermal so viel Zeit vor dem Spiegel verbrachten wie am letzten Tag vor dem Experiment. Das lässt sich indessen vielleicht ziemlich einfach damit erklären, dass das Bild im Spiegel, das in den vorausgegangenen zehn Tagen immer wieder mehr oder minder das gleiche (und daher vermutlich eine ziemlich langweilige Sache) gewesen war, auf einmal stark an Faszinationskraft gewonnen hatte – trug es doch einen großen roten Fleck am Kopf.

Im Rahmen von Gallups anfänglichen Untersuchungen wurden auch zwei mit Spiegeln noch gänzlich unvertraute Schimpansen narkotisiert und mit Farbflecken versehen; nach dem Aufwachen zum ersten Mal mit einem Spiegel konfrontiert, zeigten sie sich nicht in gleicher Weise wie die Mitglieder der Versuchsgruppe bestrebt, die Markierungen an ihrem Kopf mit den Fingern zu berühren. Das schien einleuchtend zu beweisen, dass die Mitglieder der Versuchsgruppe bei der manuellen Exploration der Farbflecke in der Tat den Spiegel als Wegweiser benutzten, denn der einzige Unterschied zwischen Versuchsgruppe und Kontrollgruppe bestand ja in der Vertrautheit mit Spiegeln, die jene besaß und dank der sie hatte lernen können, dass diese Dinge ein Selbst-Bild präsentieren. Wie jedoch der Psychologe C. M. Heyes zu bedenken gab, könnte die Sachlage auch die gewesen sein, dass die Mitglieder der Kontrollgruppe jeweils viel zu sehr damit beschäftigt waren, auf den bedrohlichen Fremdling zu reagieren, für den sie ihr Spiegelbild hielten, als dass sie noch zu dem an sich normalen Selbst-Groomen gekommen wären, in dessen Verlauf sich (rein zufällig) auch Fälle jener Berührungen der Farbflecke hätten ergeben können, die bei der Versuchsgruppe beobachtet worden waren. Alle Schimpansen reagieren bei der ersten Konfrontation mit einem Spiegel in der gleichen Weise, und diese erste Konfrontation verlief bei der Kontrollgruppe (unmittelbar nach dem Anbringen der Farbflecke) nicht anders, als sie (zehn Tage zuvor) bei der Versuchsgruppe verlaufen war. Der einzige Unterschied war eben, dass die Versuchsgruppe bei zehntägiger Gewöhnung reichlich Gelegenheit gehabt hatte, die aggressive Reaktion auf das Bild im Spiegel abzubauen und zu den normaleren Elementen im Verhaltenskatalog zurückzukehren.

Inzwischen haben sorgfältigere Tests an Affen die Vermutung nahe gelegt, dass es durchaus keine besondere kognitive Leistung ist, was die «höheren» Primaten Schimpanse und Orang-Utan vor dem Spiegel vollbringen. Das Lisztäffchen *(Oedipomidas oedipus)*, ein Mitglied der südamerikanischen Familie der Krallenaffen, trägt eine charakteristische weiße Haarkrone auf dem Kopf. In älteren Tests, bei denen den Tieren die üblichen Farbflecken beigebracht worden waren, hatten die Probanden wenig bis gar kein Interesse für das eigene Spiegelbild bekundet. Bei einer Untersuchung neueren Datums indessen versuchten die Experimentatoren es mit einer Schockfärbung – in Pink, Violett, Grün oder Blau – der gesamten Haarkrone. Die solchermaßen behandelten Affen starrten eine beachtliche Zeit lang in den Spiegel und befühlten dabei das gefärbte Haar. Bei einer Kontrollgruppe war nie ein ähnliches Verhalten zu beobachten. Und die Äffchen mit

Punkerfrisur reagierten auf ihr schockfarbenes Spiegelbild ganz anders, als sie auf einen fremden Artgenossen mit gefärbten Haaren reagiert hätten. Obgleich ein fester Blick unter Affen üblicherweise eine handfeste Drohung ist und obgleich Affen bei anderen Tests monate-, ja jahrelang nicht aufhörten, aggressiv auf ihr eigenes Spiegelbild zu reagieren, betrachteten die gefärbten Lisztäffchen ihr Spiegelbild über außergewöhnlich lange Zeitspannen vollkommen friedfertig, ohne Vokalisationen oder sonstige Zeichen von Feindseligkeit.

Marc Hauser, der die Untersuchung an den Lisztäffchen durchführte, meint: Wenn Affen – Tiere, die nach vielerlei anderen Maßstäben weit entfernt davon sind, eine «Theorie des Geistes» zu besitzen – ihr Spiegelbild erkennen, dann ist man mit der Gleichsetzung von Selbsterkennen und Selbst-Bewusstheit vielleicht doch auf dem Holzweg. Autistische Kinder, deren Störung charakterisiert ist durch die prinzipielle Unfähigkeit, anderen mentale Zustände zuzuschreiben oder sich das Bild vorzustellen, das sie in den Augen anderer abgeben, sind im gleichen Alter wie normale Kinder in der Lage, mit Hilfe eines Spiegels den eigenen Körper zu inspizieren. Und eine ganze Anzahl von Versuchen liefert den Beweis dafür, dass Tiere die Bewegungen ihrer Hände (allgemeiner gesprochen: ihres Greiforgans) an einem Spiegelbild oder dem Bild eines Videomonitors zu orientieren vermögen. Paviane konnten mit einem Joystick den Cursor hinter einem beweglichen Ziel her über den Computerbildschirm jagen. Elefanten konnten eine versteckte Futtergabe an einem Ort finden, der für sie nur in einem Spiegel zu sehen war, und Schimpansen konnten ihre Hände zu versteckten Zielen dirigieren unter Anleitung eines Videobildschirms, der ihre Handbewegungen spiegelverkehrt wiedergab. All diesen Kunststücken gemeinsam ist, dass die Tiere sich mit den Bewegungen ihrer Hände (oder ihres Rüssels) nach einem verfremdeten und ungewohnten visuellen Feedback richten mussten. Aber der Elefant brauchte nicht zu wissen, dass es *sein* Rüssel war, den er da im Spiegel sah; alles, was er lernen musste, war: Wenn der Rüssel im Spiegel die Futtergabe im Spiegel berührte, berührte sein eigener, realer Rüssel die reale Futtergabe – so wie der Pavian nichts weiter kapieren musste, als dass seine Hand immer dann am richtigen Platz war, wenn der Cursor den beweglichen Punkt auf dem Bildschirm berührte. Das visuelle Feedback unterrichtete die Tiere, dass virtuelle Hand (oder virtueller Rüssel oder Bildschirmcursor) in Position X das Gleiche bedeutete wie reale Hand (oder realer Rüssel) in Position X.

So dürfte die Fähigkeit, Informationen aus einem Spiegel oder von einem Bildschirm als Orientierungshilfe für Handbewegungen zu verwenden, wohl eher den Orientierung im dreidimensionalen Raum einbegreifenden selbstbezogenen Verhaltensweisen nahe stehen, die ein Tier an den Tag legt, wenn es sich kratzt oder um ein Hindernis auf seinem Weg herummanövriert. Diese Fähigkeit setzt bei einem Tier keine «Kenntnis [davon voraus], dass sein Spiegelbild dem Bild ähnelt», das Artgenossen von ihm haben – und schon gar nicht, dass es seiner eigenen Sterblichkeit innezuwerden vermag.

WAS WISSEN TIERE ÜBER ANDERE TIERE?

Selbst wenn ein Tier nichts davon weiß, was es selber denkt und was die anderen denken, kann es sehr wohl eine ganze Menge *über* die anderen wissen.

Die Evolution durch natürliche Selektion stellt man sich gemeinhin als Anpassung an die externe Umwelt vor. Die Klauen und das Pelzkleid des Eisbären sind unverkennbar Ausrüstungsstücke, deren das Tier bedarf, um sich dort, wo es lebt, eine Lebens- und Ernährungsgrundlage sichern zu können. Aber wie schon Darwin selbst erkannte, kann ein sozial lebendes Tier enormem Selektionsdruck ausgesetzt sein, der von rein internen Anforderungen der Sozialgemeinschaft ausgeht, in der es lebt. Der Schwanz des Pfaus hat nichts mit Umweltanpassung, aber alles mit den Partnerwahlkriterien der Pfauenweibchen zu tun. Rothirschbullen bauen ein mächtiges Stangengeweih auf, dessen einziger Zweck darin besteht, während der Paarungssaison als Drohsignal und Waffe gegen Mitbewerber um die Gunst brünftiger Hirschkühe eingesetzt werden zu können. Der Vorteil, den diese sperrigen Auswüchse in Sachen Fortpflanzungserfolg bedeuten, überwiegt die Nachteile, die sie dem Tier bei der Auseinandersetzung mit der Umwelt im Allgemeinen auferlegen (weil sie Kraft kosten und die Flucht vor Feinden erschweren).

Genauso scheinen auch viele kognitive Eigenschaften allein ihres Wertes innerhalb der Sozialgemeinschaft wegen selektiert worden zu sein. Bei vielen im Verband lebenden Arten wissen die Individuen offenbar eine ganze Menge über die anderen Mitglieder des Verbandes, ihre Blutsverwandtschaftsbeziehungen, ihren Rang in der Sozialhierarchie. Interessant ist, dass die kognitive Hardware, die sich zur Verarbeitung dieserart sozialer Information herausgebildet hat, in vielen Fällen anscheinend etwas Hochspezialisiertes ist. Pavianmännchen können sich offenbar eine umfangreiche Liste von Dominanzverhältnissen zwischen den Männchen ihrer Horde merken, sind jedoch nicht in der Lage, die relative Füllmenge verschiedener Wasserbehälter richtig einzuschätzen. Um Affen und Menschenaffen im Labor das Bilden von geordneten Listen beizubringen, ist ein enormer Schulungsaufwand erforderlich; in freier Wildbahn macht es den Tieren nicht die mindeste Schwierigkeit, mentale Repräsentationen sozialer Beziehungen spontan zu meistern. Wie Dorothy Cheney und Robert Seyfarth herausfanden, haben Meerkatzen ein differenziertes sozialbasiertes System von Rufen und Aktionen zur Abwehr von Fressfeinden entwickelt, zeigen sich jedoch außerordentlich verständnislos gegenüber physikalischen Anzeichen in ihrer Umwelt – etwa einer Pythonfährte im Gras oder den abgenagten Gerippen, die Leoparden von ihrer Beute in Bäumen hinterlassen –, die ihnen die Nähe von Fressfeinden verraten könnten. Die Meerkatzen sind, wie Cheney und Seyfarth es formulierten, «Primatologen, die zu viel Zeit auf das Studium einer einzigen Spezies verwendet haben». Gute Primatologen, aber schlechte Naturkundige.

Der extrem bereichsspezifische, hoch spezialisierte Charakter sozialer kognitiver Fähigkeiten sowie die Tatsache, dass bei Tieren die soziale Intelligenz häufig stärker entwickelt zu sein scheint als jede andere Form von Intelligenz, sprechen eher dagegen als dafür, das Wissen eines Tieres über seinen Sozialverband als Beweis für ein mentales Konzept vom eigenen Selbst und dem Selbst des anderen zu interpretieren. Wissen von Wissen müsste flexibler und vielseitiger anwendbar sein. Tatsache ist, dass der Besitz von Metarepräsentationen den grundlegenden Unterschied zwischen einem «Universalrechner» und einem auf nur einen Anwendungsbereich beschränkten «Spezialrechner» ausmacht. Durch ihn unterscheidet sich ein frei programmierbarer Digitalrechner etwa von einem mechanischen Raketenlenksystem. Es ist die Fähigkeit, «Gedanken» nicht einfach nur zu haben, sondern sie auch zu manipulieren, was dem Computer seine Vielseitigkeit verleiht; beim Menschen erfüllen Sprache und Mathematik auf höherer Ebene eine ähnliche Funktion, indem sie uns erlauben, Symbole und Ideen unabhängig von den speziellen Zwecken zu manipulieren, die zu realisieren unser Gehirn von der Evolution aufgebaut wurde. Unser Gehirn hat sich nicht entwickelt, damit wir quadratische Gleichungen lösen oder Musik machen oder Bücher über den Unterschied zwischen dem menschlichen Geist und dem Geist der Tiere schreiben können.

Was Affen und Menschenaffen an sozialem Wissen besitzen, ist beachtlich, wenngleich sich schwer sagen lässt, ob es irgend mehr ist, als auch bei Hühnern vorhanden sein muss und ebenso bei Wölfen und Pferden und anderen im Verband lebenden Tieren, bei denen die Fähigkeit zum Erkennen anderer Individuen eine wichtige Voraussetzung für das Überleben innerhalb des Verbandes ist. Sowohl für Hühner als auch für langschwänzige Makaken wurde nachgewiesen, dass sie die anderen Mitglieder ihres Sozialverbandes jeweils als bestimmtes Individuum zu erkennen vermögen. Den Tieren wurden zunächst paarweise Dias dargeboten, von denen das eine ein Mitglied ihrer sozialen Gruppe, das andere ein fremdes Individuum zeigte; für die Wahl des ihnen vertrauten Gesichts erhielten die Probanden eine Belohnung. Dann wurden sie mit einem neuen Problem konfrontiert: Sie mussten zwischen denselben bekannten und unbekannten Tieren wie zuvor anhand von Aufnahmen aus anderer Perspektive oder von Ganzfigurbildern statt Frontalaufnahmen des Gesichts unterscheiden. Ungeachtet des veränderten Blickwinkels gelang es den Tieren sehr gut, ihre Kenntnis der einzelnen Individuen auf die neuen Bilder zu übertragen.

Die Ergebnisse von Freilandstudien wild lebender Pferde sprechen ebenfalls stark dafür, dass die Tiere mehrere Dutzend anderer Mitglieder der Herde anhand der Fellzeichnung individuell zu identifizieren vermögen und den sozialen Rang eines jeden kennen.

In Freiland- wie Laborversuchen mit Affen erfuhr das hohe Niveau des Wissens, das diese Tiere über die sozialen Beziehungen innerhalb ihres Verbandes besitzen, eine nachdrückliche Bestätigung. Besonders interessant waren Experimente mit langschwänzigen Makaken, denen die Aufgabe gestellt war, den Dias von Müttern in ihrem Sozialverband Dias von deren Nachwuchs zuzuordnen. Einem Makakenweibchen wurden mit jedem Dia von einer Mutter zwei weitere Dias als Wahlmöglichkeiten dargeboten: Das eine zeigte ein Kind dieser Mutter, das andere irgendeinen fremden Affen gleichen Alters und Geschlechts. Die Probandin musste ihre Wahl durch Drücken des zu dem Bild gehörenden Knopfs bekannt geben. Nachdem sie die Mutter-Kind-Paarung als Sinn der Aufgabe begriffen hatte, wurde ihr eine neue Dia-Kollektion mit der gleichen Wahlmöglichkeit wie zuvor vorgelegt. Die Probandin erledigte die Aufgabe mit 90-prozentiger Erfolgsquote. Ein zweites Makakenweibchen wurde mit einem etwas anderen Problem konfrontiert; man zeigte ihm Diapaare entweder von Mutter/Nachkömmling oder von zwei nicht miteinander verwandten Tieren aus seinem Sozialverband. In der Testphase zeigte die eine der Falsche-Wahl-Paarungen stets ein gebärfähiges Weibchen; die Richtige-Wahl-, Mutter/Kind-Paarungen zeigten unter anderem Mutter plus halberwachsenen

Sohn, Mutter plus erwachsene Tochter und Mutter plus Tochter im Säuglingsalter. Die Probandin beantwortete von vierzehn Aufgaben vierzehn richtig.

Dass die Mutter/Abkömmling-Dias zum Teil erwachsene Kinder zeigten, macht in diesen Fällen die korrekte Wahl besonders aufschlussreich, denn ganz offenbar beruhte hier die Entscheidung auf unbezweifelbarer Kenntnis der Verwandtschaftsbeziehung und war nicht lediglich der mechanische Griff zu einem Bilderpaar, welches ein Porträt dieses oder jenes Typs, etwa das eines jungen Affen, einschloss.

Freilandversuche sind naturgemäß sehr viel schwieriger unter kontrollierten Bedingungen durchzuführen, indes demonstrieren manche von Cheneys und Seyfarths wohl durchdachten Tonbandexperimenten in überzeugender Form, wieweit Meerkatzen nicht nur Individuen erkennen, sondern auch über deren soziale Beziehungen Bescheid wissen. Das Forscherehepaar zeichnete die Rufe einzelner Affen auf und verwandte große Mühe darauf, die Wiedergabe unter so weitgehend wie nur möglich kontrollierten Bedingungen durchzuführen. Das Individuum, dessen Laute wiedergegeben wurden, musste sich außer Sichtweite der beobachteten Gruppe befinden; zudem schränkten die Experimentatoren die Zahl der Versuche auf einen pro Tag ein. In einem Fall wurde einer Gruppe von erwachsenen Weibchen der Schrei eines zweijährigen Jugendlichen vorgespielt. Eine signifikante Anzahl von Zuhörerinnen reagierte in der Form, dass sie den Blick auf die Mutter des Affen richtete, dessen Stimme gerade erklungen war. Eine mögliche Erklärung dafür wäre, dass diese Weibchen nicht auf den gehörten Schrei, sondern auf das Verhalten der Mutter des Schreienden reagierten – denn in den meisten Fällen dieser Art pflegte die Mutter (die damit zweifellos die Fähigkeit bewies, die charakteristischen Vokalisationen des eigenen Nachwuchses zu erkennen) mit der Hinwendung zu dem Lautsprecher zu reagieren. Doch selbst in Fällen, wo die Mutter keinerlei Reaktion zeigte, reagierten die anderen Weibchen damit, dass sie sich ihr zudrehten. Es scheint also kaum ein Zweifel daran möglich, dass die

Affen nicht nur die Laute erkennen, die ihr eigener Nachwuchs produziert, sondern auch andere Affen anhand deren Laute zu identifizieren und sie überdies ihren Müttern zuzuordnen wissen. Weitere Anzeichen dafür, dass Affen und Menschenaffen über Verwandtschafts- und Statusverhältnisse Bescheid wissen, liefern Freilandbeobachtungen rangbestimmter Verhaltensformen. Wild lebende Meerkatzen suchen mit Vorliebe Kontakt mit ranghöheren Individuen anzuknüpfen; sie wetteifern untereinander aktiv um die Gelegenheit, dominante Gruppenmitglieder zu groomen. Und sowohl in Rhesusaffen- wie in Meerkatzengruppen hat man Tiere beobachtet, die ihre aufgestaute Aggression gezielt auf einen nahen Verwandten des Artgenossen ableiteten, mit dem sie gerade einen Streit hatten. Diese Art von Verhaltensübersprung entlang den Linien des sozialen Beziehungsgeflechts tritt manchmal sogar um noch einen weiteren Netzwerkknoten versetzt auf: Auf einen Streit zwischen Individuum A und Individuum B folgt nicht selten ein feindseliger Zusammenstoß zwischen einem Verwandten von A und einem Verwandten von B.

Es liegt auf der Hand, welche praktischen Vorteile es hat, das *Who's Who* der eigenen sozialen Gruppe jederzeit im Kopf zu haben. Zugang zu Nahrung und insbesondere Zugang zu Paarungspartnern ist häufig eine Sache des sozialen Ranges, und die Vermeidung von aggressiven Begegnungen ist häufig eine Sache des sozialen Bescheidwissens. Viele Tierarten wissen um diese sozialen Fakten. Es gibt jedoch keinen speziellen Beweis dafür, dass sie wissen, was sie wissen oder was andere wissen.

WAS WISSEN TIERE VON DEN FÄHIGKEITEN ANDERER?

Wenn Gepardenjunge zweieinhalb bis dreieinhalb Monate alt sind, geht ihre Mutter allmählich dazu über, die Beutetiere, die sie fängt, nicht gleich zu töten. Stattdessen trägt sie die noch lebende Beute zu den Jungen und lässt sie bei ihnen laufen. Die Jungen hetzen im Normalfall hinter dem Tier (gewöhnlich ein Kaninchen oder eine junge Gazelle) her und rennen es mehrmals über den Haufen, bringen es aber in den seltensten Fällen erfolgreich zur Strecke. Nach fünf bis fünfzehn Minuten greift dann gewöhnlich die Mutter ein und tötet die Beute.

Spätestens wenn die Jungen ungefähr fünf Monate alt sind, behandelt die Mutter etwa ein Drittel der Beutetiere, die sie erjagt, in dieser Weise. Etwa im zehnten Lebensmonat nimmt die Geschicklichkeit der Jungen im Erwürgen von Beutetieren – beziehungsweise im Gepackthalten und Bei-lebendigem-Leibe-Verzehren der Beute – merklich zu, und die Mutter vermindert jetzt die Zahl der Tiere, die sie vor ihnen freilässt. Ein anderer Faktor, der das Verhalten der Mutter beeinflusst, ist die Art der Beute: Eine ausgewachsene Gazelle laufen zu lassen, die den Jungen höchstwahrscheinlich entwischen würde, kommt ihr kaum in den Sinn.

Hauskatzenmütter zeigen ein sehr ähnliches Verhalten. Sobald die Jungen auf eigenen Beinen herumzulaufen beginnen, weicht die Mutter von ihrem normalen Jagdverhalten ab; statt ihre Beute wie üblich an dem Ort zu verzehren, wo sie sie getötet haben, tragen sie sie heim zu den Jungen und verzehren sie vor deren Augen. Mit zunehmendem Alter des Wurfs geht die Mutter allmählich dazu über, lebend heimgebrachte Beutetiere vor den Kleinen laufen zu lassen und zuzusehen, wie sie mit ihnen spielen. Wenn das Spiel der Jungen erlahmt, beginnt die Mutter ihr eigenes Spiel mit der Beute, ersichtlich zu dem Zweck (und jedenfalls mit dem Erfolg), das Interesse der Kleinen neu zu entfachen.

Geparden und Katzen zählen zu den wenigen Spezies, für die derartiges Verhalten in quantitativen Studien nachgewiesen ist, aber für andere Arten existiert eine Überfülle anekdotischen Materials über vergleichbare Bestrebungen von Tiereltern, ihren Nachkommen einen solchen strukturierten Unterricht zuteil werden zu lassen. Man hat Otter beobachtet, die erbeutete Tiere vor jungen Ottern laufen ließen; die Weibchen der Erdmännchen *(Suricata tetradactyla)* halten gefangene Insekten im Maul und provozieren ihre Jungen, ihnen Stücke der Beute wegzuschnappen und so fressen zu lernen, was auch die Mutter frisst.

Raubvögel veranstalten für ihre Brut einen noch ausgefeilteren Schulungskurs. Rotfalken und Sperber legen anfangs Atzung für die Jungen ein Stück weit außerhalb des Horsts ab. Wenn dann die Nestlinge fliegen lernen, locken die Eltern sie nach und nach immer weiter vom Horst weg; sie behalten das Futter im Schnabel oder in den Klauen und atzen die Jungvögel erst, nachdem sie eine gewisse Strecke hinter ihnen hergeflogen sind. Junge Fischadler schrien angesichts dieser Behandlung erst einmal wie gewöhnlich nach Atzung, was die Eltern unerweichlich überhörten. Im Lauf der folgenden Tage lernten die Jungvögel, den Eltern zu einem nahe gelegenen Felsen zu folgen, wo sie dann geatzt wurden.

Die nächste Phase sieht dann unter Umständen so aus, dass die Erwachsenen Futter für die Jungvögel im Flug abwerfen und sie so zwingen, es ihrerseits im Flug zu fangen. Die schon erwähnten Fischadler zum Beispiel fingen einen Fisch, flogen mit ihm in die Nähe eines ihrer Jungen und ließen ihn fallen, und das mehrmals, wenn es sein musste: Das Elterntier fing den Fisch, wenn nötig, selbst auf, um ihn hinterher von neuem abzuwerfen, und wiederholte das Spiel so lange, bis es einem Jungvogel gelang, die Beute zu erhaschen. Brachte einer der Jungvögel es nicht fertig, selbst einen Fisch aufzufangen, und ging auf dem Felsen nieder, wo sein erfolgreicheres Geschwister seine aufgeschnappte Beute verspeiste, landete das Elterntier neben ihm, drängte den glücklosen Sprössling von dem Felsen und zwang ihn, sich weiter um einen eigenen Fisch zu bemühen, den der Erwachsene von neuem in ständigem Kreislauf fallen ließ und wieder auffing, bis es dem Jungvogel endlich gelang, ihn zu erhaschen. Andere Raubvögel machen es ähnlich wie die Katzen und die Geparden, indem sie vor ihrem Nachwuchs kleinere Vögel noch lebend aus ihren Fängen entlassen, damit die Jungen sie in der Luft jagen können; Wanderfalken wurden dabei beobachtet, wie sie ihren Nachwuchs in die Jagdpraxis einführten, indem sie hinunterstießen und über den Boden strichen, um ein Beutetier aufzuscheuchen, das zu erjagen sie dann den Jungvögeln überließen.

In vielen dieser Fälle ist besonders frappant, wie die erwachsenen Tiere ihre «Lektionen» je nach der Reaktion des Nachwuchses abwandeln. Sie spulen keineswegs eine starre, vorprogrammierte Handlungskette ab. Wieder einmal haben wir den Beweis, dass Tiere über ein Wissen vom Wissensstand (oder von der Unwissenheit) anderer verfügen, quälend – weil denn doch nicht wirklich greifbar – nahe vor uns. Die vielleicht bestechendsten Indizien entstammen Studien von Schimpansen in ihrem natürlichen Habitat. Bei den Schimpansen im Tai-Nationalpark der Republik Elfenbeinküste, die wir in Kapitel 5 als exemplarische Benutzer von Werkzeugen und kognitiven Landkarten kennen gelernt haben, wurde häufig beobachtet, dass sie ihrem Nachwuchs helfen, den Gebrauch von Steinen als Hämmern zum Nüsseknacken zu erlernen, indem sie entweder einen Haufen ungeöffneter Nüsse oder einen Hammer-Stein oder beides auf einem «Amboss-Stein» bei einem jungen Schimpansen zurücklassen, der, während sie weiterziehen, am Ort zurückbleibt. Erwachsene Tiere verzehren die Nüsse, die sie auf einen Amboss platziert haben, normalerweise restlos und behalten, wenn sie weiterziehen, häufig lieber den Hammer bei sich, als das Risiko einzugehen, dass ein Artgenosse ihn als herrenloses Gut mitgehen lässt. Ungefähr in der Hälfte aller Fälle, in denen eine Mutter den Hammer bei ihrem Kind zurückließ, benutzte das Schimpansenkind ihn zum Nüsseknacken. Dieses spezielle Verhaltensbild ist am ehesten bei Schimpansenmüttern zu beobachten, deren Sprössling das dritte Lebensjahr vollendet hat und somit in das Alter eingetreten ist, in dem junge Schimpansen sich für Nüsse zu interessieren beginnen. In zahlreichen anderen Fällen ließen sich Mütter von ihrem Kind den Hammer wegnehmen, den sie gerade in Gebrauch hatten, und machten sich ihrerseits auf die Suche nach Ersatz. Und in zwei beobachteten Fällen schienen Mütter ihren Abkömmlingen eine ziemlich direkte Instruktion über den richtigen Gebrauch eines Hammers zu erteilen. Im einen Fall ließ eine Mutter es protestlos hingehen, dass ihr sechsjähriger Sohn sich ihres Hammers und des größten Teils der Nüsse, die sie gesammelt hatte, bemächtigte. Das junge Männchen legte eine Nuss auf den Amboss, doch bevor es den Versuch machen konnte, sie zu knacken, kam seine Mutter herbei und drehte die Nuss in eine andere Lage; das Männchen hieb mit dem Hammer zu und verzehrte den Nusskern. Im zweiten Fall drehte die Mutter den Hammer in der Hand ihrer fünfjährigen Tochter in eine wirkungsvollere Position, ehe sie die Anfängerin in der Kunst des Nüsseknackens zuschlagen ließ.

Dass dieserart elterlicher Unterricht hauptsächlich bei Carnivoren – Greifvögeln, Katzen, Primaten – begegnet, könnte ein Indiz dafür sein, dass letztlich nicht kognitive, sondern ökologische Besonderheiten hierbei die treibenden Faktoren sind. Viele durchaus nicht weniger «intelligente» Tierarten geben ihrem Nachwuchs keinerlei Unterricht, und das auch in Fällen, wo leicht zu sehen ist, welchen enormen Überlebensvorteil es bringen würde, wenn sie es täten. Und ein Advocatus Diaboli kann die Behauptung, dass Unterricht erteilende Elterntiere um die mentalen Zustände ihres Nachwuchses wissen, jederzeit mit dem Argument anfechten, dass in sämtlichen bekannten Fällen dieser Art das Verhalten der Eltern sich vollständig als Reaktion auf das manifeste *Verhalten* ihrer Brut erklären lässt. Immerhin sind offenbar alle Säugetier- und Vogelarten in der Lage, die mit fortschreitendem Wachstum eintretenden Veränderungen in der Bedürfnislage ihrer Nachkommen wahrzunehmen und auf sie zu reagieren; Unterricht in Jagdgeschick wäre demnach lediglich eine von vielen Manifestationen dieser allgemeinen kognitiven Fähigkeit und keineswegs Anzeichen der kognitiven Sonderbegabung, anderen mentale Zustände zuzuschreiben. In allen bei Tieren belegten Fällen von «Unterricht» sind die Glieder der Lehrer/Schüler-Beziehung ein Elterntier und dessen direkter Abkömmling.

Nachahmung hingegen findet auf anderer sozialer Szene zwischen anderen sozialen Akteuren statt und liefert vielleicht einen klareren Beleg für die – hier nicht auf der «Sender-», sondern auf der «Empfängerseite» erfolgende – Zuschreibung mentaler Zustände. Zur echten Nachahmung, wie Menschen sie ausführen, gehört, dass man eine Handlung beobachtet und sich daraufhin vorstellt, welches entsprechende eigene Handeln die gleiche Wirkung erzielen würde. Doch Nachahmungshandeln zweifelsfrei zu identifizieren ist nicht einfach. Denn was man nicht vergessen darf: In ähnlicher Umgebung neigen Tiere zu ähnlichem Verhalten. Von Pferden behauptet man seit eh und je, dass sie bestimmte Unarten oder «Stalluntugenden» durch Nachahmung von Artgenossen annähmen. Beispiele solcher Unarten sind Passgang, Weben und Koppen (Krippensetzen oder Krippenbeißen) – Letzteres eine besonders typische, wenn auch kuriose Pferdeuntugend, bei der das Tier die Zähne auf irgendein Objekt (beispielsweise den Rand des Futtertrogs oder die Oberkante einer Zaunlatte) aufsetzt, den Hals wölbt und geräuschvoll Luft schluckt. Indes deutet die Entdeckung, dass derlei Verhaltensformen bei sensiblen Tieren unmittelbar durch die Langeweile und den Stress fortwährenden Eingesperrtseins ausgelöst werden, auf eine plausiblere Erklärung hin, nämlich die, dass Pferde sich nicht gegenseitig mit diesen Unsitten anstecken, sondern dass der Ansteckungsherd die gemeinsame Umgebung ist.

In ihrem Bemühen, für Tiere eine höhere Form von Bewusstsein zu reklamieren, verschafften Vorkämpfer der Tierrechte-Bewegung und New-Age-Mystiker Anekdoten beträchtliche Publizität, die allesamt davon handeln, wie sich ein neues Verhaltensmuster in einer Tierpopulation ausbreitet. Ein besonders altehrwürdiges Exemplar dieser Geschichten von einem bei Tieren angeblich nachweisbaren Kollektivbewusstsein dreht sich um das «Phänomen des hundertsten Affen» und geistert schon seit dem Jahr 1979 zählebig durch die New-Age-Literatur. Die Helden der Geschichte sind die wild lebenden japanischen Stummelschwanzmakaken *(Macaca fuscata)* auf der Koshima-Insel. Ein Affentrupp wurde seit 1952 von Primatologen regelmäßig mit Süßkartoffeln gefüttert. Im folgenden Jahr beobachtete man zum ersten Mal, dass ein anderthalbjähriges Weibchen (Imo geheißen) am Ufer eines Baches den Sand von ihren Kartoffeln abwusch.

Diese Neuerung breitete sich im Lauf der Jahre in dem ganzen Affentrupp aus. So weit geht die New-Age-Darstellung des Geschehens konform mit einem 1965 in dem Wissenschaftsjournal *Primates* erschienenen Bericht; die Primatenforscher sprachen von der «präkulturellen» Weitergabe eines Verhaltensmusters. Das weitere Geschehen siedelt die New-Age-Geschichte in der Sphäre des Mystischen an: Das neue Verhaltensmuster breitete sich sukzessive in der Gruppe aus, bis der hundertste Affe gelernt hatte, seine Süßkartoffeln zu waschen, und daraufhin war das Verhalten ohne weiteres plötzlich Gemeingut der ganzen Gruppe, ja es übersprang trennendes Meer, um die Affen auf anderen kleinen Inseln, ja sogar auf Hauptinseln zu erfassen. Das «Phänomen des hundertsten Affen» wird häufig als eine Art «Auch du als namenloser Einzelner kannst etwas bewirken»-Appell zitiert, ungefähr in dem Sinn: Wenn erst einmal genügend engagierte Aktivisten begriffen haben, was für einen Übelstand (bitte das leere Feld ausfüllen mit: der Krieg – die Kernkraft – Plastik – die Unterdrückung der Frau usw.) darstellt, übernimmt das Kollektivbewusstsein das Ruder und bringt alles zu einem wünschenswerten Ende.

Es versteht sich fast von selbst, dass die japanischen Primatologen nichts dergleichen berichtet hatten. Ihnen zufolge breitete sich das Verhaltensmuster langsam aus, zunächst innerhalb der engeren Familien und innerhalb der Gruppen von Spielgefährten, um später dann immer von der Mutter auf die Kinder übertragen zu werden; nach neuestem Befund war es nicht einmal Imitationslernen, sondern immer wiederholte spontane Neuerfindung, wodurch das Verhalten sich fortpflanzte. Auf jeden Fall war ein gewichtiger Bedingungsfaktor für die Ausbreitung der neuen Gewohnheit der Umstand, dass die Nahrung zu ihren Konsumenten nicht in deren natürlichem Lebenszusammenhang gelangte, sondern ihnen von menschlichen Beobachtern zugeliefert wurde.

Es ist überhaupt eines der bezeichnendsten Fakten, dass die Ausbreitungsgeschwindigkeit des Verhaltensmusters sich mit der Zahl der Affen, die es praktizierten, *nicht* beschleunigte. Hätte es sich hier tatsächlich um Imitationslernen gehandelt, hätte das Ausbreitungstempo sich in demselben Maß beschleunigen müssen, wie die Zahl der «Animateure» zunahm, denen man die Sache abschauen konnte.

Der Gedanke, dass die Gewohnheit des Süßkartoffelnwaschens sich nicht durch Nachahmung eines einzelnen, genial kreativen Individuums ausbreitete, sondern dass jeder Affe, der sich dieses Verhaltensmuster aneignete, es für sich selber neu erfand, könnte als weit hergeholt erscheinen. Andererseits ist zu bedenken, dass sämtliche Affen auf der Koshima-Insel dieselbe nie gekannte Störung der vertrauten Umgebungsbedingungen erlebten: Irgendwelche Leute tauchten auf und fütterten sie mit einem ihnen unbekannten Nahrungsmittel, an dem allerdings Sand klebte. Andere Studien führten zu der Entdeckung, dass eine Reihe von Affenspezies eine naturgegebene Neigung zum Waschen der Nahrung hat; sowohl Kapuzineraffen als auch Javaneraffen lernten in Gefangenschaft sehr rasch, ihr Futter zu waschen. Zwei weitere Faktoren könnten auf der Koshima-Insel dazu beigetragen haben, den irrigen Eindruck von Imitationslernen zu erwecken. Zum einen wurde der Helfer, dem die Fütterung der Makaken oblag, von einem Besucher dabei beobachtet, wie er Süßkartoffeln nur Tieren gab, die ihre Nahrung wuschen. Mit anderen Worten: Die Affen wurden für das Waschen belohnt. Zum anderen ließen die Tiere, die ihre Süßkartoffeln wuschen und sie anschließend natürlich auch gleich verzehrten, Kartoffelschalen im Bachbett zurück. Affenbabys, die sich bei ihren Müttern aufhielten, lasen solche Schalen aus dem Wasser auf und lernten so von klein auf, Süßkartoffeln mit Wasser zu assoziieren. Mit anderen Worten: Sie dürften nicht das Verhalten ihrer Mütter gelernt, sondern lediglich eine Assoziation zwischen einem Nahrungsmittel und einer Lokalität aufgebaut haben. Und damit waren sie für die «Neuerfindung» des Verhaltensmusters präpariert.

Ähnlich sind die bei den Schimpansengesellschaften unterschiedlicher Gebiete in Afrika beobachteten unterschiedlichen «Traditionen» des Werkzeuggebrauchs zum Teil wohl aus unterschiedlichen Umweltbedingungen zu erklären. Die Gewohnheit, mit Zweigen oder Grashalmen in Löchern zu stochern, scheint bei allen Schimpansenkindern spontan als Bestandteil des normalen Spielverhaltens aufzutreten. Dass die Kleinen diese Sonden dann auch in dieselben Löcher stecken, aus denen Erwachsene Termiten angeln, wäre demnach kein imitatives Verhalten. Es liegt im natürlichen Gang der Dinge, dass die Schimpansenkinder sich den Erwachsenen anschließen, dass sie Zweige in Löcher stecken und dass sie, weil die Erwachsenen nun einmal eine Schwäche für Löcher haben, in denen Termiten hausen, ihre Sondierungen auch in solchen Löchern betreiben. Dieses Verhalten wird in dem Moment bekräftigt, wo die kleinen Schimpansen feststellen, dass es ihnen etwas zu essen einbringt. Erwachsene Tiere lassen ihr «Angelgerät» gern bei dem Termitenhaufen liegen, in dem sie gerade geräubert haben, und schaffen damit jedes Mal automatisch eine weitere Gelegenheit für ihren Nachwuchs, dieses spezifische Verhaltensmuster für sich selbst neu zu erfinden.

Die Schimpansen am Gombe fischen mit Halmen und Zweigen nach Termiten, die Schimpansen von Mahale tun dies nicht – was freilich nicht so sehr eine Sache lokaler «kultureller Traditionen» sein dürfte, sondern wohl eher daran liegt, dass die Termiten am Gombe-Strom gut schmecken, die Termiten in den Mahale-Bergen jedoch nicht. Letztere sondern zum Selbstschutz eine eklig schmeckende Substanz ab. Jane Goodall vertritt zwar einerseits die Position, es sei «vernünftig, anzunehmen», dass Werkzeuggebrauch in der Schimpansengesellschaft durch Imitationslernen von Generation zu Generation weitergegeben werde, räumt aber andererseits auch ein, dass es eine einfachere Erklärungsmöglichkeit gibt: «In Anbetracht der Neigung des jungen Schimpansen zum Untersuchen und Manipulieren wie auch seiner Befähigung zu Versuch-und-Irrtum-Lernen steht außer Zweifel, dass sämtliche hier geschilderten Verhaltensmuster von jedem Individuum wieder neu erfunden werden könnten, zumal das Verhalten der anderen Gruppenmitglieder dazu angetan ist, seine Aufmerksamkeit auf die belangvollen Partien der Umwelt zu lenken.»

Dieser zuweilen als «lokale Verstärkung» oder «Reizverstärkung» (*local* bzw. *stimulus enhancement*) bezeichnete Vorgang ist im Tierreich außerordentlich weit verbreitet. Wie der Verhaltensforscher Michael Tomasello feststellte, zieht es Tiere zu Orten, wo andere ihrer Art Nahrung finden: «Das versetzt sie dann in die Lage, etwas zu lernen, was sie sonst nicht gelernt hätten, und häufig ist das, was sie lernen, eben das, was ihre Artgenossen hier lernen. [...] Bei lokaler oder Reizverstärkung wird genau genommen nicht vom Verhalten anderer gelernt; der Lernende wird einfach nur von einem Ort oder einer Sache angezogen.»

Dem Imitationslernen einen Schritt näher kommt ein Vorgang, den Tomasello als «Emulationslernen» bezeichnet; wieder lernt das Tier nicht, ein bestimmtes Verhalten direkt zu reproduzieren, sondern es lernt durch Beobachtung, dass in der Umwelt eine «Zustandsänderung» möglich ist – es bleibt allerdings auf eigenes Probieren angewiesen, wenn es herausfinden will, was genau erforderlich ist, um die Änderung herbeizuführen. Ein Schimpanse zum Beispiel, der einem anderen Schimpansen zusieht, wie er mit Hilfe eines Rechens außerhalb des Käfigs liegendes Futter an die Gitterstäbe heranzieht, lernt aus dieser Beobachtung, dass außerhalb der unmittelbaren Reichweite der eigenen Arme befindliches Futter gleichwohl dazu veranlasst werden kann, näher heranzurücken.

Eine ganze Anzahl von Experimenten bestätigt, dass Tiere in dieser Weise von Artgenossen Informationen über bestimmte Dinge erwerben können. Ratten lernen offenbar durch Beobachtung anderer Ratten, einzelne Nahrungsmittel zu meiden (wobei Ratten freilich auch die Möglichkeit zur Verfügung steht, auf unzuträgliches Fressen zu urinieren – ein sehr viel deutlicheres Warnsignal). In einem besonders interessanten und einigermaßen amüsanten Experiment wurde ein Krake zusammen mit einem roten und einem weißen Ball in ein Aquarium gesetzt und belohnt, wenn er den roten Ball attackierte und den weißen ignorierte. Ein zweiter, in die «Zuschauerrolle» verbannter Krake, der das Schauspiel hinter einer durchsichtigen Trennwand hatte mitverfolgen können, wurde anschließend demselben Test unterzogen, und tatsächlich legte auch er sich mit dem roten Ball an.

Selten bis nie erlebt man den Fall, dass ein Tier durch reine Beobachtung lernt, ein komplexes Verhalten nachzumachen – also echtes Imitationslernen. Die Fähigkeit, eine bei einem anderen beobachtete Bewegungsfolge sozusagen «am eigenen Leib» zu reproduzieren, stellt sich in der Entwicklung des menschlichen Individuums relativ spät ein, nämlich in der Zeit vom zwölften bis achtzehnten Lebensmonat, in der Kleinkinder bereits über die Fähigkeit verfügen, Ideen symbolisch zu repräsentieren und zu manipulieren. Der zweite Krake lernte etwas über ein Objekt in seiner Umgebung. Aber Objekte zu attackieren müssen Kraken nicht erst lernen, ebenso wenig wie Weidenmeisen fressen lernen müssen, indem sie anderen Meisen beim Fressen zusehen. Einen Artgenossen Samenkörner fressen zu sehen lockt andere Vögel an den betreffenden Ort; die solchermaßen Angelockten haben durch die Beobachtung der Artgenossen etwas gelernt, aber nicht über Verhalten, sondern über die Umwelt (nämlich wo Futter zu finden ist). Die größte Enttäuschung für die herkömmliche Auffassung dürfte sein, dass nicht ein einziger experimenteller Befund die Ansicht stützt, Affen oder Menschenaffen seien zum Imitationslernen befähigt. Dafür existiert keinerlei experimenteller Beweis, und was an diesbezüglichen Indizien berichtet wird, ist nach Bennett Galef, der einen ausführlichen Literaturbericht zu diesem Thema vorgelegt hat, fast gänzlich anekdotischer Natur. Affen äffen eben nicht notwendigerweise nach.

Bezeichnenderweise erleben und verstehen Menschen, wenn sie das Verhalten anderer Menschen nachahmen, dieses Verhalten immer als *zielgerichtetes* Handeln; so fassen sie beispielsweise (wie Tomasello feststellt) eine Handlung als «Fensterputzen» auf und nicht als «kreisförmiges Bewegen der Hand, die dabei ein Tuch hält, auf der Oberfläche der Glasscheibe». Tatsächlich könnte es so sein, dass echtes Imitationslernen die Fähigkeit voraussetzt, anderen bewusste Zielsetzungen zuzuschreiben.

WAS WISSEN TIERE VON GEIST UND PSYCHE ANDERER TIERE?

Angesichts einer solchen Häufung von Tantalusqualen erzeugenden suggestiven Hinweisungen auf mentale Zuschreibung bei Tieren versuchten Experimentatoren, die Frage, ob es Tiere gibt, die eine «Theorie des Geistes» haben, auf direkterem Wege anzugehen. Immer wieder werden Anekdoten ins Treffen geführt, die angeblich beweisen, dass ein Tier sich in die Sichtweise eines anderen und dessen Vorstellung von der Welt hineinversetzte. So hat man zum Beispiel ein Schimpansenweibchen beobachtet, das einem Männchen die Hand entgegenstreckte – eine der üblichen Beschwichtigungsgebärden –, den daraufhin arglos näher kommenden Artgenossen dann aber rüde attackierte. Die «Theorie des Geistes»-Interpretation des Vorgangs lautet dahin, die heimtückische Schimpansin habe im Voraus gewusst, dass der Schimpansenmann sich zum Näherkommen werde verleiten lassen. Der behavioristische Spielverderber sieht hier lediglich einen aus der Erfahrung erlernten Trick – nachdem die Schimpansin in der Vergangenheit einmal erlebt hatte, dass Handausstrecken dieses erwünschte Ergebnis zeitigte, griff sie wieder auf den Mechanismus zurück.

Wenn manche Forscher sich auf den Standpunkt stellen, dass die schiere Menge derartiger Anekdoten jede anders lautende Erklärung aus dem Feld schlage, so zeugt eine solche Behauptung zwar von wenig Denkdisziplin, dafür aber umso mehr von der Schwäche des menschlichen Geistes, wenn es gilt, mit Wahrscheinlichkeiten logisch korrekt zu hantieren. *«The plural of anecdote is not data»*, merkte ein kritischer Beobachter einmal dazu an. Allein, wir alle sind bei diesem Thema für Voreingenommenheit anfällig. Hier eine aufschlussreiche Anekdote über die Interpretation von Anekdoten: Ein Berufskollege von mir, der Wissenschaftsschriftsteller Matt Ridley, schmuggelte in seiner Heimat England eifrig «Kornkreise» in die Landschaft. Dieses Phänomen war zuvor auf ungeklärte Weise in Getreidefeldern aufgetaucht und schien jeder wissenschaftlichen Erklärung zu spotten. Immer wieder kam es vor, dass in diesem oder jenem Kornfeld plötzlich ohne ersichtlichen Grund eine kreisrunde Fläche niedergedrückter Getreidehalme da war. Die Öffentlichkeit war gebannt von der Idee, dass man es hier mit den Spuren paranormaler Phänomene – von Raumschiffen außerirdischer Herkunft oder von noch unerkannten physikalischen Kräften – zu tun habe. Nachdem Ridley mit Hilfe eines an einem Pflock befestigten Seils mehrere Kornkreise eigener Provenienz in die Welt gesetzt hatte, offenbarte er in einem Artikel, wie leicht das «Phänomen» hervorzubringen war, und äußerte gleichzeitig die Vermutung, die ganze Sache sei wohl am einfachsten als eine Serie von Eulenspiegeleien zu erklären. Dass er mit seiner Vermutung Recht hatte, zeigte sich bald darauf, als zwei der eifrigsten Schelme vor die Öffentlichkeit traten und beichteten, dass sie im Lauf von Jahren Hunderte solcher Kornkreise angelegt hatten. Ridleys prosaische Erklärung rief – wie hätte es anders sein können? – Reaktionen der Art hervor: Na gut, *zum Teil* lassen sich die Kornkreise vielleicht als Schelmenstreiche erklären, aber damit sind doch längst nicht alle erklärt. Darauf antwortete Ridley selbstverständlich: «*Wieso* nicht?» Auch Hunderte von Schelmenstreichen machen den einzelnen Streich nicht zu einem paranormalen Phänomen. Der Plural von Anekdote lautet eben nicht Tatsachen.

Streng methodische Experimente in Sachen Wissenszuschreibung vermeiden unkontrollierte Nebenumstände, wie sie noch das bestechendste anekdotische Material verunreinigen. Sie müssen allerdings sehr sorgsam geplant werden, wenn sie die Diskrimination ermöglichen sollen zwischen jener Art von «Gedankenlesen», die lediglich ein Aspekt des evolutionären Kräftespiels oder ein Ergebnis simplen Lernens ist, und der Art, in der sich tatsächlich die Fähigkeit dokumentiert, anderen mentale Zustände zuzuschreiben. Ein Pferd kann lernen, dem Blick eines anderen Pferdes zu folgen, das soeben geschnaubt hat und nun mit wachsam gespitzten Ohren regungslos dasteht. Doch das braucht nicht mehr zu sein als ein Produkt früherer Erfahrungen. Das Pferd tut möglicherweise nichts weiter, als eine «logische Verarbeitung von Wahrnehmungen» vorzunehmen, wie C. M. Heyes es in einem brillanten kritischen Aufsatz über mentale Zuschreibung bei Tieren ausdrückte. Das Tier hat gelernt: Jedes Mal wenn ein anderes Pferd schnaubt und starr irgendwohin blickt, gibt es in der Blickrichtung des Artgenossen etwas Wichtiges (ein Raubtier, einen Menschen mit einem Futtereimer) zu sehen. Diese Art von «Gedankenlesen» ist eine immanente Eigenschaft vieler tierlicher Kommunikationssysteme. Ein Tier, das einen Knurrlaut von sich gibt, benötigt dazu als Motiv nicht den logischen Schluss «Wenn ich knurre, höre ich mich an wie ein großes Tier, und das Tier, das mich hört, wird daher glauben, ich sei ein großes Tier»; es folgt einfach einem der Evolution verdankten Instinkt, der einen anderen evolutionär ausgebildeten Instinkt *nutzt*, welcher ein Tier anhält, die Quelle tieftöniger Vokalisationen nach Möglichkeit zu meiden.

Die andere Art des «Gedankenlesens» ist die echte Fähigkeit, dem anderen eine Intention (einen Vorsatz, eine Absicht, ein Ziel) zuzuschreiben («er knurrt, weil er vorhat, mich zu beißen»). Heyes bezeichnet sie als «logische Verarbeitung mentaler Zustände». In der Praxis ist es mitunter höllisch schwer, die beiden Formen voneinander zu unterscheiden.

Die logische Verarbeitung mentaler Zustände bedingt eo ipso die Fähigkeit, Verarbeitungsprozesse noch höherer Ordnung auszuführen. Daniel Dennett schlägt als einen möglichen Weg zum besseren Verständnis dieses Sachverhalts vor, sich die Vorstellung von einer Stufenfolge der Intentionalität zu Eigen zu machen. Auf der «Nullstufe» der Intentionalität ist keinerlei Intention im Spiel: Ein Hund knurrt, weil er verärgert ist. Intentionalität erster Stufe liegt vor, wenn das eigene Tun einer Intention dient: Ein Hund knurrt, weil er erreichen will, dass ein zweiter Hund sich von seinem, des ersten, Futter fern hält. Echte Intentionalität zweiter Stufe verlangt von einem Tier, dass es eine Theorie des Geistes besitzt; es muss seine Intention auf andere Intentionen (die eigenen oder die eines anderen Individuums) richten können: Ein Hund knurrt, weil ein anderer Hund begreifen soll, dass er, der erste Hund, wütend ist. Sobald ein Begriff davon da ist, dass andere Individuen Intentionen besitzen, wird eine endlose Stufenfolge der Intentionalität möglich; man kann seine Intentionen auf Intentionen richten, die auf andere Intentionen gerichtet sind, und immer so weiter. Dennett nennt als Beispiel den Filmhelden, der bewusst ein Lächeln zurückhält und dessen Intention wir uns so deuten, dass er der schönen jungen Frau nicht zu erkennen geben will, dass er weiß, dass sie sehnlichst darauf wartet, von ihm zum Tanzen aufgefordert zu werden, aber es ihm nicht zu erkennen geben will.

Die Schwierigkeit, Experimente zu planen, anhand deren sich Tiere, die eine Theorie des Geistes besitzen, von solchen unterscheiden lassen, auf die das nicht zutrifft – diese Schwierigkeit beruht zum Teil darauf, dass selbst ein Verhalten, das Intentionalität ziemlich hoher Stufe zu dokumentieren *scheint*, ein Werk der altbekannten geistesblinden Evolution sein kann. Man könnte die gedankenlose Intelligenz hinter dem sozialen Signal des Knurrens als einen Fall von Intentionalität dritter Stufe interpretieren: Das knurrende Tier will dem zuhörenden Tier zu verstehen geben, dass es mit dem Knurren sich als großes Tier auszugeben versucht (obschon sie beide wissen, dass es kein großes Tier ist). Zudem kann, wie wir bereits sahen, eine Stufe-1-Leistung in «logischer Verarbeitung von Wahrnehmungen» ohne weiteres eine Stufe-2-Leistung in «logischer Verarbeitung von mentalen Zuständen» vortäuschen.

Eines der ersten Experimente, die mit dem Anspruch präsentiert wurden, für Schimpansen eine Theorie des Geistes nachzuweisen, gab den Probanden Gelegenheit, die Helfer im Labor hinters Licht zu führen. Der Schimpanse auf dem Prüfstand durfte zusehen, wie jemand Essen in einen von zwei nicht einsehbaren Behältern füllte. Anschließend betrat eine andere Person den Raum und öffnete denjenigen der zwei Behälter, auf den der Proband zeigte. Die Leute, die die Behälter öffneten, zerfielen in zwei Kategorien: die Guten und die Bösen. Die Guten trugen grüne

Kittel, benahmen sich freundlich, und wenn sie einen Behälter öffneten, der Essen enthielt, teilten sie den Inhalt brüderlich mit dem Schimpansen. Die Bösen trugen weiße Kittel, sinistre dunkle Brillen und schwarze Stiefel und verfuhren mit dem Schimpansen «kurz angebunden». Wenn die Bösen den bestückten Behälter öffneten, aßen sie den Inhalt auf, ohne dem Schimpansen auch nur ein Bröckchen abzugeben. Weder die «Guten» noch die «Bösen» wussten vorher, welcher der beiden Behälter das Essen enthielt; alle waren angewiesen, den Behälter zu öffnen, den der Proband ihnen ihrer Meinung nach bezeichnete. Nach einhundertzwanzig Durchgängen schnitten die Guten bei der Auswahl des richtigen Behälters konstant besser ab als die Bösen.

Die Experimentatoren folgerten daraus, dass die Schimpansen den verschiedenen Helfertypen unterschiedliche mentale Zustände zugeschrieben und sich dementsprechend auf eine Irreführungstaktik gegenüber den Bösen verlegt hatten. Aber ohne Frage tut «logische Verarbeitung von Wahrnehmungen» es hier als Erklärung ebenso gut: Die Schimpansen könnten schlicht und einfach aus der Korrelation zwischen der Farbe der Kittel und den Folgen ihres Tuns gelernt haben, welche Taktik im Einzelfall die bessere für sie war. Als «Täuschung» oder «Irreführung» ist ihr Verhalten nur dann anzusehen, wenn sie von vornherein wussten, dass es für sie darum ging, einer Fremdpsyche mitzuteilen, wo sich das Essen befand. Wenn sie lediglich einer erlernten Regel folgten – auf den bestückten Behälter zu deuten bringt dir bei Grünkitteln etwas zu essen ein, hat jedoch bei Weißkitteln zur Folge, dass dir das Essen verloren geht –, war das eine logische Verarbeitung von Wahrnehmungen und nicht von mentalen Zuständen.

Ein anderes Experiment, das häufig als Beweis für die Zuschreibung mentaler Zustände angeführt wird, scheitert an demselben Problem. In diesem Fall sah die Versuchsanordnung so aus: Ein Helfer (der «Wissende») bestückte einen von vier Behältern mit Futter. Der Schimpanse auf dem Prüfstand konnte die Person sehen, jedoch nicht die hinter einer Sichtblende verborgenen Behälter, wusste also anschließend nicht, in welchen davon das Futter hineingetan worden war. Dann trat ein zweiter Helfer ein (der «Ratende»), der während des Futterversteckens nicht mit dabei gewesen war. Die Sichtblende wurde entfernt, der Wissende deutete auf den Behälter mit Inhalt, der Ratende planlos auf irgendeinen der drei anderen. Dem Schimpansen wurde gestattet, einen Behälter seiner Wahl zu inspizieren, und wenn sich das Futter darin fand, durfte er es aufessen. Nach einhundertfünfzig Durchläufen hatten zwei der vier getesteten Schimpansen gelernt, einigermaßen konsequent (mit 60- bis 70-prozentiger Regelmäßigkeit) den von dem Wissenden bezeichneten Behälter zu untersuchen. Rhesusaffen lernten selbst in vier Monate während Schulung nicht, sich an den Ratschlag des Wissenden zu halten. Vierjährige Menschenkinder lernten die richtige Problemlösung in weniger als zehn Durchläufen.

Das Experimentatorenteam unter Leitung von Daniel Povinelli folgerte, dass die Schimpansen im Gegensatz zu den Affen in der Lage waren, zu erkennen, dass die das Futterverstecken beobachtende Person über ein anderes Wissen verfügte als die Person, die beim Verstecken nicht zugeschaut hatte. In einer späteren Veröffentlichung räumte Povinelli jedoch ein, das Testergebnis der Schimpansen lasse sich durchaus auch auf rapides Lernen aus dem beobachteten Geschehen zurückführen und setze nicht notwendigerweise einen Begriff vom Kenntnisstand anderer voraus. Die erlernte Regel war einfach: Wähle den Behälter, auf den die Person deutet, die während des Futterversteckens im Raum anwesend war. Es erfordert keinerlei Einsicht in den Wissensstand dieser Person, aus den handgreiflichen Vorteilen, die das Befolgen dieser Regel bringt, die richtige Konsequenz zu ziehen. Tatsächlich belegte die Anfangsleistung der Schimpansen in einem unmittelbar im Anschluss an das Wissender/Ratender-Experiment durchgeführten Transferexperiment, dass die Tiere eine Regel durch reines Herumprobieren lernen und nicht weil sie auch nur den leisesten Begriff oder irgendeine Vorstellung von mentalen Zuständen hätten. In dem Transferexperiment versteckte eine dritte Person das Futter im Beisein des Schimpansen, des Wissenden *und* des Ratenden, wobei der Letztere eine Papiertüte über den Kopf gestülpt trug. Hätten die Schimpansen in dem vorausgegangenen Experiment gelernt, ihre Entscheidung aufgrund der Einsicht zu treffen, dass die Person, die beim Futterverstecken zuschauen konnte, auch diejenige war, die über das Versteck Bescheid wusste, dann hätten sie in dem Transferexperiment sofort dem Fingerzeig des Wissenden folgen müssen. Stattdessen jedoch kletterte ihre Erfolgsquote in den ersten Durchläufen nicht über Zufallsniveau. Erst nach einer Reihe von Fehlentscheidungen begannen sie, die neue Regel zu beherrschen – die man in diesem Fall vermutlich so umschreiben könnte: «Verlass dich auf die Person, die zuvor keine Papiertüte überm Kopf hatte.»

Dass Menschenaffen solche Aufgaben bewältigen, Affen jedoch nicht, könnte daher mit anderen Faktoren als Wissenszuschreibung zu tun haben. Es könnte sein, dass es Affen mehr Mühe macht, zu realisieren, wohin ein Mensch deutet, oder dass es ihnen schwerer fällt, Personen individuell zu identifizieren. Es könnte sein, dass es ihnen schwerer fällt, erlernte Assoziationen aufzubauen. Auf der anderen Seite gibt es einen weiteren Negativbefund, der stark dafür spricht, dass – mögen Schimpansen nun anderen mentale Zustände zuschreiben oder nicht – Affen es auf keinen Fall tun. Cheney und Seyfarth führten mit Japanischen Makaken ein Experiment durch, das folgendermaßen aussah: Eine Affenmutter hatte volle Sicht auf das Versuchsgelände, einmal mit ihrem Kind an der Seite, ein andermal während das Kind hinter einer soliden Trennwand steckte, die ihm die Sicht in die Arena des Geschehens versperrte. Auf dem Versuchsgelände trat – sowohl mit Mutter und Kind als Publikum als auch wenn die Mutter allein zuschaute – ein Helfer auf, der einmal Futter in einen Behälter füllte, ein andermal eine bedrohliche Haltung einnahm, indem er sich, eine Operationsmaske vor dem Gesicht und einen Kescher in der Hand, lauernd hinter eine Bretterwand kauerte. Anschließend wurde das Jungtier in die Arena geschickt. Sinn der Sache war es, herauszufinden, ob die Mutter sich mehr Mühe geben würde, ihren Sprössling auf das Futter beziehungsweise den «Räuber» aufmerksam zu machen, wenn das Junge vorher keine Gelegenheit gehabt hatte, das Geschehen auf dem Versuchsgelände zu beobachten. Da Makaken ganz spezifische Futter- und Warnrufe benutzen, schien es hier möglich, Einblick in die internen «Annahmen» der Ruferin bezüglich des Kenntnisstandes ihres Kindes zu gewinnen. Es zeigte sich, dass die Affenmütter ihren «eingeweihten» und ihren «uninformierten» Sprösslingen mit gleicher Häufigkeit zuriefen.

Abschließend sei hier noch eine sehr sorgfältige neuere Untersuchung Povinellis erwähnt, deren Ergebnisse die Fähigkeit, sich in die Geistesverfassung anderer hineinzuversetzen, selbst für Schimpansen verstärkt in Frage stellen. In der Vorbereitungsphase der fraglichen Experimente lernten junge Schimpansen, von einer gerade außerhalb ihrer Reichweite hinter einer durchsichtigen, mehrfach durchlöcherten Kunststofftrennscheibe sitzenden Person Futter zu erbetteln, indem sie der Person durch ein Loch direkt vor ihr ihre Hand entgegenstreckten. In der nachfolgenden Experimentphase saßen zwei Helferinnen hinter der Trennscheibe, und der Proband musste sich nun entscheiden, welche der beiden er anbetteln wollte. Eine sah zu ihm hin (wenngleich sie den direkten Blickkontakt, der einschüchternd hätte wirken können, vermied), die zweite konnte, mal aus diesem, mal aus jenem Grund, den Schimpansen nicht sehen, und jedes Mal war dieser Grund gut zu erkennen: sei es, dass die Mitarbeiterin eine breite schwarze Binde vor den Augen trug oder dass sie mit dem Rücken zu dem Probanden saß oder dass sie einen Eimer über den Kopf gestülpt hatte oder dass sie sich beide Hände vor die Augen hielt oder dass sie irgendwohin ins Leere starrte. «Das Ergebnis war verblüffend», schreibt Povinelli. Die Tiere «hielten [...] zwar zunächst inne, als sie in den Versuchsraum kamen, in dem die beiden Mitarbeiterinnen wie beschrieben warteten. Doch dann bettelten sie die ‹blinde› Person gleich bereitwillig an wie die andere. Es kam auch mehrfach vor, dass ein Tier die ‹blinde› Frau um Futter bat und, als sie nicht reagierte, seine Geste wiederholte, als sei es verdutzt, dass sie ihm nichts gab.» Interessanterweise folgten die

Schimpansen dem Blick der Helferin, die ins Leere starrte; aber, so schlossen die Experimentatoren, «nicht zwangsläufig muss ein Schimpanse, der Ihren Blick beobachtet und dann in dieselbe Richtung schaut wie Sie, dies deswegen tun, weil er wissen will, was Sie dort betrachten. Könnten in der Evolution nicht einfach ‹geistesblinde› Mechanismen entstanden sein, die im Sozialverband lebende Primaten veranlassen, in die gleiche Richtung wie andere zu gucken, ohne dass eine Vorstellung über die Blickperspektive der anderen beteiligt ist?» Soll heißen: Tiere können lernen, dass es etwas zu bedeuten hat, in welche Richtung ein anderer blickt, ohne dass sie deswegen begriffen haben müssten, dass hinter dem Blick des anderen eine Mentalität steckt.

Instruktiv ist der Gegensatz zu menschlichen Kindern. So wie Sprachentwicklungsstudien schon bei neunmonatigen Kindern den zweckfreien Wunsch aufzeigen, das Interesse der Eltern auf einzelne Dinge zu lenken, so weisen gezieltere Studien zur kognitiven Empathie nach, dass Kleinkinder aus der Einfühlung in die mentalen Zustände anderer Einsichten zu schöpfen vermögen. So erklärte beispielsweise im Rahmen einer Studie an achtzehn bis vierundzwanzig Monate alten Kindern ein Erwachsener dem Probanden: «Jetzt wollen wir mal ‹Goggelmoggel› [oder eine mit irgendeinem anderen Nonsenswort bezeichnete Sorte von Dingen] suchen.» Er greift sich dann einen Eimer, aus dem er nacheinander allerhand Sachen herauszieht, die er jedes Mal mit einer Flunsch begrüßt, bis er schließlich einen Gegenstand hervorholt, den er mit einem wohlgefälligen Lächeln betrachtet. Auf die Frage, welche von den Dingen aus dem Eimer denn nun die Goggelmoggel waren, können nahezu alle Kinder die Antwort geben, dass nur das letzte ein Goggelmoggel war, die anderen nicht.

Viele Tierpsychologen und Ethologen sind ziemlich zuversichtlich, dass auf subtilere Beobachtung abgestellte Experimente zu guter Letzt den Beweis liefern werden, dass zumindest die Großen Menschenaffen in gewissem Umfang über kognitive Empathie – die Fähigkeit, sich in die Geistesverfassung anderer hineinzuversetzen – verfügen. Doch die gesamte Forschung in dieser

Richtung ist bislang nicht zuletzt auch eine eindringliche Mahnung an die Gefahren des Anthropozentrismus. Was Menschenaffen meisterlich beherrschen, sind die der Evolution verdankten Leistungen, die sie zum Überleben in ihrer speziellen ökologischen Nische benötigen. Und was die Tiere im Allgemeinen meisterlich beherrschen, sind Leistungen, denen man auch ohne drei Jahrzehnte problematischer Forschung auf die Spur kommt.

8 EVOLUTION UND RESPEKT

Der Mensch ist groß im Ränkeschmieden und Intrigenspinnen. Wir haben bereits die provokante These kennen gelernt, der zufolge das menschliche Bewusstsein die Antwort auf den enormen Selektionsdruck war, der ein schlaues, in Verbänden lebendes Tier nötigte, die im Sozialleben angewandten Winkelzüge seiner Artgenossen zu antizipieren. Alle in Sozialverbänden lebenden Tiere brauchen eine dahin gehende Befähigung, um sich gegen ständig drohende Gefahren rechtzeitig wappnen zu können: Gewalttätigkeit, Verlust der sozialen Rangstellung, Hahnreitum, Kindesmord und was das enge Zusammenleben mit Individuen der eigenen Spezies sonst noch alles an Risiken mit sich bringt. Die gedankenlose Intelligenz der Evolution hat viele gesellig lebende Tiere mit einer Befähigung dieser Art ausgestattet; Hunde entwickelten eine instinktive Reaktion auf Knurren und Winseln, die den Anschein erweckt, als «wüssten» sie, was diese Laute über die Gemütsverfassung des knurrenden oder winselnden Tieres aussagen – obschon sie streng genommen nicht über die Fähigkeit verfügen, anderen Motive zuzuschreiben oder sich in ihre innere Verfassung hineinzuversetzen. Ihr Verständnis dürfte, um es in Dennetts Terminologie auszudrücken, über eine Intentionalität «erster Stufe» nicht hinausgehen, aber die Evolution hat bei ihnen Reaktionsformen ausgebildet, in denen sich praktisch gesehen ein Verständnis höherer Stufe dokumentiert. Hunde können «Gedanken lesen», ohne zu wissen, was Gedanken sind.

Dem Menschen hat die Fähigkeit zur direkteren Zuschreibung von Motiven und Intentionen vermittels der Manipulation sprachlicher Symbole ein weitaus höheres Geschick verschafft, die Absichten eines Gegenspielers in der eigenen Vorstellung zu antizipieren und ihm daraufhin auch in der Praxis stets einen

Schritt voraus zu sein. So ist es nur konsequent, wenn eine Theorie behauptet, die Entstehung des Bewusstseins und der Sprache verdanke sich einem evolutionären «Wettrüsten», dessen Motor nicht das Bedürfnis nach Anpassung an die Welt im Allgemeinen gewesen sei, sondern der Zwang, den Rivalen in der menschlichen Gesellschaft Paroli bieten zu können.

Indes, selbst wenn wir unterstellen, dass dem so ist, tangiert das in keiner Weise die Tatsache, dass die Sprache sich aus eigener Kraft weit über alle evolutionären Zwecke (oder Zufälle), die ihre Entstehung bedingt haben mögen, zu erheben vermag. Hat die Evolution auch die Fähigkeit zur Infinitesimalrechnung in uns ausgebildet? Oder zum Verfassen von Gedichten? Oder zum Maurerhandwerk? Oder zur Landschaftsmalerei? Oder zur Konstruktion von Computern? Gibt es im Gehirn ein «Modul» für die Landschaftsgärtnerei und ein anderes für die Automechanikertätigkeit? Anhänger der so genannten Evolutionspsychologie versuchen mit großem Eifer, den Nachweis zu führen, dass der menschliche Geist in der Tat voll solcher Spezialmodule steckt, deren jedes seine eigene Evolutionsgeschichte hat, die von einer im Lauf der biologischen Menschheitsgeschichte eingetretenen speziellen Anpassung handelt. Könnte es nicht sein, dass die Lyrik ein Reflex der Anpassung unserer Ahnen an die von ihnen entdeckten rhythmischen Strukturen in der Natur ist und dass die Landschaftsgärtnerei dem Drang entspringt, die Savannen zurückzubringen, auf denen sich die Evolution zum *Homo sapiens* abspielte? Aber sich alles herzunehmen, was der Menschengeist heute vollbringt, und für jedes dieser Dinge eine maßgeschneiderte «Und das war so»-Evolutionsgeschichte aufspüren zu wollen, scheint mir absurd, denn es gibt einen Punkt, wo die Erklärungskraft der Evolutionsgeschichte einfach zu Ende ist. Die Formen menschlichen Verhaltens weisen quer durch alle Kulturen enorme Übereinstimmungen auf – die vielleicht weiter gehen, als wir seit eh und je zuzugeben bereit sind. Es gibt keine Kultur, zu deren essenziellen Merkmalen nicht der Krieg, die institutionalisierte Ehe, das Inzesttabu, die Bewirtung mit Essen und Trinken als Geste der

Gastfreundschaft, das Lügen, die Neckerei unter Freunden und zahllose andere Universalien gehörten. Die Existenz dieser Universalien deutet fraglos für viele menschliche Verhaltensmuster auf eine biologische Wurzel hin. Doch zugleich zeigen sich in der menschlichen Kultur von Ort zu Ort und von Generation zu Generation auch so viele Verschiedenheiten, dass die Suche nach evolutionären Wurzeln für Verhaltensmuster von irgendeinem Punkt an mit Sicherheit zur Aussichtslosigkeit verurteilt ist. Die Evolutionspsychologie kann nicht sowohl die Sklaverei als auch die Abschaffung der Sklaverei, nicht sowohl die im neunzehnten als auch die im zwanzigsten Jahrhundert allgemein akzeptierte Rolle der Frau begründen. Ideen haben unstreitig ihr eigenes Leben. Die Sprache ist eine Rakete, die aus dem Gravitationsfeld der biologischen Anpassung ausgebrochen ist.

Die der Sprache verdankte Fähigkeit, Gedanken zum Gegenstand des Denkens zu machen, kommt einem die Entwicklungskontinuität durchbrechenden Sprung gleich, der uns als einzige von allen Spezies in eine Sphäre führte, wo ethisches Denken möglich wird. Schuld kann es nur da geben, wo es Absichten gibt und zugleich ein Bewusstsein vom anderen. Empathie ist nur möglich, wenn wir imstande sind, uns so weit in den anderen hineinzuversetzen, dass wir sein Erleben nachvollziehen können. Recht und Gerechtigkeit kann es erst dann geben, wenn wir Moralbegriffe auszubilden vermögen, die partikulare Umstände und individuelle Verhaltensweisen transzendieren. «Ein Mensch ist nicht allein schon deswegen ein ehrlicher Mensch, weil er noch nie eine Gelegenheit zum Stehlen hatte», lautet eine jüdische Volksweisheit. Nach allem, was wir wissen, ist das ein Gedanke, den ein Schimpanse absolut nicht zu fassen vermöchte. Der Drang, mich zu bessern, setzt die Fähigkeit voraus, nicht nur meines eigenen Denkens und Verhaltens inne zu sein, sondern mir auch die Gedanken und Wahrnehmungen anderer vorzustellen – sodass ich gleichsam außerhalb meiner selbst Position beziehen und mich mit den Augen anderer sehen kann.

Eng verflochten mit diesen Dingen ist der anscheinend universale religiöse Impetus im Menschen. Sich einen Gott vorzustellen ist das Äußerstmögliche überhaupt an Zuschreibung mentaler Zustände: Wir schreiben einem Wesen außerhalb unseres eigenen Selbst nichts Geringeres als Allwissenheit zu. Dies ist der höchste Selbstausdruck von Darwins «utopischem Lebewesen», denn damit schafft sich der Mensch das Äußerste an moralischem Gewissen; er nutzt seine Fähigkeit zur Zuschreibung mentaler Zustände dazu, sein Tun einer Kontrolle zu unterstellen, die das unvermeidliche Dominanzstreben in seinen Beziehungen zu anderen Gruppenmitgliedern transzendiert. «Gott» im buchstäblichen Wortsinn ist das einer anthropomorphisierenden Imagination verpflichtete Trägermaterial dieses Konzepts; interessant ist jedoch, dass unter den Menschen, die sich mit dem Gottesbegriff im buchstäblichen Sinn nicht anfreunden können, das von den Gesinnungen und Motiven seines Trägers anscheinend unabhängige «Gewissen» ebenso verbreitet ist wie unter Menschen, die eher dem Glauben an einen Gott im buchstäblichen Sinn zuneigen. Die ehemalige Ordensschwester Karen Armstrong schreibt im Vorwort ihres Buches *A History of God*, mehr als ein «hoch angesehener Monotheist», Repräsentanten aller drei theistischen Religionen, habe ihr im Zuge ihrer Recherchen zur Geschichte der Gottesidee und der Gotteserfahrung «ruhig, aber bestimmt» erklärt, dass Gott nicht wirklich existiere, dass er vielmehr in einem sehr bedeutenden Sinn das Produkt der schöpferischen Einbildungskraft des Menschen sei – aber zugleich auch eine Schöpfung, welche als die wichtigste «Realität» dieser Welt zu betrachten sei.

Evolutionspsychologen können triumphierend darauf verweisen, dass Gott für viele Menschen einfach nur ein «Jemand» unter anderen ist, mit dem man um Vorteile feilscht, die zur Maximierung des Eigennutzes beitragen; dass er lediglich perspektivischer Fluchtpunkt der hoch entwickelten Tendenz des Menschen ist, seine Intelligenz für den Zweck zu instrumentalisieren, aus jeder sozialen Begegnung das Beste für sich herauszuholen; dass der Mensch von allem Anfang an versucht hat, sich einen zornigen Gott durch Opfer und Schachergeschäfte geneigt zu machen; dass Menschen diese Tendenz häufig in ihren Gebeten offenbaren, wenn sie anbieten, auf eine Annehmlichkeit oder Bequemlichkeit zu verzichten, um im Austausch dafür etwas zu erlangen, das ihnen mehr bedeutet («Ich bitte dich, mach mein krankes Kind gesund, und ich werde nie wieder den Sonntagsgottesdienst versäumen»). Das alles ist ohne Zweifel wahr und richtig, unterschlägt jedoch die Tatsache, dass dem Menschen, mag er auch noch so sehr eine dem biologischen Determinismus verhaftete Kreatur bleiben, mit der Sprache der Keim zu Bravourleistungen eingepflanzt ist, mit denen er diese Verhaftung immer wieder einmal sprengt und überschreitet. Der Mensch ist ein utopisches, kein perfektes Lebewesen.

TIERE: DER IST-ZUSTAND

Gerade die Fähigkeit des Menschen, in dem ihm wesenseigenen Medium der Sprache anderen mentale Zustände zuzuschreiben und Intentionalitäten höherer Stufen zu begreifen, macht ihn blind für die niedrigere Stufe der Intentionalität bei Tieren. So zeigt er sich mit dem Fluch eines zwanghaften Anthropomorphismus behaftet, einer allem Anschein nach unheilbaren Krankheit. Doch lassen Sie uns trotzdem für einen Moment versuchen, mit Hilfe der transzendierenden Kraft sprachlicher Vernunft diese Blickfeldbeschränkung zu überwinden, um zu sehen, ob es möglich ist, eine wirklichkeitsnähere Darstellung des tierlichen Geistes, so wie er tatsächlich ist, zu geben. Was wir der Selbstbeobachtung an Auskünften über die Funktionsweise unserer unbewussten und averbalen Denkvorgänge glaubten entnehmen zu können, hat sich noch stets als unzuverlässig erwiesen. Tatsache ist: Wir wissen einfach nicht, wie das Denken auf dieser Ebene vonstatten geht – und selbst *wenn* wir irgendein Wissen davon hätten, fehlte uns noch immer das Rezept, nach dem wortlose kognitive Prozesse in Worte zu fassen wären. Albert Einstein schrieb einmal über das Denken in visuellen Bildern, doch auch das bringt uns nicht sehr weit, denn in gewisser Weise schilderte er ja nur den abschließenden Vorgang kognitiver Operationen, die selber der Betrachtung unzugänglich waren.

Dennoch lässt sich die Erwartung plausibel begründen, dass die introspektive Beobachtung des *Erlebens* unbewussten und averbalen Denkens uns stichhaltigere Aufschlüsse liefern könnte. Experimentelle Befunde sprechen für eine sehr weitgehende Ähnlichkeit zwischen den unbewussten Denkprozessen des Menschen und denen anderer Lebewesen. Sodass wir von daher vielleicht einen Hinweis zur Beantwortung jener Frage erhalten können, die uns in vieler Hinsicht am brennendsten interessiert: Wie ist es, die Welt zu erleben, wenn man ein Tier ist? Sehen wir uns um, fallen uns Dinge ins Auge, die sich bewegen oder im Begriff sind, ihre vertraute Form anzunehmen. Beim Erblicken von etwas Bekanntem erleben wir ein «Aufblitzen» des Wiedererkennens; noch bevor das Wort «Eichhörnchen» in die Bewusstseinshelle eintritt, haben wir das Gefühl, *zu wissen,* dass dieses Etwas, das wir da sehen, eine Dingkategorie verkörpert, die wir kennen und mit der wir bestimmte Eigenschaften verbinden. Sähen wir unvermutet einen Grizzlybär in unserem Garten, würden wir, schon längst bevor unser Geist uns das Stichwort «Grizzlybär» hätte anliefern können, vor Schreck zusammengefahren sein, so wie der Anblick eines Eichhörnchens uns unmittelbar erheitern oder neugierig stimmen würde. In gleicher Weise erleben wir vielerlei Gefühle und Empfindungen, ohne sie eigens benennen zu müssen – Schmerz, Furcht, Hunger, Durst, Überraschung, Freude, Stolz.

Das sind Gefühlsebenen, die man allem Anschein nach vernünftiger- und berechtigterweise auch bei Tieren annehmen kann. Bewusstsein freilich ist eine ganz andere Sache, denn unabhängig von der Frage, ob die Sprache Ursache des Bewusstseins ist oder nicht, hängen Sprache und Bewusstsein so eng miteinander zusammen, dass eines ohne das andere nicht denkbar erscheint. Der «Monitor», der in unserem Gehirn unausgesetzt in Betrieb ist, solange wir wach sind, wird mit Sprache betrieben. Das konstante

Innesein dessen, dass wir die laufenden Ereignisse um uns herum in wachem Miterleben wahrnehmen, beruht in Form und Inhalt auf sprachlicher Artikulation. Dann und wann – etwa an einem menschenleeren Strand sitzend oder auf einem Berggipfel – haben wir vielleicht das Empfinden, dass der Monitor abgeschaltet ist, dass wir unser selbst nicht mehr in irgendeinem besonderen Grad inne sind, dass die Szenerie vor unseren Augen einfach nur da ist, dass von Zeit zu Zeit sich irgendetwas regt und unsere Aufmerksamkeit beansprucht. Häufiger ist der Fall, dass wir irgendein Detail der Umgebung wahrnehmen und erst Sekunden – oder sogar Minuten – später uns dessen bewusst innewerden, was unser Geist in einer tieferen Schicht gesehen und registriert hat. Solche Erlebnisse vermitteln vielleicht in grober Näherung einen Eindruck davon, «wie es ist», ein Hund oder ein Pferd oder ein Affe oder ein Goldfisch zu sein.

Die «Tierrechte»-Bewegung geht von der Prämisse aus, dass Empfindungsvermögen gleich Empfindungsvermögen ist und folglich ein Tier vor allem aufgrund seiner Schmerzempfindlichkeit den gleichen Anspruch auf Rücksichtnahme hat wie ein Mensch. Aber Empfindungsvermögen ist eben nicht gleich Empfindungsvermögen, ja nicht einmal ist Schmerz gleich Schmerz. Oder vielleicht sollten wir – in Anlehnung an eine von Daniel Dennett getroffene Unterscheidung – besser sagen: Schmerz ist nicht gleich Leid. «Das Schlimme am Verlust meines Arbeitsplatzes oder meines Beins oder meines guten Rufs oder des Menschen, den ich am meisten geliebt habe, ist nicht das Leiden, das mir das Ereignis *verursacht,* sondern das Leid, das es *bedeutet*», schreibt Dennett. Unsere Fähigkeit, Erleben zum Gegenstand des Denkens zu machen, macht aus Gefühlen etwas weit Gewichtigeres und mitunter auch weit Schlimmeres, als bloßer Schmerz es ist. In den mannigfachen Schattierungen, die unsere Sprache vielen Gefühlen zugesteht, offenbart sich, wie unendlich wichtig der soziale Kontext – die Gedanken, in denen wir unser Erleben *reflektieren*, und die Gedanken, in denen wir diese Gedanken reflektieren – für unsere Interpretation von Gefühlen ist. Bedauern, Mitleid,

Mitgefühl, Anteilnahme, Selbstmitleid, Lustlosigkeit, Niedergeschlagenheit, Leid, Kummer, Trübsal, Sorge, Beängstigung, Betrübtheit, Gram, Wehmut, Schwermut, Traurigkeit, Melancholie, Grübelei, Reue, Jammer, Verzweiflung – das alles sind Nuancen des aus Trauer geborenen Schmerzes, die sich zu voller Bedeutung nicht im Medium der Schmerzempfindung selbst, sondern erst im Medium des Nachdenkens über deren Bedeutung artikulieren. Das Entsetzen, das wir verspüren, wenn wir uns eine Gliedmaße brechen, rührt nicht allein von dem empfundenen Schmerz her; der Schmerz ist nur der Auftakt eines Leids, das uns mit der Sorge und dem Bangen angesichts der voraussehbaren Folgen befällt. Erbarmen und Anteilnahme und Mitgefühl sind sämtlich Gefühlsschattierungen, die ersichtlich durch den sozialen Kontext definiert sind, durch die Zuschreibung eines mentalen Zustandes, deren wir anderen gegenüber fähig sind. Das Bewusstsein ist eine wundersame Gabe und ein wundersamer Fluch, und alles deutet darauf hin, dass es nicht im Bereich des inneren Erlebens nichtmenschlicher Lebewesen liegt.

Zudem müsste eine wirklichkeitsnahe Sicht des tierlichen Geistes uns tiefen Respekt vor Tieren einflößen als vor einzigartigen Geschöpfen in der Natur, Geschöpfen, die ihren eigenen Wert und ihre eigene Würde besitzen. Die oberflächliche, egozentrische Ansicht, dass in der Natur nur dasjenige inneren Wert und angestammte Würde hat, was uns Menschen ähnelt, erscheint demgegenüber geistlos und borniert. Was geben wir uns nicht für Mühe, um nachzuweisen, dass Schimpansen oder Affen oder Hunde oder Katzen oder Ratten oder Hühner oder Fische oder Frösche uns im Denken und Fühlen ähnlich sind – aber was tun wir damit anderes, als ihr wirkliches Wesen zu diffamieren? Wir definieren die wahre Intelligenz und das wahre Gefühl in menschlichen Kategorien – und setzen uns damit selbst die Scheuklappen auf, die uns daran hindern, das Wunder der Vielfalt von Lebensformen wahrzunehmen, die das Geschenk der Evolution an unseren Planeten sind. Die spezifische Intelligenz jeder einzelnen Tierart ist, so wie sie ist, schon Wunderwerk genug; es ist Torheit und Anthropomorphismus schlimmster Sorte, steif und fest dabei zu bleiben, um wahrhaft als Wunderwerk gelten zu können, müsse sie so wie unsere sein.

Es ist immer ein riskantes Unterfangen, aus dem «moralblinden» Evolutionsprozess moralische Lehren ziehen zu wollen. Aber wenn hier überhaupt eine Lehre zu finden ist, dann die, dass alle Geschöpfe der Evolution aus eigenem Recht Interesse beanspruchen dürfen. Jedes hat für sich einen einzigartigen Weg entdeckt, gegen alle Wahrscheinlichkeit zu überleben. Und das verdient Anerkennung und allergrößten Respekt.

DANK

Den zahlreichen Gelehrten, die mich bei den Vorarbeiten zu diesem Buch unterstützten, möchte ich hier meine tiefe Dankbarkeit bekunden. Besonders verpflichtet bin ich Jacques Vauclair und Euan Macphail, die einzelne Kapitel in der Entwurfsfassung lasen und dazu kritische Anmerkungen sowie Verbesserungsvorschläge von unschätzbarem Wert abgaben.

Die National Library of Medicine in Bethesda, Maryland, ist für jeden, der zu einem Thema wie diesem recherchiert, eine wahre Fundgrube, und den Menschen, deren Weisheit diese Institution ins Leben gerufen und ihre Pforten allen Benutzern geöffnet hat, sage ich meinen innigst gefühlten Dank.

ANMERKUNGEN

Die vollständigen bibliographischen Daten der hier mit Kurztiteln zitierten Bücher und Artikel finden sich im nachfolgenden Literaturverzeichnis.

ZUR EINFÜHRUNG

Die Geschichte von Bintis «Rettungsaktion» findet sich in: «Gorilla Saves Tot in Brookfield Zoo Pit», *Chicago Tribune*, 17. August 1996; «Zoo's New Top Banana», *Chicago Tribune*, 18. August 1996; «One Great Ape», *People*, 2. September 1996, 72. – Die darauf folgende Diskussion über mütterliches Verhalten bei im Zoo aufgezogenen Gorillas ist zusammengefasst in: «Zookeeper Downplays ‹Heroics› by Gorilla», *Columbus Dispatch*, 7. April 1997; «Animal Behavior: Binti Jua's Instincts Could Have Taken Over When Young Boy Fell into Zoo Enclosure», *Dayton Daily News*, 30. August 1996. – Die Erhebungen zur Einstellung christlicher Fundamentalisten in: Burghardt, «Animal Awareness», 905f. – Zu Aristoteles' und Darwins Wesensbestimmung des Menschen siehe Vidal und Vauclair, «Un animal politique», 35. – «Es kann sein, dass sie sich ihrem toten Nachwuchs näher fühlte»: Masson und McCarthy, *When Elephants Weep*, 219, dt. 309. – «Zwanghaften Anthropomorphismus» behandelt: Kennedy, *New Anthropomorphism*, 24–29. – Searles Kritik am Turing-Test im Abriss in: Gardner, *Mind's New Science*, 17; Gray, «Consciousness». – Zur kognitiven Revolution siehe Vauclair, *Animal Cognition*, 7–11; Gardner, *Mind's New Science*, 32–40. – Über «Tierkommunikatoren»: «Getting in Touch with Your Felines», *Washington Post:*, 19. Februar 1997, Style Section; «Mind Leap», *Utne Reader*, März/April 1998, 48f. – «Die Gefahr, uns auf psychologischer Ebene zu entfremden»: Savage-Rumbaugh, *Kanzi*, 253 u. 281. – Die Rezension des Buches über Meerkatzen stammt von R. W. Byrne und ist abgedruckt in: *The Sciences*. Juli 1990, 142–147. – Goodalls Vorwort in: Rollin, *Unheeded Cry*, VII–IX. – Über das Mechanische der Leistungen von Savage-Rumbaughs Schimpansen: Vauclair, *Animal Cognition*, 115; Terrace, «In the Beginning Was the Name», 1013f. – «Eine undurchlässige Grenzmauer zwischen den Menschen und den nichtmenschlichen Lebewesen» in: Savage-Rumbaugh, *Kanzi*, 20 u. 252. – Das «behavioristische Tabu» in: Griffin, *Animal Thinking*, VII, dt. 11f. – Über radikale Behavioristen: Gray, «Consciousness». – Der Fuchs, der sich tot stellte, in: Romanes, *Mental Evolution*, 314. – Romanes über seine «ejektive» Methode in: *Mental Evolution*, 16f. u. 22; *Animal Intelligence*, 420–422. – Die kritische Position Morgans in: Morgan, *Comparative Psychology*, 37, 53, 242–259, 290 u. 304. – «Kein Tier könne durch Zufall lernen, eine Tür mit Schloss zu öffnen» in: Thorndike, *Animal Intelligence*, 67. – Zum Klugen Hans siehe Boysen und Capaldi (Hrsg.), *Numerical Competence*, 119; Budiansky, *The Nature of Horses*, 165f.; Pfungst, *Clever Hans*. – «Behavioristen begannen den Fall als Beweis dafür zu zitieren»: James L. Gould, zitiert nach Kluger, «Magna cum Critters». – Das Experiment mit den Kapuzineraffen in: Roitblat und Meyer (Hrsg.), *Cognitive Science*, 177. – Über den Umgang von Schimpansen mit Stöcken: McFarland (Hrsg.), *Oxford Companion*, 313 u. 468. – Zu «Wasser + Vogel» siehe Roitblat und Meyer (Hrsg.), *Cognitive Science*, 53.

1 WER IST DER INTELLIGENTESTE VON ALLEN?

Romanes' Tabelle der geistigen Entwicklungsstufen ist das Titelbild in des Autors *Mental Evolution in Man*. – Zu IQ-Tests siehe Gould, *Mismeasure of Man*, 199 u. 207–211. – Zum relativen Hirnvolumen von Tieren siehe Calvin, *How Brains Think*, 11f.; McFarland (Hrsg.), *Oxford Companion*, 40–42. – «Hunde, wenn sie denn Hände hätten»: Macphail im persönlichen Gespräch. – Das Motivationsproblem erörtert Macphail in: «Cognitive Functions in Mammals», 280. – Tests, die bislang für eine Domäne höherer Primaten gehaltene Fähigkeiten aufdeckten, sind ausführlich behandelt in: von Fersen u. a., «Transitive Inference in Pigeons»; Devine, «Learning-Set Formation of Rhesus and Cebus Monkeys»; Roberts und Van Veldhuizen, «Spatial Memory in Pigeons»; Macphail, «Cognitive Function in Mammals», 282–285. – Zur Nullhypothese siehe Macphail, «Comparative Psychology of Intelligence», 648 u. 650; Macphail, «Cognitive Function in Mammals», 285. – Spezialisierte Intelligenz ist erörtert in: Riley und Langley, «The Logic of Species Comparison». – Zur «Vorbereitung» und «Gegenvorbereitung» von Aufgaben siehe Seligman, «Generality of the Laws of Learning». – Die Buchstabenketten-Experimente sind referiert in: Macphail, « Cognitive Function in Mammals», 288. – Sprache als Kontinuitätsbruch in: Gervet u. a., «Evolution of Cognition», 42.

2 EINE WISSENSCHAFT, DIE FRAGT: «WIE KÖNNEN WIR DAS MIT SICHERHEIT WISSEN?»

Das Täuschungsmanöver des Pavianweibchens findet sich in: Kummer, «Social Knowledge», 118. – Die Leuchtkäfer und ihre Blinksignale in: Lloyd, «Firefly Communication», 113–116. – Zum Futterlocken der Hähne siehe Marler u. a., «Vocal Communication». – Zur These von der Vorsätzlichkeit der Täuschung siehe Griffin, *Animal Minds,* 199; Vauclair, *Animal Cognition,* 134f.; Mills, «Unusual Suspects», 35. – «Abergläubische» Hunde finden sich in: Holmes, *Farmer's Dog*, 82f. – Das Plädoyer für den «ökologischen Ansatz» in:

Mace, «Strategy for Perceiving». – Schlaue Unkräuter in: Dennett, *Kinds of Minds,* 60f. u. 154f.; Budiansky, *Covenant of the Wild,* 84–37. – Zu den Täuschungsstrategien von Beutetieren und Parasiten siehe Mills, «Unusual Suspects»; McFarland (Hrsg.), *Oxford Companion,* 440. – Über Flexibilität als Indikator von bewusstem Denken: Griffin, *Animal Thinking,* 24f., dt. 55; Griffin, *Animal Minds,* 206–208. – Der Ausspruch «Zum Täuschen- und Betrügenkönnen [...]» von Caldwell ist zitiert nach Mills, «Unusual Suspects». – «Wir dürfen der natürlichen Selektion getrost zutrauen [...]»: McFarland, «Goals, No-Goals», 46. – Das Popper-Zitat («[...] dass unsere Hypothesen stellvertretend für uns sterben») nach Dennett, *Kinds of Minds,* 88. – Über «Zweckbestimmtheit» und «Zielgerichtetheit» in der Evolution: Gallup, «Self-Awareness», 247; Kennedy, *New Anthropomorphism,* 86. – Zum «Scheinanthropomorphismus» siehe Dennett, *Kinds of Minds.* 27; Kennedy. *New Anthropomorphism,* 9 u. 87; Burghardt, «Animal Awareness». – Die Beispiele von der Madagaskar-Sternorchidee und den Dungfliegen sind wiedergegeben nach Cockburn, *Evolutionary Ecology,* 90–92 u. 123f. – «Damit raten wir häufig richtig»: Kennedy, *New Anthropomorphism,* 93. – Über die «phänomenal exakten» Voraussagen der Buschmänner: Fox, *Whistling Hunters,* 132. – «Studenten, die nicht dazu angehalten werden [...]»: Burghardt, «Animal Awareness». – Über Futterlocken und Balzfüttern: Marler u. a., «Vocal Communication», 192; McFarland (Hrsg.), *Oxford Companion,* 112. – Eine Variante des jüdischen Witzes findet sich in: Rosten, *Joys of Yiddish,* 335. – Über die Vokalisationen der Pferde: Budiansky, *Nature of Horses,* 137f. – «Das Blatt [...] überreizen»: Vidal und Vauclair, «Un animal politique». Die Parabel von den Elefanten als Verhaltensforschern findet sich in: Pinker, *Language Instinct,* 332f. – «Ökologisches» contra «anthropozentrisches Programm»: Shettleworth, «Comparison in Comparative Cognition». – Chomsky und Terrace sind zitiert nach «Chimp Talk Debate: Is It Really Language?», *The New York Times,* 6. Juni 1995 (Science Times Section).

3 DIE MENTALE SOFTWARE

Zum latenten Lernen siehe Vauclair, *Animal Cognition,* 4–7. Zur Turing-Maschine siehe Newman, *World of Mathematics,* 2092–2095; Gardner, *Mind's New Science,* 16–18 «Zielstrebigkeit»: Gardner, *Mind's New Science,* 38f. – Zu neuralen Netzen siehe Newman, *World of Mathematics,* 2089–2092. – «Eine denkende Maschine erfunden»: McCorduck, *Machines Who Think,* 116. – «Symbole, Regeln, Bilder»: Gardner, *Mind's New Science,* 38f. – Kognitive Störungen schildern Calvin, *How Brains Think,* 92f.; «What is a Memory Made of?», *U.S. News and World Report,* 18.–25. August 1997, 71–73. – Zum Capgras-Syndrom siehe Young, «Neuropsychology of Awareness». – Die Zahl Sieben behandeln Miller, «Magical Number Seven», 81; Calvin, *How Brains Think,* 92f.; Gardner, *Mind's New Science,* 89–91. – Über den Versuch mit den gedrehten Buchstaben berichten Shepard und Metzler, «Mental Rotation». – Zur Lokalisation von

Hirnfunktionen siehe Posner u.a., «Localization of Cognitive Operations»; Barinaga, «Visual System»; Nyberg u.a., «General and Specific Brain Regions». – Das Gehirn als «parallel-distribuierten Prozessor» behandelt Macphail, *Neuroscience of Animal Intelligence*, 19. – Der Patientin/ELIZA-Dialog nach: Boden, *Artificial Intelligence*, 106f. – Über «Cog»: Dennett, *Kinds of Minds*, 15f. – Zu Computermodellen von Insekten siehe Roitblat und Mayer (Hrsg.), *Comparative Approaches to Cognitive Science*, 41. – Das *Escherichia coli*-Modell nach: Roitblat und Mayer (Hrsg.), *Comparative Approaches to Cognitive Science*, 159–161. – Das Frosch-Modell nach: Arbib und Cobas, «Schemas for Prey-Catching». – Die Interaktion von einfachen Steuerungsmechanismen mit der Umwelt behandeln Churchland und Sejnowski, «Perspectives on Cognitive Neuroscience», 745. – Über das Grillen-Modell: Webb, «A Cricket Robot». – «Wenn wir von einem Tier sagen, es nehme einen Störenfried wahr»: Prato Previde u.a., «The Mind of Organisms», 91. – Zu den komplexen und hyperkomplexen Zellen siehe Gardner, *Mind's New Science*, 273f.; Maunsell und Newsome, «Visual Processing». – Über das Gitternetz-Experiment berichtet Kosslyn, «Cognitive Neuroscience of Mental Imagery».

4 GRIPS IN AKTION

Die Testwerte von Goldfischen und Schimpansen vergleicht: Macphail, «Comparative Psychology of Intelligence». – Zur Lernhaltung bei Pferden siehe McCall, «Learning Behavior in Horses», 76 u. 80. – Zu bedingten Aufgaben siehe Vauclair, *Animal Cognition*. 12–14; McFarland (Hrsg.), *Oxford Companion*, 72 u. 311–316. – Die Wahrnehmungsprobleme der Tauben sind dargestellt in: Macphail u.a., «Relational Learning in Pigeons». – Über Kategorien-Lernen bei Tauben: Herrnstein und de Villiers, «Fish as a Natural Category», 60–62; Vauclair, *Animal Cognition*, 15; Roberts und Mazmanian, «Concept Learning», 248. – «‹Konzept› des A»: Morgan u.a., «Pigeons Learn the Concept of an A». – Das Eisvogel/sonstiger-Vogel-Experiment nach: Roberts und Mazmanian, «Concept Learning», 252f. – Das Experiment mit Pavianen nach: Vauclair und Fagot, «Categorization of Characters». – Die Familienähnlichkeits-Theorie ist dargestellt in: Thompson, «Natural and Related Concepts»; Herrnstein und de Villiers, «Fish as a Natural Category», 80. – Das Experiment mit den «biologische» Bewegung unterscheidenden Katzen nach: Blake, «Cats Perceive Biological Motion». – Über den zeitlichen Verlauf der Reaktionen von Tauben und Affen: Swartz, Chen und Terrace, «Serial Learning», 401–404; Terrace, «List Learning»; D'Amato und Colombo, «Representation of Serial Order». – Wie Tauben sich Listen einprägen, beschreibt: Terrace, «List Learning», 164 u. 166. – Affen wenden die Transitivitätsregel an: Harrs und McGonigle, «Transitive Inference». – Affen merken sich die Ordinalstelle von Items einer geordneten Reihe: Chen, Swartz und Terrace, «Knowledge of Ordinal Position». – Vogelweibchen kennen die Zahl der Eier im Gelege: Seibt, «Are Animals Attuned to

Number?», 597. – Laboruntersuchungen zum tierlichen Zahlenverständnis: Honig, «Numerosity as a Dimension of Stimulus Control», 61–63 u. 80; Davis, «Discrimination of the Number Three»; Davis und Pérusse, «Numerical Competence in Animals», 570–572. – Über Subitisieren und rhythmische Repräsentationen von Zahlen: Matsuzawa, «Use of Numbers by a Cimpanzee»; Davis und Pérusse, «Numerical Competence in Animals», 563f. – Über die relative Quantitätsbestimmung der Tauben: Honig, «Numerosity as a Dimension of Stimulus Control», 80–82. – «Rückwärts zählende» Affen: Rumbaugh und Washburn, «Counting by Chimpanzees», 102–106; Boysen u.a., «Processing of Ordinality». – Das Experiment mit Sheba nach: Boysen und Berntson, «Numerical Competence in a Chimpanzee». – «Eine beinah übermenschliche Anstrengung»: Boysen und Capaldi (Hrsg.), *Development of Numerical Competence*, 39. – «Das Hantieren mit absoluten Zahlen ist eine charakteristisch menschliche Erfindung»: Davis, «Numerical Competence in Animals», 109f.
Eine Anmerkung zur Mathematik hinter Salomons Leistung: Die Wahrscheinlichkeit, dass er beim ersten Versuch die richtige Antwort trifft, ist bei jedem einzelnen Problem 1:3 = 33 Prozent. Somit ist die Wahrscheinlichkeit, dass er überhaupt keine falsche Antwort gibt – das heißt, dass er bei allen fünf Problemen jeweils schon im ersten Anlauf richtig rät –, $0,33^5 = 0,4$ Prozent. Die Wahrscheinlichkeit, dass er die richtige Antwort beim zweiten Rateversuch trifft, ist bei jedem Problem (2:3) (1:3) = 22 Prozent. Die Wahrscheinlichkeit, dass er im Zuge der Lösung aller fünf Probleme insgesamt nur eine falsche Antwort gibt, ist demnach die Summe folgender Wahrscheinlichkeiten: (a) dass er überhaupt keine falsche Antwort gibt, plus (b) dass er bei Problem 1 eine falsche, bei allen anderen Problemen auf Anhieb die richtige Antwort gibt, plus (c) dass er bei Problem 2 eine falsche, bei allen anderen Problemen auf Anhieb die richtige Antwort gibt, und so weiter: 0,4 + (0,22) (0,33) (0,33) (0,33) (0,33) + (0,33) (0,22) (0,33) (0,33) (0,33) + ... (usw.). Die Gesamtsumme beläuft sich auf etwa 1,7 Prozent. Stellen wir diese Berechnung auch für zwei, drei ... (usw. bis) zwanzig erlaubte falsche Antworten an, gelangen wir zu einer Wahrscheinlichkeit von 95 Prozent. Man beachte, dass die Überlegung bis hierher davon ausgeht, dass Schimpansen aus der Nichtbekräftigung einer falschen Antwort nicht die Lehre ziehen, es mit dieser Antwort nicht noch mal zu probieren; die Annahme geht vielmehr dahin, dass die Probanden jedes Mal von neuem planlos drauflosraten, bis sie die richtige Antwort getroffen haben (dass sie also eventuell mehrmals mit ein und derselben falschen Antwort aufwarten). Lernen sie jedoch, falsche Antworten auszusondern, werden sie bei 82 Rateversuchen im Durchschnitt nur fünfmal falsch raten (eine Erfolgsquote von 94 Prozent), und es ist unter dieser Voraussetzung absolut gewiss, dass sie allerspätestens mit der zehnten falschen Antwort alle fünf Probleme gelöst haben werden (weil dann alle überhaupt möglichen falschen Antworten ausprobiert und ausgesondert sind).

5 LANDKARTEN, WERKZEUGE UND NESTER

Den Kiefernhäher und die Sumpfmeise behandelt Griffin, *Animal Minds*, 45–47. – Über das Erstellen kognitiver Landkarten: Gallistel und Cramer, «Computations on Metric Cognitive Maps», 211f. – Die Reaktion von Pavianen auf nie gesehene Objekte nach: Vauclair, *Animal Cognition*, 69f. – Mentale Drehung bei Pavianen nach: Vauclair, Fagot und Hopkins, «Rotation of Mental Images in Baboons». – Zu Abkürzungsrouten der Bienen siehe Dyer, «Bees Acquire Route-Based Memories»; Bennett, «Do Animals Have Cognitive Maps?», 221. – Das Windkanal-Experiment mit Bienen nach: Kirchner und Braun, «Dancing Honey Bees». – Zu Abkürzungsrouten von Hunden siehe Chapin und Varlet, «Short Cuts by Dogs». – Der kritische Kommentar zur Lösung des «Handlungsreisendenproblems» durch Schimpansen findet sich in: Bennett, «Do Animals Have Cognitive Maps?», 222. – Wie Affen Futterverstecke finden, nach: Cramer, «Computations on Metric Cognitive Maps», 215. – Zum Hämmertransport der Tai-Schimpansen siehe Boesch und Boesch, «Mental Map in Wild Chimpanzees». – Die Experimente am Hippocampus von Ratten sind dargestellt in: O'Keefe und Burgess, «Geometrical Determinants of Place Fields»; McNaughton, «Cognitive Cartography». – Über desorientierte Ratten und Kleinkinder: Hermer und Spelke, «Geometric Process for Spatial Reorientation». – Über die Neuorientierung anhand visueller Hinweise: O'Keefe, «Cognitive Maps in Infants?». – Zur Navigation der Tauben siehe McFarland (Hrsg.), *Oxford Companion*, 401–404. – Zum Werkzeuggebrauch bei Insekten und Finken siehe Griffin, *Animal Minds*, 102f.; McFarland (Hrsg.), *Oxford Companion*, 576. – Über Nestbau: McFarland (Hrsg.), *Oxford Companion*, 408–411 u. 579. – Zum Werkzeuggebrauch bei Schimpansen siehe Boesch und Boesch, «Tool Use and Tool Making». – Vergleichende Experimente zum Werkzeuggebrauch bei Menschenaffen und Affen in: Visalberghi u.a., «Performance in a Tool Using Task». – Die Experimente mit den Kapuzineraffen nach: Visalberghi und Trinca, «Tool Use in Capuchin Monkeys»; Gibson und Ingold (Hrsg.), «Tools, Language, and Cognition, 139. – Über den Zusammenhang zwischen ökologischer Nische und Werkzeuggebrauch: Chevalier-Skolnikoff und Liska, «Tool Use by Elephants». – Über den Zusammenhang zwischen Werkzeuggebrauch und Sprachentstehung: Calvin, *How Brains Think.*, 96f.; Gibson und Ingold (Hrsg.), *Tool Use, Language, and Cognition*, 193 u. 241; Calvin, «Emergence of Intelligence».

6 SPRICH!

Zu den Erdhörnchen und ihren Alarmrufen siehe Morton und Page, *Animal Talk*, 56 u. 218–221. – Erläuterungen zum Winseln und Knurren finden sich in: Morton, «On the Occurrence of Motivational-Structural Rules». – Die Evolution des aufrichtigen Signalisierens ist erörtert in: Guilford und Dawkins, «Receiver Psychology», 9f. – Warum es irrig ist, von «Täuschung» zu sprechen, erläutern: Guilford und Dawkins, «Receiver Psychology», 10; Dawkins und Krebs, «Animal Signals». – Die «SGS» (original: «GOP» = *groans of pain*)-Position: Griffin, *Animal Minds*, 155. – Die Tonbandexperimente mit Vögeln nach: Morton und Page, *Animal Talk*, 179. – Zum Rüstungswettlauf und zu Dialekten im Vogelgesang siehe Morton und Page, *Animal Talk*, 190f. u. 200f. – Über die Rolle zufallsbedingter Fehler bei der Entstehung von Dialekten: Williams und Slater, «Simulation of Song Learning». – Die Alarmrufe der Meerkatzen nach: Cheney und Seyfarth, «Précis», 140. – Über die Fehler der Meerkatzenjungen: Snowdon, «Sounds of Silence»; Owings, «Calls as Labels». – Ob Affen den Artgenossen mentale Zustände zuschreiben, wird erörtert in: Tomasello, «Cognitive Ethology»; Cheney und Seyfarth, «Précis», 142. – «Nims Zeichenproduktion [war] von seinen Lehrern angestoßen worden»: Terrace, *Nim*, VI; Terrace u. a., «Can an Ape Create a Sentence?» – Der «unspontane und imitative» Charakter von Nims Zeichenproduktion: Terrace, «Evidence for Sign Language». – «Das ist genau wie das ASL-Zeichen für ‹Gib her›», zitiert nach: Pinker, *Language Instinct*, 337f. – «Ich kenne das aus eigener Erfahrung»: New York Times, 6. Juni 1995 (Wissenschaftsteil: «Chimps Talk Debate: Is It Really Language?»). – Das populäre Jugendbuch über das Nim-Projekt: Michel, *The Story of Nim*. – Über Kanzi, Sherman, Austin und Lana: Terrace, «In the Beginning Was the Name», 1011–1014 u. 1024f; Savage-Rumbaugh u. a., «Spontaneous Symbol Acquisition». – «Auch die Delphine [reagieren] auf diese beiden Merkmale», zitiert nach: *Time*, 22. März 1993. – Zur Unterscheidung zwischen Grammatikverständnis und mechanisch erlernter Reihenfolge siehe Vauclair, *Animal Cognition*, 111; «Thinking About Dolphins», in: *National Wildlife* April/Mai 1994, 5–9. – Wie Kleinkinder Wörter benutzen, erörtern: Smillie, «Rethinking Piaget's Theory of Infancy», 292; Baron-Cohen, «How Monkeys Do Things». – Zur gemeinsamen Aufmerksamkeitsrichtung von Mutter und Kleinkind siehe Terrace, «In the Beginning Was the Name», 1019f. – Dass Menschenaffen höchst selten Gegenstände zu dem Zweck manipulieren, die Aufmerksamkeit ihres Nachwuchses auf sie zu lenken, ist eine Feststellung aus: Vauclair und Vidal, «Discontinuities of the Mind». – Der Test, bei dem Sherman und Austin keine Belohnung winkte, nach: Savage-Rumbaugh u. a., «Can a Chimpanzee Make a Statement?», 479. – «Man [müsste] dieses Kind für gestört halten»: Herbert Terrace, zitiert nach: *New York Times*, 6. Juni 1995 (Wissenschaftsteil: «Chimps Talk Debate: Is It Really Language?»).

7 TIERLICHES BEWUSSTSEIN

Bewusste Selbstwahrnehmung (Seiner-selbst-Innesein) und Metarepräsentationen erörtern: Asendorpf und Baudonnière, «Self-Awareness and Other-Awareness», 89; Schull und Smith, «Knowing Thyself, Knowing the Other». – Über den adaptiven Nutzen der Selbstbewusstheit: Humphrey, «Nature's Psychologists». – Über Ratten, die ihr Verhalten melden: Beninger u. a.,«Ability of Rats to Discriminate Their Own Behaviors». – Über Experimente mit Notausstieg-Option: Schull und Smith, «Knowing Thyself, Knowing the Other»; Smith u. a., «Uncertain Response in the Bottlenosed Dolphin»; «Probing Primate Thoughts: Questions Arise About the Mental Lives of Apes and Monkeys», in: *Science News,* 20. Januar 1996. – Mehr über Gallups Spiegeltest in: Gallup, «Chimpanzees: Self-Recognition». – Kritik am Selbsterkennen im Spiegel üben: Swartz und Evans, «Not All Chimpanzees Show Self-Recognition», 493; Heyes, «Reflections on Self-Recognition», 911. – Über Stummelschwanzmakaken vor dem Spiegel: Anderson, «Monkeys with Mirrors», 85. – Zum Verhalten in Kontrollgruppen: Heyes, «Reflections on Self-Recognition», 911–913. – Über Lisztäffchen: Hauser u. a., «Self-Recognition in Primates», 10813. – Zum Gebrauch von visuellem Feedback siehe Vauclair und Fagot, «Manual and Hemisphere Specialization»; Vauclair, *Animal Cognition,* 143f. – «Kenntnis [...] dass sein Spiegelbild dem Bild ähnelt»: Heyes, «Reflections on Self-Recognition», 918. – Über das soziale Wissen der Meerkatzen: Cheney und Seyfarth, «Précis», 137f. – Elterlicher Unterricht bei Geparden und Katzen nach: Caro und Hauser, «Teaching in Nonhuman Animals», 156–159. – Elterlicher Unterricht bei Greifvögeln und Schimpansen nach: Caro und Hauser, «Teaching in Nonhuman Animals», 163f. u. 170. – Zum «Phänomen des hundertsten Affen» siehe Possel und Amundson, «Senior Researcher Comments on Hundredth Monkey»; Kawai, «Newly Acquired Precultural Behavior». – Wie die Makaken auf der Koshima-Insel das Süßkartoffeln-Waschen wirklich lernten, ist dargestellt in: Galef, «Question of Animal Culture», 162–166. – Über Nachahmung bei Schimpansen: Galef, «Question of Animal Culture», 166 u. 171. – Zur sozialen Verstärkung siehe Tomasello, «Do Apes Ape?», 321. – Zum Nachahmungslernen beim Menschen siehe Tomasello, «Do Apes Ape?», 323. – Zur logischen Verarbeitung von Wahrnehmungen und von mentalen Zuständen siehe Heyes, «Attribution of Mental States», 180. – Über Intentionalitätsstufen: Dennett, *Kinds of Minds,* 119–121. – Die Experimente zur kognitiven Empathie von Schimpansen nach: Povinelli u. a., «Do Rhesus Monkeys Attribute Knowledge?»; Povinelli und Eddy, «What Chimpanzees Know about Seeing», 22f.; Heyes, «Attribution of Mental States», 182f.; Heyes, «Cues, Convergence», 242. – Über das Nichtvorhandensein kognitiver Empathie bei Affen: Cheney und Seyfarth, «Attending to Behaviour versus Knowledge». – Das Eimer-über-dem-Kopf-Experiment nach: Povinelli und Eddy, «What Chimpanzees Know about Seeing», 50 u. 105–107. – Das «Goggelmoggel»-Experiment nach: Povinelli und Eddy, «What Chimpanzees Know about Seeing», 166.

8 EVOLUTION UND RESPEKT

«Hoch angesehener Monotheist»: Armstrong, *History of God,* XIXf. – Zur Schmerz/Leid-Unterscheidung siehe Dennett, *Kinds of Minds,* 164–167.

LITERATUR

Anderson, James R. «Monkeys with Mirrors: Some Questions for Primate Psychology», *International Journal of Primatology* 5 (1984): 81–98.

Arbib, Michael A., und Alberto Cobas. «Schemas for Prey-Catching in Frog and Toad.» In *From Animals to Animals,* Jean-Arcady Meyer und Stewart W. Wilsen, Hg., Cambridge, MA: MIT Press, 1991.

Armstrong, Karen. *A History of Cod.* New York: Knopf, 1993.

Asendorpf, Jens B., und Pierre-Marie Baudonnière. «Self-Awareness and Other-Awareness: Mirror Self-Recognition and Synchronic Imitation Among Unfamiliar Peers», *Developmental Psychology* 29 (1993): 88–95.

Barinaga, Marcia. «Visual System Provides Clues to How the Brain Perceives», *Science* 275 (1997): 1583–85.

Baron-Cohen, Simon. «How Monkeys Do Things with ‹Words›», *Brain and Behavioral Sciences* 15 (1992): 148–49.

Beninger, Richard J., Stephen B. Kendall und C. H. Vanverwolf. «The Ability of Rats to Discriminate Their Own Behaviours», *Canadian Journal of Psychology* 28 (1974): 79–91.

Bennett, Andrew T. D. «Do Animals Have Cognitive Maps?» *Journal of Experimental Biology* 199 (1996): 219–24.

Blake, R. «Cats Perceive Biological Motion», *Psychological Science* 4 (1993): 54–57.

Boden, Margaret. *Artifical Intelligence and Natural Man.* New York: Basic Books, 1977.

Boesch, Christophe, und Hedwige Boesch. «Mental Map in Wild Chimpanzees: An Analysis of Hammer Transports for Nut Cracking», Primates 25 (1984): 160–70.

—. «Tool Use and Tool Making in Wild Chimpanzees», *Folia Primatologica 54* (1990): 86–99.

Boysen, Sarah T., und Gary G. Berntson. «Numerical Competence in a Chimpanzee *(Pan troglodytes)*», *Journal of Comparative Psychology* 103 (1989): 23–31.

Boysen, Sarah T., und E. John Capaldi, Hg. *The Development of Numerical Competence. Human and Animal Models.* Hillsdale, NJ: Lawrence Erlbaum Associates, 1993.

Boysen, Sarah T. et al. «Processing of Ordinality and Transitivity by Chimpanzees *(Pan troglodytes)*», *Journal of Comparative Psychology* 107 (1993): 208–15.

Budiansky, Stephen. *The Covenant of the Wild: Why Animals Chose Domestication.* New York: Morrow, 1992. Reprint. Leesburg, VA: Terrapin Press, 1995.

—. *The Nature of Horses: Exploring Equine Evolution, Intelligence, and Behavior,* New York: Free Press, 1997.

Burghardt, Gordon M. «Animal Awareness. Current Perceptions and Historical Perspective», *American Psychologist,* August 1985, 905–19.

Calvin, William H. «The Emergence of Intelligence», *Scientific American,* Oktober 1994, 101–7.

—. *How Brains Think.* New York: Basic Books, 1996. Deutsch: *Wie das Gehirn denkt. Die Evolution der Intelligenz.* Heidelberg: Spektrum, 1998.

Caro, T. M., und M. D. Hauser. «Is There Teaching in Nonhuman Animals?» *Quarterly Review of Biology* 67 (Juni 1992): 151–74.

Chapuis, Nicole, und Christian Varlet. «Short Cuts by Dogs in Natural Surroundings», *Quarterly Journal of Experimental Psychology* 39B (1987): 49–64.

Chen, Shaofu, Karyl B. Swartz und H. S. Terrace. «Knowledge of the Ordinal Position of List Items in Rhesus Monkeys», *Psychological Science* 8 (1997): 80–86.

Cheney, Dorothy L., and Robert M. Seyfarth. «Attending to Behaviour versus Attending to Knowledge: Examining Monkeys Attribution of Mental States», *Animal Behaviour* 40 (1990): 742–53.

—. «Précis of *How Monkeys See the World*», *Behavioral and Brain Sciences* 15 (1992): 135–82. *How Monkeys See the World* auf Deutsch u. d. T. *Wie Affen die Welt sehen. Das Denken anderer Art.* München: Hanser, 1994.

Chevalier-Skolnikoff, Suzanne, und Jo Liska. «Tool Use by Wild and Captive Elephants», *Animal Behaviour* 46 (1993): 209–19.

Churchland, Patricia S., und Terrence J. Sejnowski. «Perspectives on Cognitive Neuroscience», *Science* 242 (1988): 741–45.

Cockburn, Andrew. *An Introduction to Evolutionary Ecology.* Oxford: Blackwell, 1991.

Cramer, Audrey E. «Computations on Metric Cognitive Maps: How Vervet Monkeys Solve the Traveling Salesman Problem.» Ph. D. diss., University of California, Los Angeles, 1995.

D'Amato, M. R., und M. Colombo, «Representation of Serial Order in Monkeys *(Cebus apella)*», *Journal of Experimental Psychology: Animal Behavior Processes* 14 (1988): 131–39.

Davis, Hank. «Discrimination of the Number Three by a Raccoon *(Procyon lotor)*», *Animal Learning and Behavior* 12 (1984): 409–13.

—. «Numerical Competence in Animals: Life Beyond Clever Hans.» In *The Development of Numerical Competence: Human and Animal Models,* Sarah T. Boysen und E. John Capaldi, Hg. Hillsdale, NJ: Lawrence Erlbaum Associates, 1993.

Davis, Hank, und Rachelle Pérusse. «Numerical Competence in Animals: Definitional Issues, Current Evidence, and a New Research Agenda», *Behavioral and Brain Sciences* II (1988): 561–615.

Dawkins, Richard, und John R. Krebs. «Animal Signals: Information or Manipulation?» In *Behavioural Ecology: An Evolutionary Approach,* John R. Krebs und Nicholas B. Davies, Hg. Oxford: Blackwell, 1978.

Dennet, Daniel C. *Kinds of Minds.* New York: Basic Books, 1996. Deutsch:

Spielarten des Geistes. Wie erkennen wir die Welt? München: C. Bertelsmann, 1999.

Devine, J. V. «Stimulus Attributes and Training Procedures in Learning-Set Formation of Rhesus and Cebus Monkeys», *Journal of Comparative and Physiological Psychology* 73 (1970): 62–67.

Dugatkin, Lee Alan, und Anne Barrett Clark. «Of Monkeys, Mechanisms, and the Modular Mind», *Behavioral and Brain Sciences* 15 (1992): 153–54.

Dyer, Fred C. «Bees Acquire Route-Based Memories but Not Cognitive Maps in a Familiar Landscape», *Animal Behaviour* 41 (1991): 239–46.

Fox, Michael W. *The Whistling Hunters. Field Studies of the Asiatic Wild Dog.* Albany, N.Y.: SUNY Press, 1984.

Galef, Bennet G., Jr. «The Question of Animal Culture», *Human Nature* 3 (1992): 157–78.

Gallistel, C. R., und Audrey E. Cramer. «Computations on Metric Maps in Mammals: Getting Oriented and Choosing a Multi-Destination Route», *Journal of Experimental Biology* 199 (1996): 211–17.

Gallup, Gordon G. «Chimpanzees: Self-Recognition», *Science* 167 (1970). 86–87.

—. «Self-Awareness and the Emergence of Mind in Primates», *American Journal of Primatology* 2 (1982): 237–48.

Gardner, Howard. *The Mind's New Science: A History of the Cognitive Revolution.* New York: Basic Books, 1987. Deutsch: *Dem Denken auf der Spur. Der Weg der Kognitionswissenschaft.* Stuttgart: Klett-Cotta 1989.

Gervet, Jacques et al. «Some Prerequisites for a Study of the Evolution of Cognition in the Animal Kingdom», *Acta Biotheoretica* 44 (1996) 37–57.

Gibson, Kathleen R., und Tim Ingold, Hg. *Tools, Language, and Cognition in Human Evolution.* Cambridge: Cambridge University Press, 1993.

Gould, Stephen Jay. *The Mismeasure of Man.* New York: Norton, 1981. Deutsch: *Der falsch vermessene Mensch.* Frankfurt/M.: Suhrkamp, 1988 (stw 583).

—. «Evolution: The Pleasures of Pluralism, *New York Review of Books,* 26. Juni 1997, 47–52.

Gray, Jeffrey, «Consciousness on the Scientific Agenda», *Nature* 358 (1992): 277.

Griffin, Donald R. *Animal Thinking.* Cambridge, MA: Harvard University Press, 1984. Deutsch: *Wie Tiere denken. Ein Vorstoß ins Bewußtsein der Tiere.* München: BLV, 1985; Taschenbuch: München: dtv, [2]1991 (dtv 11182).

—. *Animal Minds.* Chicago: Chicago University Press, 1992.

Guilford, Tim, und Marian Stamp Dawkins. «Receiver Psychology and the Evolution of Animal Signals», *Animal Behaviour* 42 (1992): 1–14.

Harris, M., und Brendan McGonigle. «Modelling Transitive Inference», *Quarterly Journal of Experimental Psychology* 47B (1944): 319–48.

Hauser, M. D. et al. «Self-Recognition in Primates: Phylogeny and the Salience of Species-Typical Features», *Proceedings of the National Academy of Sciences* 92 (1995): 10811–14.

Hermer, Linda, und Elizabeth S. Spelke. «A Geometric Process for Spatial Reorientation in Young Children», *Nature* 370 (1994): 57–59.

Herrnstein, R. J., und Peter A. de Villiers. «Fish as a Natural Category for People and Pigeons», *The Psychology of Learning and Motivation* 14 (1980): 59–95.

Heyes, C. M. «Anecdotes, Training, Trapping and Triangulating: Do Animals Attribute Mental States?» *Animal Behaviour* 46 (1993): 177–88.

—. «Reflections on Self-Recognition in Primates», *Animal Behaviour* 47 (1994): 909–19.

—. «Cues, Convergence, and a Curmudgeon: A Reply to Povinelli», *Animal Behaviour* 48 (1994): 242–44.

Holmes, John. *The Farmer's Dog*. Revised edition. London: Popular Dogs, 1975.

Honig, Werner K. «Numerosity as a Dimension of Stimulus Control.» In *The Development of Numerical Competence: Human and Animal Models,* Sarah T. Boysen und E. John Capaldi, Hg. Hillsdale, N. J.: Lawrence Erlbaum Associates, 1993.

Humphrey, Nicholas K. «The Social Function of Intellect.» In *Growing Points in Ethology,* P. P. G. Bateson und R. A. Hinde, Hg. Cambridge: Cambridge University Press, 1976.

Kawai, Masao. «Newly Acquired Precultural Behavior of the Natural Troop of Monkeys on Koshima Islet», *Primates* 6 (1965): 1–30.

Kennedy, J. S. *The New Anthropomorphism*. Cambridge: Cambridge University Press, 1992.

Kirchner, Wolfgang H., und Ulrich Braun. «Dancing Honey Bees Indicate the Location of Food Sources Using Path Integration Rather than Cognitive Maps», *Animal Behaviour* 48 (1994): 1437–41.

Kluger, Jeffrey. «Magna cum Critters», *Discover,* Januar 1995.

Kosslyn, Stephen M. «Aspects of a Cognitive Neuroscience of Mental Imagery», *Science* 240 (1988): 1621–26.

Kummer, Hans. «Social Knowledge in Free-ranging Primates.» In *Animal Mind – Human Mind,* Donald R. Griffin, Hg. Berlin: Springer-Verlag, 1982.

Lloyd, James E. «Firefly Communication and Deception.» In *Deception, Perspectives on Human and Nonhuman Deceit,* R. W. Mitchell und N. S. Thompson, Hg. Albany, NY: SUNY Press, 1986. Deutsch: «Gefälschte Signale – die Verstellungskunst der Glühwürmchen», *Spektrum der Wissenschaft* 9/1981: 107–114.

Mace, William M. «James J. Gibson's Strategy of Perceiving: Ask Not What's Inside Your Head, but What Your Head's Inside Of.» In *Perceiving Acting, and Knowing. Toward an Ecological Psychology,* Robert Shaw und John Bransford, Hg. Hillsdale, NJ: Lawrence Erlbaum Associates, 1977.

Macphail, Euan M. «The Comparative Psychology of Intelligence», *Behavioral and Brain Sciences* 10 (1987): 645–95.

—. *The Neuroscience of Animal Intelligence*. New York: Columbia University Press, 1993.

—. «Cognitive Function in Mammals: The Evolutionary Perspective», *Cognitive Brain Research* 3 (1996): 279–90.

Macphail, Euan M. et al. «Relational Learning in Pigeons: The Role of Perceptual Processes in Between-Key Recognition of Complex Stimuli», *Animal Learning and Behavior* 23 (1995): 83–92.

Marler, Peter et al. «Vocal Communication in the Domestic Chicken II», *Animal Behaviour* 34 (1986): 194–98.

Masson, Jeffrey Moussaieff, und Susan McCarthy. *When Elephants Weep: The Emotional Lives of Animals.* New York: Delacorte Press, 1995. Deutsch: *Wenn Tiere weinen.* Reinbek: Rowohlt, 1996.

Matsuzawa, Tetsuro. «Use of Numbers by a Chimpanzee», *Nature* 315 (1985): 57–59.

Maunsell, J. H. R., und W. T. Newsome. «Visual Processing in the Monkey Extrastriate Cortex», *Annual Review of Neuroscience* 10 (1987): 363–401.

McCall, C. A. «A Review of Learning Behavior in Horses and its Application in Horse Training», Journal of Animal Science 68 (1990). 75–81.

McCorduck, Pamela. *Machines Who Think.* San Francisco: W. H. Freeman, 1979.

McFarland, David. «Goals, No-Goals, and Own Goals.» In *Goals, No-Goals, and Own Goals,* Alan Montefiore und Denis Noble, Hg. London: Unwin Hymn, 1989.

McFarland, David, Hg. *Oxford Companion to Animal Behavior.* Oxford: Oxford University Press, 1987.

McNaughton, Bruce. «Cognitive Cartography», *Nature* 381 (1996): 368–69.

Michel, Anna. «The Story of Nim, the Chimp Who Learned Language.» New York: Knopf, 1980.

Miller, George A. «The Magical Number Seven, Plus or Minus Two: Some Limits on Our Capacity for Processing Information», *Psychological Review* 63 (1956): 81–97.

Mills, Cynthia. «Unusual Suspects», *The Sciences,* Juli/August 1997, 32–36.

Morgan, C. Lloyd. *Introduction to Comparative Psychology.* London: Walter Scott, 1894.

Morgan, M. J. et al. «Pigeons Learn the Concept of an ‹A›», *Perception* 5 (1976): 57–66.

Morton, Eugene S. «On the Occurrence and Significance of Motivational-Structural Rules in Some Bird and Mammal Sounds», *American Naturalist* III (1977): 855–69.

Morton, E. S., und Jake Page. *Animal Talk.* New York: Random House, 1992.

Newman, James R. *The World of Mathematics.* New York: Simon and Schuster, 1956.

Nyberg, Lars et al. «General and Specific Brain Regions Involved in Encoding and Retrieval of Events: What, Where, and When», *Proceeding of the National Academy of Sciences* 93 (1996): 11280–85.

O'Keefe, John. «Cognitive Maps in Infants?» *Nature* 370 (1994): 19–20.

O'Keefe, John, und Neil Burgess. «Geometrical Determinants of the Place Fields of Hippocampal Neurons», *Nature* 381 (1996): 425–28.

Owings, Donald H. «Calls as Labels: An Intriguing Theme, but One with Limitations, *Behavioral and Brain Sciences* 15 (1992): 162–63.

Pfungst, Oskar. *Clever Hans: The Horse of Mr. Von Osten.* 1911.

Pinker, Steven, *The Language Instinct.* New York: Morrow, 1994. Deutsch: *Der Sprachinstinkt. Wie der Geist die Sprache bildet.* München: Kindler, 1996.

Posner, Michael I. et al. «Localization of Cognitive Operations in the Human Brain», *Science* 240 (1988): 1627–31.

Possel, Markus, und Ron Amundson. «Senior Researcher Comments on the Hundredth Monkey Phenomenon in Japan», *Skeptical Inquirer,* Mai/Juni 1996, 51.

Povinelli, Daniel J., und Timothy Eddy. «What Young Chimpanzees Know About Seeing», *Monographs of the Society for Research in Child Development* 61, No. 3 (1996).

Povinelli, Daniel J., Kathleen A. Parks und Melinda A. Novak. «Do Rhesus Monkeys *(Macaca mulatta)* Attribute Knowledge and Ignorance to Others?» *Journal of Comparative Psychology* 105 (1991): 318–25.

Povinelli, Daniel J. et al. «Self-Recognition in Chimpanzees *(Pan troglodytes):* Distribution, Ontogeny, and Patterns of Emergence», *Journal of Comparative Psychology* 107 (1993): 347–72.

Prato Previde, Emanuela et al. «The Mind of Organisms: Some Issues About Animal Cognition», *International Journal of Comparative Psychology* 6 (1992): 79–100.

Riley, Donald A., und Cynthia M. Langley. «The Logic of Species Comparisons», *Psychology Science* 4 (1993): 185–89.

Roberts, William A., und Dwight S. Mazmanian, «Concept Learning at Different Levels of Abstraction by Pigeons, Monkeys, and People», *Journal of Experimental Psychology: Animal Behavior Processes* 14 (1988): 247–60.

Roberts, William A., und N. Van Veldhuizen. «Spatial Memory in Pigeons in the Radial Arm Maze», *Journal of Experimental Psychology: Animal Behavior Processes* II (1985): 214–59.

Roitblat, Herbert L., und Jean-Arcady Meyer, Hg. *Comparative Approaches to Cognitive Science.* Cambridge, MA: MIT Press, 1996.

Rollin, Bernard E. *The Unheeded Cry: Animal Consciousness, Animal Pain, and Science.* Oxford: Oxford University Press, 1989.

Romanes, George J. *Animal Intelligence.* 1882.

—. *Mental Evolution in Animals.* 1883.

—. *Mental Evolution in Man.* 1888.

Rosten, Leo. *The Joys of Yiddish.* New York: Pocket Books, 1970.

Rumbaugh, Duane M., and David A. Washburn. «Counting by Chimpanzees and Ordinality Judgments by Macaques in Video-Formatted Tasks.» In *The Development of Numerical Competence: Human and Animal Models,* Sarah T. Boysen and E. John Capaldi, Hg. Hillsdale, NJ: Lawrence Erlbaum Associates, 1993.

Savage-Rumbaugh, Sue, und Roger Lewin. *Kanzi: The Ape at the Brink of the Human Mind.* New York: John Wiley & Sons, 1994. Deutsch: *Kanzi, der sprechende Schimpanse.* München: Droemer-Knaur, 1995.

341

Savage-Rumbaugh, Sue et al. «Can a Chimpanzee Make a Statement?» *Journal of Experimental Psychology: General* 112 (1983). 457–87.

—. «Spontaneous Symbol Acquisition and Communicative Use by Pygmy Chimpanzees *(Pan paniscus)*», *Journal of Experimental Psychology:* General 115 (1986): 211–35.

Schull, Jonathan, und J. David Smith. «Knowing Thyself, Knowing the Other: They're Not the Same», *Behavioral and Brain Science* 15 (1992): 166–67.

Seibt, Uta. «Are Animals Naturally Attuned to Number?» *Behavioral and Brain Sciences* II (1988): 597–98.

Seligman, Martin E. P. «On the Generality of the Laws of Learning», *Psychological Review* 77 (1970): 406–18.

Shepard, Roger, und Jacqueline Metzler. «Mental Rotation of Three-dimensional Objects», Science 171 (1971): 701–3.

Shettleworth, Sara J. «Where Is the Comparison in Comparative Cognition?» *Psychological Science* 4 (1993): 179–84.

Smillie, D. «Rethinking Piaget's Theory of Infancy», *Human Development* 25 (1982): 282–94.

Smith, J. David et al. «The Uncertain Response in the Bottlenose Dolphin *(Tursiops truncatus)*», *Journal of Experimental Psychology: General* 124 (1995): 391–408.

Snowdon, Charles T. «The Sounds of Silence», *Behavioral and Brain Sciences* 15 (1992): 167–68.

Swartz, Karyl B., und Siûn Evans. «Not All Chimpanzees *(Pan troglodytes)* Show Self-Recognition», *Primates* 32 (1991): 483–96.

Swartz, Karyl B., Shaofu Chen und H. S. Terrace. «Serial Learning by Rhesus Monkeys: I. Acquisition and Retention of Multiple Four-Item Lists», *Journal of Experimental Psychology: Animal Behavior Processes* 17 (1991): 396–410.

Terrace, H. S. *Nim.* New York: Knopf, 1979.

—. «Evidence for Sign Language in Apes: What the Ape Signed er How Well the Ape Was Loved?» *Contemporary Psychology* 27 (1982): 67–68.

—. «In the Beginning Was the ‹Name›», *American Psychologist,* September 1985, 1011–28.

—. The Phylogeny and Ontogeny of Serial Memory: List Learning by Pigeons and Monkeys», *Psychological Science* 4 (1993): 162–69.

Terrace, H. S., Shaofu Chen und Vikram Jaswal. «Recall of Three-Item Sequences by Pigeons», *Animal Learning and Behavior* 24 (1996): 193–205.

Terrace, H. S., und Brendan McGonigle. «Memory and Representation of Serial Order by Children, Monkeys, and Pigeons», *Current Directions in Psychological Science* 3, No. 6 (1994): 180–85.

Terrace, H. S. et al. «Can an Ape Create a Sentence?» *Science* 206 (1979): 891–902.

Thompson, Roger K. R. «Natural and Relational Concepts in Animals.» In *Comparative Approaches to Cognitive Science,* Herbert L. Roitblat und Jean-Arcady Meyer, Hg. Cambridge, MA: MIT Press, 1996.

Thorndike, Edward L. *Animal Intelligence.* 1911.

Tinbergen, Nickolaas. *The Study of Instinct.* Reprint, Oxford Clarendon Press, 1989.

Tomasello, Michael. «Cognitive Ethology Comes of Age», *Behavioral and Brain Sciences* 15 (1992) 168–69.

—. «Do Apes Ape?» In *Social Learning in Animals: The Roots of Culture,* C. M. Heyes und Bennet G. Galef, Jr., Hg. New York: Academic Press, 1996.

Vauclair, Jacques. *Animal Cognition: An Introduction to Modern Comparative Psychology.* Cambridge, MA: Harvard University Press, 1996.

—. *L'intelligence de l'animal.* Paris: Éditions du Seuil, 1992.

—. «Mental States in Animals: Cognitive Ethology», *Trends in Cognitive Sciences* I (1997): 35–39.

Vauclair, Jacques, und Joël Fagot. «Manual and Hemisphere Specialization in the Manipulation of a Joystick by Baboons», *Behavioral Neuroscience* 107 (1993): 210–14.

—. «Categorization of Alphanumeric Characters by Guinea Baboons: Within- and Between-Class Stimulus Discrimination», *Current Psychology of Cognition* 15 (1996): 449–62.

Vauclair, Jacques, Joël Fagot und William D. Hopkins. «Rotation of Mental Images in Baboons when the Visual Input Is Directed to the Left Cerebral Hemisphere», *Psychological Science* 4 (1993): 99–103.

Vauclair, Jacques, und Jean-Marie Vidal. «Discontinuities in the Mind Between Animals and Humans.» Vortrag, gehalten auf der Berder Conference on Cognition and Evolution am 10. März 1994.

Vidal, Jean-Marie, und Jacques Vauclair, «Un animal politique autre qu'humain» *Epokhi* 6 (1996): 35–55.

Visalberghi, Elisabetta, und Loredana Trinca. «Tool Use in Capuchin Monkeys: Distinguishing Between Performing and Understanding.» *Primates* 30 (1989): 511–21.

Visalberghi, Elisabetta et al. «Performance in a Tool-Using Task by Common Chimpanzees *(Pan troglodytes),* Bonobos *(Pan paniscus),* an Orangutan *(Pongo pygmaeus),* and Capuchin Monkeys *(Cebus apella)*», *Journal of Comparative Psychology* 109 (1995): 52–60.

Von Fersen, L. et al. «Transitive Inference in Pigeons», *Journal of Experimental Psychology: Animal Behavior Processes* 17 (1991): 334–41.

Webb, Barbara. «A Cricket Robot», *Scientific American,* December 1996, 94–99.

Williams, James, und P. J. B. Slater. «Simulation Studies of Song Learning in Birds.» In *From Animals to Animals,* Jean-Arcady Meyer und Stewart W. Wilson, Hg. Cambridge, MA: MIT Press, 1991.

Young, Andrew. «The Neuropsychology of Awareness.» In *Consciousness in Philosophy and Cognitive Neuroscience,* Antti Revinsuo und Matti Kamppinen, Hg. Hillsdale, NJ: Lawrence Erlbaum Associates, 1994.

REGISTER

Erstellt von Hubert Mania